DUMONT
Reise-Taschenbuch

brandenburg

Ulrike Wiebrecht

Senkrechtstarter

Eine 320 m lange Schlange aus Holz, die sich durch dichte Waldlandschaft zieht. Zwischen den Baumkronen kommt die Chirurgie zum Vorschein. Oder das Alpenhaus. Aus dem Dach sprießt üppiges Grün. Einst waren sie Teil einer innovativen Lungenheilstätte, bevor das Gelände Verfall und Vandalismus zum Opfer fiel. Inzwischen ist das 200 ha große Areal der Beelitzer Heilstätten für Besucher zugänglich. Außerdem entsteht hier ein neues Wohnquartier für 4500 Menschen. Schon jetzt sind die historisch angehauchten Wohnungen im Grünen heiß begehrt.

Überflieger

Tor zur Elbtalaue • Perleberg

Roland-stadt •

Mode im Schloss
• Meyenburg

Wasser-stadt

Geschlossene Backsteinmauer
Wittstock •

Fürstenberg •

Rheinsberg •

Wittenberge •

Bad Wilsnack • **Die Legende vom Wunderblut**

Zu Besuch bei Schinkel und Fontane
Neuruppin •

Bilderbuch für Verliebte

Lilienthals Flugversuche Gollenberg •

Sieh mal! Störche! Linum •

Oranienburg •

Licht und Schatten der Geschichte

Herr von Ribbeck auf Ribbeck im Havelland Ribbeck •

Olympisches Dorf •

Avantgarde-Architektur für 50 Nationen

Geballte Schlösserpracht

Wiege der Mark: drei Stadtkerne von Wasser umgeben

Brandenburg an der Havel •

Potsdam •

Film ab! Babelsberg •
Schwielowsee •

Sommer-frische

Weißes Gold aus sandigem Boden Beelitz •

Heilbad und Hoher Fläming • Bad Belzig

Luckenwalde •

Expressionistische Ikone: Hutfabrik

Jüteborg •

Florierender Ablasshandel

Brandenburg — von Naturparks durchzogen. Mal eben drüberfliegen, von Potsdam bis zur Oder, von der Uckermark bis in die Lausitz. Viel Grün, viel Blau, viel Inspiration!

Peng! Peng!

• Templin

• Uckermark

Einsamkeit und Landflucht

Ruine mit Stil und Klang

• Nationalpark Unteres Odertal

Joachimsthal •

Hier schmilzt Glas

• Kloster Chorin

Auenland

• Schiffshebewerk Niederfinow

Ein Schiffsfahrstuhl

Bad Freienwalde •

Moor! Bad!

• Wandlitz

Das Leben der anderen

Märkische Schweiz •

Bezaubernde Wald- und Seenlandschaft

• Neuhardenberg

Wow!

Kurz mal wellnessen

• Frankfurt/Oder

Tor zu

Königs Wusterhausen •

• Bad Saarow

Liebstes Jagdschloss

Osteuropa

• Dahme-Seenlandschaft

Eisenhüttenstadt • **Sozialistische Idealstadt**

Pack die Badehose ein!

• Neuzelle **Barocke Schnörkel**

• Naturpark Schlaubetal

Märkisch Buchholz

Fühmanns Refugium

Genussvoll wandern

• Biosphärenreservat Spreewald

Saure-Gurken-Zeit auf einer Kahnfahrt

• Luckau

Kirchen, Klöster, Knäste

Kunstmuseum im Dieselkraftwerk

Cottbus • • Fürst-Pückler-Park Branitz

Forst •

Meisterwerk der Gartenkunst

Lasst Wasser fließen

Lausitzer Seenland •

Deutsches Manchester

• Spremberg

Perle der Lausitz

Lauchhammer •

Liegender Eiffelturm

Querfeldein

Fundstücke — zwischen Elbe und Oder gibt es viel Auslauf, viel Platz zum Wandern, Radfahren und Baden. Zwischendurch tauchen hübsche Dorfkirchen, Schlösser, Herrenhäuser und inspirierende Orte wie Ribbeck auf.

Eine Fülle gotischer Baukunst

Mit dem Dom in Brandenburg an der Havel (s. S. 57) schlug die Geburtsstunde Brandenburgs. Die Zisterzienser haben viele weitere Sakralbauten hinzugefügt, als sie das Land urbar machten. Die charakteristischen roten Steine zieren nicht nur Kloster Lehnin (s. S. 65) und Heiligengrabe (s. S. 199). Romantik pur ist die Ruine des Zisterzienserklosters Chorin (s. S. 227) in der Schorfheide.

Kiefernwälder erleben

Kiefernwälder sind eins der Markenzeichen Brandenburgs. Aber es gibt auch ausgedehnte Buchenforste. Zum Glück. Denn den Kiefern setzt der Klimawandel besonders zu. Damit sich nicht das halbe Land in einen Friedhof der Bäume verwandelt, ist ein Waldumbau dringend erforderlich. Wie es gehen könnte, zeigt ein Förster in Treuenbrietzen – im Magazin (s. S. 271).

Schlösser-Hopping in Potsdam

Alles nur Sanssouci? Keineswegs. In Potsdam gibt es mehr als ein Dutzend Schlösser, die zum Welterbe der UNESCO gehören. Ob Bildergalerie, Marmorpalais oder Chinesisches Haus – Sie können sich zu Fuß, mit Fahrrad, Bus und Tram oder mit dem Wassertaxi (s. S. 36) von einem zum anderen bewegen und dabei die wunderbaren Grünanlagen mit viel Wasser auf sich wirken lassen.

Overtourism? Ist in Brandenburg noch ein Fremdwort. Wenn sich anderswo die Touristenmassen tummeln, bilden sich hier selten irgendwo lange Schlangen – mit Ausnahme von Potsdam. Dafür gibt es noch das eine oder andere Funkloch …

Wanderstiefel schnüren!

Auch wenn Fontane selbst für seine
»Wanderungen durch die Mark
Brandenburg« nur selten zu Fuß und
stattdessen mit Bahn oder Kutsche
unterwegs war – mit seinem Werk hat
er die Region für Wanderer nachhaltig ins Gespräch gebracht. Und
inzwischen erkunden immer mehr
Menschen die mehr als 2000 km
gut markierten Wanderwege. Ob
Schlaubetal, Märkische oder Ruppiner
Schweiz – mal säumen tiefe Schluchten, mal Erlenbrüche oder Mühlen die
Route. Und natürlich Seen.

Seen satt

Auch wenn hier der
wenigste Regen fällt –
Brandenburg ist das
wasserreichste Bun-
desland Deutschlands.
Dazu tragen neben Havel,
Elbe, Oder und anderen
Flüssen mehr als 3000
Seen bei. Der größte
ist der Scharmützelsee,
der tiefste der Große
Stechlinsee. Aber es gibt
unzählige andere, die
ideal zum Baden, Pad-
deln, (Haus-)Boot- oder
Dampferfahren sind.

Einer ertrinkt im Fließ, der andere stirbt im Hotel. Was steckt dahinter? Kommissar Krüger ermittelt wortkarg in der Nähe von Lübbenau fürs ZDF in den Spreewaldkrimis.

Entschleunigen

Die Auenlandschaft an der Oder ist
Balsam für Augen und Seele – und
voller Überraschungen. Denn mitten
im menschenleeren Oderbruch locken
beschauliche denkmalgeschützte
Kolonistendörfer wie Neulietzegöricke
und kulturelle Leuchttürme wie das
Freilichtmuseum Altranft oder das
Theater am Rand. Das Theater ist inzwischen eine Institution, ein wahrer
Kultort auf dem Land (s. S. 158).

Inhalt

2   *Senkrechtstarter*
4   *Überflieger*
6   *Querfeldein*

Vor Ort

Potsdam und Umgebung 14

17   Potsdam
22   *Lieblingsort Freundschaftsinsel*
36   *Tour Mit dem Wassertaxi durchs preußische Arkadien*
44   *Tour Das Spukschloss am Schlänitzsee*
47   Rund um Potsdam – Schwielowsee
47   Caputh
48   Petzow
48   Werder
50   *Tour Zu Besuch in der Havelländischen Malerkolonie*
53   *Zugabe Tsunami-Forschung auf dem Telegrafenberg*

Über 30 Storchenpaare quartieren sich alljährlich auf den Dächern von Rühstädt ein. Da bleibt kaum ein Turm ausgespart.

Der Westen 54

57   Brandenburg an der Havel
62   *Tour Wasserlandschaft, Industriekultur und ein Schloss*
64   Rund um Brandenburg an der Havel
64   Reckahn
65   Kloster Lehnin
66   *Lieblingsort Schloss Plaue*
67   Paretz
68   Westhavelland
68   Olympisches Dorf
69   Rathenow
70   Ribbeck
71   Naturpark Westhavelland
71   Bahnitz
73   Gollenberg
74   Naturpark Nuthe-Nieplitz
75   Beelitz
77   Luckenwalde
78   Museumsdorf Glashütte
79   Wünsdorf
80   Jüterbog
80   Kloster Zinna
82   Naturpark Hoher Fläming
82   Bad Belzig
84   Schloss Wiesenburg
85   Burg Rabenstein
86   *Tour Unverhoffte Begegnung von Stiefeln und Rummeln*
88   Ziesar
89   *Zugabe Auf den Hund gekommen*

Der Süden 90

93 Biosphärenreservat Spreewald

96 *Tour Den Spreewaldgurken auf der Spur*

98 *Lieblingsort Wotschofska*

104 Niederlausitzer Landrücken

104 Luckau

105 Fürstlich Drehna

106 Cottbus und Umgebung

114 Spremberg

115 Lausitzer Seenland

116 Senftenberg

119 Elbe-Elster-Land

119 Energie-Route rund um Lauchhammer

120 *Tour Seenhopping in der Lausitz*

123 Bad Liebenwerda

124 Doberlug-Kirchhain

125 *Zugabe Briefe und Pakete kommen auf dem Fließ*

Der Osten 126

129 Schloss Königs Wusterhausen

130 Dahme-Seenlandschaft

130 Prieros

131 Märkisch-Buchholz

132 Storkow

133 Scharmützelsee

133 Bad Saarow

134 Wendisch-Rietz

135 Beeskow

136 *Tour Auf dem Wasserweg von Beeskow nach Hangelsberg*

139 Naturpark Schlaubetal

140 *Tour Immer der Schlaube nach*

142 Eisenhüttenstadt

144 Neuzelle

146 Frankfurt/Oder und Umgebung

152 Rund um das Oderbruch

152 Bad Freienwalde

156 *Tour Immer am Grenzfluss entlang*

158 *Lieblingsort Theater am Rand*

159 Neuhardenberg

162 Märkische Schweiz

165 Vor den Toren Berlins

166 *Tour Auf und ab durch Täler und Schluchten*

Der Nordwesten 168

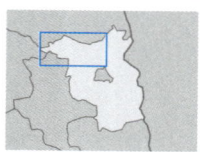

171 Oranienburg und Umgebung

175 Gransee

177 Fürstenberg und Umgebung

180 Naturpark Stechlin-Ruppiner Land

181 *Tour Unter schattigen Buchen am Seeufer entlanglaufen*

182 Rheinsberg und die Seen

185 Neuruppin und Umgebung

188 *Tour* *Quer durch die Ruppiner Schweiz*

192 Ostprignitz

192 Neustadt/Dosse

193 Kyritz an der Knatter

195 *Lieblingsort* *INSL*

196 Wittstock/Dosse

197 Meyenburg

200 Perleberg

204 *Tour* *Wo der Moorochse balzt*

206 Wittenberge

208 Bad Wilsnack

210 *Tour* *Auf dem Pilgerweg zur Wunderblutkirche*

212 Rühstädt

213 *Zugabe* *Siedlung Eden*

Der Nordosten 214

217 Barnimer Land

218 Wandlitz

219 Bernau bei Berlin

220 *Tour* *Um den lieblichen Liepnitzsee*

221 Eberswalde

223 Finowkanal

224 Schorfheide-Chorin

225 Joachimsthal

227 Kloster Chorin

229 *Tour* *Abstecher ins Ökodorf*

230 Uckermark

230 Angermünde

233 Nationalpark Unteres Odertal

234 Schwedt/Oder

236 Prenzlau und die Uckerseen

238 *Tour* *Vom Apollotempel zur Baumehe*

240 Boitzenburg

242 Templin

245 Naturpark Uckermärkische Seen

246 *Lieblingsort* *Café Kunstpause*

Das Kleingedruckte

248 Reiseinfos von A bis Z

Das Magazin

260 *Die Renaissance der Bahnhöfe*

263 *Im Fontaneland*

266 *Inspirierende Uckermark*

269 *Soljanka adé*

271 *Waldumbau im Fläming*

274 *Im Land der 3000 Seen*

278 *Preußisches Disneyland?*

281 *Reise durch Zeit & Raum*

286 *Westslawen in der Lausitz: die Sorben*

290 *Das zählt*

292 *Kultobjekte aus Keramik*

294 *Klimakrise in Brandenburg*

298 *Wo Kreativität auf fruchtbaren Boden fällt*

300 *Register*

303 *Autorin & Impressum*

304 *Offene Fragen*

Vor

Ort

Potsdams Brandenburger Tor ist fast 20 Jahre älter als der berühmte Namensvetter in der Hauptstadt – und der charmante Abschluss der Einkaufsmeile Brandenburger Straße.

Potsdam ⭐ und Umgebung

Alles nur Sanssouci? — Weit gefehlt. Nehmen Sie sich unbedingt Zeit, um auch die Innenstadt mit ihrer geballten Ladung an Kultur, Genuss und prachtvoller Architektur zu entdecken!

Seite 21

Museum Barberini

Exponent der Metamorphose der Innenstadt ist das 2017 eröffnete Museum, das schon in den ersten zwei Jahren eine Million Besucher anzog. Monet, Van Gogh, DDR-Kunst, Gerhardt Richter. Was kommt noch?

Seite 25

Holländisches Viertel

Französische Küche, Schokoladenspezialitäten, edle Keramik, originelle Mode und Schuhe: Das hübsche Stadtquartier ist gespickt mit verführerischen Läden und Lokalen.

Der Granatapfel steht für das Fernweh von Friedrich II.

Eintauchen

Seite 26

Sanssouci

Eine Rekordzahl an Schlössern verteilt sich über die Grünanlagen.

Seite 33

Belvedere auf dem Pfingstberg

Einmal den Blick über die Dächer schweifen lassen? Dafür gibt es keinen schöneren Ort als dieses Ensemble aus Doppelturm, Kolonnaden und Wasserbecken.

Seite 34

Alexandrowka

Eine russische Oase mit Holzhäusern zwischen Obstbäumen mitten in der Stadt.

Seite 36

Mit dem Wassertaxi unterwegs

Sie wollen Potsdam und Umgebung zu Fuß oder mit dem Rad erkunden? Dann steigen Sie erst mal aufs Boot – und dann da aus, wo es Ihnen gefällt!

Seite 35

Schiffbauergasse

Die Stadt kann auch zeitgemäß: Wo einst Dampfschiffe gebaut wurden, füllen Kunst- und Kulturinstitutionen allerlei historische Gebäude, die von der Havel umspült werden.

Seite 39

Villenkolonie Neubabelsberg

Beeindruckende Domizile entführen in die goldene Zeit der Ufa-Filmstars und die Tage der Potsdamer Konferenz.

Seite 44

Schloss Marquardt

Ein echtes Spukschloss hat inmitten eines jahrhundertealten Landschaftsgartens am Schlänitzsee überdauert. Mit dem Fahrrad können Sie in einer Stunde hinradeln – quer durch das ländliche Potsdam.

Der Schwielowsee und die umliegenden Gemeinden Caputh, Ferch und Geltow sind seit jeher beliebte Sommerresidenzen (s. S. 47).

»daß gantze Eyland mus ein paradis werden« (Johann Moritz von Nassau-Siegen um 1661)

erleben

Preußisches Arkadien

Ankommen und Sanssouci ansteuern? Nichts gegen das wunderbare Weinbergschloss. Aber während sich da alles drängt, gehen andere Schlösser und Bauten viel leerer aus, obwohl sie genauso sehenswert sind. Ob die Neuen Kammern, das Belvedere auf dem Pfingstberg oder das Marmorpalais, sie brauchen sich keineswegs hinter dem berühmten Schloss zu verstecken. Und auch die Innenstadt muss das nicht (mehr). Mag sein, dass sie lange Zeit nicht so toll aussah. Aber inzwischen hat sie in Sachen Attraktivität mächtig aufgeholt. Man hat geradezu die Qual der Wahl zwischen all den netten Lokalen und Läden, zwischen denen es kleine Museen, Galerien, Gedenkstätten oder den Walk of Modern Art am Havelufer zu entdecken gibt. So kann man hier gut und gern ein paar Tage verbringen, ohne einen Fuß in auch nur eins der berühmten Schlösser zu setzen.

Pracht und Prunk

Als UNESCO-Welterbe-Stadt ist Potsdam überreich an geschichtsträchtigen Bauten. Das kann einem schon fast zu viel werden. Deshalb mein Tipp:

ORIENTIERUNG

Internet: www.potsdam.de, www.mobil-potsdam.de, www.vbb.de, www.spsg.de, www.hotels-potsdam.de, www.schifffahrt-in-potsdam.de, www.schwielowsee-tourismus.de

Nehmen Sie sich Zeit, um die geballte Pracht auf sich wirken zu lassen! Schlendern Sie zwischendurch durch den Neuen Garten, vorbei am Schloss Cecilienhof und genießen Sie in der Meierei mit Blick auf den Jungfernsee ein helles Weizen! Steigen Sie aufs Fahrrad und radeln Sie durch die Kolonie Alexandrowka, setzen Sie sich in den Garten der russischen Teestube, wenn ringsum rotbäckige Äpfel an den Bäumen hängen, und lassen Sie sich einen herzhaften Borschtsch schmecken. Oder Sie schippern mit dem Wassertaxi über den Tiefen See zum Schloss Babelsberg und machen einen Abstecher in das kleine Strandbad dort!

Das Schöne an Potsdam ist, dass man Stadt und Umgebung wunderbar zu Fuß, mit dem Fahrrad, der Kultur-Tramlinie 93 oder auf dem Wasserweg erkunden kann. Noch gemütlicher lässt sich das preußische Arkadien im Kanu, Ruder- oder Hausboot umschiffen.

Potsdam F6

Wer aus dem monströsen Bahnhof kommt – der die Stadt übrigens fast den UNESCO-Welterbe-Status gekostet hätte –, braucht sich nur ein paar Meter in Richtung Innenstadt zu bewegen. Schon ist er mittendrin in einem ganz neuen Stück Potsdam, das paradoxerweise **Alter Markt** heißt. Zu den altehrwürdigen Palästen, der Nikolaikirche und dem 16 m hohen Obelisken aus Marmor gesellen sich gleich mehrere Bauten, die zwar alt aussehen, aber noch wenig Patina aufweisen: hier das wieder aufgebaute Stadtschloss, Sitz des Brandenburger Landtags, dort das Fortunaportal, daneben das Museum Barberini in einem ebenfalls rekonstruierten klassizistisch-barocken Palast.

Nachdem einige Gebäude aus DDR-Zeiten abgerissen wurden, sieht es jetzt fast wieder so aus wie im späten

FAKTENCHECK

Einwohner: 180 000
Bedeutung: Landeshauptstadt von Brandenburg
Stimmung auf den ersten Blick: eine Bilderbuchstadt mit viel Kultur, viel Grün, Wasser und hohem Freizeitwert
Stimmung auf den zweiten Blick: So harmonisch wie es zunächst scheint, geht es hier doch nicht immer zu. Die Stadt erlebt große Zuwächse, das führt auch zu Spannungen. Und auch die ästhetische Entwicklung ist nicht unumstritten.

18. Jh. Das ging allerdings nicht ohne Proteste ab. Manch einer befürchtet, dass die Stadt zu einem preußischen Disneyland werden könnte (s. S. 278). Doch davon lassen sich die Menschen nicht abhalten. Sie strömen vor allem

Das historische Zentrum von Potsdam: Am Alten Markt ist nicht wirklich alles so alt, wie es aussieht.

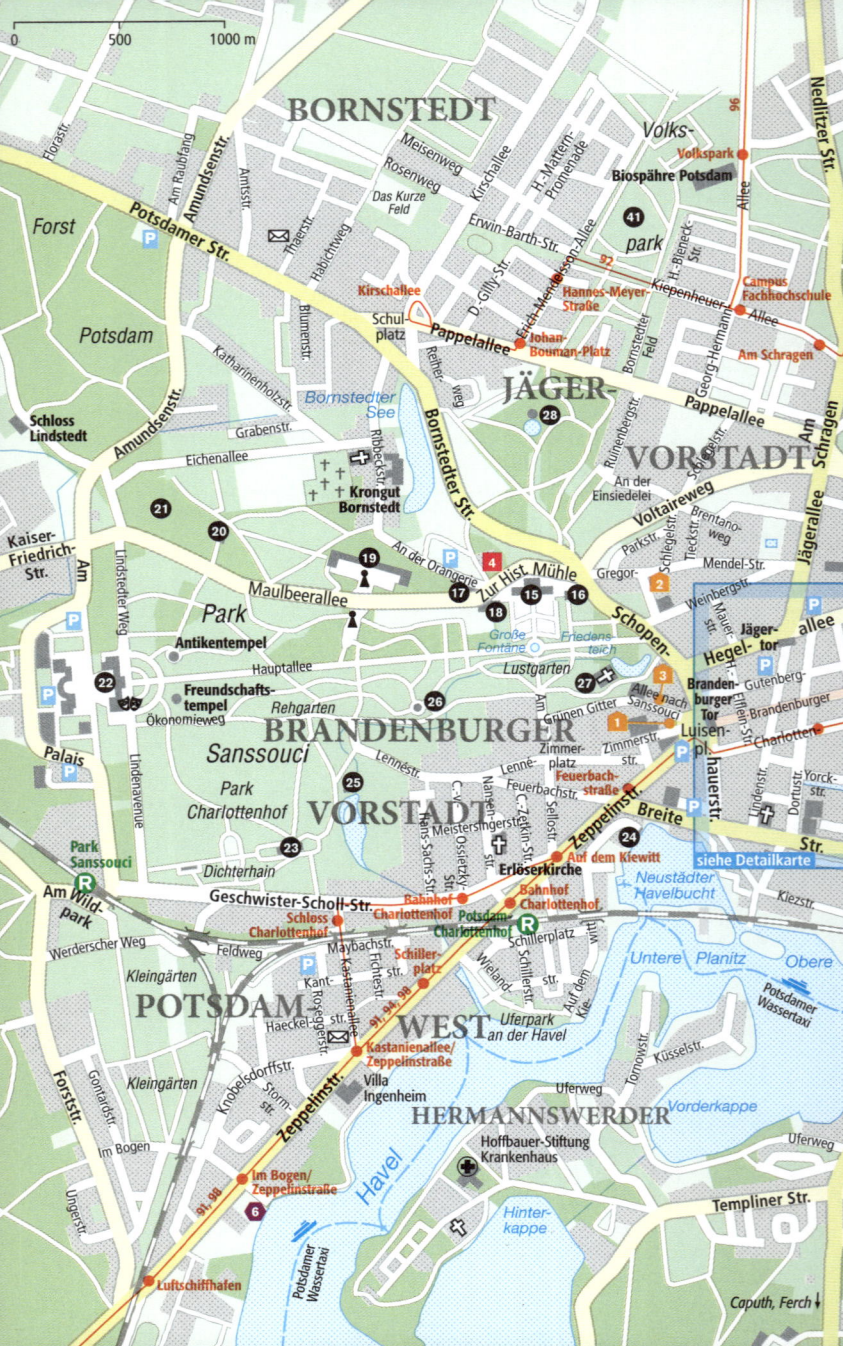

Potsdam

Ansehen

1 Potsdamer Stadtschloss
2 Museum Barberini
3 Nikolaikirche
4 Einsteinturm
5 Freundschaftsinsel
6 Potsdam Museum
7 Filmmuseum
8 Rechenzentrum
9 Militärwaisenhaus
10 Neuer Markt
11 Haus der Brand.-Preußischen Geschichte
12 Gedenkstätte Lindenstr.
13 Holländisches Viertel
14 Jan Bouman Haus
15 Schloss Sanssouci
16 Bildergalerie
17 Historische Mühle
18 Neue Kammern
19 Orangerieschloss
20 Drachenhaus
21 Belvedere a. d. Klausberg
22 Neues Palais
23 Schloss Charlottenhof
24 Dampfmaschinenhaus
25 Römische Bäder
26 Chinesisches Haus
27 Friedenskirche
28 Normannischer Turm
29 Neuer Garten
30 Marmorpalais
31 Schloss Cecilienhof
32 Villa Schöningen
33 Kaiserliche Matrosenstation Kongsnæs
34 Meierei
35 Belvedere auf dem Pfingstberg
36 Glienicker Brücke
37 Villa Henckel
38 Fontane-Archiv
39 Gedenk- und Begegnungsstätte Leistikowstr.
40 Alexandrowka
41 Volkspark
42 Schiffbauergasse
43 Park Babelsberg
44 Weberplatz
45 Flatowturm
46 Schloss Babelsberg
47 Neubabelsberg
48 Filmpark Babelsberg
49 Filmstudios Babelsberg

Schlafen

1 Hotel am Luisenplatz
2 Hotel Villa Monte Vino
3 Maxx
4 Design Apartments

Essen

1 Kochzimmer
2 Villa Kellermann
3 Maison Charlotte
4 Mövenpick
5 Lewy
6 Meierei
7 Café Heider
8 Backstoltz
9 Kellermann
10 Das Kleine Schloss

Einkaufen

1 Bellanatur
2 Confiserie Felicitas
3 die espressionisten
4 Königsblau Keramik

Bewegen

1 Cityrad Rebhahn
2 Potsdam per Pedales
3 Weiße Flotte
4 Wassertaxi
5 Floating Noise
6 Preußen-Kanu
7 Huckleberry Tours

Ausgehen

1 Hans-Otto-Theater
2 Nikolaisaal
3 T-Werk
4 Waschhaus
5 Kabarett Obelisk
6 Theaterschiff
7 Bar Fritz'n & Schech's

ins Museum Barberini, das mit hochkarätigen Ausstellungen lockt und schon zwei Jahre nach seiner Eröffnung eine Million Besucher begrüßen konnte. Aber auch der Landtag ist ein Publikumsmagnet.

Tuchfühlung mit Abgeordneten

Zugegeben, es war eine schwere Geburt, bis das **Potsdamer Stadtschloss** 1 wieder auferstand. Es bedurfte langer Diskussionen, bis es 2013 fertiggestellt wurde und die Wunde schloss, die lange Zeit am Alten Markt klaffte. Seinem Vorgängerbau aus dem 18. Jh. nachempfunden, empfängt einen das schon vorher rekonstruierte **Fortunaportal,** auf dem sich die vergoldete Glücksgöttin im Wind dreht. Das Innere des riesigen Baus beherbergt nun den brandenburgischen Landtag, steht aber wochentags auch Besuchern offen. Im Foyer zeigt ein interaktives Modell alle Facetten des Gebäudes. Werfen Sie aber unbedingt auch einen Blick auf das Knobelsdorff-Treppenhaus. Und steigen Sie auf die Dachterrasse, um von oben auf die Stadt zu blicken.

Bei geführten Rundgängen kann man an Plenarsitzungen teilnehmen.

Alter Markt 1, Innenhof tgl. 8–20, Cafeteria, Foyer Mo–Do 8–18, Fr 8–16, Dachterrasse Mo, Fr 8–18, Di–Do 8–11, 13–18 Uhr, Führungen meist Fr um 16 Uhr nach Online-Anmeldung unter www.landtag.brandenburg.de

In Kunst schwelgen
Das späte Werk Picassos, Rembrandts Orient, Impressionismus in Russland – eine Ausstellung ist ambitionierter als die andere. Dabei steckt das nach modernsten Kriterien arbeitende **Museum Barberini ❷** eigentlich noch in den Kinderschuhen. Erst 2017 wurde es im rekonstruierten barocken Palais aus dem 18. Jh. von der Hasso-Plattner-Stiftung eröffnet – und sogleich von Besuchern gestürmt. Die Ausstellungen zeigen sowohl Stücke aus der hauseigenen Sammlung als auch Leihgaben aus dem In- und Ausland. Der Schwerpunkt liegt auf dem Impressionismus. Das Angebot ergänzt ein umfangreiches Veranstaltungsprogramm mit Filmen und Künstlergesprächen. Die gewünschte Eintrittszeit sollte man sich am besten mit einem Online-Ticket vorab sichern.

Die ebenfalls zur Stiftung gehörende Sammlung mit DDR-Kunst soll übrigens künftig in ein eigenes Museum für zeitgenössische Kunst kommen. Dafür werden das ehemalige, stark renovierungs-bedürftige Terrassenrestaurant Minsk aus den 1960er-Jahren auf dem Brauhausberg saniert und gleichzeitig 120 preisgünstige Wohnungen geschaffen.

Humboldtstr. 5/6, T 0331 23 60 14-499, www.museum-barberini.com, Mi–Mo 11–19, 1. Do im Monat bis 21 Uhr, 14 €, bis 18 J. frei

Über den Dächern von Potsdam
Kein Remake, sondern ganz authentisch ist die mächtige **Nikolaikirche ❸** schräg gegenüber vom Museum. 1830 nach einem Entwurf Schinkels als quadratische Hallenkirche gebaut, schmückt sie ein Giebelvorbau mit sechs Säulen. Auf dem Dach thront eine überdimensionale, weithin sichtbare Kuppel nach dem Vorbild der römischen Peterskirche. Von den ursprünglich vorhandenen Malereien im Innern haben sich nur ein Christus als Weltenrichter mit den zwölf Aposteln in der Apsis und die vier Propheten auf Goldgrund in der Kuppel erhalten, außerdem der von Schinkel entworfene Altar aus schwarzem Marmor mit hölzernem Baldachin. 216 Stufen führen hoch zur Aussichtsplattform. Der Blick vom Kolonnadendach ist grandios.

Mo–Sa 10–19, So ab 11.30 Uhr, 5 €

ARCHITEKTUR-IKONE

Wenn Sie auf den Telegrafenberg schräg gegenüber vom Hauptbahnhof laufen, können Sie ein bizarres Gebäude entdecken: den **Einsteinturm ❹**. Strahlend weiß, mit runden, geschwungenen Formen, die mal dem Expressionismus, mal dem Jugendstil entliehen sind, ist er tatsächlich eine einzigartige Architektur-Ikone. Infos gibt es unter: T 0331 29 17 41, www.urania-potsdam.de, April–Sept. 1. Sa im Monat 10 Uhr, 8/6 €

Lieblingsort

Nicht nur für Freunde

Ob Sie eine Freundschaft besiegeln, sich inspirieren lassen oder einfach mal kräftig durchatmen wollen – ein Rundgang über die **Freundschaftsinsel** ❺ empfiehlt sich in fast jeder Lebenslage! Gleich beim Hauptbahnhof, zwischen Alter und Neuer Fahrt, lockt ein gartenkünstlerisches Kleinod. Von Ende der 1930er-Jahre an wurde hier von Karl Foerster zusammen mit anderen Gartenarchitekten der erste Schau- und Sichtungsgarten für winterharte Blütenstauden, Farne und Gräser in Deutschland angelegt. Die Anlage wurde 1996 dem ursprünglichen Konzept entsprechend vollständig rekonstruiert. Neben den beiden Torhäusern, dem Schwanen- und Adlerhaus, hat hier eine Sandsteinpergola aus den 1930er-Jahren überdauert, dazwischen verteilen sich 1200 Arten von Gräsern und Stauden sowie eine Sammlung von mehr als 20 Bronzeskulpturen zwischen Rosenbeeten. Lieblingsobjekt der Fotografen ist das »Liebespaar unter dem Regenschirm«. Im Sommer finden hier Kunstausstellungen (in einem Pavillon) und Open-Air-Kino statt, außerdem gibt es ein Inselcafé und einen Bootsverleih.

Was für eine Augenweide!

Gleich zwei Architektur-Perlen beherbergen das **Potsdam Museum** ❻ am Alten Markt. Und die sind tatsächlich alt! Und eine Augenweide dazu! Eins ist das Alte Rathaus, das Friedrich II. zwischen 1753 und 1755 von Jan Bouman und Carl Ludwig Hildebrandt errichten ließ. Nach Friedrichs Vorstellungen sollte sich der Alte Markt mit ihm in eine anmutige italienische Piazza verwandeln. Deshalb liegt dem Bau auch eine Zeichnung des Baumeisters Andrea Palladio für einen Palazzo in Vicenza zugrunde. Sieben korinthische Kolossalsäulen schmücken den Rechteckbau, darüber erheben sich überlebensgroße Skulpturen und ein Turm mit Treppengiebel, der eine goldene Atlasfigur trägt – glücklicherweise hat sie den Bombenhagel im Zweiten Weltkrieg unbeschadet überstanden.

Daneben steht das schlichtere Knobelsdorff-Haus, dessen Fassade Karyatiden und Giebelfiguren zieren. Neben der ständigen Ausstellung »Potsdam – eine Stadt macht Geschichte« sind hier wechselnde Präsentationen zur Stadtgeschichte zu sehen. Außerdem können Sie sich im Museumscafé Central mit herzhaften Panini stärken.

Am Alten Markt 9, T 0331 289 68 68, www.potsdam.de/potsdam-museum, Di/Mi, Fr 10–17, Do 10–19, Sa/So 10–18 Uhr, 5 €, unter 18 J. frei

In der Welt der Träume

Wollen Sie sich zwischendurch in die Welt des Zelluloids entführen lassen? Dazu lädt der prächtige Marstall gegenüber vom Stadtschloss ein – und gibt einem gleich eine Ahnung davon, wie das echte Stadtschloss ausgesehen haben könnte. Ursprünglich als Orangerie erbaut, hat der Soldatenkönig den Barockbau im 18. Jh. zur Unterbringung seiner Pferde und Kutschen genutzt. Nun gibt er die filmreife Kulisse für Deutschlands ältestes **Filmmuseum** ❼ ab.

Zum Fundus gehören 500 Originalkostüme und -requisiten bekannter Filme, die von 1912 an in den Babelsberger Filmstudios (s. S. 40) gedreht wurden und die Dauerausstellung »Traumfabrik – 100 Jahre Film in Babelsberg« bestücken. Ergänzt wird sie durch wechselnde Ausstellungen und anspruchsvolle Filmreihen. Da flimmert auch schon mal ein Klassiker wie Friedrich Wilhelm Murnaus »Nosferatu – eine Sinfonie des Grauens« von 1921 über die Leinwand. Unter demselben Dach lädt übrigens die Genusswerkstatt zu Dinkelgemüse-Quiche oder getrüffeltem Parmesan-Risotto ein.

Breite Str. 1 A, T 0331 27 18 12, www.filmmuseum-potsdam.de, Di–So 10–18 Uhr, 5 €, bis 9 J. frei; Genusswerkstatt Di–So 9–22 Uhr

Um den Neuen Markt

Im Zentrum von Potsdam werden Sie derzeit über viele Baustellen stolpern. Aber die schräg hinter dem Marstall ist besonders umstritten: Hier befindet sich der Kirchenturm der symbolträchtigen **Garnisonkirche** im Aufbau. Die Kirche brannte 1945 aus und wurde 1968 gesprengt. Von Philipp Gerlach zwischen 1730 und 1735 erbaut, war sie ein Hauptwerk des preußischen Barock. Großen Symbolcharakter hatte sie, weil sich hier einerseits die Gruft von Friedrich Wilhelm I. und Friedrich dem Großen befand und sich hier andererseits 1817 Reformierte und Lutheraner vereinigten.

1933 wurde sie zum Schauplatz der »Rührkomödie«, wie Goebbels den Handschlag von Hindenburg und Hitler nannte, der zur Legitimierung des NS-Regimes diente. Insofern ist der Wiederaufbau für viele ein strittiges Unterfangen, zumal dafür der Kreativort **Rechenzentrum** ❽ abgerissen werden soll (s. S. 278). Um den Wiederaufbau des Kirchenschiffs hält die Debatte an.

Neben Baustellenführungen finden hier bereits Gottesdienste, Konzerte und Diskussionsveranstaltungen statt. Eine Ausstellung im Nebengebäude informiert über das Projekt.

Wenn Sie schon mal hier sind, sollten Sie noch einen Blick auf das ungewöhnlich prunkvolle **Militärwaisenhaus** ❾ von 1771 auf der anderen Seite der Dortustraße werfen. Besonderer Blickfang ist die goldene Caritas-Figur, die den von Säulen getragenen, filigranen Turmaufsatz krönt. Dank bürgerschaftlichem Engagement ist sie 2004 wieder auferstanden.

Breite Str. 7, T 0331 201 18 30, www. garnisonkirche-potsdam.de, Di–So 11–17, Sa 18 Uhr Gottesdienst, Eintritt frei

Versteckte barocke Schönheit

Auch wenn er etwas versteckt liegt, sollten Sie nicht wie viele andere Besucher am **Neuen Markt** ❿ vorbeilaufen! Als Marktplatz wurde er nie genutzt, vielmehr entstand er als ›Nebenprodukt‹ der für die Hofhaltung nötigen mehreren, zum Teil sehr guten Restaurants. Mittelpunkt des Platzes, der von stattlichen Bürgerhäusern eingerahmt wird und das Waagehaus umschließt, ist der von Johann Gregor Memhardt erbaute Kutschstall. Ende des 18. Jh. versah Hofbaumeister Andreas Ludwig Krüger

MÄRKTE

Während am einen Ende des Holländischen Viertels, auf dem Bassinplatz mit der von August Stüler errichteten Kirche St. Peter und Paul, von Montag bis Samstag der Wochenmarkt mit Obst und Gemüse abgehalten wird, ist der Markt rund um das neugotische Nauener Tor am anderen Ende mittwochs und samstags beliebter Treffpunkt der Potsdamer.

das Gebäude noch mit einem triumphbogenartigen Portal samt Quadriga. Bemerkenswert ist, dass die Figuren neben dem Viergespann nicht wie sonst üblich der Antike entliehen sind, sondern ganz lebensnah Stallburschen und den Leibkutscher Friedrichs des Großen abbilden.

Heute lädt hier das **Haus der Brandenburgisch-Preußischen Geschichte** ⓫ mit der Dauerausstellung »Land und Leute« zu einer Zeitreise ein. Rund 400 Objekte wie Stadtmodelle, Porzellan, Kleider, Fotos, Filme und Multimedia-Stationen illustrieren die kulturellen Leistungen der Zisterzienser, die Bedeutung der Glashütten oder das Leben früherer Fischer. Außerdem widmen sich Sonderausstellungen speziellen Themen oder Persönlichkeiten Brandenburgs wie Theodor Fontane.

Am Neuen Markt 9, T 0331 620 85 50, www. hbpg.de, Di–Do 10–17, Fr–So, Fei 10–18 Uhr, 7 €, unter 18 J. frei

Das Erbe des Soldatenkönigs

Auf der anderen Seite des **Stadtkanals** können Sie rund um die Brandenburger, Dortu-, Jäger- und Lindenstraße in zahlreichen Läden, Cafés und Restaurants schwelgen. Die Einkaufsmeilen liegen im relativ geschlossenen Gebiet der barocken Stadterweiterungen. Die eingeschossigen Typenhäuser ließ der Soldatenkönig erbauen. Zur Zeit Friedrichs II. wurden sie mit einem weiteren Stockwerk und allerlei schmückenden Elementen versehen, während an den Rückseiten eher gespart wurde.

Besonders schön ist das Gebäude in der Wilhelm-Staab-Straße 10 mit dem 1830–49 nach Plänen Schinkels entstandenen **Nikolaisaal** , Potsdams bedeutendstem Veranstaltungssaal (s. Ausgehen). Zum Jägertor und zum Nauener Tor hin haben sich dagegen die eingeschossigen Typenhäuser erhalten, die Friedrichs Vater für seine Soldaten bauen ließ.

Goedendag! Das einzige geschlossene Viertel im holländischen Stil außerhalb der Niederlande liegt in Potsdams Innenstadt.

Tatort verschiedener Diktaturen

Der freundliche Name Lindenstraße lässt nicht erahnen, was sich hier mitten im Stadtzentrum hinter bürgerlicher Fassade ereignet hat. Über die Geschichte politischer Verfolgung und Gewalt unter verschiedenen Diktaturen des 20. Jh. informiert die **Stiftung Gedenkstätte Lindenstraße** ⓬ im ehemaligen Gerichtshaus und Gefängnis mit einer multimedialen Dauerausstellung. Nach Verfolgten des Nationalsozialismus und der Sowjetischen Besatzungszeit wurden hier auch Verfolgte der SED-Diktatur interniert und vielfach verurteilt. Gleichzeitig wird der Einsatz für Freiheit und Menschenrechte im Rahmen der Friedlichen Revolution von 1989 gewürdigt. Neben Ausstellungen finden hier auch Debatten und Vorträge statt.

Lindenstr. 54, T 0331 289 61 12, www. gedenkstaette-lindenstrasse.de, Di–So 10–18 Uhr, Führung: Sa 14 Uhr, 2/1 €

Holländisches Viertel

Klein-Amsterdam ohne Grachten

Lieblingsgegend der Touristen ist das benachbarte **Holländische Viertel** ⓭, das Friedrich Wilhelm I. 1732–42 für die holländischen Handwerker errichten ließ, die er nach Potsdam geholt hatte. Der Soldatenkönig galt als Bewunderer der holländischen Kultur. Zu DDR-Zeiten verfiel das Viertel und sollte in den 1980er-Jahren sogar abgerissen werden, heute ist es gespickt mit Läden. Zwischen den roten Backsteinhäusern mit den geschwungenen Giebeln laden Cafés und Restaurants zur Verschnaufpause ein.

Innenansichten um 1735

Unterwegs können Sie dem **Jan Bouman Haus** ⓮ einen Besuch abstatten. Der aus Holland stammende junge Tischler, Schiffsbau- und Zimmermeister leitete den Bau des Viertels mit vier Karrees mit Giebel- und Traufenhäusern. Überhaupt realisierte er in seiner 44-jährigen Dienstzeit etwa 300 das Stadtbild prägende Bauten: Wohn- und Geschäftshäuser, Manufakturen, Mühlen und Plätze. Aber das Holländische Viertel ist sein Meisterstück.

Mittelstr. 8, T 0331 280 37 73, www.jan-bouman-haus.de, Mo–Fr 13–18, Sa/So/Fei 11–18 Uhr, € 3/2

Rund um Park Sanssouci

Für den kleinen Rundgang durch den Park Sanssouci muss man etwa 2,5 Stunden rechnen. Informationen und günstige Kombitickets für die Schlösser gibt es im Besucherzentrum an der Historischen Mühle. Wenn Sie zum Erhalt der einzigartigen Gartenanlage beitragen möchten, sollten Sie – z. B. an entsprechenden Automaten – den freiwilligen Parkeintritt von 2 € (einschließlich Flyer und Plan) entrichten.

An der Orangerie 1, T 0331 969 42 00, www.spsg.de, April–Okt. Di–So 8.30–17.30, Winter bis 16.30 Uhr; Am Neuen Palais 3, April–Okt. tägl. außer Di 8.30–17.30, Winter bis 16.30 Uhr

Gesamtkunstwerk von Visionären

Innerhalb von drei Jahrhunderten schufen die Baumeister der preußischen Könige ein faszinierendes Ensemble von Schlössern und Gärten auf einem knapp 300 ha großen Gelände, das zum UNESCO-Welterbe gehört. Zunächst bestand der **Park Sanssouci** nur aus einem Terrassengarten, wo Friedrich der Große Pflaumen, Feigen und Wein anbauen wollte. Doch dann gefiel ihm die Lage so gut, dass er hier zunächst ein Lustschloss und bald darauf weitere Schlösser errichten ließ.

Für reizvolle Blickpunkte sorgen nicht nur die Sichtachsen zwischen den Gebäuden, sondern auch künstliche Ruinen, Antiken-Staffagen, Wasserbecken, ein Rosengarten und ein Dichterhain. Die Nachfahren Friedrichs des Großen ließen den Park zum Landschaftsgarten umgestalten und in der ersten Hälfte des 19. Jh. wurden Park und Schloss Charlottenhof sowie die Römischen Bäder hinzugefügt. Schließlich verwandelten sich auch der Ruinenberg und das Areal nördlich der Maulbeerallee in einen Landschaftsgarten.

Wo die Sorgen außen vor bleiben

Ohne Sorgen leben – wer wollte das nicht? Friedrich der Große machte genau diesen Wunsch zum Leitmotiv seiner Sommerresidenz, **Schloss Sanssouci** ⓯, das heute größter Besuchermagnet von Potsdam ist. 1745–47 in einer Rekordzeit von nur zwei Jahren von Georg Wenzeslaus von Knobelsdorff errichtet, wurden die zwölf relativ intimen, heiter anmutenden Räume zu einer Art Musenhof, wo der junge Monarch vor dem Siebenjährigen Krieg noch *sans souci* – ohne Sorgen – war und glückliche Jahre verlebte. Im Weinbergschloss, wie es auch genannt wird, spielte er Querflöte, komponierte einige seiner mehr als hundert Sonaten, ließ sich teilweise von Carl Philipp Emanuel Bach am Cembalo begleiten und debattierte mit Voltaire über Philosophie und Literatur. Erst später führte er von hier aus auch die Staatsgeschäfte.

Nach Betreten der Vorhalle mit goldenen Stuckaturen leitet eine kleine Galerie mit französischer Malerei des 18. Jh. und einem Kamin mit der Büste Friedrichs II. und seines Bruders Heinrich in die kreisförmige Bibliothek mit herrlicher Zedernholztäfelung. Von da aus geht es ins Schlaf- und Arbeitszimmer des ›Alten Fritz‹. Neben Porträts der Königsfamilie können Sie auch den Sessel sehen, in dem der Monarch starb. Schönstes Rokoko präsentiert das Musikzimmer mit Gemälden von Antoine de Pesne.

Die philosophischen Tafelrunden fanden indessen im Marmorsaal statt, der von einem Kuppeldach gekrönt wird und sich zur Terrasse hin öffnet. Allegorische Figuren aus Stuck, die Musik, Architektur, Astronomie und Malerei verkörpern, bilden das Gegenstück zum prunkvollen Marmorfußboden. Besonderes Kleinod ist schließlich das Voltairezimmer: Ganz in Gelb gehalten, spiegelt es mit hübschen Vogel- und Blumenmotiven an den Wänden die heitere Stimmung des Hausherrn wider.

Maulbeerallee, April–Okt. Di–So 10–17.30, Nov.–März Di–So 10–16 Uhr, Audioguides und Führungen, 12/8 €, möglichst vorab online buchen, auch Kombitickets für mehrere Potsdamer Schlösser

Understatement und Opulenz

Östlich von Schloss Sanssouci befindet sich die **Bildergalerie** **16**, der älteste Museumsbau Deutschlands. Der unscheinbare äußere Eindruck weist ganz und gar nicht auf das prunkvolle Innere hin. 1755–64 nach Plänen Johann Gottfried Bürings für die Gemäldesammlung Friedrichs des Großen erbaut, besteht die Galerie aus einem einzigen langgestreckten Innenraum mit überkuppelter Mitte, den vergoldete Ornamente, Marmorfußböden sowie antike und barocke Skulpturen schmücken.

Mit der opulenten Ausstattung, die offensichtlich der königlichen Selbstdarstellung dienen sollte, konkurrieren Kunstwerke aus Hochrenaissance, Manierismus und Barock, vor allem italienische, niederländische und französische Meister. Höhepunkte sind Caravaggios »Ungläubiger Thomas« und von Dycks »Pfingstwunder«. In prachtvoll geschnitzten, vergoldeten Rahmen präsentieren sich auch die Gemälde Friedrichs II.

Park Sanssouci 4, Mai–Okt. Di–So 10–17.30 Uhr, 6/5 €

Klappern gestattet

Hinter Schloss Sanssouci drehen sich inzwischen wieder die Flügel der **Historischen Mühle** **17**. Bereits 1739 stand hier eine Mühle, die jetzige stammt von 1791 und wurde bis 1858 zum Mahlen von Getreide genutzt, 1945 zerstört und in den 1980er-Jahren wieder aufgebaut. Heute beherbergt sie eine Ausstellung und lädt zum schönen Blick auf die Parklandschaft ein. Das laute Klappern soll Friedrich gestört haben. Trotz großzügiger Entschädigungsangebote wollte der Müller den Ort nicht verlassen. Schließlich machte ihm der König den Prozess – und verlor. Die unbestechliche preußische Justiz gab dem Müller recht.

Maulbeerallee 5, April–Okt. tgl. 10–18, Nov. und Jan.–März Sa/So 10–16 Uhr, 4/2 €

KARTOFFELN AUF FRIEDRICHS GRAB

K

Der Alte Fritz liebte Sanssouci so sehr, dass er hier auch begraben werden wollte. Dieser Wunsch ging allerdings erst 1991 in Erfüllung. Denn er wurde in der Garnisonkirche bestattet und im Zweiten Weltkrieg wurde der Sarg nach Süddeutschland verlagert. Doch nun ruht er auf der obersten Terrasse des Weinbergschlosses. Heute liegen häufig Kartoffeln auf dem Grabstein – einer Legende zufolge haben wir dem Preußenkönig das Knollengemüse zu verdanken. Dabei wurde dies längst widerlegt. Im Übrigen soll Friedrich der Große gar keine Kartoffeln gegessen haben.

Für die Gäste nur das Beste

Wer den Namen **Neue Kammern** ⑱ hört, wird vielleicht an Rumpelkammern denken. Aber hier ist das ganze Gegenteil der Fall: Das Gebäude westlich von Schloss Sanssouci entpuppt sich als wunderschönes Rokokoschloss, das dem berühmten Nachbarn durchaus ebenbürtig ist. 1745–47 nach Entwürfen von Knobelsdorff errichtet, sollte es eigentlich als Orangerie dienen. Doch da Räumlichkeiten für Gäste fehlten, entschloss sich Friedrich II., es 1771 von Carl von Gontard und vor allem Georg Christian Unger in ein Wohngebäude umwandeln zu lassen.

Hinter der Fassade, die eine Statuenreihe mit Antikenkopien aus Carrara-Marmor von 1749 schmückt, gelangt man in einen quadratischen Mittelsaal, von dem zur einen Seite repräsentative Fest- und Empfangsräume, zur anderen eher intime Gästeapartments abzweigen.

Wenn alle Türen geöffnet sind, bilden sie eine fantastische Raumfolge. Ein Höhepunkt ist der zentrale Jaspissaal, dessen Wände mit dem roten Halbedelstein und Marmor ausgekleidet sind. Das Deckengemälde stellt Venus mit ihrem Gefolge dar.

Daneben beeindrucken die Ovidgalerie mit »Metamorphosen« auf vergoldeten Stuckreliefs und der Buffetsaal mit kostbaren Skulpturen. Die Wohnräume für die Gäste sind weniger prunkvoll, aber mit zahlreichen Stadtansichten von Potsdam und dem Grünen Lackkabinett dennoch sehenswert.

Maulbeerallee, April–Okt. Di–So 10–17.30 Uhr, 6/5 €, mit Führung oder Audioguide

Ein Romantiker auf dem Thron

Vielleicht fühlen Sie sich beim benachbarten **Orangerieschloss** ⑲ ein Stück weit nach Italien versetzt? Kein Wunder – sein Auftraggeber Friedrich

Kein Wunder, dass das Rokokoschloss auf dem Weinberg der Lieblingsort Friedrichs des Großen war.

Wilhelm IV., der ›Romantiker auf dem Thron‹, hatte eine besondere Vorliebe für das Land im Süden. So wirkte er auch an den Entwürfen mit, die sich an italienischen Renaissancevillen orientieren. Zwischen 1859 und 1864 von Ludwig Persius, Friedrich August Stüler und Ferdinand Hesse ausgeführt, besteht das Gebäude aus einem prunkvollen, 300 m langen Bau mit Säulengalerie in der Mitte und einem Belvedere-Aufbau mit Türmen.

Rechts und links schließen sich Seitenpavillons mit festlichen Wohn- und Repräsentationsräumen an. Im vorderen Teil werden noch heute in der kalten Jahreszeit die Kübelpflanzen aus dem Garten ›eingewintert‹, im Inneren besticht der prächtige Raffaelsaal, in dem rund 50 Kopien des italienischen Meisters auf roter Seidenbespannung hängen. Die ebenso opulent ausgestattete Gästewohnung, die – wie in Italien üblich – nach Norden ausgerichtet ist, wirkt dagegen etwas düster und steif.

Weiter westlich schließt sich das **Drachenhaus** ⓴ in Form einer chinesischen Pagode an, das Karl von Gontard 1770 erbaute. Namensgeber sind die 16 Drachen an den Dachecken. Schon seit Ende des 19. Jh. gibt es den exotischen Rahmen für ein Café-Restaurant ab, das aber eher gutbürgerliche Küche auf der Karte stehen hat.

Orangerieschloss: An der Orangerie 3–5, Mai–Okt. Di–So 10–17.30 Uhr, Winter nur Sa/So, nur mit Führung, im Sommer Sa/So auch ohne Führung, 6/5 €, Aussichtsturm 3/2 €
Restaurant im Drachenhaus: Maulbergallee 4, T 0331 505 38 08, April–Okt. tgl. 11–19, Winter Di–So 12–18 Uhr, Jan./Feb. nur Sa/So

Schöne Aussichten

Hinter dem Drachenhaus erhebt sich das elegante **Belvedere auf dem Klausberg** ㉑, das Friedrich der Große 1769 im Rahmen eines Verschönerungsplans für die Umgebung des Neuen Palais als Aussichtspunkt errichten ließ. Von Ge-

org Christian Unger realisiert, begründete der Rundbau die Tradition der architektonisch gestalteten Aussichtspunkte in der Residenzstadt. Wie sein Name verheißt, gewährt es einen fantastischen Blick über Sanssouci und die hügelige Potsdamer Seenlandschaft.

An der Orangerie 1, nur im Rahmen von Sonderausstellungen geöffnet

Nicht kleckern, klotzen

Wenn Sie anderswo montags vor verschlossenen Türen stehen – hier nicht! Das **Neue Palais** ㉒ ist als einziges an diesem Tag geöffnet und dafür dienstags zu. Nicht kleckern, sondern klotzen könnte sein Motto gewesen sein. Denn es ist tatsächlich nicht nur das letzte, sondern auch das pompöseste Bauwerk Friedrichs des Großen.

Als nach dem Siebenjährigen Krieg weniger Geld als Repräsentationswille vorhanden war, sollte es offensichtlich demonstrieren, dass der Staat noch nicht am Ende war. Der König selber bezeichnete es als ›Fanfaronnade‹. 1763–69 im Stil des bereits aus der Mode gekommenen Rokoko erbaut, war der von Johann Gottfried Büring, Heinrich Ludwig Manger, Carl von Gontard und Jean Laurent Legeay geschaffene Bau eines der größten Schlösser seiner Zeit. Mehr als 400 Skulpturen säumen das Dach mit Kuppel. Die wird wiederum von drei Grazien gekrönt, die die Krone Preußens tragen.

Im Inneren beeindrucken prunkvolle Festsäle wie der **Marmorsaal** mit Gemälden französischer Künstler des 18. Jh. Ein Kuriosum neben den Gästeschlafzimmern ist der **Muschelsaal** mit den von unzähligen Muscheln, Mineralien, Korallen und Glas geschmückten Wänden.

Ein besonders liebenswertes Kleinod ist das nach Plänen von Knobelsdorff erbaute **Schlosstheater** im Südflügel, eines der wenigen aus dieser

Zeit erhalten Theater, das aber nach Restaurierungsarbeiten 2020 wiedereröffnen soll.

Am Neuen Palais, Sommer tgl. 9–17.30, Winter 10–16.30 Uhr, 8/6 €, Einzelpreis Königswohnung 6/5 €

Antike trifft Biedermeier

Den südlichen Abschluss des Parks Sanssouci bildet ein Areal, das erst 1826 hinzugefügt wurde. Mit seinen Terrassen, Pergolen und Portiken stellt der **Park Charlottenhof** so etwas wie einen Park im Park dar. Im Mittelpunkt steht **Schloss Charlottenhof 23**, ein Glanzstück Karl Friedrich Schinkels. 1826–29 erbaut, ersetzte es ein schlichtes barockes Gutshaus, das König Friedrich Wilhelm III. seinem Sohn, dem Kronprinzen Friedrich Wilhelm IV., geschenkt hatte. Der steuerte als Bauherr auch eigene Entwurfsskizzen zu seinem ›Siam‹, zu Deutsch ›Land der Freien‹, genannten Gebäude bei.

Vom Geist der Antike beseelt, entspricht die klassizistische Villa genau der Vorstellung vom ›preußischen Arkadien‹, das sich an römischen Villen und den Ausgrabungen des antiken Pompeji orientiert – wobei die Innenräume wiederum biedermeierlichen Charakter haben. Neben dem Vestibül liegen Speisezimmer, Schreibkabinett und das spektakuläre Zeltzimmer mit blau-weißer Stoffbespannung – an Farbe hat Schinkel nicht gespart.

Geschwister-Scholl-Str. 34, Mai–Okt. Di–So 10–17.30 Uhr, 6/5 €, Besichtigung mit Führung, Kombiticket mit den Römischen Bädern 8/6 €

FALSCHE MOSCHEE

Auf diese Idee muss man erst mal kommen: ein Pumpwerk in einer maurischen Moschee zu verpacken. Tatsächlich wurden keine Mittel gescheut, um aus dem **Dampfmaschinenhaus 24** (Breite Str. 28) ein architektonisches Schmuckstück zu machen, das sich heute zwischen den Mietshäusern hinter der Breiten Straße ziemlich exotisch ausnimmt. Friedrich Wilhelm IV. ließ es von Ludwig Persius 1841–43 an der Neustädter Havelbucht errichten – für die noch heute erhaltene Dampfmaschine, die Wasser für die Fontänen im Park Sanssouci in höher gelegene Reservoire pumpt. Beim märchenhaften Inneren haben sich die Baumeister vom Vorbild der großen Moschee von Córdoba in Spanien inspirieren lassen. Wirklich schade, dass das Gebäude nur bei Sonderveranstaltungen zu besichtigen ist!

Antikisierender Wellnesstempel

In unmittelbarer Nähe zum Schloss Charlottenhof fügen sich die **Römischen Bäder 25** in Lennés Landschaftspark ein. Das asymmetrische, aus mehreren Gebäuden bestehende Landgut mit Bereichen zum Sinnieren ist eine romantische Welt für sich. Von Schinkel geplant, wurde der Bau zwischen 1829 und 1840 vor allem von Ludwig Persius ausgeführt. Hinter der Villa mit Turm im Stil italienischer Landhäuser des 15. Jh. gelangt man in einen Innenhof, wo an einer offenen Arkadenhalle das einem römischen Wohnhaus ähnelnde Badehaus mit großer Marmorbadewanne steht. Auf der gegenüberliegenden Seite blickt man auf einen künstlichen See.

Park Sanssouci, Mai–Okt. Di–So 10–17.30 Uhr, 5/4 €, Kombiticket mit Schloss Charlottenhof 8/6 €

Asien lässt grüßen

Noch ein bisschen Exotik gefällig? Neben allerlei Tempeln, Fasanerie und Brunnen bereichert noch ein weiteres verspieltes Element den Park von Sanssouci: das vor

Gold strotzende **Chinesische Haus** 26 im Rehgarten, ein eindrucksvolles Beispiel für die Chinamode, die im 18. Jh. die höfische Kultur in Europa prägte. Im Auftrag Friedrichs II. von Johann Gottfried Büring zwischen 1754 und 1764 als Gartenhaus erbaut, schmücken den Rokoko-Pavillon vergoldete Figuren, die Musikanten und Teetrinker darstellen. Auch im Inneren sind die Wände mit vergoldeten Konsolen geschmückt, auf denen altes Porzellan ausgestellt ist.

Am Grünen Gitter, Mai–Okt. Di–So sowie Ostertage 10–17.30 Uhr, 4/3 €

Ein Ort der Besinnlichkeit

In eine ganz andere Welt entführt wiederum die **Friedenskirche** 27, die den östlichen Abschluss des Parks bildet. Mit ihr wollte Friedrich Wilhelm IV. dem allzu heiteren Sanssouci ein »geistliches Gegengewicht« gegenüberstellen und beauftragte Persius, Stüler und Hesse mit dem Sakralbau. 1845–54 im Stil einer frühchristlichen Basilika entstanden, verschmilzt der Bau zusammen mit Lennés Marlygarten und dem künstlich angelegten Friedensteich zu einer wunderschön verträumten Anlage.

Im Inneren umgeben kostbarer Marmor und ein venezianisches Originalmosaik das Mausoleum Friedrich Wilhelms IV. und seiner Gemahlin. Später fanden hier auch Kaiser Friedrich III. und seine Gattin Victoria sowie 1991 die Gebeine des Soldatenkönigs ihre letzte Ruhestätte. Häufig finden hier Konzerte, im November auch Aufführungen der Potsdamer Winteroper statt.

Am Grünen Gitter 3, Mai–Sept. Mo–Sa 10–18, So ab 12, Okt. nur bis 17, Nov.–Mitte März Sa 11–18, So 12.30–16, Mitte März–April Sa 11–17, So 12–17 Uhr, Gottesdienst So 10.30 Uhr, Eintritt frei

Auf Ruinen gebettet

Nördlich des Schlosses setzt der Ruinenberg mit dem **Normannischen Turm** 28 die Parklandschaft fort und bietet einen einzigartigen Blick auf die Umgebung. Friedrich der Große ließ 1748 den künstlichen Berg aufschütten, den ein Rundtempel mit kolossalen Säulen krönen sollte. 1845 wurde noch ein 23 m hoher Turm hinzugefügt, der einen bis nach Werder blicken lässt.

Maulbeerallee, Turm bis auf Weiteres geschl., Gelände frei zugänglich

Rund um den Neuen Garten

Dass Potsdam ganz unterschiedliche Könige und Prinzen gesehen hat, kann man auch am **Neuen Garten** 29 ablesen, der sich im Nordwesten der Stadt an den Heiligen und den Jungfernsee schmiegt. Der erste englische Landschaftsgarten auf preußischem Boden ist zweifellos ein weiterer Höhepunkt der Potsdamer Grünanlagen. 1786 auf Veranlassung Friedrich Wilhelms II. von Hofgärtner Johann August Eyserbeck und Joseph Peter Lenné angelegt, verbinden Sichtachsen kleinere oder größere Bauten wie die Gotische Bibliothek, das Grüne Haus, die Meierei und die Orangerie mit weiter entfernten Punkten der Umgebung wie dem Schlosspark Glienicke oder der Heilandskirche von Sacrow (s. S. 36).

Neben den Schlössern (s. S. 32) können Sie beim etwa einstündigen Rundgang auch lauter Kuriositäten entdecken: die Küche in Form eines antiken Tempels oder den als Pyramide errichteten Eiskeller. Und wenn Sie einen wirklich guten Espresso brauchen: Unterwegs lädt von Juli bis September **Pandoras Café** in der liebenswerten Orangerie zu Getränken und kleinen Speisen ein. Im Übrigen können Sie auch an der ausgewiesenen großen Badestelle (mit FKK-Bereich) ins Wasser springen.

Idyllisch gelegen: das Marmorpalais am Ufer des Heiligen Sees

Klassizismus am Heiligen See

Prächtigster Bau des Neuen Gartens ist das **Marmorpalais** ㉚. 1787–91 nach Plänen von Carl von Gontard und Carl Gotthard Langhans für Friedrich Wilhelm II. entstanden, wollte der musisch veranlagte Monarch Friedrich Wilhelm II. mit ihm die Distanz zu seinem Onkel Friedrich dem Großen markieren. Mit ihm hat der Klassizismus Preußen erobert. Wunderbar spiegelt sich die altrosa Fassade des Hauptbaus mit Turm im Heiligen See. Nachdem es dem Regenten und seiner lebenslangen Begleiterin Wilhelmine Encke als Sommerresidenz gedient hatte, erkor es das Kaiserpaar Wilhelm II. und Auguste Victoria zu seinem Wohnsitz.

Nach aufwendigen Restaurierungsarbeiten erstrahlen Grottensaal, Konzertsaal und Wohnräume in schönstem Glanz. Prachtvolle Seidenbespannungen, Stuckaturen, Marmorkamine, Gemälde der Malerin Angelika Kaufmann, antike Skulpturen und kostbare englische Wegdwood-Keramik schmücken das Innere. Ein besonderes Kleinod ist das Orientalische Kabinett, das mit blau-weißem Atlas, Leopardenseide und Diwan einem türkischen Zeltzimmer nachempfunden ist.

Im Neuen Garten 10, Mai–Okt. Di–So 10–17.30, Nov.–März, Sa/So 10–16, April Sa/So 10–17.30 Uhr, 6/5 €, Kombiticket mit Cecilienhof 10/7 €

Weltgeschichte

Und wieder ein völlig anderer Baustil: Das **Schloss Cecilienhof** ㉛ im nördlichen Teil des Neuen Gartens, in dem das letzte deutsche Kronprinzenpaar residierte, gleicht eher einem verspielten Landsitz. Mit Fachwerkfassade und Butzenscheiben ist es typisch für den englischen Tudorstil. Paul Schultze-Naumburg errichtete es 1914–17 für Kronprinz Wilhelm und dessen Gattin Cecilie von Mecklenburg-Schwerin.

Dabei täuscht die ländlich-idyllische Atmosphäre leicht über die historische Dimension des Gebäudes hinweg: Bei der Potsdamer Konferenz vom 17. Juli bis 2. August 1945 besiegelten hier Harry S. Truman, Joseph W. Stalin und Winston Churchill die neuen Grenzverläufe im befreiten Europa und der Welt, entschieden über die Aufteilung des besiegten Deutschland und die Reparationszahlungen. Neben dem Konferenzsaal mit dem großen Tisch können heute noch das Arbeitszimmer der russischen Delegation sowie die Privaträume des Kronprinzenpaars besichtigt werden.

Im Neuen Garten 1, April–Okt. Di–So 10–17.30, Nov.–März Di–So 10–16.30 Uhr, Eintritt mit Führung oder Audioguide in die Stätte der Potsdamer Konferenz 8/6 €, Privaträume des Kronprinzenpaars mit Führung 6/5 €, Kombiticket 10/7 €

Zeitreise in den Kalten Krieg

Nur ein Stück von der Glienicker Brücke entfernt steht die denkmalgeschützte, von Persius entworfene **Villa Schöningen** ㉜, die in wechselnden Ausstellungen Werke zeitgenössischer Künstler vorstellt.

Berliner Str. 86, T 0331 200 17 41, www. villa-schoeningen.de, Sa/So 12–18 Uhr, 6 €, Kunstausstellung 4 €, Kombiticket 9 bzw. 7 €, bis 18 J. frei

Norwegisch und Normannisch

Wenn Sie von der Glienicker Brücke aus am Wasser entlanglaufen, taucht noch vor dem Eingangstor zum Neuen Garten ein exotisches Stück Architektur auf: die Ventehalle der ehemaligen **Kaiserlichen Matrosenstation Kongsnæs** ㉝. Der Norwegen-Fan Wilhelm II. hatte den rotbraun lackierten Holzbau Ende des 19. Jh. bauen lassen, um von hier aus mit seiner Familie zu Ausflügen auf dem Wasser zu starten. Während des Zweiten Weltkriegs war er ausgebrannt. Jetzt wird im rekonstruierten Holzbau mit schöner Terrasse gehobene Küche zu gehobenen Preisen serviert.

Wesentlich günstiger speisen Sie in der ebenfalls geschichtsträchtigen **Meierei** ㉞ in normannischem Stil, die ein paar hundert Meter weiter an demselben Ufer – nein, nicht mit Milch aus der königlichen Molkerei, sondern mit selbstgebrautem Bier und herzhaften Gerichten lockt (s. S. 41). Auf dem Weg dorthin überraschen allerlei kuriose Relikte früherer Zeiten wie die **Borkenküche**, in der einst für königliche Diners in der Muschelgrotte gekocht wurde.

Restaurant in der Matrosenstation: Schwanenallee 7, T 0331 200 04 76 66, www. kongsnaes.de, Di–So 11–22 Uhr

Rund um den Pfingstberg

Potsdams schönste Aussicht

Von diesem Prachtbau schwärmen Potsdamer und Touristen gleichermaßen. Nur einen Katzensprung vom Neuen Garten entfernt erhebt sich das **Belvedere auf dem Pfingstberg** ㉟. Gleich mehrere Baumeister – Persius, Stüler, Hesse und von Arnim – haben zwischen 1847 und 1863 an dem Aus-

---

BRIDGE OF SPIES **B**

Es wird kaum eine geschichtsträchtigere Brücke geben als die **Glienicker Brücke** ㊱, die sich zwischen Jungfernsee und Glienicker Lake über die Havel spannt. Die Stahlkonstruktion von 1907 an der früheren deutsch-deutschen Grenze erlangte durch den Austausch von Agenten Berühmtheit – und wurde somit auch zur Kulisse von Steven Spielbergs Film »Bridge of Spies« (Breite Str. 28).

sichtspalast mit Doppelturm und Kolonnaden im Stil italienischer Renaissancevillen mitgewirkt. Rundherum ist er von Rasenparterres und einem Vorhof mit Laubengang umgeben, ein Wasserbecken im Innenhof verdoppelt die Schönheit des Ensembles.

Am besten kommen Sie zum Sonnenuntergang oder dem Potsdamer Lichtspektakel im Herbst. Außerdem sorgt ein engagierter Förderverein für Führungen, Konzerte oder Lesungen. Auf keinen Fall dürfen Sie den kleinen **Pomonatempel** übersehen, der neben bzw. vor dem Belvedere steht. Dieses Kleinod ist ein Werk des 19-jährigen Schinkel von 1801.

Belvedere auf dem Pfingstberg: April–Okt. tgl. 10–18, Nov. und März Sa/So 10–16 Uhr, 4,50/3,50 €, Familien 12 €; **Pomonatempel:** Ostern–Okt. Sa/So/Fei 14–17 Uhr, Eintritt frei

Geschichtsträchtige Villa

Unterhalb des Pfingstbergs träumt der Jüdische Friedhof mit jahrhundertealten Gräbern vor sich hin. In dieser Gegend reihen sich allerhand stolze Villen aneinander, wie die prachtvolle **Villa Henckel** ③⑦ oder in der Großen Weinmeisterstraße die Villa Quandt, die das Brandenburgische Literaturbüro und das **Fontane-Archiv** ③⑧ beherbergt. Wenn Sie sich einmal in die Schriften des Dichters vertiefen wollen – hier besteht dazu nach entsprechender Voranmeldung Gelegenheit.

Große Weinmeisterstr. 46/47, www.fontane archiv.de

Beklemmendes Militärstädtchen

Nur ein paar Schritte von der Villa Quandt entfernt führt eine schmucklose Villa in ein besonders düsteres Kapitel der Stadtgeschichte: In der **Gedenk- und Begegnungsstätte Leistikowstraße** ③⑨ befand sich von 1945 bis 1980 das Untersuchungsgefängnis der sowjetischen militärischen Spionageabwehr in einem ehemaligen Pfarrhaus. Hier wurden westliche Spione, zum Teil aber auch völlig unbeteiligte Personen unter grausamen Bedingungen – Hunger, Kälte, Isolation und Gewaltanwendung – festgehalten, bevor sie zu langjährigen Haftstrafen oder zum Tode verurteilt wurden. Seit 2012 informiert eine Ausstellung über die beklemmende Geschichte des Gebäudes.

Leistikowstr. 1, T 0331 201 15 40, www. leistikowstrasse-sbg.de, Di–So 14–18 Uhr, Eintritt frei

Russische Exotik

Mit den 13 Blockhäusern, die Friedrich Wilhelm III. um 1826 erbauen ließ, wollte er seinem kurz zuvor verstorbenen Freund Zar Alexander ein bleibendes Denkmal setzen. Die Gartenkolonie **Alexandrowka** ④⓪ wurde von Peter Joseph Lenné gestaltet, in den Holzhäusern – in Wirklichkeit handelt es sich um Fachwerkhäuser, die mit Holzbohlen, Balkonen und Schnitzwerk verziert wurden – fanden die Sänger eine Heimat, die nach dem Sieg der preußischen und russischen Truppen über Napoleon als ›Geschenk‹ des Zaren in preußischen Diensten blieben.

Besonders exotisch ist die **Alexander-Newski-Kirche** auf dem Kapellenberg. Ein kleines Museum gibt Einblick in das frühere Leben der Kolonie. Gleich nebenan werden in der **Russischen Teestube** mit hübschem Garten echter Borschtsch, Soljanka und Blinis serviert.

Alexandrowka 2, T 0331 817 02 03, www. alexandrowka.de, Museum April–Okt. Do–Di 10–18, März Fr–So 10–18 Uhr, 3,50/3 €, bis 14 J. frei; **Russische Teestube:** Alexandrowka 1, Di–So 12–21 Uhr

Potsdamer Familienpark

Der **Volkspark** ④① ist ein wirklich gelungenes Exemplar von ehemaligem BUGA-Gelände. Schon früher wollten die Potsdamer Gartenbaumeister das Areal in den Kranz der Gartenanlagen einbeziehen. Stattdessen diente es als Militär- und Exerzierplatz der preußischen Könige, der deutschen Kaiser, der Wehrmacht und schließlich der russischen Armee. 2001 hat die Bundesgartenschau das brach liegende Areal dann für die breite Bevölkerung wachgeküsst. Kleine Hügel, Lavendel- und Salbeiwälle, Sitznischen, Wasserspiralen und 13 000 Rosenstöcke warten hier auf Erholungsuchende. Es gibt auch Grillplätze, außerdem kann man sich Bollerwagen, Tischtennisschläger oder Bälle ausleihen und an Kräuterführungen teilnehmen.

Georg-Hermann-Allee 101, tgl. 5–23 Uhr, 1,50/0,50 €

Schiffbauergasse

In der Berliner Vorstadt, wo einst auf einer 12 ha großen Halbinsel Dampfschiffe gebaut, Ersatzkaffee erzeugt und Soldaten gedrillt wurden, füllen heute Kunst, Kultur, Design und Hightech in allerlei historischen Gebäuden die **Schiffbauergasse** ㊷ mit neuem Leben. Mit netten Lokalen am Wasser, einer Marina und Schiffsanlegestelle laden sie auch tagsüber zum Flanieren und Bewegen ein.

Kulturquartier

Die Entwicklung der Halbinsel begann im 18. Jh., als Friedrich der Große in einer Zichorienmühle den Ersatzstoff für das verbotene, weil zu teure Modegetränk Kaffee herstellen ließ. Im frühen 19. Jh. wurden hier Dampfschiffe gebaut und 1856 nahm die erste große Gasanstalt Deutschlands mit Schloten und Ofenanlagen ihren Betrieb auf. In den 1990er-Jahren eroberten schließlich freie Kulturträger das Gebiet. Aus einer alten Werkshalle wurde die **fabrik Potsdam**, ein Ort für zeitgenössischen Tanz, aus dem T-Werk und dem historischen

Waschhaus die Kulisse für Rock- und Jazzkonzerte oder Comedy.

Größte Errungenschaft ist das 2006 eröffnete **Hans-Otto-Theater** ❶ – wie eine Blüte öffnet sich das rote Dach weithin sichtbar über dem Wasser. Unweit davon hat das **Restaurantschiff John Barnett** festgemacht, in der früheren Zichorienmühle, einem neogotischen Gebäude von Ferdinand Ludwig Hesse, hat sich das Lokal »Il Teatro« eingerichtet.

www.schiffbauergasse.de

Fluxuskunst auf 1000 m²

Eine weitere Errungenschaft der Schiffbauergasse ist das **museum FLUXUS+** mit Installationen, Fotos, Filmen, Videos und anderen Objekten. Ein Schwerpunkt sind Arbeiten des Fluxuskünstlers Wolf Vostell. In einem zweiten Ausstellungskomplex werden Werke anderer Künstler wie Constantino Ciervo präsentiert, der Skulpturen mit Film-, Video- und digitaler Technik verbindet.

Schiffbauergasse 4, T 0331 60 18 90, www.fluxus-plus.de, Mi–So 13–18 Uhr, 7,50/3 €

Babelsberg

Und noch eine historische Parkanlage! Mit dem **Park Babelsberg** ㊸ hatte Wilhelm I. Peter Joseph Lenné beauftragt, doch führte vor allem Hermann Fürst von Pückler-Muskau von 1843 an die Planung des Landschaftsgartens fort. »Ich stehe Ihren Hoheiten dafür, dass der Babelsberg als ein organisches Ganzes, etwas Gediegenes und in künstlerischer Hinsicht alle anderen Anlagen seiner Art in der Potsdamer Gegend übertreffen wird«, schrieb der Fürst damals an den Hofmarschall des Prinzen. Und fast hört es sich wie eine Drohung an, wenn er fortfährt: »Aber man muss mir freie Hand lassen und tun was ich sage, sonst kann ich die künstlerische Verantwor-

TOUR

Mit dem Wassertaxi durchs preußische Arkadien

**Hop-on-Hop-off-Tour zu 13 Stationen an der Havel –
auch mit Fahrrad oder E-Bike**

Potsdam besticht durch seine völlig unterschiedlichen Gartenlandschaften, die sich über das ganze weitläufige Stadtgebiet verteilen. Aber mit dem **Wassertaxi** 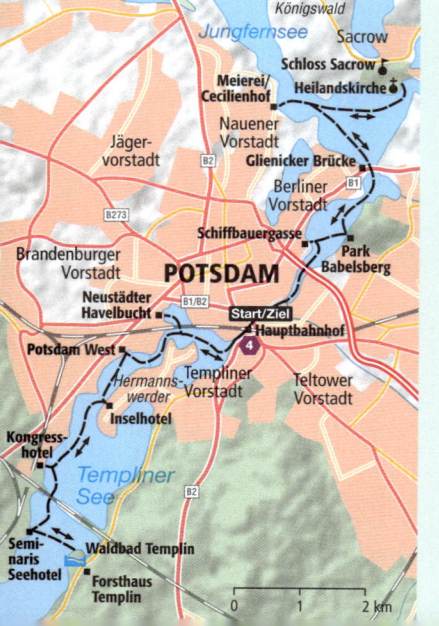 kommt man auch in entlegene Ecken, vor allem, wenn man das Fahrrad mit an Bord nimmt. Die gelben Liniendampfer schaffen eine sogenannte ›flüssige Verbindung‹ von insgesamt 13 Stationen, an denen Sie beliebig oft aus- und einsteigen – und bei Bedarf während der Fahrt auch Ihr E-Bike aufladen können.

Nordroute zur Basilika

Das Wassertaxi startet gleich gegenüber dem Hauptbahnhof. Auf der Nordroute bewegt es sich auf dem Tiefen See zur Schiffbauergasse, zum Park Babelsberg, zur Glienicker Brücke und zum Schloss Cecilienhof im Neuen Garten.

Fernster Punkt ist der Ortsteil **Sacrow** am gegenüberliegenden Ufer des **Jungfernsees.** Schon von Weitem sticht ein schlanker Turm zwischen üppigem Grün ins Auge: die Campanile der **Heilandskirche** von Sacrow, der sich malerisch im Wasser der Havel spiegelt. König Friedrich Wilhelm IV. ließ die Kirche von Ludwig Persius im Stil einer italienischen Basilika entwerfen. Zum Kirchenschiff gehört ein freistehender Glockenturm mit horizontalen Bändern aus blau glasierten Fliesen und blassrosa Backstein. Im Inneren schmückt ein Gemälde von Carl Begas und Adolph

Infos

📍 F6

Start/Ziel: z. B.
Anlegestelle am
Hauptbahnhof
Dauer: 1 bis 9 Std.
Zeiten: April–Okt.,
ab 9.45 Uhr
Preise: je nach
Strecke 4–13 €,
Tagesticket 19 €,
Familienticket ab
28,50 €, Fahrrad-
mitnahme 3 €
Auskunft: T 0176
11 55 44 55, www.
potsdamer-wasser
taxi.de, ❹

Heilandskirche:
Fährstraße, März/
April, Sept./Okt. Di–
Do 11–15.30, Mai–
Aug. Di–Do 11–16,
Sa/So/Fei 11–17,
Nov.–Feb. Sa/So/Fei
11–15.30 Uhr

Sacrower Schloss:
Weinmeisterweg 1,
T 0331 50 38 55,
www.restaurant-
sacrow.de, April–Okt.
Mo, Do–So 12–22
Uhr, im Winter Mo
geschl.

Eybel in byzantinischem Stil die Apsis; der Altar aus Zedernholz, ein Standkreuz und Kandelaber aus vergoldetem Zinkguss gehen auf Persius zurück.

Ringsum schmiegt sich ein wunderbarer Landschaftspark ans Wasser. Peter Joseph Lenné hat ihn so gestaltet, dass Sichtachsen Schloss Babelsberg und andere Punkte im Neuen Garten mit der Heilandskirche und auch dem **Schloss Sacrow** verbinden, das weiter hinten im Park steht. Das eher unscheinbare Herrenhaus ist in den letzten Jahren mehr und mehr aus seinem Dornröschenschlaf erwacht – dank des engagierten Vereins ars sacrow e. V. (www.ars-sacrow.es). Noch eine kleine Stärkung gefällig? Dafür bietet sich das Restaurant Zum Sacrower See mit seiner hübschen Terrasse an, das unweit des Schlosses liegt.

Südroute zum Forsthaus

Zurück an Bord des Wassertaxis haben Sie jetzt die Wahl: Wollen Sie den Neuen Garten (s. S. 31) erkunden, den Park Babelsberg (s. S. 35) oder die Schiffbauergasse (s. S. 35)? Alternativ können Sie sich auch südlich von Potsdam umsehen: Vorbei an der **Insel Hermannswerder** und dem Kongresshotel am **Templiner See** schippern Sie gemütlich in einer Dreiviertelstunde zum Forsthaus Templin.

Am entferntesten Punkt der Südroute ist das **Forsthaus Templin** Heimat der Braumanufaktur, einer Bio-Brauerei, die ein Ausflugslokal mit großem Biergarten betreibt (www.braumanufaktur.de). Hier wird die »Potsdamer Stange« gebraut und ausgeschenkt sowie rustikale regionale Küche serviert. Kinder toben während der Rast auf dem Spielplatz oder streicheln die hauseigenen Ziegen und Hasen.

Gegenüber befindet sich das **Waldbad Templin** (www.swp-potsdam.de/de/bäder/waldbad-templin, s. S. 52). Falls die Zeit reicht und das Wetter mitspielt, sollten Sie die Gelegenheit nicht verstreichen lassen und sich im Templiner See erfrischen. Am frühen Abend ist es Zeit für den Rückweg: entweder mit dem Wassertaxi oder mit dem Rad, ganz entspannt entlang dem Ufer des Templiner Sees bis nach Potsdam (ca. 5 km bis zum Hbf. Potsdam).

WEBERVIERTEL

Wenn Sie sich weiter in Babelsberg umsehen, werden Ihnen vielleicht die putzigen Häuser rund um den **Weberplatz 44** auffallen. Auch an den Straßennamen Tuchmacher-, Garn- oder Spindelstraße können Sie ablesen, dass sie zur alten **Weberkolonie Nowawes** gehören, die hier auf Wunsch Friedrichs II. seit 1750 entstand. Damals säumten Maulbeerbäume zur Seidenraupenzucht die Straßen. In den Häusern wohnten einst böhmische Protestanten, die unter dem Monarchen Religions- und Steuerfreiheit genossen. Am Wochenende finden auf dem Weberplatz ein Wochenmarkt, im Juni ein Böhmisches Weberfest und im Advent ein Böhmischer Weihnachtsmarkt statt.

Tors in Frankfurt am Main errichten. Der 46 m hohe Rundturm steht wie eine Festung inmitten eines bastionsartig eingefassten Wasserbeckens. Im Inneren befanden sich mehrere reich ausgestattete Räume für Wilhelm und zum »Logement für Fremde«. Schon zu Lebzeiten des Kaisers war der Turm für Besucher zugänglich, nach dem Zweiten Weltkrieg wurde er als Museum eingerichtet. Nach seiner Wiederherstellung vermitteln die sogenannte Trinkhalle und das elegante Balkonzimmer eine Vorstellung von der Originalausstattung. Darüber hinaus informieren Fotos, Pläne und Ausgrabungsfunde über die Geschichte des Schlossparks. Oben eröffnet der Turm ein fantastisches Panorama über die Stadt bis hin zur Pfaueninsel.

Park Babelsberg 12, Mai–Okt. Sa/So/Fei 10–18 Uhr

Romantisch verspielt

Wichtigstes Gebäude im Park ist das neugotische **Schloss Babelsberg 46**, das 50 Jahre Sommerresidenz von Wilhelm I. war und seit Jahren der abschließenden Renovierung harrt. Mit seinen Zinnen, Erkern und Türmen erinnert vom äußeren Bild an eine romantische Burg. Im Innern zeichnet es sich dagegen durch ein relativ modernes Raumprogramm aus. Nach Entwürfen Schinkels begonnen, sorgte Persius 1844 für eine Erweiterung, die Johann Heinrich Strack und Martin Gottgetreu vollendeten.

Im Schinkel-Bau befanden sich das Vor-, Empfangs- und Arbeitszimmer Augustas, im Obergeschoss ihr Ankleide- und Schlafgemach. In Wilhelms Arbeits- und Schlafzimmer mit hellblauer Stuckdecke und gelben Rippen bezeugen dagegen Bilder der Schlacht bei Königgrätz die Leidenschaft des Kaisers für das Militär. Im Erweiterungsflügel entstand schließlich das Sommerdomizil für Prinz

tung nicht dafür übernehmen. Knickern darf man gar nicht, denn umsonst ist nur der Tod.«

Vorbild Eschenheimer Tor

Wilhelm knickerte tatsächlich nicht. Bis 1867 durfte der Fürst das Lennésche Wegenetz durch eine Fülle von Fuß- und Fahrwegen ergänzen, von denen sich reizvolle Ausblicke auf Potsdam ergeben. Dazwischen laden Liegewiesen, Badestellen und architektonische Staffagen wie die **Gerichtslaube** zum Verweilen ein. Beim Spaziergang gelangt man auch zum **Dampfmaschinenhaus,** das nach Plänen von Persius als normannisches Kastell errichtet wurde und dessen Pumpwerk für die Bewässerung des Parks sorgte.

Auf einer Anhöhe ließ Prinz Wilhelm 1853–56 außerdem den **Flatowturm 45** in Anlehnung an den mittelalterlichen Turm des Eschenheimer

Friedrich Wilhelm und die englische Prinzessin Victoria.

Park Babelsberg 10, wegen Renovierung geschl.

Churchill, Stalin und Ufa-Stars

Am Ufer des Griebnitzsees liegt ein besonders glamouröses Stück Babelsberg aus jüngerer Zeit: die **Villenkolonie Neubabelsberg** 47. Ende des 19. Jh. verlegten die ersten Großindustriellen, Bankiers und Künstler ihren Wohnsitz vom hektischen Berlin an das idyllische Seeufer. Mit dem Aufschwung der UFA-Studios folgten dann auch bekannte Schauspieler wie Lilian Harvey, Gustav Fröhlich oder Marika Rökk. Das älteste der stattlichen Häuser ist die **Villa Stern** in der Karl-Marx-Straße 3, die in den 1920er-Jahren für den Kaufmann Siegbert Stern in neoklassizistischem Stil umgebaut wurde.

Daneben steht die **Truman-Villa,** die 1891 für den Berliner Verleger Carl Müller-Grothe errichtet wurde. Während der Potsdamer Konferenz beherbergte sie dagegen den US-amerikanischen Präsidenten. Ob es stimmt, ist fraglich, doch von hier aus soll Truman den Befehl zum Abwurf der Atombomben auf Hiroshima gegeben haben. Stalin wohnte zur selben Zeit in der **Villa Herpich** (Karl-Marx-Str. 27), Winston Churchill in der **Villa Urbig** (Virchowstr. 23). Letztere wurde 1915 von Mies van der Rohe für den Bankier Franz Urbig erbaut und zeugt von der Verehrung des jungen Architekten für Schinkel. Das zweite, von ihm um 1924 in Neubabelsberg erbaute Gebäude zeigt mit seinem dreieckigen Giebel und der rückseitigen Fensterfront schon eine deutliche Weiterentwicklung (Karl-Marx-Str. 29).

Der Architekt Hermann Muthesius verwirklichte sich indessen mit dem **Haus Guggenheim** im Stil moderner Landvillen, das am Johann-Strauß-Platz für den jüdischen Fabrikanten Hans Guggenheim entstand. Nach dessen Emigration während der Nazizeit zog die Schauspielerin Brigitte Horney ein, die gerade mit dem Film »Münchhausen« triumphierte.

Besonders verspielt ist das prachtvolle **Palmenhaus** (Spitzweggasse 6). Bei der Turmvilla hatte sich der Architekt 1906 von italienischen Häusern der Frührenaissance inspirieren lassen – außerdem wurde für den Direktor der islamischen Sammlung des Kaiser-Friedrich-Museums die Kopie eines babylonischen Löwenfrieses angebracht.

Auch in der **Galerie Bauscher** (Rosa-Luxemburg-Str. 4) locken nicht allein Ausstellungen zeitgenössischer Künstler. In der geschichtsträchtigen, 1924 erbauten Villa hat auch vorübergehend Konrad Adenauer gelebt. Potsdam Tourismus bietet hierzu auch spezielle Stadtführungen an.

Kamera ab – und bitte!

Die Entstehung von Film- und Fernsehproduktionen wird im **Filmpark Babelsberg** 48 gezeigt. Er lädt auch dazu ein,

In der Filmwerkstatt des Filmparks Babelsberg zeigen Profis ihr Können.

durch Janoschs Traumland zu schlendern, Führungen durch das GZSZ-Außenset mitzumachen sowie sich im 4D-Action-kino und einer spektakulären Stuntshow einen ordentlichen Thrill abzuholen.

Großbeerenstr. 200, T 0331 721 27 50, www.filmpark-babelsberg.de, April–Juni meist Di–Fr 9–17, Sa/So 10–18, Sept. Di–Do, Sa/So (z. T. auch Fr) 10–18, Juli/Aug. tgl. 10–18, Sept. Di–Do 9–17, Sa/So 10–18, Okt. tgl. 9–17 bzw. 10–18 Uhr, 22/15–18 €, mit bis zu 3 Kindern 65 €, im Vorverkauf günstiger

Schlafen

Elegantes Stadtpalais

1 Hotel am Luisenplatz: Viel Service in zentraler Lage bietet das Haus am Bran-denburger Tor mit rund 40 geschmackvol-len Zimmern und Suiten samt Fahrrad- und Autovermietung, Wiener Café und Restau-rant El Barón.

Luisenplatz 5, T 0331 97 19 00, www.hotel-luisenplatz.de, EZ ab 90 €, DZ ab 120 €

Grüne Oase in zentraler Lage

2 Hotel Villa Monte Vino: Am Winzer-berg liegt das elegante 4-Sterne-Wohlfühl-hotel, das sich mit individuellem Service ganz auf seine Gäste einstellt. Dazu tra-

gen auch Sauna, Fahrradverleih, Smokers Lounge und der Garten bei. Toller Blick über die Stadt vom Turm des Hauses.

Gregor-Mendel-Str. 27, T 0331 201 33 39, www.hotelvillamontevino.de, EZ ab 79 €, DZ ab 99 €

Am Park Sanssouci

3 Maxx by Steigenberger Hotel Sanssouci: Wenn Sie Wert auf den um-fassenden Komfort eines Vier-Sterne-Hau-ses legen und zwischendurch vielleicht eine Runde joggen wollen, sind Sie hier richtig. Neben großzügigen Zimmern, die von der Filmgeschichte Potsdams inspiriert sind, erwarten Sie ein Restaurant, die Bar und die Sommerterrasse Kutscherhof.

Allee nach Sanssouci 1, T 0331 909 10, www.steigenberger.com, EZ ab 80 €, DZ ab 85 € (saisonal stark schwankend)

Kuschelig

4 Design Apartments Potsdam: Ob Sie allein oder mit fünf Personen übernach-ten wollen – die individuell gestalteten Wohnungen in historischen Gebäuden des Holländerviertels haben viel für sich.

Kurfürstenstr. 15, T 0331 20 16 58 40, www.designapartments-potsdam.de, Fewo für 1–6 Pers. ab 90 €

»DER BLAUE ENGEL   **B**

Haben Sie den Film »Der Vorleser« gesehen? Oder »Inglourious Basterds«? Diverse Hollywoodproduktionen wurden in Babelsberg unweit der Villenkolonie gedreht. Auf ihre Spuren führen die **Filmstudios Babelsberg** ㊾, die viel älter als die Produktionsstätten in Hollywood und heute Teil der Medienstadt mit der Filmuniversität Babelsberg Konrad Wolf, Sendezentrum des Rundfunks Berlin-Brandenburg und Sitz des Filmorchesters Babelsberg ist. Im ältesten Großatelier-Filmstudio der Welt entstanden Klassiker wie »Der blaue Engel«. Regisseure wie Friedrich Wilhelm Murnau drehten hier, Höhepunkt war Fritz Langs Stummfilm »Metropolis« mit 36 000 Darstellern. Als der Film sprechen lernte, standen Stars wie Greta Garbo, Heinrich George und Marlene Dietrich vor der Kamera der Ufa-Studios. Nach dem Zweiten Weltkrieg nahm die Deutsche Filmaktiengesellschaft (DEFA) den Betrieb auf. Später siedelten sich Fernseh- und Rundfunkanstalten auf dem Gelände an.

Essen

Kulinarische Sternstunden

1 **Kochzimmer:** Nachdem es David Schubert und Jörg Frankenhäuser in Beelitz mit ihrer neuen preußischen Küche zu einem Michelin-Stern gebracht hatten, waren sie reif für Potsdam. In der ehemaligen Ratswaage wird nun auf hohem Niveau (auch hinsichtlich der Preise) weitergespeist. Zu Kalbsbacke und bretonischem Hummer mit Kaki-Chutney gibt es auch vegetarische und vegane Alternativen.
Am Neuen Markt 10, T 0331 20 09 06 66, www.restaurant-kochzimmer.de, Di–So 18–23 Uhr, Menüs zu 76, 88 und 104 €

Geschichtsträchtige Institution

2 **Villa Kellermann:** Das schöne Lokal, das Günther Jauch zusammen mit dem Berliner Spitzenkoch Tim Raue wiederbelebt hat, ist oft monatelang ausgebucht. 1914 für den Zeremonienmeister W. von Hardt erbaut, hatte hier später der Kulturbund der DDR seinen Sitz. Mit Blick auf den Heiligen See mundet es hervorragend.
Mangerstr. 34, T 0331 20 04 65 40, www.villakellermann.de, Mi–Fr 18–21.30, Sa/So 12–14.30 und 18–21.30 Uhr, Hauptgerichte ab 20 €, Menüs um 56 €

Französische Landhausküche

3 **Maison Charlotte:** Ob Ihnen der Sinn nach bretonischer Fischsuppe, Flammkuchen, Lammhaxe, Seeteufel mit Meerrettichrisotto oder einer Tarte aux pommes steht – alles mundet im rustikalen Lokal oder im Innenhof des Holländerviertels.
Mittelstr. 20, T 0331 280 54 50, www.maison-charlotte.de, tgl. 12–23 Uhr, Drei-Gänge-Menü um 50 €, Suppe 8,50 €, Hauptgerichte um 25 €

Mit schattiger Terrasse

4 **Mövenpick:** Das familienfreundliche Lokal beim Schloss Sanssouci bietet solide, saisonale Küche.
Zur Historischen Mühle 2, T 0331 28 14 93, www.moevenpick.com, tgl. 8–22 Uhr, Hauptgerichte ab 15 €

Gemütliche Weinstube

5 **Lewy:** Zu edlen Tropfen aus Deutschland, Frankreich und Italien gibt es frische, saisonale Küche mit Produkten aus der Region und Spezialitäten wie Pfälzer Maultaschen, Trentiner Bergkäse oder Südtiroler Schüttelbrot.
Dortustr. 17, T 0331 200 88 02, www.lewy-potsdam.de, Mo–Sa ab 11, So 12–20 Uhr (sonst auch länger), Weinbegleiter ab 6,50 €, Hauptgerichte ab 10 €

Bier statt Milch

6 **Meierei:** In der Meierei trank seinerzeit Friedrich Wilhelm II. seine Milch. Heute stellt die hauseigene Brauerei Helles, Bock und Craftbeer her. Dazu serviert sie gutbürgerliche Küche. Neben Grillhaxe können Sie auch vegane Bratlinge auf der großen Terrasse am Wasser verspeisen.
Im Neuen Garten 10, T 0331 704 32 11, www.meierei-potsdam.de, April–Okt. Di–Sa 12–22, Sa/So ab 11, Nov.–März Di–So 12–22, So 12–20 Uhr, Jan. geschl., 3,50–16 €

Traditionsreiches Kaffeehaus

7 **Café Heider:** Als Wohnzimmer der Stadt versteht sich das hochbetagte Café-Restaurant am Nauener Tor, das mit alten Fotos, roten Sofas und goldgefassten Spiegeln frühere Glanzzeiten beschwört. Neben Kaffee und Kuchen werden hier auch opulente Gerichte wie Brandenburger Landente mit Rotkohl und Klößen serviert.
Friedrich-Ebert-Str. 29, T 0331 270 55 96, www.cafeheider.de, Mo–Fr ab 8, Sa/So ab 9 Uhr, Sonntagsbrunch 9,50 €, Hauptgerichte um 15 €

Kein Schnickschnack

8 **Backstoltz:** Wenn es schlicht und einfach und dennoch schmackhaft sein soll, ist dieses Bistro mit Terrasse genau das Richtige. Bis 12 Uhr gibt es Frühstück, dann leckere Kleinigkeiten, günstigen Mittagstisch oder Kaffee und Kuchen.

Dortustr. 59, T 0331 201 29 29, Mo 11−18, Di−Fr 9−20, Sa 10−20 Uhr, Frühstück 7,50 €, Mittagessen um 10 €

Kaffee Tag und Nacht

9 **Kellermann:** Nicht zu verwechseln mit der exklusiven Villa ist dieses unprätentiöse Café im Stadtteil Babelsberg, wo Sie vom Morgenkaffee über den Mittagstisch den Tag zubringen − und gleich noch in eine Latin Night durchstarten können.

Rudolf-Breitscheid-Str. 32, T 0331 23 16 04 55, www.kellermann-babelsberg.de, Mo−Mi 7−20, Do 7−22, Fr 7−1, Sa 9−1 Uhr, Antipasti-Teller oder Flammkuchen ab 7 €

Nah am Wasser gebaut

10 **Das Kleine Schloss:** Wenn schon das große Schloss Babelsberg geschlossen ist, dann können Sie wenigstens dem Kleinen Schloss einen Besuch abstatten, das um 1842 nach Entwürfen von Ludwig

Von der Glienicker Brücke schweift der Blick zum Park und Schloss Babelsberg.

Persius im Tudor-Stil errichtet wurde. Mit Blick auf die Havel gibt es Kaffee, Kuchen und kleine Speisen.

Park Babelsberg 9, T 0331 70 51 56, www.kleinesschlossbabelsberg.eu, April–Sept. tgl. 11−18, Okt. und März Mi–So 11−18, Nov.–Feb. Fr–So 11−17 Uhr, Hauptgerichte ab 12 €

Einkaufen

Das **Holländische Viertel** und die benachbarten Straßen rund um die **Brandenburger Straße** bieten eine schöne Auswahl an Spezialgeschäften. Hier können Sie in origineller Mode, Schuhen und Kunsthandwerk schwelgen, solange der Geldbeutel gut gefüllt ist. Mehr Potsdamer werden Sie auf den **Märkten** treffen − wochentags auf dem Bassinplatz, Mittwoch und Samstag am Nauener Tor oder Samstag auf dem Weberplatz in Babelsberg.

Feminin und nachhaltig

1 **Bellanatur:** Die Kreationen des Berliner Designerlabels mit ihren lebensfrohen Farben und Schnitten haben sich längst auch in Potsdam etabliert.

Mittelstr. 31, T 0331 120 00 41 10, www.bellanatur.jimdo.com, Mo und Fr 11−19, Di−Do 11−18, Sa 10−19 Uhr

Potsdams Schokoladenseite

2 **Confiserie Felicitas:** Für die feinen Schokoladen-Produkte wurde das belgische Produzentenpaar bereits mit dem Verdienstorden des Landes Brandenburg ausgezeichnet.

Gutenbergstr. 26, T 0331 201 24 70, www.confiserie-felicitas.de, Mo−Sa 10−18 Uhr

Der Weg zur Lieblingsbohne

3 **die espressionisten:** Den Baristas zufolge soll sich hier der Kaffeegenuss wie ein Kurzurlaub in Bella Italia anfühlen.

Gutenbergstr. 27, T 0331 231 64 09, www.espressionisten.de, Mo−Fr 10−14 und 15−18, Sa 10−16 Uhr

Schön und nützlich

4 **Königsblau Keramik:** Die leuchtend blauen Töpferwaren aus Schmerwitz im Fläming sind aus dem Holländischen Viertel nicht wegzudenken.

Mittelstr. 7, T 0331 280 52 89, www.scara beus-schmerwitz.de, tgl. 10–18 Uhr

Bewegen

Auf zwei Rädern

Potsdam lässt sich ideal per Fahrrad erkunden. Es gibt viele **Radrouten,** die das Stadtgebiet und das ländliche Potsdam erschließen. Zudem können Sie an vielen Stellen Räder ausleihen.

Toureninfos mit Karte findet man unter www. mobil-potsdam.de/de/fahrrad

Große Auswahl

1 **Cityrad Rebhahn:** Räder und Zubehör wie Helme, Kindersitze und -anhänger. Auch Stadtführungen mit qualifizierten Guides und mehrtägige Touren.

Heinrich-Mann-Allee 7 (300 m vom Hbf.), T 0331 270 62 10 oder 0177 825 47 46, www.cityrad-rebhahn.de, März–Nov. Mo–Fr 9.30–20, Sa/So/Fei 9.30–19 Uhr

Auch E-Bikes und Tandems

2 **Potsdam per Pedales:** Alle möglichen Fahrradtypen mit Schlössern, Körben und Routenplänen.

Hbf., Ausgang Babelsberger Straße und am S-Bf. Griebnitzsee, T 0331 88 71 99 17, www.potsdam-per-pedales.de, April–Okt. Mo–Fr 7–19, Sa/So 9.30–9 Uhr, Winter Mo–Fr 8–19, Sa 9.30–18 Uhr

Auf dem Wasser

3 **Weiße Flotte Potsdam:** Die ganze Havellandschaft können Sie wunderbar an Bord von einem der Ausflugsdampfer erleben. Neben Schlösserfahrten, Advents- und Großen Inselrundfahrten gehören die Nächtlichen Schlösserimpressionen mit festlich illuminierten Bauwerken und abschließendem Feuerwerk zu den Highlights.

T 0331 275 92 10, www.schiffahrt-in-pots dam.de

Hop-on-Hop-off

4 **Potsdamer Wassertaxi:** Sehr praktisch sind die gelben Linienschiffe, bei denen Sie an 13 Anlegepunkten in und um Potsdam beliebig oft ein- und aussteigen und auch das Fahrrad mitnehmen können.

Abfahrt am Hauptbahnhof, www.potsdamer-wassertaxi.de, März–Okt., Kurzticket 4 €, 1 Zone 7 €, 2 Zonen 10 €, 3 Zonen 13 €, Tagesticket 19 €, Kinder 50 %, Familien 47,50 €, Fahrräder 3 €

Flöße und mehr

5 **Floating Noise:** Alles rund um den Wassersport. Segel- und Surfschule, Bootsvermietung, Wasserski und Flöße bis hin zu Wintersafaris.

Eisenhartstr. 4 (Büro), T 0331 96 00 10, www.floating-noise.com

Mit eigener Armkraft

6 **Preußen-Kanu:** Kanus, Kajaks und vieles mehr gibt es am Luftschiffhafen.

Zeppelinstr. 117 B, T 0331 951 23 86, www. preussen-kanu.de. Ganzjährig Verleih von Kanus aller Art.

Nostalgische Flöße

7 **Huckleberry Tours:** Flöße für bis zu 8 Pers., mit denen man auch Mehrtagestouren unternehmen kann.

Schiffbauergasse 9 A, www.huckleberry-tours. de

Ausgehen

Die Bühne schlechthin

✹ **Hans-Otto-Theater:** Mehrspartentheater mit Schwerpunkt Schauspiel, das von einem festen 25-köpfigen Ensemble bespielt wird. Aber es hat sich auch als Ort für Podiumsdiskussionen bewährt.

TOUR
Das Spukschloss am Schlänitzsee

Fahrradtour nach Marquardt

An Schlössern herrscht in und um Potsdam nun wirklich kein Mangel. Doch keines ist wie Marquardt im Havelland. Fontanes Zauberschloss, wo der Putz von der Fassade bröckelt, umweht etwas Geheimnisvolles.

Startpunkt ist der Hauptbahnhof Ausgang Babelsberger Straße, wo Sie sich auch Räder ausleihen können. Von hier aus radeln Sie über die **Lange Brücke** am Stadtschloss vorbei in Richtung Innenstadt und auf der Friedrich-Ebert-Straße zum **Nauener Tor.** Unterwegs können Sie sich noch in einem der Cafés im Zentrum stärken oder Proviant für ein Picknick am See besorgen. Unter dem markanten neugotischen Tor hindurch geht es geradeaus weiter am Rathaus und der **Kolonie Alexandrowka** (s. S. 34) vorbei bis auf die Nedlitzer Straße (B 2), die aus der Stadt hinausführt.

Eingebettet ist das Schloss in einen wunderbaren Schlosspark am Schlänitzsee samt Badestelle. Und die Radtour dorthin führt durch ein liebenswertes Stück ländliches Potsdam.

Jetzt wird's ländlich

Hinter ein paar Kasernen zweigen links die Straßen Viereckremise/Am Golfplatz ab, die Sie an Siedlungshäusern entlang zur **Bornimer Feldflur** führt. Schon wird es ländlich. Felder und Wiesen wechseln ab mit stillen Baumalleen. Kurz vor der Admundsenstraße biegen Sie links in die kleine Straße Am Vogelherd und nach ca. 300 m rechts in die Grenzallee ein.

An der nächsten Abzweigung radeln Sie dann auf der schönen Lindenallee immer geradeaus am **Astrophysischen Institut Potsdam** und dem **Persiusturm** entlang, der 1844 als Teil einer italienisch anmutenden Gutsanlage errichtet wurde, bis Sie zu einem Waldstück

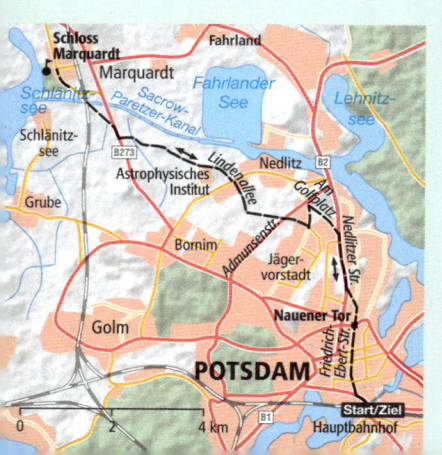

So einsam war es hier nicht immer. Das Schloss hat eine aufregende Geschichte hinter sich.

Infos

📍 **F6**

Start/Ziel: Hauptbahnhof Potsdam
Länge: ca. 20 km (hin und zurück)
Dauer: ca. 4 Std. mit Besichtigung und Rundgang
Bus/Bahn: Neben dem Bus 614 fahren auch Regionalzüge von Potsdam aus nach Marquardt (RB21, www.vbb.de).

Alter Krug: Hauptstr. 2, Marquardt, T 033208 572 33, www.krug-marquardt.de, meist ab 11 Uhr

Lavendelhof: Hauptstr. 3, Marquardt, T 033208 221 87, www.lavendelhof-marquardt.de, nur Sa/So geöffnet

kommen. Hier geht es auf einem Plattenweg weiter zur B 273. Sie queren vorsichtig die Bundesstraße und radeln schräg gegenüber auf dem Königsdamm und weiter in die Marquardter Straße. An der Gabelung gelangt man links zum Sacrow-Paretzer-Kanal, überquert ihn auf der Eisenbahnbrücke und fährt weiter ins Ortszentrum von **Marquardt**. An der meist geöffneten Dorfkirche befindet sich dann der Eingang zum **Schlosspark** mit dem kolossalen **Herrenhaus**.

Filmkulisse für »Bridge of Spies«

König Friedrich Wilhelm II. soll sich hier mit Rosenkreuzlern zu spiritistischen Sitzungen in einer Blauen Grotte versammelt haben. Später wollen Dorfbewohner immer wieder das Gespenst der schwarzen Witwe eines der Schlossherrn gesehen haben. Ein ganzes Geschichtsbuch könnte man mit den wechselnden Besitzern füllen: adlige Gutsherren, Hofmarschälle, Generäle, Kommerzienräte … Um 1932 betrieb dann Kempinski in dem neobarocken Kolossalbau mit Rokoko-Elementen ein Luxushotel. Später diente es als Lazarett, Unterkunft für Heimatvertriebene und Versuchsstation für Agrarbiologie. Kein Wunder, dass so ein Ort auch Künstler oder Filmleute inspiriert. So wurde Marquardt u. a. zur Kulisse von Steven Spielbergs »Bridge of Spies« mit Tom Hanks in der Hauptrolle (s. S. 33).

Im Sommer geht hier auch so manche Hochzeit über die Bühne. Wenn Sie den imposanten Bau begutachtet haben, können Sie durch den englischen Landschaftspark mit seinen jahrhundertealten Baumriesen wandeln, zwischendurch vielleicht ein Picknick machen oder ins Wasser springen. Ansonsten laden unweit vom Parkausgang der Landgasthof »Zum alten Krug« zu herzhafter Küche und der **Lavendelhof** (ausschließlich am Wochenende) zu Kaffee und Kuchen ein, bevor Sie auf derselben Strecke nach Potsdam zurückstrampeln.

Berliner Str. 27 A, T 0331 981 18, www.
hansottotheater.de

Viel mehr als ein Konzertsaal
2 Nikolaisaal: Ob das Filmorchester
Babelsberg spielt, namhafte Pianisten in
die Tasten greifen oder Comedians den
Saal zum Lachen bringen, das Schmuckstück in der Altstadt ist *das* Konzert- und
Veranstaltungshaus.
Wilhelm-Staab-Str. 10/11, T 0331 288 88
28, www.nikolaisaal.de

Ambitioniertes Theater
3 T-Werk: Das Internationale Theater-
pädagogikzentrum zählt mit seinem anspruchsvollen Programm zu den wichtigsten freien Theatern Brandenburgs.
Schiffbauergasse 4 A, T 0331 71 91 39,
www.t-werk.de

Livemusik, Impro-Theater
4 Waschhaus: Veranstaltungsort für
Pop, Rock, Jazz, Tanz.
Schiffbauergasse 1, T 0331 27 15 60, www.
waschhaus.de

Gute Unterhaltung
5 Kabarett Obelisk: Soll es vielleicht
mal ein Politgrusical sein? Oder lieber klas-
sisches Kabarett? Hier werden Sie fündig.
Charlottenstr. 31, T 0331 29 10 69, www.
kabarett-potsdam.de

Auf dem Wasser
6 Theaterschiff: Modernen Flamenco,
Pop, Rock, Jazz – alles das können Sie
an Bord erleben oder von Donnerstag bis
Samstag abends bei einem Glas Wein in
der gemütlichen Bar entspannen.
Schiffbauergasse 9 B, T 0331 97 23 02,
www.theaterschiff-potsdam.de

Gut gemixt
7 Bar Fritz'n und Schech's: Die
beiden Cocktailbars liegen gegenüber
voneinander. Sie servieren klassische
Drinks, auch modern interpretiert, in su-

per Qualität. Für welche man sich letztlich
entscheidet, hängt davon ab, welche Bar
einem optisch eher zusagt.
Dortustr. 6 und 68, www.barfritzn.de und
http://schechs.net, ab 18 Uhr

Feiern

- **Tulpenfest:** Mitte April. Das Holländische Viertel füllt sich mit bunten Blumen
(www.hollaendisches-viertel.com).
- **Sehsüchte:** April. Das internationale
Studierenden-Film-Festival findet bereits
seit rund 50 Jahren statt (www.sehsu
echte.de)
- **Potsdamer Tanztage:** Im Mai/Juni bietet
die fabrik Potsdam ambitioniertes Tanz-
theater (www.fabrikpotsdam.de).
- **Musikfestspiele Potsdam Sanssouci:** Juni. Konzerte mit klassischer Musik
bringen die historischen Orte rund um
Sanssouci zum Klingen (www.musikfest
spiele-potsdam.de).
- **Potsdamer Schlössernacht:** Aug.
Meist ausverkauft ist die Schlössernacht
mit Musik, Illuminationen und kleinen
Theatereinlagen im Park von Sanssouci
(www.potsdamtourismus.de).
- **Töpfermarkt:** Sept. Etwa 90 Keramiker
bieten ihre Werke im Holländischen Viertel
zum Verkauf an.
- **Unidram:** Ende Okt./Anfang Nov. Im
t-werk der Schiffbauergasse findet das
ambitionierte Internationale Theaterfestival
freier Theatermacher mit Tanz, Performances und anderer Bühnenkunst statt (www.
unidram.de).
- **Potsdamer Winteroper:** Ende Nov.
Die Friedenskirche bzw. das Hoftheater
im neuen Palais werden für einige Aben-
de zur Opernkulisse (www.potsdamer-
winteroper.de).
- **Sintaklaasfest:** 3. Adventswochenende. Der Weihnachtsmarkt im Holländischen Viertel ist einer der Höhepunkte
in der Vorweihnachtszeit (www.potsdam
tourismus.de).

Infos

● **Potsdam Marketing und Service GmbH:** Hauptbahnhof und Alter Markt, T 0331 27 55 88 99, www.potsdamtou rismus.de, Mo–Sa 9.30–18.30, So/Fei 9.30–15 Uhr. In der offiziellen Touristenin formation können Sie Zimmer reservieren, Stadtführungen buchen, Tickets kaufen und alle Informationen zu Touren und Veranstaltungen einholen.

Rund um Potsdam – Schwielowsee

Wälder, Felder, Wiesen und vor allem die Havelseen bestimmen das Bild. An diese schmiegen sich wiederum Fischerdörfer, Jachthäfen und Strandbäder – und auch das eine oder andere Baudenkmal wie das Barockschloss Caputh oder die Kirche von Petzow. Wie Perlen an einer Kette reihen sich hier mehrere Erholungsorte aneinander – einer malerischer als der andere. Kein Wunder, dass sie auch viele Künstler inspirier(t)en. Es gibt mehrere Möglichkeiten, die Gegend südwestlich des Zentrums zu erkunden. Infos unter: www.schwielowseetourismus.de

Caputh   📍 F6

Sommerresidenz für Dorothea

Wenn Sie am Templiner See entlang gefahren oder -geradelt sind, vorbei am Forsthaus und Freibad, und der Wald sich lichtet, steht rechts von der Landstraße **Schloss Caputh am Wasser:** Ursprünglich nur ein bescheidenes An

wesen, das der Große Kurfürst Friedrich Wilhelm 1671 seiner Gemahlin Kur fürstin Dorothea schenkte, mauserte es sich zur kleinen, aber feinen Sommer residenz.

Im Inneren geben unzählige Gemäl de, Lackmöbel, verzierte Spiegel, Mar morskulpturen und Porzellan eine Vor stellung von der Raumdekoration aus der Zeit um 1700. Besonders schön ist der Festsaal mit barockem Deckengemälde. Außergewöhnlich ist schließlich der Flie sensaal, dessen Wände und Decke mit über 7000 blau-weißen holländischen Fayence-Fliesen ausgekleidet sind.

Den **Schlosspark** mit eigener An legestelle gestaltete Peter Joseph Lenné 1820 zum Landschaftsgarten um. Dazu gesellte sich 1830 ein Kavalierhaus, das General Heinrich Ludwig August von Thümen 1830 im Stil klassizistischer Landhäuser errichten ließ. Schräg gegen über sollten Sie noch einen Blick auf oder in die Dorfkirche werfen. Von Friedrich August Stüler im frühchristlichen Stil, schmückt das Innere eine schöne höl zerne Kassettendecke.

Straße der Einheit 2, Caputh, T 033209 703 45, www.spsg.de, April Sa/So 10–17.30, Mai–Okt. Di–So 10–17.30, Jan.–März Sa/So 10–16 Uhr, 6/5 €, Familienkarte 12 €

Sommerresidenz für Einstein

Was für ein Kontrast: hier die barocke königliche Sommerresidenz, dort das schlichte Sommerhaus, das Konrad Wachsmann um 1929 für **Albert Einstein** baute. Er wollte sich möglichst ungestört erholen und mit seiner Jolle »Tümmler« auf dem Templiner See schippern. So ent stand ein fast minimalistisches Holzhaus mit weißen Fensterläden, Flachdach und einer großen Sonnenterrasse. Immerhin gab es auch den Rahmen für informelle Begegnungen mit Freunden ab. Selbst wenn die Besucher Max Planck, Heinrich Mann oder Max Liebermann hießen – hier durften die Krawatten gelockert, ja

sogar Schuhe und Strümpfe ausgezogen werden. »Komm nach Caputh, pfeif auf die Welt«, forderte der Nobelpreisträger auch seinen Sohn Eduard auf. Nach der Machtergreifung der Nazis wurde das Sommerhaus konfisziert und später von der Wehrmacht genutzt. Von den Originalmöbeln hat sich nur die gusseiserne Wanne erhalten, in der der Physiker sein morgendliches Bad nahm.
Am Waldrand 15–17, Caputh, T 033209 22 17 80, www.einsteinsommerhaus.de, April–Okt. Sa/So/Fei 10–18 Uhr, 5/2,50 €, nur mit Führung

Petzow ♀ F6

Wenn Sie die südliche Spitze des Schwielowsees umrundet haben, folgt Petzow auf Ferch. So klein das Örtchen ist – auch hier waren berühmte Garten- und Baumeister am Werk. So zum Beispiel bei der **Dorfkirche** mit ihren neoromanischen Rundbogenfenstern, die um 1842 nach Entwürfen Schinkels von Gustav Emil Prüfer errichtet wurde. Vom Turm bietet sich eine fantastische Aussicht auf die Seenlandschaft der Havel.

Gegenüber steht in einem schönen, von Lenné gestalteten Park mit kleinem See das neugotische **Schloss Petzow** (Zelterstr. 5), das Anfang des 19. Jh. ebenfalls nach Plänen Schinkels im englischen Tudorstil errichtet wurde und privat genutzt wird.
Kirchturm Petzow: Fercher Straße, meist April–Okt. Sa/So 11–18, Nov.–März Sa/So 13–17 Uhr, Turmbesteigung 1 €

Geschichte des Wäschewaschens
Ein besonderes Kleinod ist das winzige, 1820 errichtete **Waschhaus** am Haussee, das der Heimatverein Petzow als Museum zugänglich gemacht hat. Der Ziegelsteinbau mit Rohrdach beherbergt eine Ausstellung zur Ortsgeschichte, die

auch über das frühere Wäschewaschen informiert.
Fercher Str. 50 B, Petzow, Mitte April–Mitte Okt. So 13–17 Uhr, Eintritt frei

Werder ♀ F6

Nördlich vom Schwielowsee wartet die Blütenstadt Werder mit einem denkmalgeschützten Stadtkern auf einer Halbinsel auf, die malerisch von der Havel umspült wird. Schon von Weitem grüßt die neugotische **Heilig-Geist-Kirche**, die im 19. Jh. nach einem Entwurf von Stüler gebaut wurde. Nicht weit davon entfernt steht das Wahrzeichen der Stadt, die jahrhundertealte **Bockwindmühle.** Ringsum säumen niedrige Obstbauern- und Fischerhäuser die kopfsteingepflasterten Straßen, in denen sich Künstlerateliers, Galerien und nette Lokale niedergelassen haben.
Heilig-Geist-Kirche: Werder, März–Okt. Sa/So 11–18, Winter 13–17 Uhr; **Bockwindmühle:** Mitte April–Mitte Okt. Di, Sa/So 13–17 Uhr, 1,50/1 €

Wenn es hochprozentig wird
Der Ort wurde von Germanen und Slawen im Mittelalter als Fischerdorf gegründet, heute spielt in der fruchtbaren Umgebung der Obstanbau die wichtigste Rolle. Im Frühling verwandelt sich die Gegend in eine blühende Pracht. Anlass genug, um seit 1879 Ende April/Anfang Mai das Werderaner **Baumblütenfest** zu feiern. Schon im 19. Jh. kamen die Berliner in Scharen mit Sonderzügen hierher. Auch heute geht es mitunter noch hoch her, wenn sich die Ausflügler vom Duft der Blüten und dem hochprozentigen Obstler berauschen lassen – so sehr, dass die Stadt zwischenzeitlich das Fest aussetzte.

Wo die Galgenlieder entstanden
Am Museumsturm der Bismarckhöhe steht das einzige **Christian-Morgen-**

Pause unter blühenden Obstbäumen bei Werder

stern-Museum, das mit Büchern, Tonträgern und persönlichen Gegenständen an Leben und Werk des Poeten erinnert. Altenkirchweg 150, Werder, T 033207 669 40 21, www.bismarckhoehe-in-werder. de, März–Nov. 1., 3. und 5. So im Monat 14–18 Uhr und auf Anfrage

Schlafen

Gepflegter Landhausstil
Landhotel Haveltreff: Direkt am Wasser und der Fähre Caputh liegt das 1997 eröffnete Haus mit Terrasse und Kaminbar, in dem Sie sich rundum wohlfühlen können. Dazu trägt nicht zuletzt die regionale Landhausküche bei. Weinbergstr. 4, Schwielowsee/OT Caputh, T 033209 780, www.haveltreff.de, EZ ab 65 €, DZ ab 79 €, Spezialitätenmenüs für 2 Pers. für 50 €

Residieren am Barockschloss
Kavalierhaus Caputh: Im Schlosspark an der Schiffsanlegestelle macht das Haus seinem Namen alle Ehre. Neben Zimmern mit handgemalten Zeichnungen verwöhnt das Restaurant mit marktfrischer Küche. Sonntags gibt es einen opulenten Brunch. Lindenstr. 6, Schwielowsee/OT Caputh, T 033209 846 30, www.kavalierhaus-caputh. de, EZ ab 69 €, DZ ab 89 €; Restaurant: April–Sept. Mi/Do, So 11–18, Winter Sa/So 11–18, Nov./Dez. nur So 11–18 Uhr, Speisen 8–20 €

Essen

Slow Food
Alte Überfahrt: Im Restaurant gleich neben der Schiffsanlegestelle der Inselstadt müssen Sie sich Zeit nehmen für die italienisch eingefärbten Kreationen von Küchenchef Thomas Hübner. Er kombiniert regionale Zutaten wie Hecht mit Sauerkraut und Quitte. Einfach mal probieren! Und vorher reservieren! Fischerstr. 48 B, Werder, T 03327 731 33 36, www.alte-ueberfahrt.de, Mi–Fr 18–22, Sa/So auch 12–15 Uhr, Drei-Gänge-Menüs ab 56 €

TOUR
Zu Besuch in der Havelländischen Malerkolonie

Ein Spaziergang zu den Kunst- und Künstlerorten in Ferch

Mohnwiesen, Obstgärten, Wäldchen, eine verträumte Wasserstelle oder die Fischerkirche von Ferch – die in Jahrhunderten gestaltete Kulturlandschaft um den Schwielowsee war wie geschaffen für die Landschaftsmaler, die vor mehr als 140 Jahren hierherkamen. Allen voran Karl Hagemeister, der 1848 in Werder geboren wurde und nach vielen Stationen seine Heimat wiederentdeckte. »Hier ist es ideal zum Landschaften«, fand er und begründete um 1877 in Ferch die Havelländische Malerkolonie.

Ihn und andere Künstler zog es aus den Ateliers hinaus ins Freie – im direkten Kontakt mit der Natur wollten sie sich von den Fesseln des akademischen Kunstbetriebs lösen. Fast impressionistisch muten Seerosen, Birkenhaine und Wasserlandschaften an. Zu Hagemeister gesellten sich zeitweise der Wiener Maler Carl Schuch, Kollegen wie Max Liebermann oder Lovis Corinth, später quartierte sich Käthe Kollwitz in einem Anwesen zwischen Caputh und Ferch ein. Nachdem Theodor von Brockhusen, der ›deutsche van Gogh‹, in Baumgartenbrück den märkischen Frühling verewigte, entdeckte schließlich Hans Wacker die Gegend für sich. Spätestens 1928, als in der Potsdamer Jahresschau der Artikel »Ferch, ein Märkisches Malerdorf« erschien, war das Künstlerdorf ein fester Begriff.

Auf dem Kunstpfad zum Paradies
Der Kunstpfad Ferch, der auf die Spuren der Freilichtmaler führt, ist ein schöner Spazierweg am Ufer des Schwielowsees.

Infos

📍 F6

Start/Ziel:
Schwielowsee/
Ortsteil Ferch am
östlichen Ortsende
Dauer: Spaziergang
mit Museumsbesuch
ca. 2–3 Std.

**Museum der Havel-
ländischen Maler-
kolonie ❹:** Beelitzer
Str. 1, Schwielow-
see/Ortsteil Ferch,
T 033209 210 25,
www.havellaendi
sche-malerkolonie.
de, Mi–So 11–17,
Winter Sa/So 11–
17 Uhr, 3/2,50 €, bis
14 J. frei

Kunsttour Caputh:
Ende Aug. können
Sie bei der Kunsttour
Kontakt zu den
Künstlern bekommen
(www.kunsttour-
caputh.de)

Blau-weiße Schilder weisen unterwegs auf die vielen Häuser hin, in denen die Vertreter der Malerkolonie lebten und arbeiteten. Er führt vom östlichen Ortseingang über die Dorfstraße an den Wirkungsstätten Karl Hagemeisters und Carl Schuchs, aber auch weniger bekannter Künstler wie E. W. Merten, Alfred Pfitzner, Franz Reuter und **Agnes Borges** ❶ vorbei. Über den Hohen Weg gelangt man zum Karl-Hagemeister-Weg, wo **Hans Wacker** ❷ eine lange Schaffensperiode verbrachte. Zuvor hatte sich der 1868 in Düsseldorf geborene Künstler in den Niederlanden als Porzellanmaler betätigt und kam erst in den 1920er-Jahren nach Ferch. Bevor er hier 1958 starb, malte er unzählige Schiff-, Fischer- und Seebilder.

Kirche im Fachwerkstil
Auf der Burgstraße geht es zur hübschen **Fischerkirche** ❸ in der Ortsmitte. Der kleine Fachwerkbau entstand um 1630, die gewölbte Holzdecke ist mit einem naiv anmutenden Wolkenhimmel bemalt. Eindrucksvoll ist auch der in der Mitte hängende, expressive Taufengel. Auf dem Kirchfriedhof haben Maler wie Hans Wacker ihre letzte Ruhestätte. Nicht weit entfernt, in dem hübschen reetgedeckten Kossätenhaus aus dem 18. Jh., hat das **Museum der Havelländischen Malerkolonie** ❹ sein Domizil und zeigt Werke der Künstler. Weiter geht es zur Promenade am Schwielowsee mit dem Panorama, das schon die Maler in ihren Bann zog. Ein idyllischer Wiesensteg führt am See entlang nach Norden, wo früher **Wilhelm Weick** ❺ lebte. Ein Stück weiter duckt sich das strohgedeckte Fachwerkhaus von **Hans-Otto Gehrke** ❻ hinter einem von Efeu überwucherten Hügel – eine schöne hölzerne Brücke verbindet Atelier und Wildnisgarten seines »Paradieses« mit dem Seeufer. Nach seinem Studium an der Berliner Hochschule für bildende Künste kam er 1914 an den Schwielowsee, der für die folgenden sechs Jahrzehnte sein Schaffensort bleiben sollte.

Nicht ganz so lang hielt es **Karl Goebel** ❼ aus, dessen Haus im Fachwerkstil – heute Gaststätte Haus am See – in unmittelbarer Nachbarschaft steht. Er malte hier von 1905 bis zu seinem Tod 1936. Abseits des Seeufers liegen die Wirkungsstätten von Artur Borghard, Hermann Tischler, **Ernst Griebel** ❽ und **Hans von Stegmann** ❾.

Kultverdächtig
Fährhaus Caputh: Havelländischer Sauerbraten, deftiger Fischtopf, Hefeklöße mit Blaubeeren – das serviert die Traditionsgaststätte an der Fähre. Uriges Haus am Havelufer, gute Hausmannskost und Kuchen.

Straße der Einheit 88, Schwielowsee/OT Caputh, T 033209 702 03, Mai–Okt. tgl. 12–21, Nov./Dez. Do–So ab 12, März Mi–So 12–21 Uhr, Hauptgerichte 6–18 €

Hier aß schon Fontane
Baumgartenbrück: … und schwärmte von dem wunderbaren Ort am Wasser. Noch heute überzeugt das Ausflugslokal mit Bootsanlegesteg und Heimatstube mit seiner gutbürgerlichen Küche.

Baumgartenbrück 4/5, Schwielowsee/OT Geltow, T 03327 552 11, www.baumgarten brueck.de, Jan./Feb. geschl., Ende Feb./März und Nov./Dez. Do–So, April–Okt. Di–So ab 12 Uhr, Hauptgerichte ab 10 €

Alles Sanddorn
Frucht-Erlebnis-Garten: Neben dem Hofladen mit über 50 Sanddornprodukten vom Saft bis zur Handcreme und einem Café-Imbiss kann man sich im Restaurant Orangerie am Wasser u. a. Putenbrust mit Sanddornapfelsoße schmecken lassen (s. S. 299).

Fercher Str. 69, Werder/OT Petzow, T 03327 469 10, www.sanddorn-garten-petzow. de, Garten, Hofladen und Café-Imbiss tgl. 10–18 Uhr, Restaurant: Mitte März–Okt. Di–So ab 12 Uhr, Hauptgerichte ab 7 €

Perfekter Teegenuss
Japanischer Bonsaigarten: Essen und Trinken spielen in diesem liebenswerten Garten mit ca. 1000 Miniaturpflanzen nur die Nebenrolle. Doch im Teehaus ist man mit erlesenen Spezialitäten gut bedient.

Fercher Str. 61, Schwielowsee/OT Ferch, T 033209 721 61, www.bonsai-haus.de, Mitte April–Okt. Di–So 10–18 Uhr, 6/3 €

Bewegen

Elegantes Südsee-Feeling
Seebad Caputh: Hier können Sie den ganzen Tag ganz entspannt auf der Seebrücke, auf dem Sandstrand und im Wasser verbringen.

Weg zum Strandbad 1, Schwielowsee/OT Caputh, T 033209 808 51, www.seebad-caputh.de, Mitte Mai–Mitte Sept. tgl. ab 12 Uhr, mit Beach-Café, 6,50 €, bis 12 J. 3,50 €

Familienbad mit Strandkörben
Waldbad Templin: Idyllisch gelegen zwischen Wald und Seeufer, bietet das Bad auch ein großes Wassersportangebot und eine Rutsche am Templiner See (s. S. 37).

Templiner Str. 110 (zwischen Potsdam und Caputh), Potsdam, T 0331 661 98 37, Mai–Mitte Sept., 4 €, Familienkarte 8 €

Lieber aufs Wasser?
Bootsvermietung Moisl: Wasserski, Kanu, Tret-, Ruder- und Motorboote – alles, um auf dem Wasser mobil zu sein.

Templiner St. 102, Potsdam, T 033209 847 79, www.wassersport-caputh.de, in der Saison je nach Witterung tgl. 12–20 Uhr

Infos

• **Kultur- und Tourismusamt Schwielowsee:** Straße der Einheit 3, Schwielowsee/OT Caputh, T 033209 708 99, www.schwielowseetourismus.de
• **Verkehr:** Mit dem Auto von Potsdam über die B 1 (nach Geltow und Werder) oder über die Templiner Straße nach Caputh; mit dem RB 23 ab Potsdam Hbf. bis Caputh Bhf.; mit den Havelbus-Linien 607 und 631 ab Potsdam Hbf.; mit dem Ausflugsdampfer oder Wassertaxi, verschiedene Anlegestellen: www.schifffahrt-in-potsdam.de; www.faehre-caputh.de.

Zugabe
Tsunami-Forschung auf dem Telegrafenberg

Forschungszentrum für Geowissenschaften

Was hat die Entstehung eines Unterwasservulkans vor den Komoren im Indischen Ozean mit Potsdam zu tun? Oder der illegale Sandabbau im Mekong-Delta? Beide Vorgänge werden vom Deutschen GeoForschungsZentrum untersucht. In der ganzen Welt hat sich das Zentrum auf dem idyllischen Potsdamer Telegrafenberg, in dem alle Wissenschaften von der Erde zusammenlaufen, mit dem Tsunami-Frühwarnsystem einen Namen gemacht. Aber auch andere Naturgefahren und -risiken können eingeschätzt und vorhergesagt werden. ∎

Der Westen

Havelland und Fläming — Projektionsfläche für die Sehnsucht nach Weite und ländlicher Idylle ist die Landschaft mit zahlreichen Havelseen und der Fläming mit sanften Hügeln und Handwerkerdörfern.

Seite 57

Brandenburg an der Havel ⭐

Auf der Dominsel schlug die Geburtsstunde Brandenburgs. Die Stadt, die sich über mehrere Inseln verteilt, wartet jenseits des Doms mit nicht wenig altehrwürdiger Bausubstanz auf.

Seite 62

Um sieben Seen radeln

Wer sich an Wasser satt sehen – und auch darin erfrischen – will, sollte von Brandenburg an der Havel aus auf zwei Rädern einen weiten Bogen um die Stadt, Schloss Plaue und die historische Industriesiedlung Kirchmöser schlagen.

Das berühmte »weiße Gold« aus Beelitz

Eintauchen

Seite 64

Abends in die Fonte

Ob Sie Comedy, Rock- oder Jazzmusik hören oder einfach nur in einer gemütlichen Bar am Wasser den Tag ausklingen lassen wollen – der Fontane-Klub in Brandenburg an der Havel zieht weite Kreise.

Seite 65

Kloster Lehnin im Havelland

Mit der ersten Zisterziensergründung auf märkischem Boden zog in Brandenburg die Zivilisation ein. Heute ist die verträumte Anlage eins der schönsten Zeugnisse mittelalterlicher Baukunst.

Seite 67
Schloss Paretz

Landlust? Die kennen nicht nur heutige Städter. Auch Königin Luise verspürte sie – und ließ sich dafür ein Schlösschen im Havelland bauen.

Seite 68
Olympisches Dorf von 1936

Wer hätte gedacht, dass sich hinter der innovativen Wohnanlage kriegerische Absichten verbergen? Ein Rundgang über das denkmalgeschützte Areal gibt Antworten.

Seite 75
Auf der Spargelstraße

Rund um Beelitz kann man im Frühjahr seine Spargellust voll und ganz ausleben – und ganzjährig auf dem imposanten Baumkronenpfad über den denkmalgeschützten Beelitzer Heilstätten wandeln.

Seite 86
Von Skulpturen gesäumt …

… ist der Kunstwanderweg, der sich auf einer Nord- und einer Südroute von Wiesenburg nach Bad Belzig schlängelt – und die originellste Art, den Hohen Fläming zu erkunden.

»Herr von Ribbeck auf Ribbeck im Havelland, ein Birnbaum in seinem Garten stand …«
(s. S. 70)

»Ein Leben ohne Mops ist möglich, aber sinnlos.« (Vicco von Bülow alias Loriot)

erleben

Havelseen und Land der Burgen und Mühlen

»Stille deine Sehnsucht«, der Werbeslogan des Havellands passt. Der weite Blick über Felder, Wiesen und unzählige Havelseen ist Balsam für die Seele. Insofern ist die sonnenverwöhnte Wasserlandschaft auch immer wieder zur Projektionsfläche für Sehnsüchte geworden. Sie ließ Königin Luise vom idyllischen Landleben in Paretz träumen, inspirierte Dichter wie Fontane und Fouqué sowie die Künstler der Havelländischen Malerkolonie.

Auch heute kommen viele Menschen hierher, um in Dörfern wie Ribbeck die vermeintlich gute alte Zeit zu finden. Orte und alte Herrenhäuser sind zu neuem Leben erwacht. Ob in Ribbeck, Plaue oder Kartzow – vielerorts können Sie in altehrwürdigen Schlössern stilvoll speisen, nächtigen oder diese zumindest besuchen. Noch mehr historische Bausubstanz mit mittelalterlichen Backsteinkirchen finden Sie in Kloster Lehnin und vor allem in Brandenburg an der Havel, der Wiege der Mark.

Überhaupt lässt sich das Havelland perfekt per Kanu, Motor-, Segelboot oder mit Ausflugsdampfern erkunden. Ebenso gut kommt man auf zwei Rädern in der flachen Landschaft bis in die letzten Winkel.

ORIENTIERUNG

Internet: www.havelland-tourismus.de, www.westhavelland.de, www.potsdamer-brandenburger-havelseen.de
Verkehr: Kleinere Orte sind zum Teil mit Bussen von Havelbus angebunden (www.havelbus.de). Innovativ ist der Bürgerbus im Hohen Fläming: www.buergerbus-hoherflaeming.de

Südlich des Havellands erstreckt sich der Fläming. Wahrzeichen sind die Mühlen und vor allem die Burgen, die das ehemalige Grenzland sichern halfen. Ansonsten ist das Land nicht nur idealer Nährboden für Spargel und Teltower Rübchen, die kulinarischen Botschafter der Region, sondern auch für Künstler und Kunsthandwerker, die sich rund um historische Städtchen wie Bad Belzig, Jüterbog oder Baruth angesiedelt haben.

Während der eher flache Naturpark Nuthe-Nieplitz ein Eldorado von Inlineskatern, Radfahrern und Nordic Walkern ist, bietet sich der Hohe Fläming mit kleineren und größeren Erhebungen zum Wandern von Burg zu Burg oder auf dem Kunstwanderweg an. Zwischendurch laden Landgasthöfe zu einer Einkehr mit Flämingforellen, Spargel oder Büffelmozzarella ein.

Brandenburg an der Havel ⭐ 📍 D6

Eingebettet in eine einzigartige Fluss- und Seenlandschaft besticht die 850-jährige Wiege der Mark mit einer geballten Ladung an altehrwürdiger Bausubstanz. Die Havel verzweigt sich im Stadtgebiet in mehrere Seitenarme und Kanäle. So haben sich Inseln herausgebildet, auf denen sich mittelalterliche Kirchen, barocke Stadtpalais und Industriedenkmäler aus dem späten 19. Jh. und viele andere denkmalgeschützte Gebäude zusammenballen. Zwar kann die Stadt mit ihren rund 72 000 Einwohnern in Sachen Dynamik nicht mit Potsdam mithalten. Nach der Wende machten ihr die Stilllegung von Industriebetrieben, Abwanderung und Überalterung zu schaffen. Doch inzwischen ist sie aus ihrem Dornröschenschlaf erwacht.

Der besondere Reiz für Besucher liegt darin, dass Brandenburg an eins der größten Binnenwassersportreviere Europas angeschlossen ist. Wenn Sie wollen, können Sie auf dem Wasser an- und abreisen, die Stadt per Kanu, Motorboot oder Fahrgastschiff entdecken und dabei Kirchen, alte Fabrikgebäude und idyllische Gärten ganz gemütlich an sich vorüberziehen lassen.

Dominsel – Keimzelle

Die Geburtsstunde des Landes schlug um das Jahr 948, als Otto I. auf der verträumten Dominsel zwischen Ober- und Unterhavel, wo sich bereits eine Burg befand, den Grundstein für ein Bistum legte. Mit dem Bau des **Doms St. Peter und Paul ❶** wurde aber nach erneuten kriegerischen Auseinandersetzungen erst 1165 begonnen. Zum ursprünglich romanischen Backsteinbau kamen nach und nach ein Langhaus, eine Krypta und eine Doppelfassade hinzu, die wiederum im gotischen Stil erweitert wurden.

Das Altstädtische Rathaus, ein gotischer Backsteinbau, dominiert den gleichnamigen Markt in Brandenburg an der Havel.

Aber auch die Innenausstattung macht den Dom zum bedeutendsten Sakralgebäude weit und breit. Sehenswert sind vor allem der frühgotische Lehniner Flügelaltar, die Triumphkreuzgruppe von 1539 und der böhmische Altar von 1375 im südlichen Querhausarm. Weiterer Höhepunkt ist die größte erhaltene Orgel des Berliner Orgelbauers Joachim Wagner, die auch regelmäßig bei Konzerten erklingt.

Im **Dommuseum** werden Schätze wie die Gründungsurkunde des Bistums von 948, das Brandenburger Evangelistar aus dem 13. Jh. und Sakraltextilien wie das Hungertuch von 1290 aufbewahrt. Gleich dabei lugt die schöne Fassade der **Petrikapelle ❷** aus dichtem Efeu hervor. Der frühgotische Backsteinbau, der später zur zweischiffigen Halle ausgebaut wurde, gibt heute die schöne Kulisse für Kunstausstellungen ab.

Burghof, T 03381 211 22 29, www.dom-brandenburg.de, April–Okt. Mo–Sa 10–17, So 12–17, sonst Mo–Sa 11–16, So 12–16 Uhr, Museum, Anfang Mai–Okt. Mo–Sa 10–17, So 12–17 Uhr, Eintritt frei, Führungen Mai–Okt. tgl. 15 Uhr, 4 €

Relikte des Mittelalters

Es mag ein wenig verwirrend sein, aber die eigentliche Altstadt liegt westlich von Havel und Dominsel. Zuerst entstand hier im 12. Jh. die **Pfarrkirche St. Gotthard ❸** (Mühlentorstr. 56), eine dreischiffige

BAUCHSCHMERZEN-BRÜCKE **B**

Am Heinrich-Heine-Ufer unterhalb der Jahrtausendbrücke befindet sich der Pumpengraben, der seit 1922 von einer Brücke überspannt wird, die so stark gekrümmt ist, dass sie dem Volksmund zufolge an einen Mann mit Bauchschmerzen erinnert.

Backsteinbasilika mit romanischem Feldsteinportal und schönem Rundfenster, die im Inneren eine spätgotische Triumphkreuzgruppe birgt. Drumherum entwickelte sich der mittelalterliche Stadtkern, dessen Herz auf dem Altstädtischen Markt schlägt. Schönster Bau ist das spätgotische **Altstädtische Rathaus ❹**. Mit dem zierlichen, von Blendfenstern verzierten Turm über dem Spitzbogenportal wirkt es fast sakral. Bewacht wird es von einem mächtigen **Roland** mit Dolch und Donnerbart. Ringsum hat sich der Platz mit guten Lokalen belebt – neben dem Sorat Hotel lässt es sich im Inspektorenhaus sehr gut speisen.

Bevor Sie die **Jahrtausendbrücke** überqueren, erhebt sich die Ruine der gotischen **St. Johanniskirche ❺** am Wasser. Sie gehörte zum 1237 gegründeten Franziskanerkloster.

Von hier geht es dann in die ebenfalls mittelalterliche, aber mit Geschäften wesentlich belebtere **Neustadt.** Und bald folgt mit der **Pfarrkirche St. Katharinen ❻** das nächste Meisterwerk norddeutscher Backsteinarchitektur. Und mit etwas Glück erklingt bei Ihrem Besuch die prächtige Orgel, die der Orgelbauer Wilhelm Sauer 1898 in ein älteres Modell von Joachim Wagner einbaute.

Katharinenkirche: Katharinenkirchplatz, März/April, Nov./Dez. Mo–Fr 11–15, So/Fei 13–15, Mai–Okt. Mo–Sa 10–16, So/Fei 13–16 Uhr

Katte-Schwert und Lockenwickler

Unterwegs können Sie dem **Stadtmuseum ❼** im barocken Stadtpalais (Frey-Haus) einen Besuch abstatten. Mit Funden aus der Steinzeit, alten Stadtansichten, dem Katte-Schwert, mit dem der Soldatenkönig den besten Freund seines Sohns Friedrich II. hinrichten ließ, blättert es die Geschichte von Brandenburg auf.

Museum im Frey-Haus: Ritterstr. 96, T 03381 58 54 01, stadtmuseum.stadt-brandenburg.de, Di–So, Fei 13–17 Uhr, 3/1,50 €, Familienkarte 5 €

Brandenburg an der Havel

Ansehen

1. Dom St. Peter und Paul
2. Petrikapelle
3. Pfarrkirche St. Gotthard
4. Altstädtisches Rathaus
5. St. Johanniskirche
6. Pfarrkirche St. Katharinen
7. Stadtmuseum
8. St. Paulikloster
9. Straßenbahnmuseum
10. Computermuseum
11. Industriemuseum
12. Marienberg
13. Euthanasie-Gedenkstätte

Schlafen

1. Sorat-Hotel
2. Pension Havelfloß
3. Seehotel Brandenburg

Essen

1. Inspektorenhaus
2. Restaurant Werft
3. Brückenhäuschen

Bewegen

1. Kanu-Rundkurs
2. Wassersportzentrum Alte Feuerwache
3. Nordstern Reederei
4. Reederei Röding

Ausgehen

1. Fontane-Klub
2. Brandenburger Theater

Backsteingotik in der Neustadt

Weiteres wunderbares Zeugnis brandenburgischer Backsteingotik ist das **St. Paulikloster ❽**, das auf der entgegengesetzten Seite der Neustadt steht. Um 1286 errichtet, wurde es im 14. Jh. durch eine dreischiffige Halle ergänzt. Im Zweiten Weltkrieg schwer zerstört, dämmerte die Ruine lange vor sich hin, bis engagierte Bürger sie als Kulisse für Theater nutzten. Inzwischen ist sie saniert und beherbergt das **Archäologische Landesmuseum Brandenburg.** Neustädtische Heidestr. 28, T 03381 410 41 12, www.landesmuseum-brandenburg.de, Di–So 10–17 Uhr, 5/3,50 €, Familien 10 €

Trams, Bits und Bytes

Alles nur alte Bausubstanz? Das könnte man meinen. Aber zwei kleine Museen bieten ein schönes Kontrastprogramm: Zum einen das **Straßenbahnmuseum ❾**, in dem ehemalige Mitarbeiter der Verkehrsbetriebe die Geschichte der Brandenburger Tram dokumentieren. Zum anderen entführt das **Computermuseum ❿** in die Geschichte von Bits und Bytes. **Straßenbahnmuseum:** Bauhofstr. 2, T 03381 89 01 11, www.vbbr.de, Do, Sa 10–16 Uhr, 1/0,50 €; **Computermuseum:** Magdeburger Str. 50, T 03381 35 54 01, nach Vereinbarung

Wo 10 000 Kumpels malochten

Über 400 m lang und 80 m breit ist das frühere größte Stahl- und Walzwerk der DDR, das heute ein beeindruckendes **Industriemuseum ⓫** abgibt. Dank eines engagierten Vereins können Sie sich von ehemaligen Werksmitarbeitern – oder per Audioguide – führen lassen, wo bis zur Wende am letzten Siemens-Martin-Ofen Westeuropas jährlich 2,3 Mio. t Rohstahl produziert wurden. August-Sonntag-Str. 5, T 03381 30 46 46, www.industriemuseum-brandenburg.de, Di–So 10–17 Uhr, Nov.–März 10–16 Uhr, 6/3 €

188 Stufen bis zur Aussicht

Größte Grünanlage der Stadt ist der **Marienberg ⓬**, die mit immerhin 69 m höchste Erhebung weit und breit. Schon früher erholten sich hier die Brandenburger zwischen Muschelgrotte, Staudengarten und Rosenpergola. Durch die Bundesgartenschau 2015 ist auch ein größeres Publikum auf die inzwischen aufbereitete 30 ha große Parkanlage aufmerksam geworden. Alles überragt die Friedenswarte, ein 30 m hoher Turm mit mehreren Aussichtsplattformen. Anschließend kann man in dem beliebten urigen Ausflugsrestaurant Marienberg mit großer Terrasse verschnaufen. Marienberg 1, T 03381 796 61 00, tgl. 10–22 Uhr

Tötungsanstalt des Nazi-Regimes

Auf dem Weg zum Marienberg erinnert die **Gedenkstätte für die Opfer der Euthanasie-Morde ⓭** an ein düsteres Kapitel der Stadtgeschichte. In der ehemaligen Euthanasie-Anstalt auf dem Gelände des Alten Zuchthauses fielen um 1940 rund 70 000 Menschen mit Behinderungen oder psychischen Erkrankungen dem Nazi-Regime zum Opfer. Nicolaiplatz 28/30, T 03381 793 51 12, www.stiftung-bg.de, Do/Fr 13–17, Sa/So 10–17 Uhr, Eintritt frei

---

Schlafen

Charmantes Refugium

🅐 **Sorat-Hotel:** Hier kommen Sie gut unter, wenn Sie die Stadt zu Fuß oder mit dem Fahrrad erkunden wollen. Neben dem Sauna- und Fitnessbereich punktet das Vier-Sterne-Haus mit Gartenterrasse, Fahrradverleih und dem Restaurant Parduin mit guter märkischer Küche (Hauptgerichte ab 11 €). Altstädtischer Markt 1, T 03381 59 70, www. sorat-hotels.com, EZ ab 55 €, DZ ab 63 €, günstige Pauschalen

Schlafen mit Havelblick

2 Pension Havelfloß: Direkt an der Jahrtausendbrücke überrascht die unscheinbare Pension mit neun schicken komfortablen Zimmern mit oder ohne Schlafgalerie und alle mit Blick auf die Havel. Bei schönem Wetter kann man draußen frühstücken. Mieträder stehen bereit.

Ritterstr. 76, T 03381 22 90 48, www.pension-havelfloss.de, EZ 84 €, DZ 89 €

Erholen am Beetzsee

3 Seehotel Brandenburg an der Havel: Möchten Sie lieber abseits des städtischen Getriebes am See logieren? Nur ein paar Meter von der Gartenterrasse entfernt liegen Badestrand und Bootssteg, wo Ruder- und Tretboote auf Aktive warten. Bei kühler Witterung bietet stattdessen der Wellnessbereich Entspannung.

Am Seehof 22 E, Beetzsee, OT Brielow (7,5 km nördl.), T 03381 75 00, www.seehotel-brandenburg.travdo-hotels.de, EZ ab 59 €, DZ ab 79 €

Essen

Nicht nur für Inspektoren

1 Inspektorenhaus: Einst wurde von hier aus das Treiben auf dem Markt kontrolliert, heute wird in dem Fachwerkhäuschen mit skandinavisch angehauchtem Ambiente gehobene regionale Küche serviert.

Altstädtischer Markt 9, T 03381 328 21 39, www.inspektorenhaus.de, Di–Sa 11.30–14.30, 17.30–23 Uhr, Hauptgerichte ab 19 €

Mit maritimem Flair

2 Restaurant Werft: Lange Zeit harrte das imposante Gebäude am Havelufer seines Schicksals. Jetzt ist daraus ein schönes Lokal geworden, das sich den Charme der alten Fabrikhalle bewahrt hat. Der richtige Rahmen für zeitgemäße deutsche Küche mit originellen vegetarischen Kreationen.

Früher wurden hier Schiffe gebaut, heute serviert das Restaurant Werft deutsche Küche am Havelufer.

Hauptstr. 77, T 03381 328 17 99, www.werft-brandenburg.de, Mo, Mi–Fr 17–22, Sa 11–22, So/Fei 10–20 Uhr, Suppen ab 7 €, Hauptgerichte ab 14 €, Sonntagsbrunch 22 €

Am Wasser gebaut

3 Cafébar im Brückenhäuschen: In diesem liebenswerten Café dürfen Sie Ihren Latte Macchiato auch aus dem mitgebrachten Mehrweg-Becher schlürfen – auch in den Liegestühlen.

Wie Pension Havelfloß (s. o.), Mo–Fr 8.30–18.30, Sa/So 9.30–18.30 Uhr

Bewegen

Paddeln und Schippern

»Und in Brandenburg uff'n Beetzsee, ja da steht een Fischerkahn, und da sitzt Fritze Bollmann mit dem janzen Angelkram …« Dieses volkstümliche Lied hat so mancher (Freizeit-)Kapitän auf den

TOUR
Wasserlandschaft, Industriekultur und ein Schloss

Mit dem Fahrrad um sieben Seen

Die Wasserlandschaft rund um Brandenburg an der Havel lässt sich ideal per Fahrrad erkunden. Gleich sieben Seen können Sie vom Zentrum aus umrunden. Dabei bekommen Sie jede Menge Wasser und einzigartige Industriedenkmäler zu sehen. Höhepunkt ist Schloss Plaue inmitten einer verwunschenen Parkanlage.

Seenplatte im Westen der Stadt
Vom Neustädtischen Markt fahren Sie in südwestlicher Richtung auf der Wilhelmsdorfer Straße aus der Stadt hinaus. Erst geht es eine Weile durch Vororte, Kleingartenkolonien, Kiefernwälder und den Ortsteil Wilhelmsdorf, dann erreichen Sie den **Breitlingsee.** Er ist Teil der Seenkette, die über die Brandenburger Niederhavel mit der Stadt verbunden ist. Ein Stück Strand neben dem Radweg und dahinter ein paar kleine Inseln, ansonsten säumen Bootshäfen, Kanuvereine

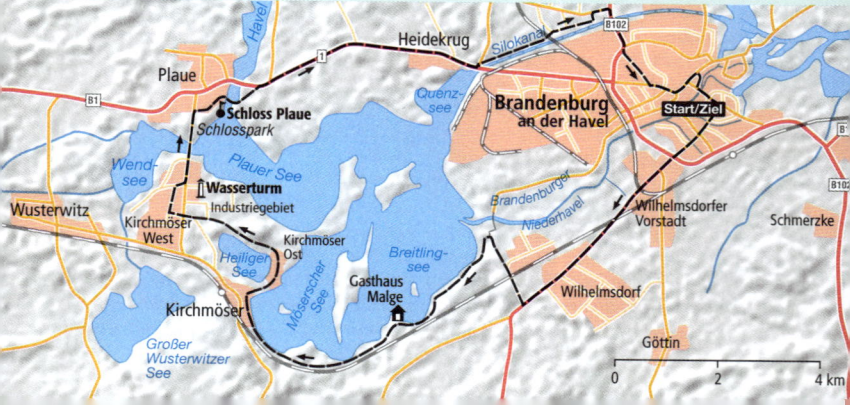

Infos

♀ D 6

Start/Ziel: Neu-
städtischer Markt,
Brandenburg a. H.
Dauer: ca. 3,5 Std.
Strecke: ca. 35 km
Streckenprofil:
weitgehend flache,
gut ausgebaute
Wege

Auskunft:
www.havelland-
tourismus.de

Gasthaus Malge:
Malge 1/2, Branden-
burg a. H.,
T 03381-798 96 91,
www.malge.com,
tgl. ab 11 Uhr

und Ausflugslokale die Ufer. Beliebtes Ausflugslokal ist das **Gasthaus Malge** mit seiner großen Terrasse am Wasser.

Industrielehrpfad

Von hier aus fahren Sie etwa 6 km am Breitlingsee entlang, der schließlich in den **Möserschen See** übergeht. Wenig später trifft man am Heiligen See auf die **Industrieroute durch Kirchmöser.** Die unscheinbare Ortschaft überrascht gleich mit mehreren Industrieanlagen. Zu Beginn des Ersten Weltkriegs wurde hier ein Pulverpresswerk gebaut, später kamen eine chemische Versuchsanstalt, ein Lokomotiv- und Panzerwerk hinzu. Ein besonders imposantes Relikt jener Zeit ist der 65 m hohe **Wasserturm.** Dazu gesellt sich eine originelle **1920er-Jahre-Siedlung** mit einigen repräsentativen Verwaltungs- und Wohngebäuden, die auch den heutigen Bewohnern noch viel Lebensqualität garantieren. Am rechten Seeufer laden auch einige Lokale zum Fischessen ein.

Fontane im Park

Am nördlichen Siedlungsende überqueren Sie auf der Brücke den Elbe-Havel-Kanal, lassen den **Wendsee** links liegen und radeln geradewegs nach **Plaue.** Gleich hinter der Brücke geht es rechts in den Schlosspark Plaue, der im 19. Jh. von dem damaligen Grafen von Königsmarck im Stil eines englischen Landschaftsgartens angelegt wurde und einige architektonische Raffinessen wie das Engelstor zum angrenzenden Friedhof aufweist.

Stärkung im Schloss

Nicht zu übersehen ist das **Barockschloss Plaue** am **Plauer See.** Im 18. Jh. auf den Resten einer mittelalterlichen Burg errichtet, im Zweiten Weltkrieg teilweise zerstört und danach notdürftig instand gesetzt. Im Schloss und im Innenhof hat sich ein Café-Restaurant etabliert (s. Lieblingsort S. 66). Gut gestärkt mit vegetarischem Flammkuchen oder frischem Kuchen steht die letzte, aber nicht ganz so romantische Etappe an. Auf der Brücke über den etwa 90 ha großen **Quenzsee** führt sie am nördlichen Ufer des Silokanals entlang zurück ins Stadtzentrum von Brandenburg an der Havel.

Lippen. Wenn Sie es ihm nachtun wollen, können Sie sich z. B. auf einem 7 km langen **Kanu-Rundkurs** ❶ betätigen, der am Mühlendamm beginnt. Kanus und Havelflöße gibt es bei der Cafébar im Brückenhäuschen (s. S. 61).

Segel- und Motorboote aus Holz
❷ **Wassersportzentrum Alte Feuerwache:** Traditionelle Boote und Kanus. Törns zur Mecklenburgischen Seenplatte. Auch mit schöner Pension.
Franz-Ziegler-Str. 28, T 03381 22 20 18, www.wassersportzentrum-alte-feuerwache.de

Mit dem Dampfer
❸ **Nordstern Reederei:** Große Seenrundfahrt und Stadtrundfahrten.
Neuendorfer Str. 70, Anlegestelle Salzhof an der Jahrtausendbrücke, T 03381 22 69 60, www.nordstern-reederei.de

Schiffsrundfahrten
❹ **Reederei Röding:** Altstadtrundfahrten, Mühlenfahrten, Touren zum Beetzsee und auch Charterfahrten.
August-Bebel-Str. 23–27, T 03381 795 48 48, www.fgs-havelfee.de

Ausgehen

Gute Unterhaltung am Wasser
✴ **Fontane-Klub:** Vielseitiges Kulturzentrum mit netter Fonte-Bar, das abends zu Kino, Kabarett, Comedy, Rock- und Oldienächten einlädt. Außerdem: gute italienische Küche im Restaurant Totò.
Ritterstr. 69, T 03381 79 32 77, www.event-theater.de, Bar: Mo–Fr ab 16, Sa/So ab 12 Uhr

Engagiertes Privattheater
✴ **Brandenburger Theater:** Es deckt zwar alle möglichen Sparten ab, besitzt aber kein eigenes Ensemble; Heimat der Symphoniker.
Grabenstr. 14, T 03381 511 11 11, www.brandenburgertheater.de

Feiern

● **Rolandfest:** Ende Mai. Der Jahreshöhepunkt für Mittelalter-Fans mit Konzerten, Tuchakrobatik und Gauklerei.
● **Brandenburger Klostersommer:** Ende Mai–Mitte Juni. Weit über die Stadtgrenzen hinaus hat das Theaterfestival von sich reden gemacht (www.event-theater.de).
● **Havelfest:** Wochenende im Juni. Orte der Stadt werden zur Bühne für Bands, Comedy-Stars etc.
● **Fischerjakobi:** Ende Juli. Der Ortsteil Plaue erinnert mit einem Bootskorso und maritimem Markttreiben an die lange Fischertradition.

Infos

● **Touristeninfo:** Neustädtischer Markt 3, Brandenburg an der Havel, T 03381 79 63 60, www.erlebnis-brandenburg.de. Hier bekommen Sie neben interessanten Stadtführungen die Tourist Card, die für 8,50 € freie Benutzung des öffentlichen Nahverkehrs und Eintritte in diverse Museen beinhaltet.

Rund um Brandenburg an der Havel

Reckahn　　　　　📍D6

Südlich von Brandenburg gibt es in Reckahn nicht nur gleich zwei interessante Museen zu entdecken. Auch der Ort selbst ist ein schönes Ensemble aus barocker **Dorfkirche, Herrenhaus,** Park und altem **Schulhaus.** Von 1760 bis 1805 setzten sich hier der preußische Schulreformator Friedrich Eberhard von Rochow und seine Frau Christiane Louise für die Bildung des einfachen Landvolks ein und machten den Ort tatsächlich zu einem Zentrum der Reformpädagogik.

Zeugnisse ihres Lebens und Wirkens sind im **Rochow-Museum** mit der Dauerausstellung »Vernunft fürs Volk – Friedrich Eberhard von Rochow im Aufbruch Preußens« im **Barockschloss** von 1729 mit kleinem Café zu sehen. Unweit davon vermittelt das **Schulmuseum** von 1773 einen Eindruck vom Lernen zu dieser Zeit. Ringsum erstreckt sich ein schöner, 3 ha großer, vom Flüsschen Plane begrenzter **Landschaftspark.**

Rochow-Museum: Reckahner Dorfstr. 27, Kloster Lehnin/OT Reckahn, T 033835 606 65; **Schulmuseum:** Reckahner Dorfstr. 23, beide www.reckahner-museen.byseum.de, April–Okt. Di–Fr 9–16, Sa/So 10–17, Nov.–März Di–Fr 9–16, Sa/So 10–16 Uhr, Eintritt 3,50/2 €, Kombiticket 5/2 €; Café Sa/So 14–16.30 bzw. 17.30 Uhr

Kloster Lehnin   📍 E6

Wunderbar verträumt liegt südöstlich von Brandenburg Kloster Lehnin an der Havel. Um 1180 zog mit der ersten Zisterziensergründung auf märkischem Boden durch Markgraf Otto I. von Brandenburg in die einstige Sumpflandschaft die Zivilisation ein. Fontane erzählt, der Markgraf habe auf einer Jagd die Vision von einer Hirschkuh gehabt, die er im Traum niederschoss, und daraufhin beschlossen, hier ein Kloster zu gründen. Die Hirschkuh war Symbol für die Slawen, die es zu besiegen galt, und auch Namensgeber für den Ort: *Lehnin* leitet sich aus dem slawischen Wort für das weibliche Wildtier her. Bereits 1183

Kloster Lehnin: Die verträumte und etwas versteckte Anlage ist eines der schönsten Zeugnisse mittelalterlicher Baukunst.

Lieblingsort

Wo Fontane gern zu Gast war

Zugegeben, das Gebäude hat reichlich Patina angesetzt. Doch genau das macht den besonderen Charme des **Barockschlosses Plaue** (📍 D 6) aus, das sich mit seiner stolzen, wenn auch unrenovierten Fassade am Wasser erhebt. Der preußische Minister Friedrich von Görne ließ es im 18. Jh. auf den Resten einer mittelalterlichen Burg errichten. Im Zweiten Weltkrieg wurde es teilweise zerstört und danach notdürftig instand gesetzt. Im Inneren und im Hof lockt die **Schloss-Schänke** mit Flammkuchen, Zander, frischen Salaten, sonntags auch einem Brunch. Zum Übernachten stehen Zimmer und Ferienwohnungen im Verwalterhaus bereit, vor der Haustür liegen Kanus, Kajaks und Hausboote in den Havelgewässern. Und wer durch den Schlosspark schlendert, kann auch Theodor Fontane begegnen – in Form einer eigenwilligen Bronzeskulptur mit Hut und Wanderstock. Schließlich gehörte auch für ihn Plaue zu den Lieblingsorten. Ein ganzes Kapitel in seinem Buch »Fünf Schlösser« hat er ihm gewidmet. Er war oft und gern bei seinem Freund, dem Gutsbesitzer Carl Ferdinand Wiesike, zu Gast und leerte so manche Flasche Riesling mit ihm.

Schloss Plaue: Schlossstr. 27 A, Brandenburg an der Havel/OT Plaue, T 03381 306 23 62, www.schlossplaue.de, tgl. 14–21, Sonntagsbrunch 10–14 Uhr, EZ ab 50 €, DZ ab 54 €

zogen Mönche des Zisterzienserkonvents in Sittichenbach bei Eisleben hierher und begannen mit dem Bau der dreischiffigen Pfeilerbasilika.

Meisterwerk der Backsteingotik
Die 1260 vollendete **Klosterkirche St. Marien** ist mit ihrer schlichten Architektursprache zweifelsohne ein Meisterwerk der norddeutschen Backsteinkunst. Den lang gestreckten, hellen Kirchenraum überspannt ein kunstvolles Kreuzrippengewölbe. Die halbkreisförmige Apsis, die sich an das Langhaus anschließt, wird von zwei zweigeschossigen, quadratischen Kapellen flankiert. Zu den Blickpunkten im Inneren gehören ein Triumphkreuz aus der Zeit um 1230, ein Schnitzaltar von 1476, ein Tafelbild von 1470 sowie der Grabstein für Markgraf Otto VI.

Die Kirche und der Kreuzgang lassen sich am schönsten bei den **Lehniner Sommermusiken** erleben, wenn in den alten Mauern mal Händel, mal Bossa Nova erklingt. Zum früheren Klosterkomplex gehören auch Wirtschaftsgebäude.

Zeitgemäße Nutzung
Heute gehört das Klosterareal zum Evangelischen Diakonissenhaus Berlin Teltow Lehnin, das hier ein Altenheim und eine Klinik neu errichtet hat. Die historischen Gebäude dienen u. a. dem Zentrum Kloster Lehnin als Begegnungs- und Fortbildungsstätte, in dem Sie auch übernachten können. Im barocken **Amtshaus** von 1696 mit kleinem **Kloster-Café** von 1696 veranschaulicht indessen eine Ausstellung das Leben der Zisterzienser. Rund um Kloster Lehnin gibt es auch einige ausgeschilderte Wanderwege mit reizvollen Badestellen. Außerdem lädt der etwas entfernte Klostersee mit Strandbad, Kanuvermietung und einem Skulpturenpark mit Ufer-Café zu erholsamen Stunden am Wasser ein.

Klosterkirche: Klosterkirchplatz, 14797 Kloster Lehnin, T 03382 76 88 42, www.

klosterkirche-lehnin.de, April–Okt. Mo–Sa 10–16, Sa 10–17, So 13–17, im Winter Mo–Sa 10.30–15.30, So 13–16 Uhr; **Museum im Amtshaus:** Klosterkirchplatz, T 03382 76 88 41, Mo–Sa 10–17, So 13–17 Uhr, Eintritt 3/2 €, Familienkarte 7,50 €, Kinder bis 6 J. frei; **Lehniner Sommermusiken:** Informationen und Karten unter T 03382 705 79 99, www.kulturfeste.de

Schlafen, Essen

Wohlfühlen mit Österreich-Touch
Hotel-Restaurant Markgraf: Neben den freundlichen Zimmern und dem Wellnessbereich spricht die Küche des Restaurants Korbbogen aus der Heimat der Hausherrin für das Haus. Neben Wiener Kalbsschnitzel (16,20 bzw. 21,30 €) und Kaiserschmarrn (4,80 €) gibt es auch vegetarische Wirsingrouladen mit Ricotta und geschmolzenen Tomaten (15,20 €). Friedensstr. 13, Kloster Lehnin, T 033 82 76 50, www.hotel-markgraf.de, EZ ab 68 €, DZ ab 92 €; Restaurant: tgl. 12–14.30, 18–22 Uhr

Ein Bett im Kloster
Zentrum Kloster Lehnin: Auf dem Klostergelände kann man in fünf historischen Häusern übernachten. Klosterkirchplatz 1–19, T 03382 76 84 09, www.zentrum-kloster-lehnin.de, EZ mit Bad/WC 47 €, DZ 65 €, Frühstück 8,50 €, Vollpension 25 €

Paretz ♥ E6

Auf den ersten Blick wirkt ›Schloss Still im Land‹, wie **Schloss Paretz** auch genannt wird, recht unscheinbar. Kein Wunder: wollte Königin Luise hier doch fernab von den höfischen Verpflichtungen ihren Traum vom einfachen Landleben verwirklichen. Von ihrem Mann Friedrich Wilhelm III. ist sogar der Ausspruch überliefert, er sei lieber Bürgermeister von

Paretz als König von Preußen. Bei näherem Hinsehen entpuppt sich das Gebäude allerdings als einzigartiges frühklassizistisches Juwel. 1797–1805 erbaut, lässt es mit seinen klaren Formen und Proportionen antike Vorbilder erkennen. Höhepunkte im Inneren sind neben Möbeln und Grafiken die original bemalten und bedruckten Papiertapeten, die als einmalige Beispiele für diesen um 1800 so beliebten Raumschmuck gelten.

Schloss Paretz: Parkring 1, Ketzin/OT Paretz, T 033233 736 11, www.spsg.de, April–Okt. Di–So 10–17.30, Nov.–März Sa/So 10–16 Uhr, im Winter nur mit Führung, 6/5 €, Familien 12 €

Essen

Historisches Ambiente

Gotisches Haus: In der ehemaligen Dorfschmiede wird deftige Küche serviert. Aber Sie können sich auf der hübschen Terrasse auch mit Kaffee und Kuchen oder anderen Kleinigkeiten stärken.

Parkring 21, Ketzin/OT Paretz, T 033233 805 09, www.gotisches-haus-paretz-online.de, April–Okt. Di 11.30–17, Mi/Do 11.30–18, Fr 11.30–20, Sa/So ab 11, Winter Mi–Fr 11.30–15, Sa/So 11–16.30 Uhr, Hauptgerichte ab 10 €

Mit Bootsanleger

An der Fähre: Am idyllischen Havelufer lassen sich die Gäste hier am liebsten frischen Zander schmecken, der auf unterschiedliche Arten zubereitet wird.

An der Fähre 1, Ketzin (3 km westl. von Paretz), T 033233 806 32, www.an-der-faehre. de, Di–So 12–20 Uhr, Fischgerichte ab 13 €

Bewegen

Unterwegs mit dem Dampfer

Personenschifffahrt Herzog: Mit der »MS Harmonie« oder der »MS Belle-

vue« schippert man gemütlich durch die Havelgewässer zum Schwielowsee und bis nach Potsdam.

An der Havel 18, Ketzin, T 033233 827 98, www.reederei-herzog.de

Westhavelland

📍 D/E 4/5

Während der südliche Teil des Havellands mit Sehenswürdigkeiten und historischen Stätten gespickt und relativ dicht besiedelt ist, mutet das nördlich gelegene Westhavelland sehr viel unscheinbarer an. Endlose Baumalleen führen durch einsame Landschaften mit Wiesen, Weiden und Feldern. Dass die Gegend so menschenleer ist, garantiert nicht nur viel Ruhe. Sie werden auch kaum irgendwo nachts einen so klaren Sternenhimmel finden.

Besonders reizvoll ist es, das alles auf dem Havelland-Radweg zu erkunden, der westlich von Berlin über Rathenow und nach Havelberg führt.

Olympisches Dorf 📍 F5

Avantgarde-Architektur

Vor den Toren Berlins, auf dem Weg ins Westhavelland, empfiehlt sich ein Abstecher ins denkmalgeschützte Olympische Dorf, das Anfang der 1930er-Jahre 18 km westlich von Berlin entstand. Im August 1936 wohnten hier während der Olympischen Spiele rund 400 Athleten aus über 50 Nationen. In nur zwei Jahren wurden die für damalige Zeiten sehr modernen Gebäude errichtet. Wo gab es zu dieser Zeit schon eine finnische Sauna am Ufer eines künstlichen Sees mit der Möglichkeit, die Wettkämpfe per Live-Übertragung auf Kinoleinwänden zu verfolgen?

Die innovative Architektur und die hohe Bauqualität inmitten eines idyllischen Landschaftsgartens beeindruckten damals auch eher kritische Berichterstatter aus dem Ausland – und täuschten darüber hinweg, dass das Olympische Dorf Teil der ausgeklügelten Propaganda-Maschinerie des NS-Regimes und zielstrebig für die spätere Nutzung durch die Wehrmacht angelegt war.

Speisehaus in Ellipsenform

Besonders eindrucksvoll ist das **Speisehaus der Nationen** mit einer elegant geschwungenen Ellipsenform, drei terrassenartig angelegten Etagen und großzügigen Fensterfronten. Hier aßen die Sportler in den Speisesälen, während im Untergeschoss Kühl- und Vorratsräume, ein Kraftwerk, Heizanlagen und sogar die dorfeigene Feuerwehr Platz hatten.

Unweit davon erhebt sich das **Hindenburghaus** mit freundlich-gelber Fassade hinter haushohen Bäumen. In dem zweistöckigen Bau befand sich neben Trainingsräumen ein großer Saal, in dem Theater-, Tanz- und Filmvorführungen stattfanden. Sofort nach Beendigung der Olympischen Spiele erhielt die Wehrmacht das Nutzungsrecht an den Bauten und funktionierte sie um in Infanterieschule, Lazarett, Hörsaal, Kommandantur und Offiziersheim. Nach dem Zweiten Weltkrieg besetzte die Sowjetarmee das Gebiet. Einige Gebäude wurden zerstört, die früheren Wohnhäuser durch Plattenbauten ersetzt und der Charakter des Geländes völlig verändert. Nach dem Rückzug der Sowjets 1992 setzten ihm Vandalismus und Plünderungen zusätzlich zu.

Später erwarb die DKB-Stiftung für gesellschaftliches Engagement das Grundstück und machte das denkmalgeschützte Areal Besuchern zugänglich. Inzwischen ist der Besitz an eine Immobiliengesellschaft übergegangen.

Rosa-Luxemburg-Allee, Wustermark/OT Elstal, T 033094 70 05 65, www.dkb-stiftung. de, April–Okt., nur mit Voranmeldung 14 Tage im Voraus, zur Zeit der Drucklegung waren Führungen aus Sicherheitsgründen nicht mgl.; bitte online informieren

Rathenow ♀D5

Am westlichen Rand des Naturparks Westhavelland liegt das Städtchen Rathenow, das als Wiege der Optik gilt. Pfarrer Johann Heinrich August Duncker erfand hier im Jahr 1801 eine Linsen-Vielschleifmaschine und begründete damit die industrielle Fertigung von Brillengläsern. Das Herz von Rathenow schlägt auf der **Altstadtinsel,** wo sich rund um die St.-Marien-Andreas-Kirche vor mehr als 800 Jahren die ersten Bewohner angesiedelt haben.

Die gotische **Hallenkirche** aus dem 16. Jh., die wie weite Teile der Stadt im Zweiten Weltkrieg in Flammen aufging, wurde wiederaufgebaut. Es lohnt auch, die rund 250 Stufen auf den Turm hinaufzusteigen, um von oben den weiten Blick über das Umland schweifen zu lassen.

STECKBRIEF OLYMPISCHES DORF

Architekt: Werner March
Größe des Areals: 540 000 m^2
Bauzeit: 2 Jahre
Anzahl der Gebäude: 150, davon 136 Wohnhäuser für die Sportler
Speisehaus: 38 Säle
Untergebrachte Sportler: 400 Athleten aus 50 Nationen

Wohin ziehen sie denn? Nicht nur Vögel bewegen sich im Naturpark Westhavelland in Formation.

Optische Täuschungen

Zur Belebung der Stadt hat vor allem die Landesgartenschau 2006 beigetragen, die die Schwedendamminsel zwischen Havelarm und Seen in einen großen Garten verwandelte. Seitdem lockt hier der **Optikpark Rathenow** Besucher auf den Erlebnispfad Optik mit Prismen-Wasserspielen, begehbarer Weltzeituhr und liebevoll angelegten Blumenbeeten.

Optikpark, Schwedendamm 1, Rathenow, T 03385 498 50, www.optikpark-rathenow. de, Mitte/Ende April–3. Okt. tgl. 10 bis max. 21, letzter Einlass 19, Sept./Okt. 18 Uhr, 5/1 € (11–17 J.), Bismarckturm 1,50 €, Familien 8 €

Ribbeck 📍 E5

Ribbeck ist ein einladendes Bilderbuchdorf, in dem man gern verweilt. Eine Dorfkirche, ein Dorfanger mit Feuerlöschteich, ein Herrenhaus und drumherum kleine Häuser aus Fachwerk und Backstein. Durch Fontanes Ballade geadelt, hat es sich in den letzten Jahren zum Bilderbuchdorf und zur Visitenkarte des Havellands entwickelt.

»Herr von Ribbeck auf Ribbeck im Havelland, ein Birnbaum in seinem Garten stand …« Wenn man etwas mit dem Havelland verbindet, dann ist es Fontanes Ballade vom großzügigen Gutsherrn, der den Kindern Birnen schenkt. Sie hat dazu geführt, dass heutzutage Zigtausende von Besuchern in die 380-Seelen-Gemeinde strömen. Dazu beigetragen hat die Arbeit des Kulturvereins, der Veranstaltungen wie die **Ribbecker Sommernacht** organisiert und sich für die Sanierung des Schlosses stark gemacht hat, wo heute eine Touristeninformation untergebracht ist und das **Museum** die Ausstellung »Fontane auf Schloss Ribbeck« zeigt. Ein elegantes **Restaurant** serviert regionale Küche.

Im »Birnendorf« unterwegs

Der engagierte Pfarrer Möhring öffnete die **Kirche,** einen einschiffigen Saalbau aus dem 14. Jh., für Besucher. Gleichzeitig wurde aus dem alten Pfarrgarten ein wunderschöner **Bibelgarten,** aus der alten **Dorfschule** ein kleines Museum mit Café und Fahrradverleih, wo auch Lesungen und Konzerte stattfinden. Hinter der **Brennerei** führt ein liebevoll angelegter Barfußpfad zum **Kinderbauernhof Marienhof.**

Schloss Ribbeck: Theodor-Fontane-Str. 10, Nauen/OT Ribbeck, T 033237 859 00, www.schlossribbeck.de, Museum April–Dez. tgl., Jan.–März Di–So 10–17 Uhr, 6/4 €; **Ribbecker Schlossfestspiele:** im Sommer an zwei Wochenenden, www.schlossfestspielerib beck.de; **Restaurant:** Di–Do, So 11–18 Uhr regionale Küche; Alte Schule: Am Birnbaum 3, T 033237 854 58, April–Sept. tgl. 10–18, sonst bis 17 Uhr

Schlafen, Essen, Einkaufen

Tango im Schafstall

Landhaus Ribbeck: Im ausgebauten Schafstall des Ribbecker Ritterguts können Sie nicht nur in sechs stilvollen Zimmern nächtigen, es gibt auch eine Galerie und zwei Ateliers, Ausstellungen, Malkurse und einen Tango-Salon. Das Restaurant Café Monet verwöhnt mit Kuchen und Torten und ab 19 Uhr mit regionaler Küche.

Uhlenburger Weg 2 B, T 033237 86 98 38, www.landhaus-ribbeck.de, DZ inkl. Frühstück ab 115 €; Café Monet: Di–Do 17–21, Fr/Sa/ Fei 15–21 Uhr

Von der Birne zum Essigbalsam

Alte Brennerei: Der Enkel des letzten Herrn von Ribbeck, Friedrich-Carl, kaufte 1998 den Kutsch- und Pferdestall der Familie zurück und begann, in Ribbeck Birnenessig herzustellen, Williamsbrände und Liköre sind dazugekommen.

Am Birnbaum 25, T 0178 611 04 42, www. vonribbeck.de

Naturpark Westhavelland ♀ D4/5

Südlich von Rathenow schmiegt sich der Naturpark Westhavelland zwischen Havel, Rhin, Hohennauener und Beetzsee und ist mit 1315 km² der größte Naturpark Brandenburgs. In der hügeligen Landschaft sind rund 720 seltene, zum Teil vom Aussterben bedrohte Tier- und Pflanzenarten zu Hause. Wat- und Wasservögel, nordische Gänse und Schwäne, Kraniche, Schnepfenvögel, der prächtige Kampfläufer – sie alle finden hier auf ihren Zugrouten im Frühjahr und Herbst nahrungsreiche Rastplätze.

Kinderstube für Jungstörche

Wenn Sie zum richtigen Zeitpunkt dort sind, können Sie ihre Formationen am Himmel bestaunen – oder den Störchen bei der Aufzucht ihrer Jungen zusehen. Viel über den Lebensraum Westhavelland und die Renaturierung der Havel ist aus einer Ausstellung im Besucherzentrum zu erfahren.

NaturPark Zentrum: Stremmestr. 10, Milow/ Milower Land, T 03386 21 12 27, www. nabu-westhavelland.de, April–Okt. Do–Di 10–17, Winter Do–So 10–16 Uhr, 3/1 €

Bahnitz ♀ D5

Von Rathenow aus lohnt auch ein Abstecher in das Künstlerdorf Bahnitz mit kleinem Barfußpark an der Havel. Hier haben sich gleich mehrere Maler und Bildhauer angesiedelt und finden sich immer wieder zu interessanten Ausstellungen, Filmwochenenden und anderen Projekten rund um die Kunsthalle Bahnitz zusammen.

Kunstverein Bahnitz: Dorfstr. 4, Milower Land/OT Bahnitz, T 01520 532 22 17, www. kunstvereinbahnitz.de

Schloss Nennhausen ♀ D5

Womöglich hatte Fontane Schloss Nennhausen vor Augen, als er in seinem Roman »Effi Briest« das Bild von Hohen-Cremmen entwarf. 1684 erhielt der Landrat Friedrich Briest hier ein Gut für den »klugen Beistand, den er der Armee des Großen Kurfürsten erst bei Fehrbellin leistete«. Das barocke Schloss ließ dann 1735 Friedrich Christoph von Briest errichten, später wurden allerlei gotisierende Formen hinzugefügt und der Park im Stil englischer Landschaftsgärten gestaltet.

Musenhof
Als eine Tochter des letzten Briest 1803 Friedrich Baron de la Motte Fouqué heiratete, wurde die stolze Anlage ein regelrechter Musenhof. Der romantische Schriftsteller verfasste hier nicht nur sein Märchen »Undine«, er versammelte auch bekannte Literaten wie Friedrich Schlegel, Adalbert von Chamisso, Heinrich von Kleist oder Rahel Varnhagen um sich. Heute können Sie das private Herrenhaus nur im Rahmen von Konzerten oder Ausstellungen von innen sehen.

Ferienwohnung im Schloss Nennhausen: T 033878 605 05, www.schloss-nennhausen. de, ab 80 €

Schloss Kleßen ♀ D4

Mit Schloss Kleßen wartet eine weitere Perle auf Gartenfreunde. Der märkische Gutsgarten mit Hofladen und Gartencafé steht nicht nur im Sommer in voller Blüte. Das Schloss selbst ist nur im Rahmen der Havelländischen Musikfestspiele oder bei privater Anmietung zugänglich.

Ein Ort märkischer Lebenskultur
In der barocken, klassizistisch überformten Dreiflügelanlage von 1723 residierte lange Zeit das Adelsgeschlecht von Bredow. Nachdem 1929 die Linie in Kleßen endete, wurde das Gebäude bis 1945 von der Familie von Rochow bewohnt, dann rückte die Sowjetarmee an. 1993 war nur noch eine Ruine übrig,

---

STERNENPARK **S**

Wie wäre es mit einem tiefen Blick in die Milchstraße? Der Sternenpark umfasst das Areal des 1315 km² großen Naturparks Westhavelland, das als Lichtschutzgebiet ausgewiesen ist. Es gehört zu den dunkelsten Regionen in Deutschland. Besonders gute Beobachtungsmöglichkeiten gibt es in der 40 km² großen Kernzone zwischen **Nennhausen** und **Gülpe** (♀ D 4/5). Hier verzaubert Sie ein Nachthimmel mit Milliarden von Sternen.
Am Tag können Sie eine Runde mit Kanu oder Ruderboot im Naturschutzgebiet Gülper See drehen und in dem kleinen Backsteindorf Strohndehne nordwestlich von Rhinow in der **Fischerei Schröder** frisch geangelten Hecht, Zander, Aal und Krebse kaufen und am Wochenende am angeschlossenen Imbiss probieren. Wer möchte, kann sich auch selbst mit der Angel an das malerische Gewässer setzen oder es mit dem Ruderboot erkunden.
Sternenpark: www.sternenpark-westhavelland.de
Fischerei Schröder: Gahlberg 2, 14715 Havelaue/Ortsteil Strohndehne, T 033875 307 37, www.fischerei-schroeder.eu, Mi–Sa 10–16, Fr bis 18 Uhr

Am nächtlichen Himmel im Licht-schutzgebiet sind die Sterne zum Greifen nah.

als die heutigen Schlossherren es über-nahmen. Inzwischen ist das gesamte Anwesen wiederhergerichtet.

Schloss Kleßen: Lindenplatz 1, Kleßen, T 033235 29 00 44, www.schloss-klessen. de, Mai–Nov. Sa/So 11–17 Uhr, 4/3 €, Führungen auf Anfrage

Gollenberg 📍 D 4

Der Gollenberg östlich von Stölln war Ende des 19. Jh. Schauplatz der ersten Flugversuche überhaupt. Flugpionier Otto Lilienthal ging hier unzählige Male in die Lüfte, bis er 1896 abstürzte. An der Unglücksstelle im Wald erinnert an ihn ein **Denkmal**, das über einen Treppen-weg von der Landstraße (L 17) aus zu erreichen ist.

»Lady Agnes« auf dem Flugplatz

Auf dem Flugplatz Stölln/Rhinow am Gollenberg, dem ältesten **Flugplatz** der Welt, steht »**Lady Agnes**«, ein aus-rangierter Interflug-Jet vom Typ IL 62. Innen hat sich das Interieur aus DDR-Zeiten erhalten. Nach Voranmel-dung können sich Flugbegeisterte hier sogar das Ja-Wort geben. Mehr über das kulturhistorische Erbe des Flugpioniers ist im Lilienthal-Centrum zu erfahren, das in der Alten Brennerei untergekom-men ist und Besucher spielerisch an die Flugtechnik heranführt.

Lilienthal-Centrum, Otto-Lilienthal-Str. 50, Gollenberg/OT Stölln, T 033875 906 90, www.otto-lilienthal.de, März Sa/So 11–16, April–Okt. Di–So 10–17 Uhr, Ausstellung 5/4 €, Kombiticket mit IL 62 8/7 €

Schlafen und Essen

Logieren im Bio-Hotel

Landgut Stober: Aus einem Denk-malensemble am Groß Behnitzer See südlich von Ribbeck mit Kornspeicher, Brennerei und Ställen sind ein zertifizier-tes Bio-Hotel, Logierhaus, das Restau-rant Seeterrassen und Tagungsbereiche entstanden. Heute lädt das Mustergut zu Führungen, Ausstellungen, Konzerten, Handwerkskursen, Kremserfahrten und auch zum Heiraten ein. Das Restaurant mit herrlicher Seeterrasse arbeitet mit re-gionalen Produkten in Bio-Qualität.

Groß Behnitzer Dorfstr. 29–31, Nauen/OT Groß Behnitz, T 033239 20 80 66, www. landgut-stober.de, EZ ab 79 €, DZ ab 99 € inkl. Frühstück; **Restaurant Seeterrassen:** April–Okt. tgl., sonst Mi–So 11.30–21 Uhr, **Führungen:** 1. So im Monat 11 Uhr; **Hof-laden:** Sa/So 11–17 Uhr

In ländlicher Idylle

Helenenhof: In dem gepflegten Haus mit gemütlichen Zimmern, Kaminsaal, Jäger-stube, Gartenterrasse und Liegewiese im Park können Sie sich nicht nur entspannen, sondern auch im Restaurant köstliche Linumer Fischsuppe (6,20 €), Forellenfilets in Mandelbutter (18,45 €) oder Havelländer Birnencreme (4,45 €) genießen.

Am Dorfanger 2, Nauen/OT Tietzow, T 033230 87 00, www.hotel-helenenhof.de, EZ ab 69 €, DZ ab 85 €; **Restaurant:** Mo−Fr nach Absprache 17−21, Sa 12−20, So 12−18 Uhr

Ideal für Radfahrer

Guthans's Landhaus Semlin: Neben schlichten rustikalen Zimmern punktet das Landhaus 100 m vom Hohennauener See entfernt mit hauseigenem Ruderboot, Fahrradverleih und Grillplatz. Im dazugehörigen Gasthaus gibt es herzhafte Hausmannskost zu zivilen Preisen.

Dorfstr. 17, Semlin (südl. Hohennauener See), Rathenow/OT Semlin, T 03385 544 20, www.guthans-landhaus.de, EZ 40 €, DZ ab 60 €, Frühstück 7,50 €

Bewegen

Rund um den Badesee

Nördlich von Rathenow bietet der 10 km lange **Hohennauener See** vielfältige Wassersportmöglichkeiten. Eine schöne Badestelle ist beim Fischrestaurant Strandgut in Hohennauen. In 2,5 Stunden können Sie den See auch bequem per Fahrrad umrunden.

Naturpark Nuthe-Nieplitz 📍F7

Der Naturpark südlich von Potsdam ist ein abwechslungsreiches Zweistromland: Von den Flüssen Nuthe und Nieplitz eingerahmt, besteht der 623 km² große Naturpark zwischen Beelitz, Jüterbog und Baruth aus mehreren, ganz unterschiedlichen Teilen: der Nuthe-Notte-Niederung, der Luckenwalder Heide, dem Baruther Urstromtal und dem nördlichen Fläming-Waldhügelland. Feuchtgebiete und Moore wechseln mit Wiesen, Feldern und trockenen Wäldern ab und sind durch viele Wander- und Reitwege erschlossen. Hier und da kann man Fisch- und Seeadlern, Fischottern, Wildgänsen und Kranichen begegnen.

Flugsanddüne und Skaterpark

Eine Besonderheit ist eine durch den militärischen Übungsbetrieb reaktivierte, ca. 9 ha große Altdüne, die zu den letzten aktiven Flugsanddünen im deutschen Binnenland gehört. Touristisches Highlight ist jedoch die Flaeming-Skate, ein 200 km langer Rundkurs im südlichen Teil des Naturparks, der aus feinstem Asphalt besteht und neben Skatern auch Rad- oder Rollstuhlfahrern offensteht.

Besser zum Wandern geeignet sind die Wege rund um die **Glauer Berge** und das **Wildgehege Glauer Tal** mit Mufflons, Rot- und Damwild. Unterwegs können Sie vom 103 m hohen Aussichtsturm auf dem Löwenberg über die Landschaft blicken, an mehreren Rastplätzen picknicken und schließlich in **Blankensee** eins der liebenswertesten Dörfer Brandenburgs entdecken. Malerisch schmiegt es sich an den gleichnamigen See mit breitem Schilf-

---

FLÄMING-WALK

Im Naturpark Nuthe-Nieplitz können Sie auf einem 450 km langen Streckennetz nach Herzenslust walken. Dazu bietet das Fläming-Walk-Zentrum Faltkarten mit den entsprechenden Routen an, außerdem auch einen Verleih für Ausrüstung und Kurse (www.flaeming-walk.de).

F

FLAMEN

Seinen Namen verdankt der in der Eiszeit entstandene Fläming flämischen und holländischen Siedlern, die im 12. Jh. hierherkamen, den Höhenzug besiedelten und die historisch gewachsene Kulturlandschaft maßgeblich mitgeprägt haben. Sie halfen Albrecht dem Bären, dem damaligen Markgrafen, das Land urbar zu machen. Dass sie vor allem aus Flandern und den Niederlanden kamen, liegt daran, dass dort zuvor schwere Sturmfluten an der Nordsee für Überschwemmungen und Zerstörungen gesorgt hatten.

gürtel. Ein Bohlenweg führt am Wasser entlang ins Zentrum des Rundlingsdorfs mit **Fischräucherei** und **Bauernmuseum** mit guter Museumsschänke.

Rundlingsdorf mit Barockschloss

Schon Fontane schwärmte von dem Ort. Vor allem vom **Schlösschen** im Stil des märkischen Barock, das um 1740 für den Kreishauptmann Christian Wilhelm von Thümen erbaut wurde und 1902 in den Besitz des Schriftstellers Hermann Sudermann überging. Heute wird es als Tagungszentrum genutzt. Drum herum breitet sich ein romantischer Park aus.

Naturparkzentrum Glauer Tal: Glauer Tal 1, Trebbin/OT Blankensee, T 033731 70 04 60, **Wildgehege** tgl. 10–17 Uhr, 4/1,50 €; **Naturparkverwaltung Nuthe-Nieplitz:** Beelitzer Str. 24, Dobbrikow/Nuthe-Urstromtal, T 033732 50 60, www.naturpark-nuthe-nieplitz.de; **Bauernmuseum:** Dorfstr. 4, Trebbin/OT Blankensee, T 033731 800 11, www.bauernmuseum-blankensee.de, Mi–Fr 10–12, 13–17, Sa/So/Fei 13–17 Uhr; **Museumsschänke:** T 033731 124 96, Mi–So ab 11 Uhr

---

Schlafen und Essen

Gekonnte Landhausküche

Philippsthal: In dem denkmalgeschützten Gasthaus mit gehobener Landhausküche stimmt einfach alles.

Philippsthaler Dorfstr. 25, Nuthetal/OT Philippsthal, T 033200 52 44 32, www.restaurant-philippsthal.de, tägl. außer Di ab 12 Uhr

Familienfreundlich

Fliederhof Syring: In dem gemütlichen Landgasthof mit großem Spielplatz können Sie gut essen und anschließend in Fliederzimmern träumen. Sonntags von 14 bis 17 Uhr ist Tea Time.

Stückener Dorfstr. 21, Michendorf/OT Stücken, T 033204 629 00, www.fliederhof-syring.de, Mi–So 12–22 Uhr, Jan. geschl., EZ 47 €, DZ 60 €, Frühstück 8,50 €

Regional und kreativ

Landlust Körzin: Ja, dieses ländlich-elegante Lokal kann tatsächlich die Landlust steigern. Lassen Sie sich mal überraschen, was man alles mit Sellerie, Kresse oder Sanddorn anstellen kann!

Körzin 19, T 0173 248 39 83, www.landlust-koerzin.de, April–Dez. Fr 18, Sa 13 und 18, So 13 Uhr, sehr gute Drei-Gänge-Menüs für 69 €

Beelitz   📍 F7

Mitten im Naturpark liegt die 1000-jährige Stadt, die in Brandenburg Synonym für vorzüglichen Spargel ist. 1861 baute der Ackerbürger Carl Herrmann erstmals Spargel an. Während der NS-Zeit wurde das Gemüse als zu kalorienarm angesehen und auch in der DDR-Zeit durch die Kollektivwirtschaft weiter verdrängt. Nur private Bauern holten weiter das »weiße Gold« aus der Erde und tauschten es in Berlin gegen andere heiß begehrte Waren ein. Nach der Wende knüpften dann auch Landwirte aus den alten Bundesländern an die Tradition an. Der Karriere des Edelgemüses, seiner gesundheitlichen Bedeutung sowie der Technologie und Geschichte des Anbaus widmet sich das **Spargelmuseum.**

Mindestens ebenso beeindruckend ist das Ackerbürgerstädtchen selbst mit seinen denkmalgeschützten Häusern und der **Pfarrkirche St. Marien.** Eine besondere Perle ist die **Alte Posthalterei.**

Spargelmuseum: Mauerstr. 12, T 0151 11 64 09 34, in der Saison Di–So 11–16, Juli/Aug. Di, Do 13–16, Mi, Fr 13–15 Uhr; 2,50 €; **Postmuseum:** Poststr. 16, Di, Do 10–18, Fr–So 11–16 Uhr

Schlafen und Essen

Schlafen im Stroh
Land-Ei: Wenn Sie mal im Stroh schlafen wollen – hier bietet sich die Gelegenheit. Ansonsten gibt es neben drei Dutzend Tieren auf dem Bauernhof auch schlichte, freundliche Zimmer und kostenlose Leihräder.

Dorfstr. 4, Beelitz/OT Schäpe, T 033204 400 35, www.pension-landei.de, EZ ab 34 €, DZ ab 45 €, Fewo 59 €, Frühstück 8 €

Seit 1650 Gasthaus
Zur Alten Brauerei: Das traditionsreiche Gasthaus öffnet alljährlich im Frühjahr, wenn der erste Spargel gestochen wird. Das historische Brauereigebäude stand schon zu DDR-Zeiten auf der Denkmalliste. Anfang der 1990er-Jahre wurden einige Teile aufwendig saniert.

Mühlenstr. 30, T 033204 47 70, www.zuraltenbrauerei.de, Mitte April–Mitte Sept. Mo, Do/Fr 17–21, Sa/So 12–21 Uhr, Hauptgerichte ab 15 €

Direkt an der Quelle
Lokal genial: Etwas außerhalb, inmitten von Spargelfeldern und Kiefernwäldern,

gelangt das edle Gemüse vom Feld direkt auf den Teller – gemütlich am Kamin, im Wintergarten oder auf der Terrasse. Auch alle anderen Zutaten stammen möglichst aus der Umgebung.

Hermann-Löns-Str. 4 B, T 033204 73 99 81, www.lokal-genial-beelitz.de, Di–Fr ab 17, Sa/So/Fei ab 11 Uhr, Schnitzel vom Havelländischen Apfelschwein 14 €

Einkaufen

In der Saison können Sie sich in allen Hofläden rund um Beelitz mit Spargel eindecken.

Kürbisspezialitäten
Syring Hof: Neben Spargel werden hier aus ökologischem Ölkürbis Produkte wie Öl, Pesto und Schokolade gemacht.

Trebbiner Str. 69 F, Beelitz/OT Zauchwitz, T 033204 638 15, www.beelitzerkuerbis. de, April–Juni tgl. 8–18, Juli–Okt. Do–So 10–17 Uhr

Bewegen

Nur Fliegen ist schöner
Flugplatz Schönhagen: In die Luft gehen – bei Ballonfahrten, Hubschrauberrundflügen oder mit dem Segelflieger. Am Boden angekommen, kann man sich dann im Tower Restaurant Cockpit stärken.

Am Flugplatz, Trebbin/OT Schönhagen (ca. 14 km östl. Beelitz), T 033731 30 50, www. flugplatz-schoenhagen.aero; **Tower Restaurant Cockpit:** tgl. 9.30–19 Uhr

Beelitzer Heilstätten ♥ F 6/7

Die ehemalige Lungenheilanstalt auf einem 200 ha großen Areal mit 60 Gebäuden, die lange Zeit Ruinen waren und zum Teil noch sind, ist ein deutschlandweit einzigartiges Flächendenkmal. Die Berliner Landesversicherungsanstalt errichtete die Sanatorien zwischen 1898 und 1930 für die vielen Tuberkulosekranken der aufstrebenden Industriemetropole nach modernsten Gesichtspunkten. Da gab es nicht nur lichtdurchflutete Klinikgebäude im alpenländischen Stil, die die kranken Arbeiterinnen und Arbeiter in die ferne Schweiz versetzen sollten. Auch die Wirtschaftsgebäude wie das zentrale Küchen- oder das Heizhaus, das mit Kraft-Wärme-Kopplung betrieben wurde, gehörten zu den fortschrittlichsten Europas: funktional und durchdacht.

Aus Ruinen auferstanden

Lange nagte der Zahn der Zeit an den Gebäuden. Vandalismus setzte ihnen zusätzlich zu, sodass sie zeitweise Ziel von vor allem Fotofans waren, die für morbide Lost-Places-Aufnahmen auch über Absperrungen kletterten. Inzwischen wurden einige Bereiche saniert: Es entstanden eine Klinik, ein Hotel Gustav und attraktive Wohnungen sowie Künstlerateliers. Der Verein Baum und Zeit macht das unsanierte Gelände Besuchern zugänglich. Auf professionellen **Führungen** können Sie erfahren, wie innovativ die Heilstätten waren, und erhalten Zugang zu Häusern wie der Alten Chirurgie.

Auf dem **Baumkronenpfad** wandelt man über ein, zwei zugewucherte Bauten und genießt die tolle Aussicht. Vor allem ein Gang durch den 15 ha großen **Barfußpark** auf dem Gelände fühlt sich wie ein Kurzurlaub an.

Beelitzer Heilstätten, Verein Baum und Zeit: T 033204 63 47 23, www.baumundzeit.de, April–Okt. tgl. 10–19, März tgl. 10–17, Nov.–Feb. nur Sa/So/Fei 10–16 Uhr, mit Baumkronenpfad 11/9,50/8 €, Familien 18–28 €, Führungen im Sommer Mo–Fr 12.25, Sa/So 12.15, 13.45, 15.15, Winter Sa/So 12.25 und 14.30 Uhr; **Barfußpark:** Straße nach Fichtenwalde 13, T 0162 29 99 99, www.derbarfusspark.de, Mitte April–Sept. 10–18, Sa/So 10–19 Uhr, 7,50/5,50–6,50 €

Schlafen und Essen

Historisches Flair

Landhotel Gustav: 23 komfortable Zimmer und Suiten in einem denkmalgeschützten Gebäude der früheren Heilstätten. Das italienisch angehauchte Restaurant arbeitet mit Produkten aus Apulien. Paracelsusring 2, Beelitz-Heilstätten, T 033204 473 30, www.landhotel-gustav.de, EZ ab 64 €, DZ ab 88 €; Restaurant warme Küche 18–21 Uhr, Pastagerichte um 10 €

Luckenwalde ♀F7

Die über 800-jährige Kreisstadt des Landkreises Teltow-Fläming macht auf den ersten Blick einen zerrissenen Eindruck. Die Zeiten, als die Tuchmacherstadt ihre große Blüte erlebte, sind definitiv vorbei. Aber wenn Sie sich zum historischen Zentrum vorarbeiten, werden Sie ihre liebenswerten Seiten entdecken. Aus der modernen Stadtlandschaft ragt vor allem der mittelalterliche **Marktturm** aus unbehauenen Feldsteinen heraus. Seit 1484 hat er als Glockenturm für die zwischen Markt und Breiter Straße gelegene **Johanniskirche** seine endgültige Bestimmung gefunden. Die Bürgerhäuser an der Breiten Straße – ebenso wie das spätklassizistische **Rathaus** – sind Zeugen des Industriezeitalters, das im 19. Jh. hier im Zeichen der Hutfabrikation stand.

Expressionistische Baukunst

In dieser Zeit entstand auch die **Hutfabrik,** eine Ikone der expressionistischen Baukunst. Im Jahr 1921 beauftragten die Huthersteller am Salomon und Gustav Herrmann den damals noch unbekannten Erich Mendelsohn mit dem Neubau einer Hutfabrik. Innovativ war nicht nur der Einsatz der Materialien

Glas, Holz und Stahlbeton. Spektakulär ist die Kombination weicher Formen mit scharfer expressionistischer Linienführung bei der Hallenkonstruktion.

Zum Wahrzeichen von Luckenwalde wurde schließlich die Dachhaube der Färbereihalle, die einem Hut ähnelte. Etwa zehn Jahre nach der Fertigstellung musste die jüdische Familie Herrmann Deutschland verlassen, die Hutfabrik wurde für die Herstellung von Flugzeugkanonen, später als Reparaturwerkstatt der Sowjetarmee und VEB Wälzlager genutzt. Das Gebäude wurde aufwendig restauriert – harrt aber weiterhin einer entsprechenden Nutzung.

Museumsdorf Glashütte   📍G7

Östlich von Luckenwalde, im Baruther Urstromtal, lädt das Museumsdorf Glashütte zu einer Zeitreise in die Geschichte der Glasbläserei ein. Hier leben und arbeiten Künstler und Kunsthandwerker, denen man bei der Arbeit über die Schulter schauen kann. Herzstück neben Ateliers, Galerien und Läden von Filzern, Töpfern oder Malern ist das Glasmuseum mit funktionstüchtiger Manufaktur.

Gasthof mit Kultstatus

Für das leibliche Wohl sorgen ein **Töpfer-Café,** der **Weinsalon,** der alte **Dorfkonsum** und vor allem der um 1854 erbaute Gasthof Reuner mit schönem Biergarten, der fast schon Kultstatus genießt. Hier können Sie sich nicht nur ein herzhaftes Glasschleifersteak vom Saalower Kräuterschwein auf der Zunge zergehen lassen (16,50 €), sondern auch heiraten. Außerdem stehen mehr oder weniger komfortable Zimmer zum Übernachten bereit.

Museumsdorf: Hüttenweg 20, Baruth/OT Glashütte, T 033704 980 90, www.museumsdorf-glashuette.de, März–Dez. Di–So 10–17, Jan./Feb. Mi–So 10–17 Uhr, 5,50/3–3,50 €, Familien 13 €; **Gasthof Reuner:** Hüttenweg 18, Baruth/OT Glashütte, T 033704 670 65, www.gasthof-reuner.de,

Viel Auslauf (nicht nur) für Inlineskater bietet die 230 km lange Flaeming-Skate.

März Mi–So 11–16, April–Nov. Di–So 10–18, Dez. Do–So 11–16 Uhr EZ ab 50 €, DZ ab 60 €, Frühstück 12,50 €

Wünsdorf ♀ G 7

Ein kleines Mekka für Bücherfreunde – und solche der Militärgeschichte – versteckt sich nördlich von Baruth im märkischen Kiefernwald. Lange Zeit war Wünsdorf vom Militär geprägt. In der Kaiserzeit war es Truppenübungsplatz, während des Zweiten Weltkriegs und der DDR-Zeit militärisches Sperrgebiet mit den gigantischen Bunkeranlagen Maybach 1 und Zeppelin. Nach Abzug der sowjetischen Streitkräfte 1994 haben sich in der Waldstadt stattdessen Antiquariate angesiedelt, in denen Tausende von Büchern, Karten, Grafiken und Tonträgern auf Liebhaber warten (meist Di–So 10–17/17.30 Uhr).

Von der Bunker- zur Bücherstadt
Das Angebot wird ergänzt durch das **Garnisonsmuseum** mit einer Ausstellung über das zivile und militärische Leben in Wünsdorf sowie die Neue Galerie und das **Fontanekabinett.**
Waldstadt Wünsdorf: T 033702 96 00, www. buecherstadt.com, Bunkerführungen Di–Fr 13, außerdem Mai–Sept. Sa/So/Fei 12, 14, 16, Okt.–April Sa/So/Fei 13 und 15 Uhr, 12 €, Ermäßigungen auf Anfrage; **Garnisonsmuseum:** Gutenbergstr. 9, Di–So 10–17 Uhr; **Neue Galerie, Fontanekabinett:** Do–So 10–17 Uhr

Schlafen, Essen

Zentrale Lage
Märkischer Hof: Eine praktische Bleibe ist das familiengeführte zertifizierte Bett & Bike-Hotel mit Fahrradverleih. Im Bistro-Café gibt es ab 18 Uhr gutbürgerliche Küche mit Kleinigkeiten.

FLAEMING-SKATE

Das sportliche Highlight der Region ist eine ca. 230 km lange und 3 m breite Skatingstrecke aus feinstem Asphalt, die eigentlich für Inlineskater gebaut wurde, aber auch bei Radfahrern und Rollstuhlfahrern beliebt ist. Insgesamt acht Rundkurse schlagen weite Bögen um Luckenwalde, Jüterbog und Baruth. Dazu haben sich Beherbergungsbetriebe und Verleihstellen auf die Zielgruppe Skater spezialisiert. Informationen unter: www.flaeming-skate.de

Poststr. 8, 14943 Luckenwalde, T 03371 60 40, www.maerkischerhof.de, EZ ab 66 €, DZ ab 86 €

Skaterfreundlich
Gutshaus Petkus: In historische Gemäuer ist das erste Skatehotel der Welt eingezogen, das sich neben Einzelpersonen auch auf Familien und Jugendgruppen spezialisiert hat. Mit Skate- und Fahrradverleih, Kletterangeboten und Sommergarten.
Merzdorfer Str. 36, 15837 Baruth/OT Petkus (ca. 21 km südöstl.), T 033745 708 70, www. skatehotel.de, ab 33 € (Mehrbettzimmer), EZ ab 58 €, DZ ab 85 €; Restaurant Roggenkönig: März–Okt. tgl. ab 11.30, Nov./Dez. Fr ab 17, Sa/So ab 11.30 Uhr, Jan./Feb. geschl., Hauptgerichte ab 8 €

Bewegen

Draisinefahrten
Erlebnisbahn Zossen–Jüterbog: Sie können in Zossen in die Draisine steigen, die auf einer stillgelegten Bahnstrecke durch das Baruther Urstromtal rollt.
An der Wulzen 23, Zossen, T 03377 330 08 50, www.erlebnisbahn.de, Fahrpreis ab 18 €, 5–14 J. ab 13 €

Schwimmen und saunieren

Flämingtherme: Zwischendurch eine Runde schwimmen? Oder in der Sauna aufwärmen? Das Sport- und Erlebnisbad bietet acht Bahnen, einen Strömungskanal, eine Turborutsche, zahlreiche Saunen und Wellnessanwendungen.
Weinberg 40, Luckenwalde, T 03371 400 20, www.flaemingtherme.de, tgl.10–22 Uhr, 4/2,90 €, Sauna ab 12,50/8,60 €

Jüterbog ♀F8

Das 1000-jährige Flämingstädtchen ist die ideale Kulisse für einen Mittelalterfilm. Der historische Stadtkern ist gespickt mit alten Fachwerkhäusern, Wehrtürmen, Stadttoren und Kirchen und lässt noch erahnen, dass hier im Mittelalter ein wohlhabender Handelsplatz war. Zu Reformationszeiten machte die Stadt mit dem florierenden Ablasshandel des Mönchs Johann Tetzel von sich reden. Sein Motto »Sobald das Geld im Kasten klingt, die Seele in den Himmel springt«, wurde für Martin Luther zum Stein des Anstoßes für seine berühmten 95 Thesen – die hier später wiederum auf dem Marktplatz verbrannt wurden. Im 19. Jh. war Jüterbog dagegen eine wichtige Garnisonsstadt. Seit 1994 die Rote Armee abgezogen ist, wird vor allem an der touristischen Entwicklung der Stadt gearbeitet.

In der Hauptstadt des Flämings

Wahrzeichen ist die **Nikolaikirche** (Nikolaikirchplatz) mit ihren fast 70 m hohen, unterschiedlich gestalteten Türmen. Ältestes erhaltenes Bauwerk ist indes die um 1160 errichtete, später mehrfach veränderte **Liebfrauenkirche** (Dammtor) mit sehenswerter Renaissancekanzel und Wagner-Orgel aus dem 18. Jh. Besonders schön ist das spätgotische **Rat-**haus:** Um 1500 entstanden, schmückt es mit seinem filigranen Staffelgiebel den rechteckigen Marktplatz. In nächster Nähe steht die zwischen 1480 und 1510 errichtete **Mönchskirche,** die einst zu einem Franziskanerkloster gehörte. Heute ist die spätgotische Hallenkirche das kulturelle Zentrum der Stadt mit Archiv, Bibliothek, Konzertsaal, Stadtinformation und Museum.

Kloster Zinna ♀F8

Nicht versäumen sollten Sie einen Abstecher in die 3 km entfernte Webersiedlung. Nachdem der Magdeburger Erzbischof hier 1170 ein Zisterzienserkloster gegründet hatte, entstand im ersten Drittel des 13. Jh. in den Sümpfen der Nuthe ein bedeutender Gebäudekomplex. Durch das Kloster entwickelten sich weitere Dörfer, die Zivilisation schritt voran, und mit dem Marienpsalter erblickte hier sogar das erste gedruckte Buch der Region das Licht der Welt.

Zisterzienser und Kräuter

Herzstück des Komplexes sind die **Klosterkirche,** das Siechen- und Gästehaus sowie die Alte und Neue Abtei, die vom einstigen Kloster stehen geblieben sind. In der spätgotischen, um 1435 entstandenen **Neuen Abtei** mit filigranem Treppengiebel wurden 1958 auch die sogenannten **Fresken von Zinna** in der Abtskapelle freigelegt. Sie sind Teil des heutigen **Klostermuseums,** das einen guten Überblick über die Geschichte der Zisterzienser gibt. Nach dem Museumsbesuch kann man in der Alten Abtei den aus Kräuteressenzen hergestellten, hochprozentigen »Zinnaer Klosterbruder« kosten.
Am Kloster 6, T 03372 43 95 05, www.kloster-zinna.de, Mi–So 10–17 Uhr, 7/2–8 € mit Verkostung, im Sommer Sa/So nachmittags Führungen auf Anfrage

Schloss Wiepersdorf 📍G8

Einen weiteren Abstecher lohnt das südöstlich gelegene Schloss Wiepersdorf, ein kultureller Leuchtturm in der tiefsten Provinz. Das Gebäude, ein barocker Putzbau, wurde 1734–38 für General Graf von Einsiedel gebaut. 1780 ging die Anlage in den Besitz der Familie von Arnim über, die im Garten eine Orangerie errichten ließ. International wahrgenommen wurde das Anwesen 1814, als hier das schillernde Romantikerpaar Bettina und Achim von Arnim einzog und weitab von Berlin illustre Gäste wie die Brüder Grimm, Alexander von Humboldt oder Fürst Pückler-Muskau um sich scharte.

Anwesen der Familie von Arnim
Heute führt die **Stiftung Schloss Wiepersdorf** diese Tradition mit einem internationalen Residenzprogramm fort. Stipendiaten aus verschiedenen Kunst- und Wissenschaftsbereichen sind zum Arbeiten in ländlicher Abgeschiedenheit eingeladen. Zum Teil tragen sie die Ergebnisse im Rahmen von Lesungen oder Ausstellungen vor.

Bettina-von-Arnim-Str. 13, Jüterbog/OT Wiepersdorf, T 033746 69 90, www.schloss-wiepersdorf.de

Schlafen

Im historischen Fachwerkbau
Alte Försterei: Individuell gestaltete Zimmer in der 250 Jahre alten Oberförsterei Friedrichs des Großen, die im Sommer häufig für Tagungen genutzt wird. Romantisches Restaurant mit Bauerngarten.

König-Friedrich-Platz 7, Jüterbog/OT Kloster Zinna, T 03372 398 23 00, www.alte-foersterei-kloster-zinna.de, tgl. 12–23 Uhr, EZ ab 65 €, DZ ab 90 € (im Winter günstiger), Frühstück 10 €; Restaurant: Mo–Do 18–21, Fr–So 12–21 Uhr, Hauptspeisen ab 10 €

Essen

Konsequent regional
Restaurant Hermanns: Unter dem Dach des Hotels Zum Goldenen Stern ist auch ein Lokal mit sehr guter regionaler Küche untergekommen.

Markt 14, T 03372 40 15 97, www.hermanns-restaurant.de, Mo, Do/Fr 17–22, Sa/So ab 11.30 Uhr, Hauptgerichte ab 10 €

Charmanter Ort zum Plauschen
Die Förste: Ein kuscheliges Kaffeehaus, wo es sehr guten Kuchen, ebensolche Kaffee- und Teespezialitäten, Eis sowie allerlei Herzhaftes zu einem guten Glas Wein gibt.

Markt 7, T 03392 442 90 55, www.diefoerste.de, Mo–Fr 9.30–19, Sa/So 9–19 Uhr

Einkaufen

Feines von der Hofkäserei
Bobalis: Die köstlichen Käsespezialitäten wie Mozzarella, Scamorza, Provolone aus der Milch von Wasserbüffeln sowie Büffelsalami und Biofleisch können Sie zwar auch im Internet bestellen. Ein Besuch des ökologischen Büffelhofs mit rund 200 Tieren ist aber ein besonderes Erlebnis, allerdings nur von März bis Dezember einmal im Monat möglich.

Hauptstr. 30, Jüterbog, T 03372 43 29 88, www.bobalis.de, März–Dez. an jedem 1. Sa im Monat 12–15 Uhr

Feiern

• **Orgelklänge:** Unter dem Motto »Kloster Zinna Sommermusiken« und »Jüterbog klingt« werden ganzjährig die Orgeln in Kirchen und Klöstern rund um die Stadt zum Klingen gebracht (T 03372 43 25 09, www.kulturfeste.de/feste/orgelstadt-juterbog).

Infos

● **Stadtinformation Jüterbog:** Im Mönchenkloster (s. S. 80), T 03372 46 31 13, www.jueterbog.eu

Naturpark Hoher Fläming ♀ D/E 7/8

Vom Hohen Fläming wird mit einigem Augenzwinkern als dem kleinsten Mittelgebirge Deutschlands gesprochen, weil es hier anders als in den angrenzenden Gebieten immerhin ein bisschen hoch und runter geht. Insofern eignet sich die Gegend gut zum Wandern. Unterwegs können Sie im Naturpark jede Menge Findlinge entdecken, die Relikte der Eiszeit von vor 150 000 Jahren sind. Charakteristisch sind außerdem die sogenannten Rummeln – enge, verzweigte Trockentäler mit kleinen Schluchten, die nur bei starkem Regen Wasser führen.

Bad Belzig ♀ E7

Mitten im Hohen Fläming hat sich das über 1000 Jahre alte Städtchen in den letzten Jahren zum freundlichen Kurort gemausert. 997 erstmals urkundlich erwähnt und im 12. Jh. von Flamen besiedelt, erhielt es 1702 Stadtrecht, wurde jedoch erst 1815 preußisch.

Abstecher ins Mittelalter

Im historischen Zentrum von Bad Belzig reihen sich viele schöne Bürgerhäuser aus dem 17. und 18. Jh. mit alten Wasserspeiern und Sitznischen aus Sandstein aneinander. Am **Markt** steht das im Renaissancestil errichtete Rat-

haus, am Kirchplatz die spätromanische **Stadtkirche St. Marien** mit markanter Turmhaube. Sehenswert ist hier auch das **Reißiger-Haus** im Fachwerkstil. Die wunderschönen Höfe vieler Privathäuser öffnen sich Ende August für den Belziger Altstadtsommer mit Open-Air-Konzerten und mittelalterlichen Spektakeln und als Kulisse für Adventsmärkte.

Wahrzeichen mit Salzmagazin

Den schönsten Blick auf das Städtchen haben Sie von der mächtigen **Burg Eisenhardt** an der Wittenberger Str. 14. Hart gegen Eisen und somit uneinnehmbar soll die trutzige Festung gewesen sein. Trotzdem wurde sie im Dreißigjährigen Krieg zerstört, später wiederaufgebaut und im 19. Jh. abermals restauriert.

Im **Salzmagazin,** wo 1712 der russische Zar Peter I. übernachtete, können Sie heute stilvoll unterkommen und speisen (s. unten). Der kleine **Hofladen** auf dem Gelände offeriert neben Kaffee und Kuchen auch Spezialitäten seiner Chocolaterie.

Heimatmuseum: Mo–Fr 13–17, Sa/So 10–17 Uhr, Eintritt mit Turmbesteigung 2,50/1,50 €, Familien 6 €, nur Turmbesteigung 1 €; **Hofladen:** April–Sept. Mi–So 11–19, Winter Do–So 12–18 Uhr

Schlafen und Essen

Uriges Gemäuer

Burghotel Bad Belzig: In den Zimmern fühlt man sich tatsächlich wie einst Burgherren. Neben Sauna und Solarium im ehemaligen Salzmagazin der Burg gibt es im **Restaurant Wittgenstein** Köstlichkeiten wie Fläming-Saibling oder Sauerteig-Risotto zu gehobenen Preisen.

Wittenberger Str. 14, T 033841 450 90, www.burghotel-bad-belzig.de, EZ ab 70 €, DZ ab 80 €; Restaurant Wittgenstein: Mo–Do ab 15, Fr–So ab 12 Uhr

Gekonnt rustikal

Springbach-Mühle: Das historische Mühlenanwesen mit Fachwerkhaus, Biergarten und vielen Tieren überrascht mit seiner guten regionalen Küche, die auch vegane Alternativen zu »Fleischeslust« bietet (Hauptgerichte ab 12 €). Dazu können Sie in 65, teils sehr geräumigen Komfortzimmern unterkommen.

Mühlenweg 2, T 033841 79 66 00, www. springbachmuehle.de, EZ ab 70 €, DZ ab 90 €

Hinter historischen Mauern

Burgbräuhaus: Wenn das Eiscafé mit seinen 24 selbstgemachten Sorten, dazu Kuchen und leckeren Waffeln schließt, fließt das Burgbräu aus dem Hahn der Hausbrauerei. Dazu gibt es zünftigen Flammkuchen, mitunter auch ein Whisky-Tasting. Angeschlossen ist die **Pension Zur Postmeile** mit einfachen Zimmern und einer Ferienwohnung.

Wittenberger Str. 1, T 033841 44 99 33, www.eiscafe-bad-belzig.de, Eiscafé Mi–Sa 13–18, So 12–18, Brauhaus Fr/Sa ab 19 Uhr; Pension Zur Postmeile: EZ ab 32 €, DZ ab 56 €

Landleben mit Genuss

Landhaus Alte Schmiede: Wie angenehm sich die ländliche Abgeschiedenheit gestalten kann, können Sie in dem liebevoll restaurierten Vierseithof mit schnörkellos eingerichteten, rundum wohnlichen Zimmern erleben. Neben dem Wellnessbereich mit Sauna bietet das Haus auch Töpfern, Filzen, Schmieden und andere Kreativ-Workshops an. Außerdem tischt Dirk Krause in Schmiedesaal, Wintergarten, Sommerscheune oder Biergarten eine gekonnte saisonale Landhausküche mit hauseigenem Brot auf.

Dorfstr. 13, Niemegk-Lühnsdorf, T 033843 92 20, www.landhausalteschmiede.de, EZ ab 75 €, DZ ab 98 €; Restaurant: Mo, Mi/ Do 18–22, Fr/Sa 12–22, So 12–17 Uhr, saisonales Drei-Gänge-Menü für 35 €, im Winter z. T. geschl.

Bewegen

Badelandschaft

Steintherme Belzig: Nach einer anstrengenden **Wanderung** steht Entspannung hier nichts im Weg. Der Bade- und Saunabereich lockt auch mit jodhaltigem Licht-Klang-Raum und Medi-Fit-Zentrum.

Am Kurpark 15, T 033841 388 00, www. steintherme.de, So–Do 10–22, Fr/Sa 10–23 Uhr, ab 12 €, Kinder ab 5 €

Auf Schusters Rappen

Bad Belzig ist idealer Ausgangspunkt für vielfältige Wanderungen. Neben dem **Kunstwanderweg** (s. S. 86) lädt der **Burgenwanderweg** zu mehr oder weniger ausgedehnten Streifzügen durch den Hohen Fläming ein. Im Übrigen ist die Burg Eisenhardt auch Ausgangs- und Endpunkt eines 9 km langen **Barfußwanderwegs**.

Infos

- **Tourist-Information:** Marktplatz 1, T 033841 949 90, www.bad-belzig. de, Stadt- und Burgführungen (So um 11 Uhr). Empfehlenswert ist die witzige Stadtführung des »Schnökologen« Dr. Konrad Büchner.

ZWEITHÖCHSTER GIPFEL

Höchste Erhebung im Fläming ist der 200,2 m hohe **Hagelberg** (♦ D 7) beim gleichnamigen Dorf zwischen Bad Belzig und Wiesenburg. Hier markiert sogar ein Gipfelkreuz den höchsten »Gipfel« Brandenburgs – allerdings mit falscher veralteter Höhenangabe. Übertroffen wird er vom 201 m hohen Kutschenberg in der Lausitz.

Schloss Wiesenburg 📍 D 7

Keine 10 km von Bad Belzig entfernt gibt es in Wiesenburg die nächste Burg zu entdecken. Zumindest vom Dorf aus mutet das Gebäude wie eine trutzige Burg an, zur Parkseite hin offenbart es eine stolze Schlossfassade. 1161 erstmals erwähnt, haben sich Teile des Torhauses, des mächtigen Bergfrieds und der Ringmauer aus dem 13. Jh. erhalten, ansonsten wurde aus der alten Burg im 16. Jh. ein Renaissanceschloss, in dem sich heute Privatwohnungen und Arbeitsstätten befinden.

Inspirierendes Schlossensemble

Im 48 m hohen **Bergfried** sind die Touristeninformation und die **Heimatstube**. Rund um den Schlossvorhof in der Alten Schule haben sich Galerien angesiedelt. Hinter dem Schloss lohnt die hübsche **Feldsteinkirche** aus dem 13. Jh. mit bemalter flacher Holzdecke einen Abstecher. Einzigartig ist vor allem der **Schlosspark,** ein 127 ha großes Gelände im Stil eines englischen Landschaftsgartens.

Wer mit der Bahn an- oder abreist, sollte den **Bahnhof** am südlichen Ausgang des Parks beachten: Bürgerschaft-liches Engagement hat das alte Gemäuer mit neuem Leben gefüllt.

Heimatmuseum, Schlossstr. 1, T 033849 309 80, tgl. 11–16 Uhr, mit Turm 2/0,50 €; **Schlossparkführungen:** www.schlosspark-wiesenburg.de, auf Anfrage 3 €; **Bahnhof am Park:** www.bahnhof-am-park.de

Schlafen und Essen

Auf dem Bauernhof

Familienhotel Brandtsheide: Rustikaler Landgasthof mit komfortablen Zimmern, Hofladen und guter regionaler Küche (tgl. bis 20 Uhr). Spezialität ist die Brandtsheider Sülze. Für Bewegung sorgt nicht nur der Fahrradverleih. Mitunter können Sie auch mit Werner und Wally wandern gehen. Sie schnüren auch Angebote für Fastenwandern.

Bahnhofsallee 8 C, Wiesenburg/OT Jeserig (3 km südl.), T 033849 79 60, www.brandts heide.de, EZ ab 50 €, DZ ab 80 €

Einkaufen

Ein Dorf voller Töpfe

Töpferdorf Görzke: Zwischen Wiesenburg und Ziesar gelegen; hier warten ein

---

RETREAT FÜR DIGITALE NOMADEN **D**

Mitten in der tiefsten Provinz können Sie erleben, wie man Lebensqualität im ländlichen Raum organisieren kann: 2017 mutierte der alte **Gutshof Klein Glien** (📍 D 7) zwischen Bad Belzig und Wiesenburg zum Co-Working-Space. Nach getaner Arbeit können Sie sich beim Abendessen oder am Lagerfeuer austauschen, Yoga machen und in Holzzimmern, Schlafzimmern oder auch Glamping-Zelten übernachten.

Mal bleiben die Besucher nur ein paar Tage, mal auch fünf Monate, zum Teil mieten sich auch Start-ups oder Firmen ein. Das Konzept ist so überzeugend und erfolgreich, dass es 2019 mit dem Ersten Deutschen Tourismuspreis ausgezeichnet wurde – als Beispiel für innovative Wege im Tourismus. Arbeiten mit Highspeed-Internet kostet ab 50 € im Monat, ein vegetarisches Mittagessen 7 €, eine Übernachtung ab 20 €. Infos unter: www.coconat-space.com

Besuchermagnet im Hohen Fläming ist die mittelalterliche Burg Rabenstein.

halbes Dutzend, bis zu 150 Jahre alte Töpferwerkstätten auf Liebhaber.
Kontaktadresse: Rainer Sell, Kirchstr. 18/19, T 033847 402 55, www.toepferort-goerzke.de

Bewegen

Yoga-Walking

Fläming-Yoga: Die landschaftlich reizvolle Gegend um Wiesenburg kann man sich auch beim Yoga-Walken unter Anleitung der erfahrenen Yogalehrerin Angela Hamann erschließen.
T 033848 909 06, www.flaeming-yoga.de, Termine auf Anfrage

Infos

• **Tourismusverein Wiesenburg Mark:** Im Turm von Schloss Wiesenburg, Schlossstr. 1, T 033849 309 80, www.wiesen burgmark.de; auch Infos zu Wanderrouten.

Burg Rabenstein 📍 E8

Und noch eine Burg: Sie erhebt sich auf dem 153 m hohen »Steilen Hagen« bei Raben südöstlich von Wiesenburg. Aus dicken Granitquadern und Feldsteinen im 12. Jh. erbaut, beeindruckt die Burg Rabenstein mit einem 28 m hohen Bergfried, der eine tolle Aussicht bietet. So gibt sie auch die perfekte Kulisse für Mittelaltermärkte und Gauklerfeste ab.
Rabenstein, Zur Burg 49, T 033848 602 21, www.burgrabenstein.de, im Sommer Mi–So 11–19 Uhr, Jan. geschl., sonst im Winter nur Sa/So 11–18 Uhr oder auf Anfrage, Hauptgerichte ab 10 €; Turmbesteigung 2/0,50 €

Schlafen und Infos

Für Bücherfreunde

Gasthof Moritz: Eine gute Unterkunft ist der 350 Jahre alte Vierseithof. Zur Lektüre

TOUR
Unverhoffte Begegnung von Stiefeln und Rummeln

Tour auf dem Kunstwanderweg durch den Hohen Fläming

Der Kunstwander-
weg schlängelt
sich auf einer
Nord- und einer
Südroute durch
den Naturpark
Hoher Fläming.
Er verbindet
28 Skulpturen
zwischen Wiesen-
burg (s. S. 84)
und Bad Belzig
(s. S. 82).

Durch Wald und Feld

Bei der **Nordroute** folgen Sie am Bahnhof Wiesenburg rechts dem Wegweiser und laufen am **»Tor zum Fläming«** ❶ vorbei in Richtung Schlosspark Wiesenburg. Nach ca. 300 m erscheint links im Wald das zweite Kunstwerk **»Von Liebe und Sinnen«** ❷ in Form von weißen Keramikschildchen, die wie Pilze aus dem Bogen ragen. Statt geradeaus weiterzulaufen, gehen Sie jetzt rechts und kurz darauf wieder links auf einem schönen Rhododendron-Weg durch den Wald und weiter in den **Schlosspark** und über eine Brücke auf das Schlossgebäude zu. Rechts um das Schloss herum geht es zur Friedrich-Ebert-Straße, wo die Route erst rechts dem Straßenverlauf folgt, in der nächsten Rechtskurve geradeaus durch die Schlamauer Straße und weiter geradeaus aus dem Ort hinaus in Richtung Wald führt.

Hier wartet bald die nächste Skulptur in Form von **zwei abgetragenen vergoldeten Stiefeln** ❸, die in einem Glaskasten baumeln. Links führt nun der Weg

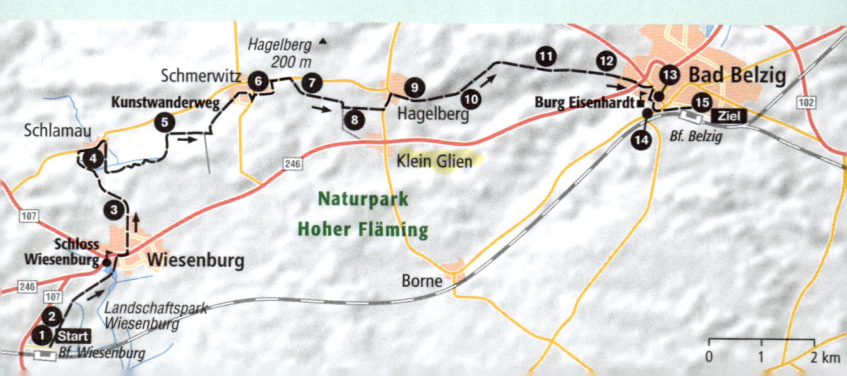

Infos

📍 D/E 7

Start:
Bhf. Wiesenburg
Ziel: Bad Belzig
Länge: ca. 20 km
Dauer: ca. 5 Std.

An- und Abfahrt:
mit der Bahn (RE7);
auf der Strecke
verkehrt Mai–Sept.
Sa/So 9.30–17 Uhr
mehrmals tgl. der
Rufbus 555,
T 0163 989 43 10,
tel. Anmeldung mind.
1 Std. vor Abfahrt

Auskunft: Naturpark-
zentrum, T 033848
600 04, www.kunst
land-hoher-flaeming.
de, in der Touristinfo
und im Bahnhof von
Bad Belzig kann
man sich auch einen
Audioguide ausleihen
oder als App herun-
terladen.

in schönen Wald mit hohen Buchen hinunter. Nach einer Weile auf und ab lichtet sich der Wald und Sie wandern am **»Findling«** ❹ vorbei nach **Schlamau** hinein. Hinter Feuerlöschteich und Eulenturm geht es nach dem Vorfahrtsschild rechts nach Schmerwitz, dann wieder durch Wald und an einem **»Pflanzenla-byrinth«** ❺ aus Beton entlang. Im Ort können Sie dem Töpfer-Café einen Besuch abstatten. Danach folgt links an der Straße nach Hagelberg die **»Umgreifende Form mit Kreisbogen«** ❻.

Wasserfall, Steinschlange und Weiße Frau
Sie bleiben auf der Straße (nicht links dem Burgen-wanderweg folgen!), bis nach ca. 1 km rechts eine idyllische Allee abzweigt. Der anschließende Feldweg wird durch die Objekte **»Wandlungen zwischen Wun-derpunkten«** ❼ abwechslungsreicher. Links gerät der wenige Kilometer entfernte **Hagelberg** in den Blick und der aus Stahlrohrmasten geschaffene **»Wasser-fall für den Fläming«** ❽. Bald ist auch der winzige Ort Hagelberg erreicht. Hier setzt sich die Nordrou-te rechts fort. Hinter den letzten Häusern führt sie durch eine Apfelbaumallee an der **»Steinschlange«** ❾ vorbei zu einem schönen kleinen Aussichtsplatz mit Blick auf **»Die Jagd«** ❿. An der folgenden Schutz-hütte läuft man links durch den lichten Wald, passiert nach **»Unter Kiefern«** ⓫ das vergängliche Kunstwerk **»Intermezzo«** ⓬ und erreicht die ersten Gartenhäuser des Kurorts **Bad Belzig.**

Am Rand des Städtchens quert die Wanderroute die B 246 und trifft auf schmalem Weg geradeaus auf die Lübnitzer Straße. Schilder weisen über den Kämme-rerweg, der rechts zur Burg führt. Beim **»Chronome-trisches Relief«** ⓭ geht es zunächst rechts im Bogen um die mächtige **Burg Eisenhardt** herum, dann links hinauf zu der Wehranlage. Hier steht die mystische Holzfigur **»Die Weiße Frau«** ⓮.

Nach einer Verschnaufpause geht man zur Wittenber-ger Straße hinunter und links in Richtung Stadtzen-trum. Kurz darauf zweigt rechts die Bahnhofstraße ab. Als letztes Kunstwerk an der Nordroute macht die 4 m hohe Himmelssäule **»Axis Mundi 2«** ⓯ mit orangefarbener Bemalung auf sich aufmerksam.

Nord- und Süd-route sind durch Querwege mitein-ander verbunden. Am Wochenende können Sie sich auch nur auf einen Teil beschränken und mit dem Rufbus zum Ausgangspunkt zurückfahren.

bietet er Kaffee, Kuchen und allerlei Speisen (z. B. Bauernfrühstück 6,50 €). Auch Lesungen und Themenabende finden hier mitunter statt.

Hauptstr. 40, Rädigke (3,5 km östl.), T 033848 602 92, www.gasthof-moritz.de, EZ 40 €, DZ 60 €; Restaurant: April–Sept. Mo/Di, Do/Fr 11–14 und ab 16, Sa/So ab 11 Uhr, Winter Mi/Do geschl.

Wandern im Naturpark
Naturparkzentrum Hoher Fläming: In der Alten Brennerei unweit von der Burg befindet sich eine barrierefreie Erlebnisausstellung des Naturparkzentrums Hoher Fläming. Zudem gibt es Informationen, Wandervorschläge, Flämingprodukte und Fahrräder.

Brennereiweg 45, Rabenstein/OT Raben, T 033848 600 04, www.flaeming.net, März–Okt. tgl. 9–17, Winter 9–16 Uhr

Ziesar ♀ D 7

Im äußersten Westen behauptet sich das Flämingstädtchen mit vielen Baudenkmälern, die von der mehr als 1000-jährigen Geschichte des Ortes zeugen. Wahrzeichen ist die schlossartige **Burg,** die einzige noch erhaltene Bischofsresidenz in Brandenburg.

Mit Bischofsmütze
Beachtenswert sind die völlig ausgemalte **Burgkapelle** mit reich verzierter, spätgotischer Fassade aus der Zeit um 1500 und der Turm. Bereits um 1200 entstand der 35 m hohe **Bergfried,** der später noch seinen ›Bischofsmütze‹ genannten Turmaufsatz erhielt. Die Besteigung wird mit einem schönen Blick über die Landschaft belohnt. Auch in der Hauptburg, dem sogenannten **Palais,** sind Reste mittelalterlicher Malerei zu sehen. Hier vermittelt das sehr gut gemachte **Burgmuseum** mit der Dauerausstellung Einblick in die mittelalterliche Kultur- und Kirchengeschichte.

Mühlentor 15 A, www.burg-ziesar.de, Mai–Sept. Di–So 10–17, April, Okt. Di–So 10–16 Uhr, 5/2–4 €, Familienkarte 12 €, Bergfried 1/0,50 €

Steinerne Zeugen des Mittelalters
Im Schutz der Burg entwickelte sich im 12. Jh. die unweit davon gelegene **Altstadt,** die mit Ackerbürgerhäusern und vielen anderen Baudenkmälern wie der Alten Post oder dem Armenhaus gespickt ist. Aus dem Ensemble ragt der mächtige Turm der **Stadtkirche** aus dem 13. Jh. hervor.

Ältestes Haus der Stadt ist der sogenannte **Bardeleben'sche Hof,** ein um 1550 erbautes Rittergut im Fachwerkstil. Nicht weit vom neugotischen **Rathaus** mit Schmuckgiebel entstand für Friedrich den Großen ein Barockhaus am Mühlentor 16.

Schlafen und Essen

Ritteressen und zünftige Zimmer
Burghotel Ziesar: Die Zimmer mit Drei-Sterne-Komfort, die nach und nach renoviert werden, sind – außer dem Hochzeitsstübchen – eher schlicht. Umso folkloristischer geht es im Burghof und Rittersaal mit gutbürgerlicher Küche und Brot aus dem Steinbackofen zu, wo man bei entsprechenden Gelagen auch von Gauklern und Minnesängern unterhalten wird (Gerichte ab 6 €).

Frauentor 5, T 033830 66 60, www.burg hotel-ziesar.de, EZ ab 59 €, DZ ab 89 €; Restaurant: Mo–Fr 18–22, Sa 11.30–22, So 11.30–17 Uhr

Infos

• **Touristeninformation:** Mühlentor 15 A, T 033830 127 35, www.ziesar.de

Zugabe
Auf den Hund gekommen

Mysteriöse Waldmöpse

Vielleicht fragen Sie sich, was es mit den gehörnten, plattnasigen Waldmöpsen mit Ringelschwänzen auf sich hat, die im Stadtgebiet von Brandenburg an der Havel ausgewildert wurden. Des Rätsels Lösung finden Sie auf einer Holzterrasse bei der Johanniskirche an der Jahrtausendbrücke: Sie sind eine Hommage an Vicco von Bülow, alias Loriot, den wohl bekanntesten Sohn und Ehrenbürger der Stadt, der einst den Ausspruch tat, ein Leben ohne Mops sei möglich, aber sinnlos.

Bernhard Victor (Vicco) Christoph Carl von Bülow wurde am 12. November 1923 in Brandenburg an der Havel geboren. Er entstammte einem mecklenburgischen Adelsgeschlecht, von dessen Wappentier, dem Pirol, sich auch sein späterer Künstlername Loriot – die französische Übersetzung von Pirol – ableitet. Nach dem Malerei- und Grafikstudium in Hamburg begann seine erfolgreiche Laufbahn als Schriftsteller, Zeichner, Schauspieler, Bühnen- und Kostümbildner, Regisseur sowie als Humorist.

1954 erschien Vicco von Bülows Cartoonband »Auf den Hund gekommen: 44 lieblose Zeichnungen«, mit dem er als Loriot bekannt wurde. Es folgten weitere unvergess-

Ausgewilderte Waldmöpse an der Havel

Originelles Denkmal für Loriot: die Waldmops-Skulpturen in der Stadt Brandenburg

liche Werke zu Loriots Lieblingsthema, den zwischenmenschlichen Kommunikationsstörungen, die er überall im Alltag aufspürte.

In seiner Heimatstadt begründete er die Vicco-von-Bülow-Stiftung, die kulturelle und soziale Projekte fördert. Mit seiner Hilfe wurde auch die Taufkapelle der St. Gotthard-Kirche restauriert, in der er selbst einst getauft wurde. 2011 starb der engagierte Künstler in Ammerland am Starnberger See. Mehr über ihn, die Waldmöpse und den Waldmopssketch, mit dem Loriot den Eingriff des Menschen in die Natur kritisierte, können Sie auf speziellen Waldmops-Führungen erfahren, die die Touristeninformation im Sommerhalbjahr organisiert. ■

Der Süden

Spreewald und Niederlausitz — die Wald- und Wasserlandschaft rund um Lübbenau steht in reizvollem Kontrast zur Energieregion mit Industriedenkmälern und einer völlig neuen Seenlandschaft.

Seite 93

Biosphärenreservat Spreewald ⭐

Im Biosphärenreservat können Sie nicht nur feuchtfröhliche Kahnfahrten, sondern auch die eigentümliche Stille der Wald- und Wasserlandschaft erleben.

Seite 96

Auf dem Gurkenradweg durch den Spreewald

Folgen Sie dem Gurkenmännchen und radeln Sie von Lübbenau aus durch die Wald- und Wasserlandschaft! Unterwegs können Sie auch die eine oder andere Gurke verkosten.

Im Spreewald ist ganzjährig Saure-Gurken-Zeit.

Eintauchen

Seite 99, 109

Zu Besuch bei den Sorben

Wollen Sie mehr über die Minderheit in der Niederlausitz wissen? Dann schauen Sie im Wendischen Museum in Cottbus oder dem Heimatmuseum von Dissen vorbei!

Seite 109

Dieselkraftwerk trifft Jugendstiltheater

Cottbus lockt mit Architektur-Perlen. Dazu gehören neben dem Kunstmuseum und dem Staatstheater auch die avantgardistische Universitätsbibliothek, die jenseits des touristischen Trampelpfads liegt.

Seite 110

Fürst-Pückler-Park Branitz ✪

Mit diesem Gesamt-kunstwerk ging ein außergewöhnlicher Gartentraum südlich von Cottbus in Erfüllung.

Seite 113

Rosenträume an der Neiße

Im südöstlichsten Zipfel Brandenburgs können Sie in Forst in einem Blütenmeer aus 40 000 Rosenstöcken, Dahlien und Rhododendren schwelgen.

Seite 116

Senftenberg

Die Freilichtbühne verzaubert so manchen Sommerabend.

Seite 119

Lauchhammer

Der Tagebau hat faszinierende Industrie-Ikonen hinterlassen.

Seite 120

Seenhopping in der Lausitz

Vom Rad aus erleben Sie, wie sich die ehemaligen Braunkohlegruben in eine riesige Seenlandschaft verwandeln.

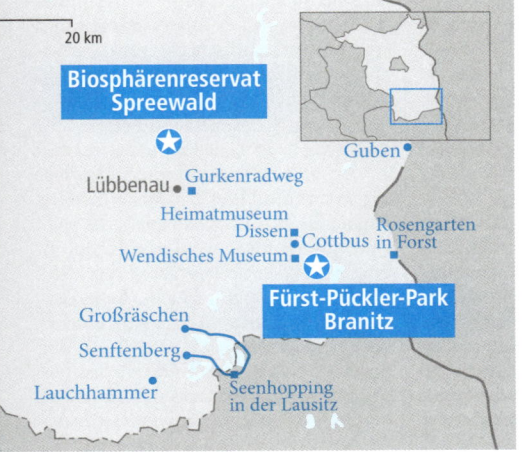

Die Hüte aus Guben trugen in den 1920er-Jahren auch Hollywoodstars (s. S. 112).

»Der Blick muss weich und rund über die Landschaft gleiten wie über einen wohlgeformten Frauenkörper.« (Herrmann Fürst von Pückler-Muskau)

erleben

Energieregion im Aufbruch

Wenn Besucher, die sich in Brandenburg weniger auskennen, etwas mit dem Bundesland verbinden, dann ist es der Spreewald, der anders als beispielsweise die Lausitz auf eine lange touristische Tradition zurückblicken kann. Tatsächlich ist das als Biosphärenreservat geschützte Gebiet in seiner Form einmalig in Deutschland: eine Wald- und Wasserlandschaft, in der sich die Spree in ein Netz von 300 Wasserläufen, den sogenannten Fließen, verzweigt und manche Orte nur auf dem Wasserweg zu erreichen sind.

Mit seinem feuchtwarmen Mikroklima bietet der Spreewald die besten Voraussetzungen für den Anbau von Gurken, Meerrettich und anderem Gemüse, ist aber auch Heimat seltener Tiere und Pflanzen – mit etwas Glück bekommen Sie hier Lurche, Libellen, Schwarzstörche oder Seeadler zu Gesicht. Ganz sicher aber die eine oder andere Einheimische in Tracht – schließlich ist hier eine der deutschen Minderheiten, die Sorben, zu Hause, die zumindest für Besucher hin und wieder in ihre traditionellen Kleider schlüpfen.

Ansonsten verteilen sich über Unter- und Oberspreewald Städtchen wie Lübbenau, Lübben oder Burg mit einer sehr guten Infrastruktur. Hier können Sie in guten Hotels unterkommen und in den Restaurants nicht nur die klassischen Pellkartoffeln mit Quark und Leinöl essen.

Touristisches Neuland betreten Sie dagegen noch vielfach im benachbarten Lausitzer Seenland und in der Energieregion im Elbe-Elster-Land. Hier gehören ehemalige Braunkohlegruben, die nach und nach geflutet werden und sich in eine riesige Seenlandschaft verwandeln, zu den Sehenswürdigkeiten. Außerdem wurden markante Industriedenkmäler zu Besuchermagneten, sodass Sie den Strukturwandel des traditionsreichen Kohlereviers hautnah miterleben können.

In Cottbus gilt es wiederum Architektur-Ikonen wie das mehr als 100-jährige Jugendstiltheater oder das Kunstmuseum im Dieselkraftwerk zu entdecken – ein reizvoller Kontrast zum wunderbaren Park Branitz, mit dem ein Gartentraum Fürst Pücklers in Erfüllung ging.

Biosphären-reservat Spree-wald

⭐ 📍 H/J 7/8

Der Sage nach soll der Spreewald ent-standen sein, als dem Teufel beim Pflü-gen die Ochsen durchgingen und beim wilden Hin und Her der Tiere die Spree-waldfließe entstanden. In Wirklichkeit teilte sich nach der letzten Eiszeit die Spree in ein fein gegliedertes Netz von Fließen, die sich einst durch dichten Urwald zogen. Heute finden Sie hier rund um die 1000 km Wasserläufe eine einzigartige parkähnliche Landschaft mit Wiesen, Weideflächen und Wald vor, die Ergebnis der Kultivierung durch die hier lebenden Menschen sind. Auf Schwemmsandinseln, den sogenannten Kaupen, entstanden Gehöfte, drei Viertel der Wälder wurden in Weideland um-gewandelt.

Nachdem das Gebiet früher durch den Braunkohletagebau gefährdet war, wird es jetzt als Biosphärenreservat der UNESCO geschützt. Unzählige, auch vom Aussterben bedrohte Tierarten wie Wiedehopf, Weißstorch und Bekassine haben hier ein Refugium. Traditionelles Fortbewegungsmittel ist der Kahn, bei dem das Boot durch Staken vorange-trieben wird. Die beschauliche Land-schaft lassen die meisten Besucher auf feucht-fröhlichen Kahnfahrten an sich vorüberziehen.

Wenn Sie stattdessen ins Paddelboot oder aufs Fahrrad steigen, wird Ihnen auch der stille Zauber der Landschaft zuteil. Denn selbst wenn der Spreewald eine der touristischsten Gegenden Bran-

Die Spree bildet ein Geflecht aus Fließen, auf denen Spreewaldkähne lautlos durch das Biosphärenreservat gleiten.

OSTERBRÄUCHE

Selten werden Sie so schöne und kunstvolle Ostereier zu sehen bekommen wie im Spreewald. Neben speziellen Ausstellungen sind sie etwa im Freilandmuseum von Lehde zu bewundern. Die Osterbräuche sind wichtiger Bestandteil der sorbischen Traditionen wie die Prozession des Osterreitens.

denburgs ist – jenseits der von den Kähnen befahrenen Fließe wirkt er vielerorts noch archaisch, oft geht von ihm auch eine eigentümliche Stille aus, weil der Wald die Geräusche schluckt. Kulinarische Botschafter sind nicht nur die Spreewaldgurken. Ebenso beliebt sind in der Region Hecht und Pellkartoffeln mit Quark und Leinöl.

Lübbenau ♀ J8

Das touristische Zentrum des Oberspreewalds ist ein munteres Städtchen. Dabei würde man vielleicht nicht vermuten, dass Lübbenau auf eine lange Vergangenheit zurückblickt. Bereits im 9. Jh. wurde es von Slawen besiedelt, im 17. Jh. gesellten sich dann holländische Tuchmacher dazu. Da der Flachs auf den humusreichen Böden gut gedieh, wurde die Leineweberei wichtigster Erwerbszweig. So gab es im 18. Jh. zwischen 250 und 300 Leineweber, dazu Bleichanstalten und Handelshäuser. Doch mit der Industrialisierung kam das Gewerbe zum Erliegen. An seine Stelle trat der Gemüse-, vor allem der Gurkenanbau.

In der Ackerbürgerstadt
Das historische Zentrum wird überragt von der sächsisch geprägten **Pfarrkirche**

St. Nikolai von 1714 mit ihrer freundlichen Fassade am dreieckigen Marktplatz.

Nicht nur Gerätschaften der Leineweberei und eine Puppenstube von 1930 gibt es im **Spreewald Museum** zu sehen, das im Torhaus am Topfmarkt, einem dreigeschossigen Backsteinbau von 1850, untergekommen ist. Auch ein echter Kolonialwarenladen und eine originale Spreewaldbahn veranschaulichen das Leben in der früheren Ackerbürgerstadt. Topfmarkt 12, T 03542 24 72, April–Okt. Di–So 10–18, Winter Di–So 12–16 Uhr, 5/3,50 €, bis 16 J. 1 €, Familien 10 €

Klassizistischer Prachtbau
Mit dem ländlichen Charakter der Gegend kontrastiert das klassizistische **Schloss Lübbenau,** ein stolzes Gebäude-Ensemble inmitten eines englischen Landschaftsparks. Bereits 1621 erwarben die aus dem Toskana stammenden Grafen zu Lynar die Besitztümer und ersetzten das alte Renaissanceschloss 1817 durch eine Dreiflügelanlage im Stil des Klassizismus. Bis in die 1940er-Jahre residierte hier die Familie. Dann wurde Wilfried Graf zu Lynar als Verbindungsmann zu den Hitler-Attentätern von 1944 vor den Volksgerichtshof gestellt und hingerichtet, die Lynars enteignet, das Schloss anderweitig genutzt. Nachdem es der Familie unter großen Mühen gelang, den Besitz zurückzuerhalten, ist daraus ein stilvolles Schlosshotel geworden.

Schlafen, Essen

In historischem Gemäuer
Schlosshotel Lübbenau: Immer schöner wird das geschichtsträchtige, sehr gut geführte Vier-Sterne-Hotel mit geschmackvollen Zimmern in verschiedenen Gebäuden und dem Saunabereich im behaglichen Gewölbekeller. Das **Schlossrestaurant Linari** serviert exquisite Feinschmeckerküche, außerdem

lädt die **Rocco's Linari Bar** zu Kaffee, Cocktails und Billard ein. Dazu gibt es ein abwechslungsreiches Kulturprogramm.

Schlossbezirk 6, T 03542 87 30, www. schloss-luebbenau.de, EZ ab 70 €, DZ ab 100 €; Restaurant Linari: tgl. 12–14.30, 18–22 Uhr, Mittagsmenüs auch vegan ab 28 €, die Abendkarte ist etwas teurer

Schlafen im Kunstwerk *super!*

Pension Spreewelten: An Stoff zum Träumen fehlt es nicht in der Pension Spreewelten, die seit einigen Jahren den Bahnhof von Lübbenau mit neuem Leben füllt. Jedes der Zimmer wurde von einem anderen Künstler gestaltet. Im Zimmerpreis sind auch der Besuch des Spreewelten-Bads und ab zwei Nächten Kahnfahrten oder Paddeltouren enthalten.

Bahnhofstr. 3 D, T 03542 88 99 77, www.pen sion.spreewelten.de, EZ ab 35 €, DZ ab 60 €

Essen

Urig

Gasthaus Kaupen No. 6: Traditionelles Gasthaus am Wasser, das nur per Kahn, Fahrrad oder zu Fuß vom Ortseingang in Lehde aus zu erreichen ist. Deftige Spreewälder Spezialitäten zu günstigen Preisen.

Lübbenau/OT Lehde, T 03542 478 97, www. kaupen6.de, Mai–Sept. Di/Mi 11–17, Do–So 12–21, Okt. Mi, So 11–17, Do–Sa 12–21, Dez./Jan. Sa/So 11–17 Uhr, Hauptgerichte ab 7,50 €

Bewegen

Kahnfahrten

Ob Sommernachts-, Mondschein- oder Winterfahrten – das Angebot an Kahnfahrten ist riesig. Die meisten starten am Großen Spreewaldhafen.

Dammstr. 77 A, T 03542 22 25, www.gros ser-kahnhafen.de, Kahnfahrt ab 12 €; unter

www.spreewald.de sind auch kleinere Anbieter wie Karl-Heinz Marschner, T 03542 20 75, www.kahnfahrten-luebbenau.de aufgelistet

Paddeln und Wasserwandern

Schöner als im Kahn ist es, selbst das Ruder oder Paddel in die Hand zu nehmen. Dazu laden viele Anbieter in Lübbenau auch zu geführten Spreewald-Touren ein, u. a.:

Bootsverleih Petrick, Schlossbezirk 22, T 03542 36 20, www.bootsverleihpetrick.de; **Bootsverleih Richter,** Dammstr. 72 A, www. bootsverleih-richter.de

Radfahren

Fahrrad Goyn: Von Lübbenau aus bieten sich unzählige Routen zum Durchqueren des Spreewalds an und das ist die schnellste Art, dem Touristenknäuel am Großen Fährhafen zu entfliehen. Fahrradverleih und -werkstatt in nächster Nähe zum Bahnhof.

Bahnhofstr. 30, T 035 42 22 71, www. fahrrad-goyn.de

SPREEWALDGURKEN

Die Saure-Gurken-Zeit begann schon im 6. Jh. mit den ersten slawischen Siedlern. Nachdem das Gemüse hier aufgrund des feucht-warmen Mikroklimas besonders gut gedieh, sorgten holländische Tuchmacher im 17. Jh. für einen verstärkten Anbau. Die nach regionalen Rezepturen mit Salz, Essig und vor allem Kräutern wie Thymian, Dill, Basilikum oder Zitronenmelisse eingelegten Prachtexemplare wurden nach Berlin und in weiter entfernte Regionen verschifft. Neben den Gewürzen verleiht auch die Lagerung in Eichenfässern den Spreewaldgurken ihren besonderen Geschmack (s. S. 96).

TOUR
Den Spreewaldgurken auf der Spur

Auf dem Gurkenradweg in weitem Bogen um Lübbenau

Im Wasserlabyrinth

Ausgangspunkt der Tour ist **Lübbenau** (s. S. 94), wo es auch mehrere Fahrradverleihstellen gibt. Vom Bahnhof fahren Sie über die Poststraße ins Zentrum und von da aus am Schloss Lübbenau vorbei auf den Lehdscher Weg. Kaum haben Sie das Städtchen hinter sich gelassen, sind Sie in einer anderen Welt: Links und rechts Kanäle mit träge fließendem Wasser, Schilf und Entengrütze, die von hohen Erlen, Eschen und Birken gesäumt werden, dahinter eine kleine Wildnis aus Moor und Gestrüpp und dazu Vogelgezwitscher. Hin und wieder muss das Fahrrad über die Treppenstufen kleiner Holzbrücken getragen werden.

Nach knapp 5 km wird **Lehde** erreicht. Das kleine Lagunendorf mit seinen teils 200 Jahre alten Blockhausbauten und üppig blühenden Bauerngärten steht unter Denkmalschutz. Einen Eindruck vom früheren Leben vermittelt das **Freilandmuseum** mit drei altwendischen Hofanlagen, einer Trachtenausstellung, der ältesten Kahnbauerei von 1884, Blaudruckwerkstatt und Töpferei. Gleich dabei hat das Hotel Starick

Als kulinarischer Botschafter der Region gibt die Spreewaldgurke das Motto für einen Radweg vor, der auf den Spuren des Gemüses einen weiten Bogen um Lübbenau und Umgebung schlägt.

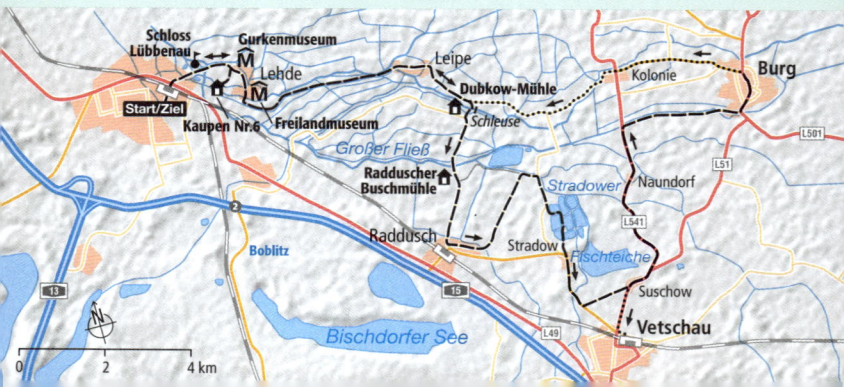

Infos

📍 J8

Start/Ziel: Lübbenau Bahnhof
Länge: ca. 30 km, verkürzt ca. 16 km
Dauer: mit Besichtigungen ein halber bis zu einem ganzen Tag
Schwierigkeit: einfach

Gurkenmuseum: An der Dolzke 6, Lehde, April–Okt. 9–18 Uhr, Winter unterschiedl. Öffnungszeiten

Freilandmuseum Lehde: An der Giglitza, Lehde, April–Sept. tgl. 10–18, Okt. bis 17 Uhr, 5/3,50 €, bis 16 J. 1 €, Familien 10 €

ein kleines **Gurkenmuseum** mit Bauernmarkt eingerichtet, das Anbau und Einlegeverfahren der Gurken veranschaulicht.

Zwischen Spree und Fließen

Weiter geht es über den Leiper Weggraben an riesigen Gurkenfeldern vorbei ins ca. 4 km entfernte **Leipe.** Das Fischerdörfchen aus dem 14. Jh. war lange Zeit nur über das Wasser erreichbar. Erst 1936 wurde ein Arbeitsweg angelegt, 1968 eine befestigte Straße. Nah am Wasser liegt die **Heimatstube** mit alten Möbeln und Hausrat (leider nur selten geöffnet).

Nächste Station ist die **Dubkow-Mühle,** einst ein Forsthaus, später eine Mühle, heute ein Gasthaus (https://dubkow-muehle.de). Nach der Überquerung der Schleuse der Hauptspree fährt man auf einem Wiesenpfad an der sanierten **Radduscher Buschmühle** vorbei und weiter auf asphaltiertem Weg durch Wiesen- und Weidelandschaft nach **Raddusch,** das mit seinem Naturhafen auch Ausgangspunkt für Kahnfahrten ist. Hier lädt am Dorfplatz erneut eine kleine **Heimatstube** mit altem Mobiliar, Trachten und einer Wohnküche zum Besuch ein (Öffnungszeiten schwankend, Eintritt frei).

Zu Fischen und Störchen

Danach führt die Tour nach **Stradow** und zu den 100 Jahre alten Stradower Fischteichen, die bei Anglern beliebt und gleichzeitig Lebensraum von See- und Fischadlern, Rohrweihen, Graureihern und Kormoranen sind. Über **Suschow** und **Naundorf** erreicht man schließlich den Kurort **Burg** (s. S. 99) mit seinen zahlreichen Sehenswürdigkeiten wie dem Bismarckturm mit tollem Ausblick über die Landschaft.

Wer nicht den ganzen Weg zurückradeln will, kann bei Suschow zum Bahnhof von **Vetschau** abbiegen. Im Ortskern, 1302 erstmalig erwähnt, stehen ein paar schöne Bürgerhäuser und inmitten eines Landschaftsparks das alte Renaissanceschloss. Gleich nebenan liegt das **Weißstorchzentrum** (s. S. 212). Alternativ kann der Rückweg abgekürzt werden, indem man von Burg aus über den Ortsteil **Kolonie** zur **Dubkow-Mühle** fährt.

Wenn Sie dem Gurkenmännchen folgen, können Sie natürlich auch das eine oder andere grüne Exemplar verkosten und erleben, dass die Landschaft Balsam für Augen und Seele ist.

Lieblingsort

Krimi-Drehort und Lokal mit Kultstatus

Urgemütlich ist die über 100-jährige Traditionsgaststätte **Wotschofska** (📍 J 8), die nur per Kahn, Boot oder Fahrrad zu erreichen ist. Sie war auch schon Drehort des Spreewaldkrimis und genießt geradezu Kultstatus, sodass sich auch der eine oder andere Hipster aus Berlin hierher verirrt. Im holzgetäfelten Inneren hängen die obligaten alten Deko-Objekte an den Wänden, draußen im Biergarten in der idyllischen Wald- und Wasserlandschaft warten auch trendige Lounge-Sessel auf müde (Wasser-)Wanderer oder Radler. Im Sommer bringt Sie auch schon ein Kahn-Shuttle zum abendlichen Rockkonzert oder zur Crime Time. Die Küche ist eher deftig mit Gerichten wie Wildgulasch oder Spreewälder Grützwurst, Veganer müssen sich mit Salatteller oder Gemüsepfanne begnügen. Dafür sind die Preise sehr moderat und der Ort ist einzigartig.

Wotschofska: Wotschofskaweg 1, Lübbenau, T 03546 76 01, www.gasthaus-wotschofska.de, April–Okt. tgl. 9–17, ab Mai Mo, Sa bis 21 Uhr, Gerichte ab 6 €

Schwimmen mit Pinguinen

Spreewelten: Kein gewöhnliches Sauna- und Badeparadies – abgesehen von Wellenbecken und Riesenrutschen können Sie hier auch mit den Humboldt-pinguinen Paul und Tilly um die Wette schwimmen. Tgl. um 11 und 15.30 Uhr ist Schaufütterung.

Alte Huttung 13, T 03542 89 41 60, www. spreewelten-bad.de, So–Do 10–22, Fr/Sa 10–23 Uhr, ab 14 €, Kinder ab 10 €

Infos

● **Spreewald-Touristeninfo:** Ehm-Welk-Str. 15, T 03542 88 70 40, www.lueb benau-spreewald.com. Stadtführungen, Kahnfahrten, geführte Fahrradwande-rungen sowie kombinierte Kanu- und Radtouren.

Feiern

● **Ostermarkt und Spreewald-Marathon:** 3. Wochenende im April
● **Internationale Folklorelawine:** Juni. Mehr als 300 Teilnehmer aus mehreren Nationen präsentieren an drei Tagen kulturelle Wurzeln ihrer Heimat (www. internationale-folklorelawine.de).
● **Spreewaldkonzerte:** Juni. Während einer abendlichen Kahnfahrt kann man Akkordeon-Quartetten, Blechbläser- und anderen Musikensembles lauschen (www. spreewaldkonzerte.de).
● **Spreewälder Lichtnächte:** 1. Juli- und 1. Aug.-Wochenende. Sommerliche Höhepunkte, bei denen das Spreewald-labyrinth mit Lichtspektakeln und Musik untermalt wird (www.spreewaelder-licht nacht.de).

ZAMPERN

Eine besonders exotische Tradition im Spreewald ist die Zampergesell-schaft, die mit Masken, Kostümen, viel Lärm und Tanz die bösen Geister des Winters vertreiben will. Mit Blasmusik ziehen sie von Haus zu Haus, fordern Eier, Speck und Geld und fordern als Dankeschön die Hausfrau zum Tänzchen auf. Die eingezamperten Gaben – Zampern bedeutet so viel wie »Einfordern« – werden eine Woche später beim Eierkuchenessen verzehrt.

Burg ♀ J8

Dass Burg flächenmäßig eine der größten Gemeinden Deutschlands ist, würden Sie wahrscheinlich nicht vermuten. Das liegt daran, dass es eine Streusiedlung ist, die sich mit ihren Ortsteilen **Burg, Dorf, Kolonie** und **Kauper** um 300 natürliche Wasserläufe herum über Wiesen, Felder und schöne Bauerngehöfte ausbreitet. Inzwischen hat sie sich als staatlich an-erkannter Ort mit Heilquellen-Kurbetrieb zu einer kleinen Hochburg in Sachen Wellness gemausert. Neben der **Spree-wald-Therme** sind hier einige erstklassige Hotelbetriebe zu finden.

Im Storchen- und Museumsdorf **Dissen** östlich von Burg lockt ein **Arz-nei- und Gewürzpflanzengarten** mit typischen Kräutern der Region, der auch gleichzeitig Informationszentrum des Biosphärenreservats Spreewald ist. Wenn Sie noch mehr über die Lebens-weise der sorbischen Bauern erfahren wollen, sollten Sie das **Heimatmuseum** besuchen.

Dass die Traditionen der Sorben, die hier als Minderheit innerhalb Deutsch-lands leben, noch tief verankert sind, zeigen auch die **Heimatstube Burg** mit historischen Trachten und Alltagsge-genständen des 19. und 20. Jh. und die

Landtherme des Bleiche Resorts: Schöner kann man in Burg nicht schwimmen.

Trachtenstickerei **Christa Dziumbla,** wo Sie auch sehen können, wie die kunstvollen Stücke entstehen.
Arznei- und Gewürzpflanzengarten: Hauptstr. 32, OT Dissen-Striesow, T 0176 43 36 54 99, Mai–Sept. Mo–Fr 9–16, Sa 11–15, So/Fei 12–16, Okt. Mo–Fr 9–14 Uhr, 3/1,50 €, mit Führung 5 bzw. 2 €; **Heimatmuseum:** Hauptstr. 32, OT Dissen-Striesow, T 035603 256, Ostern–Okt. Di–Do 10–16, Fr/Sa 11–15, So 12–16, Winter Di–Do 11–15 Uhr, mit Führung 4/2 €; **Heimatstube Burg:** Am Hafen 1, Burg, T 035603 757 29, Ostern–Okt. Mi–So 13–17, Nov.–Ostern Mi–Fr 12–16 Uhr, Eintritt 2,50 €, mit 1,50 €, mit Gästekarte 2 bzw. 1 €; **Trachtenstickerei Christa Dziumbla:** Wendenkönigstr. 9, Burg, T 035603 874, www.trachtenstickerei.de

Weitblick
Auf dem Schlossberg, einem Burgwall aus der Bronzezeit, erhebt sich der 1917 errichtete **Bismarckturm,** bei dem sich

der für David Gilly typische klassizistische Baustil mit Elementen des Expressionismus vermischt. Der Aufstieg lohnt, denn von oben bietet sich ein schöner Blick über die Landschaft.

Straupitz 📍 J8

Etwa 13 km nördlich von Burg lockt in Straupitz mit der 1810 errichteten **Holländermühle** eins der letzten Exemplare europäischer Dreifachmühlen, die Mahl-, Öl- und Sägemühle in einem waren. Noch immer kann man beobachten, wie dicke Baumstämme zersägt werden und aus Ölsaat das für den Spreewald typische Leinöl gepresst wird – das Sie anschließend im Mühlencafé auch probieren können.
Lassowerstr. 11 A, Straupitz, T 035475 169 97, www.windmuehle-straupitz.de/cms/, April–Okt. Di–Fr 9–18, Sa/So 10–18, Nov.–März Mo–Fr 9–17, Sa 10–16 Uhr, 4/2–2,50 €

Klassizismus im ländlichen Raum
Was aus dem Ort Straupitz heraussticht, sind die 40 m hohen, quadratischen Türme der monumentalen, 1827–32 erbauten klassizistischen **Schinkelkirche.** Hinter der freundlichen Fassade gelangt man in einen schönen Emporensaal mit Rundbogenarkaden.
Führungen Mai–Okt. Di–Fr 11–15 Uhr sowie So nach den Gottesdiensten

Schlafen und Essen

Schönste Wellnessoase
Bleiche Resort & Spa: Wer hier eincheckt, geht so schnell nicht mehr vor die Tür. Denn die Landtherme dieses perfekt gestalteten Hotelbetriebs in der ehemaligen Wäschebleiche ist so behaglich, dass die meisten Gäste den ganzen Tag bleiben. Neben der Saunalandschaft

mit Innen- und Außenpool und vielfältigen Anwendungen laden auch mehrere Restaurants und der Biergarten sowie Kulturveranstaltungen zum Verweilen ein. Dafür muss man natürlich etwas tiefer in die Tasche greifen. So auch im **Gourmetrestaurant 17fuffzig,** wo der von Gault Millau mit 17 Punkten und einem Michelin-Stern ausgezeichnete Alexander Müller seine Gäste mit Feinschmeckermenüs verwöhnt, die ab 120 € kosten.

Bleichestr. 16, T 035603 620, www.bleiche. de, EZ ab 250 €, DZ ab 300 €, im Winter z. T. geschl.; 17fuffzig: Mi–So ab 18.30 Uhr

Nicht nur für Pedalritter

Radlerscheune: Sympathisches Haus, gutes Essen und alles rund ums Rad – vom Verleih über Pannenservice, Picknickkörbe und Gepäcktransfer bis zu Radwanderpauschalen (T 035603 133 61).

Ringchaussee 155, T 035603 18 91 16, www.radler-scheune.de, Übernachtung im Gruppenzimmer ab 26 €, EZ 57 €, DZ ab 72 €, Halbpension 16 €, Bistro: tgl. 9–15 Uhr

Regionales vom Meisterkoch

Speisenkammer: »Einfach gut essen« ist das Motto dieses freundlichen Lokals

LITERATURSTIPENDIUM

Nachdem das Hotel Bleiche (s. o.) zusammen mit der **Spreewälder Kulturstiftung** ein Stipendium-Programm ins Leben gerufen hat, das Autoren aus den Bereichen Prosa, Lyrik, Theater und Drehbuch zu einem vierwöchigen Aufenthalt in Burg einlädt, können Besucher regelmäßig den kreativen Gästen lauschen und sich davon überzeugen, wie inspirierend der Spreewald auf sie wirkt. Termine für die Lesungen sind unter www.bleiche.de/de/ termine zu finden.

am Spreewaldfließ, das traditionelle Verfahren wie Räuchern, Einwecken, Salzen und Säuern wiederaufleben lässt. Das macht der als Brandenburger Meisterkoch ausgezeichnete Marco Gliedow mit Kabeljau, Entenrücken, Topinambur und anderem Gemüse.

Waldschlösschenstr. 48, T 035603 75 00 87, www.speisenkammer-burg.de, Mi–Sa ab 17 Uhr, 3 Gänge mit Käse oder Dessert ab 45 €

Suppenbar

Poliwka: Wenn es nicht unbedingt das komplette Menü sein soll, ist man mit den Suppen bestens bedient: täglich frisch und abwechslungsreich. Probieren Sie doch mal den veganen Spitzkohl-Möhren-Eintopf für 4,50 €!

Bahnhofstr. 2, T 035603 75 96 71, www. poliwka.de, Mo–Fr 10–17, im Sommer auch Sa 10–14 Uhr

Bewegen

Mehr als Thermalwasser

Spreewald-Therme: Sehr schön gestaltete Bade- und Saunalandschaft, in der mit regionalen Produkten wie Algen, Gurken oder Leinöl gearbeitet wird. Durch den Bademantelgang können Sie in das angeschlossene schicke Thermenhotel mit Vier-Sterne-Komfort wandeln.

Ringchaussee 152, T 035603 188 50, www. spreewald-therme.de, tgl. 9–22, Fr bis 24 Uhr, ab 15 €, mit Sauna ab 20 €, Kinder ab 7,50 € (nur Solebad)

Kahn- und Paddeltouren

Spreehafen Burg: Ob Mühlen-, Schleusen- oder kulinarische Touren – im Spreehafen werden Kahnfahrten, Paddelboote und Fahrräder angeboten.

Spreehafen: Hafen 1, T 035603 758 00, www.spreehafen-burg.de; **Bootshaus am Leineweber:** Hauptstr. 1, T 035603 600 96, www.spreewald-paddeln.de

Infos

• **Touristeninformation Burg:** Am Hafen 6, T 035603 75 01 60, www.burg imspreewald.de

Feiern

• **Spreewälder Sagennacht:** Pfingsten. Ein opulentes Open-Air-Spektakel über Geschichte, Bräuche und Legenden des Spreewalds, das rund um den Bismarckturm stattfindet und mit einem fulminanten Feuerwerk endet.

Vetschau ♀ J9

Südwestlich von Burg überrascht im Zentrum von Vetschau die außergewöhnliche **Wendisch-Deutsche Doppelkirche.** Das im Laufe von fünf Jahrhunderten entstandene Gotteshaus setzt sich aus einer Backsteinkirche und einem spätbarocken Bau zusammen. Gottesdienste finden hier nur noch am Tag des Offenen Denkmals statt, stattdessen fungiert das architektonische Unikum als Kulturzentrum.
Schlossstr. 7, T 035433 712 12, April–Okt. Mo–Sa 10–12, 14–17, So/Fei 14–17 Uhr

Per Webcam zur Brutpflege
Der Besuchermagnet von Vetschau neben der Doppelkirche und einem Wasserschloss ist das **Weißstorchzentrum** mit einer Ausstellung, die über die Tiere und das Biosphärenreservat informiert. Mehr als 300 Storchenpaare leben heute in der Niederlausitz und ihr Leben und Treiben einschließlich der Brutpflege wird sorgsam dokumentiert.
Drebkauer Str. 2 A, www.storchennest.de, T 035433 41 00, April–Sept. Di–So/Fei 10–16, Okt.–März Mo–Fr 10–15 Uhr, 2,50/1 €

Zeitreise in die Welt der Slawen
Unweit von Vetschau können Sie sich schließlich von der **Slawenburg Raddusch** in die Zeit zurückversetzen lassen, als die Slawen das Gebiet besiedelten. Um die wiederaufgebaute, vor 1000 Jahren entstandene Fluchtburg herum führt ein Zeitsteg durch die Kulturgeschichte von der Eiszeit bis heute.
Zur Slawenburg 1, Vetschau/OT Raddusch, T 035433 592 20, www.salwenburg-rad dusch.de, tgl. April–Okt. 10–18, Nov.–März 10–16 Uhr, 7/4,50 €, Familien 12–19 €

Lübben ♀ H8

Genau in der Mitte zwischen Unter- und Oberspreewald liegt die ehemalige Hauptstadt der Niederlausitz, die heute im Schatten des touristisch bekannteren Lübbenau steht. Zu Recht oder zu Unrecht? Das können Sie selbst beurteilen, wenn Sie sich im Städtchen umsehen. Auf jeden Fall empfiehlt es sich auch als Ausgangspunkt für Spreewalderkundungen. Pluspunkt ist auch die **SpreeLagune,** ein Kanurastplatz mit großer Naturbadestelle, der Lübben insbesondere für Wasserwanderer attraktiv macht.

Theologe und Liederdichter
Im 12. Jh. von Sorben als Burgort ›Lubin‹ gegründet, wurde zu Beginn des 13. Jh. auf einer idyllischen Spreeinsel eine Burg errichtet, um die herum sich die Stadt entwickelte. Im Zweiten Weltkrieg wurde sie weitgehend zerstört, übrig blieben lediglich Teile der mittelalterlichen Stadtmauer mit Eckturm und Wiekhaus sowie die Stadtkirche, eine spätgotische Hallenkirche, die inzwischen in **Paul-Gerhardt-Kirche** (Paul-Gerhardt-Str. 2) umbenannt wurde. Darin hängt auch ein Porträt des berühmten Theologen, der hier 1669 bis 1676 als Pfarrer tätig war und in der schweren

Zeit nach dem Dreißigjährigen Krieg für Trost und Denkanstöße sorgte. Während dieser Jahre entstanden auch viele seiner berühmten Kirchenlieder.

Direkt neben dem Schloss (s. u.) stehen das **Oberamtshaus** mit Prunkportal und prächtigem Giebel aus dem 17. Jh. sowie das **Stände- oder Landhaus** aus dem 18. Jh., geschmückt mit den Wappen der Niederlausitz. Ein paar Schritte weiter gibt es einen Wasserspielplatz mit Stauwehren und Wasserrädern, noch ein Stück weiter kann man im Kahnfährhafen aufs Wasser steigen.

Geschichtsstunde im Schloss

Das imposante **Schloss** mit seinem mächtigen Wehrturm trat im 17. Jh. an die Stelle der mittelalterlichen Wasserburg. Im 20. Jh. im Stil der Renaissance überformt, ist es inzwischen zu einem innovativen **Regionalmuseum** für Stadt- und Regionalgeschichte geworden. Ernst-von Houwald-Damm 14, T 03546 18 74 78, Mi–So/Fei 10–17 Uhr, 4,50/2,50 €, Familienkarte 8 €

Schlafen und Essen

Wohlfühladresse am Wasser
Strandhaus Spreewald: In den schnörkellos designten, lichtdurchfluteten Zimmern, dem Strandhaus-Spa und dem Garten auf einer Halbinsel zwischen Spreearmen können Sie herrlich entspannen. Dazu gesellt sich ein elegantes **Veranda-Restaurant,** das auch Vegetarisches und Veganes im Repertoire hat. Ernst-von-Houwald-Damm 16, T 03546 73 64, www.strandhaus-spreewald.de, DZ ab 138 €, EZ auf Anfrage; Restaurant: tgl. 7.30–21.30, Winter Mo–Fr 14–21.30, Fr–So ab 12 Uhr

Mit Kahnhafen
Spreewaldhotel Stephanshof: In diesem Drei-Sterne-Betrieb direkt am Wasser mit Sonnenterrasse, Sauna, Boots- und Fahrradverleih sind Sie gut aufgehoben. Dazu trägt auch das Spreewälder **Spezialitätenrestaurant Eisvogel.** Lehnigksberger Weg 1, T 03546 272 10, www.hotel-stephanshof.de, EZ ab 83 €, DZ ab 108 €; Eisvogel: Mai–Okt. tgl. 12–22.30, im Winter Mo–Fr ab 17, Sa 12–22, So 12–15 Uhr

---

Bewegen

Kahnfahrten
Fährmannsverein Flottes Rudel: Verschiedene Anbieter haben sich zusammengeschlossen und bieten Schleusen- und Polderfahrten an. Ernst-von-Houwald-Damm 15, T 03546 82 69 oder T 03546 71 22, www.flottes-rudel.de

---

Infos

● **Spreewald-Service Lübben:** Ernst von Houwald-Damm 15, T 03546 30 90, www. luebben.de. Neben Zimmerreservierungen bietet die Infostelle originelle Stadtführungen, geführte Wanderungen, Radtouren und Nachtwächterrundgänge an.

Schlepzig   ♀ H 7

Das nördlich von Lübben inmitten der sumpfigen Landschaft des Unterspreewalds gelegene Dorf ist in gewisser Weise ein Geheimtipp. Mit seiner **Dorfkirche** und der **historischen Mühle** entführt es die Besucher in eine geheimnisvolle Welt abseits der touristischen Zentren, die auch heute noch archaisch anmutet. Mehr über den Ort und über das Biosphärenreservat Spreewald können Sie im **Informationszentrum Alte Mühle** erfahren. Infozentrum: Dorfstr. 52, T 03572 648 98

Wo die Zeit wieder auflebt

Bauernmuseum Schlepzig: Wo der Bauer früher auf der Ofenbank in der Küche saß, wo er seine Gäste empfing, seine Traktoren und andere Gerätschaften unterbrachte, das ist in dem liebevoll gestalteten alten Bauerngehöft erlebbar.

Dorfstr. 26, www.bauernmuseum-schlepzig. de, März Di–Fr 10–12, Ostern–Okt. Mi–So/ Fei 10–16 Uhr, 3,50/1,70–3 €

Schlafen und Essen

Geschichtsträchtig

Spreewaldresort Seinerzeit: Schönes Landhotel mit eigener Privatbrauerei. Die aufwendig gestylten Zimmer verfügen zum Teil über eine eigene Sauna. Im stilvollen Restaurant und im Biergarten gibt es eine gekonnte regionale Küche zu leicht gehobenen Preisen, in der Absack-Bar kann man den Tag mit selbst destillierten Obstbränden ausklingen lassen.

SPREEWOOD DESTILLERS

Ausgerechnet im entlegenen Spreewald-Dörfchen ist Deutschlands erste Roggen-Whisky-Destillerie in einem schick aufgemöbelten Vierseithof untergekommen. Aber die idyllische Auenlandschaft mit ihrem Mikroklima soll sich besonders günstig auf die Reifung von Whisky und Rum auswirken. Soll es der 55-prozentige Stork Club Full Rye Whisky sein? Oder lieber der Butterbird Weißling Rum? Auf Wunsch werden auch Führungen und Verkostungen für 15–20 € pro Person organisiert.

Dorfstr. 56, Schlepzig, T 035472 65 91 42, www.spreewood-distillers. com, April–Okt. tgl. 10–17, Winter Do–So 10–17 Uhr

Dorfstr. 53, T 0354 72 66 20, www.seinerzeit. de, DZ ab 112 €, Haustierlogis 15 €; Restaurant: tgl. ab 12 Uhr

Niederlausitzer Landrücken 📍G/H8/9

In südwestlicher Richtung schmiegt sich der Niederlausitzer Landrücken an den Spreewald. Der 50 km lange Naturpark ist die Hinterlassenschaft der Saale-Eiszeit vor 200 000 Jahren, als von den letzten Gletschermassen zum Teil 70 m hohe Endmoränen, Bäche und Teichgebiete zurückblieben. Sie sind u. a. Lebensraum für Fischotter und Seeadler. Zur Hälfte besteht das Gebiet aus Kiefernwäldern, andere Teile, in denen bis 1991 Braunkohle abgebaut wurde, gleichen eher einer Mondlandschaft.

Inzwischen wurde das Gelände mit seinen Dünen und Seen wieder aufgeforstet. Mittendrin lassen sich 14 ehemalige Burgen, prächtige Herrenhäuser und Parkanlagen entdecken. Mehr über den Naturpark vermittelt das **Heinz Sielmann-Erlebniszentrum Wanninchen,** geführte Touren zeigen, wie sich die Natur die vom Bergbau zerstörte Landschaft zurückerobert.

Luckau/OT Görlsdorf, T 03544 55 77 55, www.wanninchen-online.de, Anfang April–Ende Okt. tgl. 10–17, Winter Di–Fr 10–15 Uhr, 2 €, bis 5 J. frei

Luckau 📍H8

Das hübsche Städtchen nördlich des Naturparks Niederlausitzer Landrücken lockt mit schönen Parkanlagen. Außer den Gärten am Schlossberg mit mehr als 3000 Rosen- und 200 Wein-

stöcken blühen im Stadtpark mit großem Weiher, Irr- und Moorbadgarten
rund 100 Rhododendren und Azaleen
zwischen Obstbäumen und Wiesen. Im
Stadtkern inmitten einer fast vollständig
erhaltenen Befestigungsanlage lassen
reich verzierte Schmuckgiebelhäuser
aus der Zeit um 1700, die spätromanische **Georgenkapelle** mit 47 m hohem **Hausmannsturm** und die gotische
Pfarrkiche St. Nikolai mit barockem
Innenleben erkennen, dass die Stadt
einst ein wohlhabendes Handelszen-
trum war. Schön ist auch das klassizistische **Rathaus** mit dem Luckauer
Scheffel, einem Eichmaß für Getreide.

Im ehemaligen Gefängnis

Luckaus größte und jüngste Errungenschaft ist das neu gestaltete **Niederlau-
sitzmuseum**. Im ehemaligen Dominikanerkloster, das von 1747 bis 2005 als
Gefängnis diente, u. a. für prominente
Insassen wie Karl Liebknecht, lässt es mit
riesigen Dioramen und ungewöhnlichen
Seh- und Hörstationen die Stadt- und
Regionalgeschichte lebendig werden.
Nonnengasse 1, T 03544 12 99 710, Do–Di
10–17, Dez.–März Di, Do/Fr 10–17, Sa/So
13–17 Uhr, 4/2 €, Familien 8 €

Essen

Im alten Gewölbe

Ratskeller: Große Auswahl an regionalen Gerichten einschließlich Wildspezialitäten. Veganer können sich beispielsweise
auf gebackene Erdnuss-Kartoffel-Krapfen
mit Waldpilzen und Rotwein-Birne freuen
(15,50 €).
Am Markt 34, T 03544 505 99 55, www.
ratskeller-luckau.de, Mi–Mo 11.30–21.30 Uhr

Fürstlich Drehna   📍 H9

Eine einzigartige Symbiose aus Schloss,
Lenné-Park, Schlossbrauerei, historischem

*Viel Wasser und ein wunderbarer Landschaftspark umschließen das
Schlosshotel Fürstlich Drehna.*

Dorfkern, Wiesen- und Teichlandschaften samt angrenzendem Braunkohletagebau ist auch Fürstlich Drehna südlich von Luckau. Hauptattraktion ist das **Wasserschloss**, das im 13. Jh. als Ritterburg entstand und 1663 Herrschersitz wurde, mit seinen mächtigen runden Ecktürmen. Inzwischen ist es vollständig restauriert und in ein luxuriöses Wellnesshotel verwandelt worden. Auch die alte **Bockwindmühle** und der von Lenné als Landschaftsgarten gestaltete **Schlosspark** samt Badesee sind äußerst reizvoll.

Wissenswertes über den **Naturpark Niederlausitzer Landrücken** ist im Gärtnereihaus mit der **Naturpark-Info** zu erfahren.

Naturpark-Info: Alte Luckauer Str. 1, T 035324 30 50, www.niederlausitzer-land ruecken-naturpark.de, Mo–Fr 9–15 Uhr

---

Schlafen und Essen

Traumhaft schöne Parklandschaft
Schlosshotel Fürstlich Drehna: An dem Vier-Sterne-Hotel besticht vor allem die Lage im Wasserschloss in wunderbaren Landschaftspark. Das Innenleben wird dem nicht ganz gerecht. Es gibt einen Wellnessbereich und das **Restaurant TafelSPIZZ.**

Im Schloss, T 035324 30 30, www.schloss-drehna.de, EZ ab 89 €; DZ ab 109 €; Tafel-SPIZZ: Mo–Fr ab 17.30, Sa/So ab 12 Uhr

Liebenswerte Institution
Gasthof zum Hirsch: Ein Haus mit Geschichte und unprätentiöser, aber gekonnter Küche – Fisch- und Wildspezialitäten werden begleitet von guten Weinen. Im alten Theatersaal, dessen Decke einem umgedrehten Kahn gleicht, finden Konzerte, Kabarett und Nostalgiekino statt. Übernachtet wird in den wohnlichen Zimmern.

Crinitzer Str. 2, T 035324 70 30, www. fuerstlichdrehna.de, Mi–Sa 11.30–21, So 11–20 Uhr, EZ ab 40 €, DZ 65 €, Pauschalen

Cottbus und Umgebung ♀K9

Wer hört, dass Cottbus auf Sorbisch Chóśebuz – schöne Häuser – bedeutet, könnte falsche Erwartungen an die zweitgrößte Stadt Brandenburgs haben. Aber so schlimm wie ihr Ruf ist sie nun wirklich nicht. Mag sein, dass die Stimmung in der Bevölkerung nicht immer die beste ist, doch es gibt genug Leute, die dazu beitragen, dass die Stadt lebens- und besuchenswert ist. Ob es Architektur-Ikonen wie das Kunstmuseum im Dieselkraftwerk, das Jugendstiltheater, die avantgardistische Universitätsbibliothek oder das Festival des osteuropäischen Films ist – es lohnt, hierherzukommen.

Kohlewirtschaft bis Wissenschaft
Bereits 1156 urkundlich erwähnt, herrschte in Cottbus bis 1462 ein fränkisches Adelsgeschlecht, dann kam die Stadt zu Brandenburg und entwickelte sich zum wichtigen Marktplatz. Einen weiteren Aufschwung erlebte sie im 18. und 19. Jh. durch neue Gewerbeansiedlungen im Zuge der Industrialisierung. Zu DDR-Zeiten war Cottbus dann Zentrum der Energie- und Kohlewirtschaft. Mit der Wende begann ein tiefgreifender Strukturwandel zum Dienstleistungs- und Wissenschaftsstandort, an dem vor allem die Technische Universität Anteil hat. Zurzeit wird auch seitens der Landesregierung versucht, die Stadt durch die Ansiedlung weiterer Institutionen zu stärken.

Die Altstadt
Neben Gebäuderesten des Mittelalters prallen hier Plattenbauten und Gründerzeitvillen aufeinander, mit denen wiederum der vorbildlich sanierte Altmarkt mit seinen pastellfarbenen Giebelhäusern kontrastiert. Wahrzeichen

Cottbus

Ansehen

1. Spremberger Turm
2. Schlosskirche
3. Klosterkirche
4. Oberkirche St. Nikolai
5. Altmarkt
6. Apothekenmuseum
7. Wendisches Museum
8. Kunstmuseum
9. Stadtmuseum
10. Galerie Haus 23
11. Universitätsbibliothek
12. Tierpark Cottbus
13. Fürst-Pückler-Park

Schlafen

1. Spree-Waldhotel Cottbus
2. Sorat Hotel

Essen

1. Brau & Bistro
2. Café und Conditorei Lauterbach

Ausgehen

1. Staatstheater
2. TheaterNative

---

von Cottbus und Tor zur Altstadt ist der 31 m hohe **Spremberger Turm** ❶ in der Spremberger Straße. Im 13. Jh. erbaut, erhielt er später eine von Schinkel entworfene Zinnenkrone und bietet einen schönen Rundblick über das Zentrum.

Hier beginnt auch die Spremberger Straße, die Haupteinkaufsmeile der Stadt. Gesäumt von Geschäften und Wohnhäusern aus dem 19. und 20. Jh., führt sie zum **Schlosskirchplatz** mit der 1419 erbauten **Schlosskirche** ❷, aus der nach

Die vielschichtige Architektur des Cottbuser Staatstheaters ist ein Werk des Jugendstils und verbindet gekonnt Alt mit Neu.

Einzug der Hugenotten 1714 ein freundlicher Putzbau mit Walmdach, Sakristei und später angefügtem neugotischem Turm wurde. Ringsum stehen Bauten im Stil der Gründerzeit.

Spremberger Turm: Jan. tgl. 10–18, Feb.–Nov. So–Mi 10–18, Do–Sa bis 20, Dez. tgl. 10–20 Uhr, 2 €, bis 14 J. frei

Romantischer Winkel

Hinter der Berliner Straße lädt der **Klosterplatz** in ein romantisch-verschwiegenes Stück Cottbus ein. Die **Klosterkirche ❸** ist Relikt eines Franziskanerklosters aus dem 13./14. Jh., in der das Wappentier der Stadt die Grabplatte des Stadtgründers ziert. Rundum stehen alte Häuser und ein Fachwerkbau, der im 19. Jh. eine Tuchfabrik beherbergte. Seit 1936 bietet er als Jugendherberge eine ebenso stilvolle wie bezahlbare Bleibe.

Beim angrenzenden **Wendischen Viertel** zwischen Berliner Platz und Oberkirchplatz handelt es sich nur auf den ersten Blick um mittelalterliche Architektur – in Wirklichkeit stammen die historisierenden Plattenbauten aus den 1980er-Jahren.

Östlich vom Altmarkt steht am Oberkirchplatz mit der **Oberkirche St. Nikolai ❹** die größte Kirche der Niederlausitz. Der spätgotische dreischiffige Backsteinbau aus dem 14. Jh. lohnt nicht nur wegen des Sterngewölbes, der Kanzel und des Hochaltars mit seiner Alabasterschnitzerei den Besuch. Auch der Ausblick vom 55 m hohen **Kirchturm** ist beeindruckend.

Klosterkirche: Mo–Fr 9–11, Do 15–17 Uhr; **Oberkirche St. Nikolai:** tgl. April–Okt. 10–17, Nov.–März 10–16 Uhr, Turmbesteigung 2/1 €, Familien 4 €

Die gute Stube von Cottbus

Auf dem **Altmarkt ❺**, der von sorgsam restaurierten Bürgerhäusern mit Giebeln im Stil des sächsischen Barock oder klassizistischen Traufenhäusern mit Cafés und Geschäften im Erdgeschoss eingefasst wird, schlägt das Herz der Stadt. Ringsum säumen Lokale den Platz, außerdem hat hier die Löwenapotheke überdauert, die auch zum Besuch einlädt.

Wo früher Pillen gedreht wurden
Schräg hinter dem Brunnen, der Cottbusser Handwerkskünste darstellt, versorgte die Löwenapotheke über vier Jahrhunderte lang die Bürger mit Medizin, heute hat sie als **Brandenburgisches Apothekenmuseum** ❻ für Besucher geöffnet.

Altmarkt 24, T 0355 239 97, Führungen Di–Fr 11 und 14, Sa/So 14 und 15 Uhr, 5/1,50–2,50 €

Tiefe Einblicke
In seinen 16 Räumen gewährt das **Wendische Museum** ❼ anhand von Trachten, Literatur und Volkskunst tiefe Einblicke in die mehr als 1000 Jahre alte Geschichte der Lausitzer Sorben; zurzeit wird die Ausstellung neu konzipiert.

Mühlenstr. 12, T 0355 79 49 30, www. wendisches-museum.de, 2,50/1,50 €, bis auf Weiteres geschl.

Avantgarde-Kunst
Cottbus' größte Errungenschaft der jüngsten Zeit ist das **Kunstmuseum** ❽ im ehemaligen, von dem Berliner Architekten Werner Issel entworfenen Dieselkraftwerk, einer Ikone der spätexpressionistischen Industriearchitektur. Es birgt eine Sammlung von über 22 000 Gemälden, Plakaten, Grafiken, Foto- und Videoarbeiten mit dem Themenschwerpunkt Natur und Landschaft. Mit spektakulären Ausstellungen, Lesungen und Konzerten findet es auch überregional Beachtung.

Uferstraße/Am Amtsteich 15, T 0355 49 49 40-40, www.museum-dkw.de, Di–So 10–18 Uhr, eine Ausstellung 4/3 €, Kombi-

karte für alle Ausstellungen 6/3 €, 1. Do generell 3,50 €, bis 18 J. frei

Jugendstil-Ikone
Eine noch ältere architektonische Perle ist das über 100 Jahre alte **Staatstheater** ❶, das inmitten schöner Gründerzeitvillen im Wohnviertel am Schillerplatz steht und auch zu besichtigen ist. Es ist das einzig erhaltene Jugendstiltheater Deutschlands. Mit seinen abwechselnd glatten Flächen, verspielten Elementen und dem Figurenschmuck erinnert es von außen an eine stilisierte Burg. Das anspruchsvolle Mehrspartenprogramm hat das Theater über Cottbus hinaus bekannt gemacht hat (s. S. 111).

Schillerplatz 1, www.staatstheater-cottbus.de, Führungen meist So 10 Uhr 7/6,50 €, Termin vorher bestätigen lassen; s. auch Ausgehen

Historisches und Kurioses
Das **Stadtmuseum** ❾ im ehemaligen Sparkassengebäude widmet sich ganz der Stadt- und Regionalgeschichte, darunter auch so skurrilen Themen wie dem Cottbusser Baumkuchen, der 2001 seinen 200. Geburtstag feierte.

Bahnhofstr. 22, T 0355 612 24 60, www. stadtmuseum-cottbus.de, Mai–Sept. Di–Fr 10–18, Sa/So 13–18, Winter Di–Fr 10–17, Sa/So 13–17 Uhr, 4/2 €, Familien 9 €

Künstlerischer Tellerrand
Noch zu DDR-Zeiten in Privatinitiative gegründet, ist die **Galerie Haus 23** ❿ Plattform für junge Kunst aus Ostdeutschland und Osteuropa, häufig finden auch Performances und Kunstaktionen statt.

Marienstr. 23, www.galerie-haus23.de, Do–Sa 18–21 Uhr

Gehäuse für Bücher
Auch wenn Sie keine Bücher ausleihen wollen: Die avantgardistische **Universitätsbibliothek IKMZ** ⓫ lohnt einen Abstecher. Von außen ähnelt das preisgekrönte, gläserne Gebäude des Archi-

tektenteams Herzog & de Meuron einer futuristischen Burg, innen schraubt sich eine Wendeltreppe in knalligen Pink- und Grüntönen in die Höhe. Wenn Sie Glück haben, findet gerade eine interessante Lesung statt.

Karl-Marx-Str. 23, www.b-tu.de, T 0355 69 23 73, Mo–Fr 9–22, Sa 9–13, So 17–22 Uhr

Bei Affen und Elefanten

Der **Tierpark Cottbus** 🅸 hat an 365 Tagen im Jahr geöffnet! In einem Spreebogen beheimatet lockt, das wissenschaftlich geführte Areal seit 1954 mit Elefanten, Raubkatzen und Affen. Nördlich davon schließt sich der Spreeauenpark an, das ehemalige Buga-Gelände. Zwischen den beiden Parks und dem Park Branitz verkehrt die liebenswerte Parkeisenbahn, bei der Kinder Schaffner spielen dürfen.

Kiekebuscher Str. 5, www.tierparkcottbus.de, tgl. Mai–Sept. 9–19, April, Okt. 9–18/18.30, Nov.–März 9–17/17.30 Uhr, 8/4–6,40 €, Familien 14 bzw. 22 €

Fürst-Pückler-Park Branitz ⭐

Herrmann Fürst von Pückler-Muskau hat seine Vorstellungen von Landschaftsgärten mit englischem Vorbild erst im Potsdamer Park Babelsberg, dann im sächsischen Bad Muskau und schließlich im **Fürst-Pückler-Park Branitz** 🅱 ca. 4 km südöstlich des Cottbuser Stadtzentrums verwirklicht. Zwischen 1845 und 1871 entstanden, stellt das Alterswerk ein vollkommenes Gesamtkunstwerk dar.

Sanftes Grün schmiegt sich an stille Wasserwege, jahrhundertealte Bäume spiegeln sich in verträumten Seen, Spazierwege kreuzen Sichtachsen, die den Blick auf gefällige *pleasure grounds* lenken. Tagelöhner und Häftlinge mussten 100 000 m³ Erde bewegen, anderswo haushohe Bäume ausgraben und auf sperrigen Karren hierherfahren, um den anspruchsvollen Plan zu verwirklichen.

Aufsehen über seinen Tod hinaus erregte der Fürst im Übrigen mit einer von Wein überwachsenen Pyramide im Park, in der er sich und seine Gemahlin wie ein ägyptischer Pharao bestatten ließ. In die Gestaltung hat er auch das Barockschloss im östlichen Teil des Parks einbezogen, das sich seit 1696 im Besitz der Familie befand. Die prächtige Dreiflügelanlage ließ er mit Freitreppe, Marstall und Kavalierhaus im Tudorstil umgeben, das Innere teils in orientalischem Stil gestalten, teils mit Goldstuck und Damast auskleiden.

Robinienweg 5, OT Branitz (zu erreichen mit der Pücklerlinie 10 ab Hbf.), T 0355 751 50, www.pueckler-museum.eu, **Park:** ganzjährig, **Schloss:** April–Okt. tgl. 10–18, Nov.–März Di–So 11–16 Uhr, 6,50/4,50 €; **Besucherzentrum:** April–Okt. tgl. 10–17 Uhr, 4,50/3,50 €; **Marstall:** April–Sept. tgl. 11–17 Uhr, 3,50/2,50 €, Führungen (nach vorheriger Anmeldung) ab 3/2 €

Schlafen

Energieeffizientes Stadthotel

🅑 **Spree-Waldhotel Cottbus:** Der Betrieb bekennt sich zur Nachhaltigkeit. Neben 50 behaglichen, teils barrierefreien Zimmern gibt es z. B. auch eine Ladestation für Elektro-Autos. Für Entspannung sorgt ein rustikaler Wellnessbereich. Im Restaurant Hubertus wird neben Zander und Rinderroulade auch Vegetarisches serviert.

Drachhausener Str. 70, T 0355 87 640, www.waldhotel-cottbus.de, EZ 67 €, DZ 88 €; Restaurant Hubertus: tgl. 11–21 Uhr

Stilvoller Gründerzeitbau

🅒 **Sorat Hotel:** Hinter historischer Fassade versteckt sich ein schickes Stadthotel mit Sommerterrasse, Bar und Kellergewölbe, schöner Bar und Restaurant. Parkhaus in der Nähe.

Schlosskirchplatz 2, T 0355 784 40, www.sorat-hotels.com, EZ ab 45 €, DZ ab 54 €

Essen

Zentral und zünftig

1 **Brau & Bistro:** Traditionelle Gaststätte mit großer Terrasse auf dem Marktplatz. Zu typischen Spreewälder Spezialitäten gibt es naturtrübes Bier.
Altmarkt 18, T 0355 494 60 23, www. brau-bistro.de, tgl. ab 10 Uhr, Hauptgerichte ab 5 €

Traditionsreiche Institution

2 **Café und Conditorei Lauterbach:** Feinste Torten und Kuchen, Spezialität ist der hausgemachte Baumkuchen. Herzhafte Gerichte und Mittagstisch; abends auch Livemusik und Weinspezialitäten.
Spremberger Str. 4 (Zweigstelle in der Fürst-Pückler-Passage), T 0355 247 58, Mo–Sa 8–22, So 9–20 Uhr

Ausgehen

Vielspartentheater

Staatstheater: Schauspiel-, Opern-, Kinder- und Jugendtheater sowie Ballett in 100 Jahre altem Jugendstilgemäuer (s. o.) und weiteren Spielstätten.
Schillerplatz (Großes Haus), Besucherservice Karl-Liebknecht-Str. 23, T 0355 782 42 42, www.staatstheater-cottbus.de, z. T. offene Proben bei freiem Eintritt

Amüsante Stunden

TheaterNative: Die Truppe hat sich 1989 als erstes Privattheater der DDR gegründet.
Petersilienstr. 24, T 0355 220 24, www. theaternative-cottbus.de

Infos

• **Cottbus Tourismus:** Berliner Platz 6/ Stadthalle, T 0355 754 20, www.cott bus-tourismus.de. Zimmervermittlung, Stadtführungen (auch in Kombination mit dem Staatstheater, Ticket-Service usw.
• **Sorbische Kulturinformation Lodka:** Im Wendischen Haus, August-Bebel-Str. 82, T 0355 48 57 64 68, www.lodka. sorben.com

Feiern

• **Festival des Osteuropäischen Films:** Anfang Nov. Das einwöchige Festival macht weit über Cottbus hinaus von sich reden und lockt Kinofans aus nah und fern an (www.filmfestivalcottbus.de).

Peitz ♀ K8

Haben Sie Lust auf Karpfen? Die werden in der Teichlandschaft gezüchtet, die die Hauptattraktion der Festungsstadt nördlich von Cottbus ist. Im Mittelalter dienten die 1000 ha großen Gewässer dem Schutz einer Burg (13. Jh.), die im 16. Jh. zur Festung mit eigenem Hüttenwerk ausgebaut wurde. Der mächtige **Festungsturm** (Schulstr. 6) bietet einen schönen Ausblick. Die Teiche lassen sich gut per Fahrrad oder zu Fuß auf einem Lehrpfad erkunden. Zu Ehren des Peitzer Spiegelkarpfens wird im August auch ein Fischerfest gefeiert. Im Oktober lockt der Peitzer Fischzug.

Historischer Stadtkern

Im Zentrum von Peitz, das noch einen geschlossenen historischen Stadtkern besitzt, wird das **Rathaus** von 1804 mit Schaugiebel im Tudorstil von einigen bis zu 400 Jahre alten Bürgerhäusern umrahmt. Die evangelische **Stadtkirche** soll um die Mitte des 19. Jh. nach Plänen Friedrich August Stülers errichtet worden sein und erinnert mit ihren verschiedenfarbigen Backsteinstreifen an italienische Vorbilder.

Wo Fürst Pückler die letzte Ruhe fand: Seepyramide im Park Branitz

Kohleofen trifft Fischereitradition

Im 1550 gegründeten Hüttenwerk, in dem bis 1858 Eisenstein für Kanonen und Maschinen geschmolzen wurde, erzählt das **Hüttenmuseum** von der industriellen Vergangenheit der Stadt. In demselben Gebäude befindet sich auch das **Fischereimuseum,** in dem Sie einiges über die lange Fischereitradition des Ortes erfahren können.

Hüttenwerk 1, T 0356 01 344 17, www.peit zer-huettenwerk.de, April–Okt. Sa–Do 10–17, Nov.–März Mo–Do 10–16, Sa/So 13–16 Uhr, 3,50/2 €, Kombikarte mit Festungsturm Peitz 6/3 €

Schlafen und Essen

Für Fischfans

Maustmühle: Hübsch gelegenes Lokal an den Peitzer Teichen mit großem Angebot an Fischgerichten – auch wenn der Lachs, Seezunge und Victoriabarsch nicht vor Ort geangelt werden. Wenn Sie wollen, können Sie hier auch über Nacht bleiben (EZ 50 €, DZ 80 €, Frühstück ab 7,50 €).

Mühle 3, Maust (ca. 5 km südl. von Peitz), T 035601 80 29 70, www.maustmuehle.de, tgl. ab 11.30 Uhr, Hauptgerichte ab 7 €

Infos

• **Tourist-Information Peitzer Land:** Markt 1, T 0356 01 81 50, www.tourismus.peitz. de. Führungen, Ausflugstipps, Radverleih.

Guben/Gubin   ♀ L8

Als eine der ältesten Städte der Niederlausitz blickt das 1235 gegründete Guben auf eine große Vergangenheit zurück. Doch der Zweite Weltkrieg und die nachfolgende Teilung in eine deutsche und eine polnische Hälfte (Gubin) haben der Stadt schwer zugesetzt und die Wunden heilen nur langsam. Immerhin können Sie sich davon überzeugen, dass man versucht, die beiden Stadtteile u. a. durch eine gemeinsame Einkaufsstraße wiederzubeleben. Auch die Ruine der ausgebrannten Stadtkirche soll zum deutsch-polnischen Begegnungszentrum werden.

Wenn alte Hüte erzählen

Das **Stadt- und Industriemuseum** ist in der ehemaligen **Hutfabrik** untergekommen. Den Grundstein legte 1822 der Tuchmacher Carl Gottlob Wilke, der ein völlig neues Verfahren in die Hutherstellung einführte. Ende der 1920er-Jahre wurden hier und in anderen Hutfabriken der Region insgesamt um die 10 Mio. Hüte gefertigt. Nach dem Zweiten Weltkrieg produzierten die enteigneten Betriebe weiter, bis die hutlose Mode der

Herstellung ein Ende bereitete. Neben spektakulären Kopfbedeckungen lockern Hör- und Filmstationen den Museumsbesuch auf.

Gasstr. 5, T 03561 68 71 21 00, April–Okt. Di–Fr 12–17, So/Fei 14–17, sonst Di–Fr 12–17, jeder 2. und 4. So/Fei 14–17 Uhr, 3 (mit Film 4) €/1,50–2 €

Lehrreich oder blasphemisch?

Eine eher zwiespältige Attraktion ist das **Plastinarium,** das Gunter von Hagens in einer ehemaligen Tuchfabrik einrichtete. Auf 3000 m² zeigt es Plastinate, d. h. präparierte Körperteile, die die Anatomie des menschlichen Körpers sichtbar machen – ergänzt auch durch tierische Präparate.

Uferstr. 26, T 03561 54 74 382, www. plastinarium.de, Fr–So 10–18, letzter Einlass 16 Uhr, 12/10 €

Schlafen und Essen

Am Pinnower See

Karpfenschänke: Einfaches, aber schön gelegenes Haus mit Sonnenterrasse, Fahrrad- und Kanuverleih sowie Restaurant mit gutbürgerlicher Küche, die auch mal eine vegane Grünkohl-Kokos-Suppe mit roten Linsen auftischt (ca. 5 €). Außerdem können Sie in den Zimmern des Bett- und Bike-Betriebs unterkommen.

Am Pinnower See 3, Schenkendöbern/OT Pinnow, T 035691 61 00, www.karpfenscha enke.de, Mitte April–Mitte Okt. tgl. 11–20, sonst Do–So/Fei 11–19 Uhr, EZ 59 €, DZ 77 €

Infos

• **Touristeninformation Guben:** Frankfurter Str. 21, T 03561 38 67, www. touristinformation-guben.de. Ganzjährig Stadtführungen, Ausflugstipps und Radwanderungen.

Forst ♥ L9

Ähnlich wie Guben blickt auch das weiter südlich gelegene Forst auf eine lange Industriegeschichte zurück. Schon im 15. Jh. war die Leineweberei, die im 19. Jh. mit der maschinellen Herstellung gemusterter Stoffe Aufschwung erhielt, Haupterwerbsquelle des Städtchens. 1926 wurde angesichts der 200 Tuchfabriken bereits vom ›deutschen Manchester‹ gesprochen. Inzwischen hat die 750 Jahre alte Stadt des Landkreises Spree-Neiße mit Arbeitslosigkeit und Abwanderung zu kämpfen. Geblieben sind bedeutende Industriedenkmäler.

Mit Tuchmacherwerkstatt

In einer der 1897 erbauten Tuchfabriken veranschaulicht heute das **Brandenburgische Textilmuseum** die Entwicklung der Textilindustrie von der Leineweberei über die erste dampfmaschinenbetriebene Fabrik bis hin zu modernen Techniken der Gegenwart.

Sorauer Str. 37, T 03562 973 56, Juni–Sept. Mo 9–16, Di–Fr 10–17, Sa/So 14–17, Okt.–Mai Di–Do 10–17, Fr–So 14–17 Uhr, 3/1,50–2 €

Rosenträume an der Neiße

Reizvoller Kontrast zur Industriegeschichte ist der weit über Forst hinaus bekannte **Rosengarten.** Auf dem mehr als 15 ha großen Gelände mit Wasserspielen und Säulenhof am malerischen Neißeufer verteilen sich rund 40 000 Rosenstöcke von 400 verschiedenen Arten, dazu Dahlien und Rhododendren.

Wehrinselstr. 42, T 03562 75 48, www. rosengarten-forst.de, tgl. Mai–Sept. 9–19, Winter 9–17 Uhr, im Sommer 5/2–2,50 €, Familien 7 bzw. 12 €, im Winter frei

Archiv der verschwundenen Orte

»Gott hat die Lausitz geschaffen, aber der Teufel hat die Kohle darunter gelegt«, bringt ein sorbisches Sprichwort das zwiespältige Verhältnis von Menschen und Braunkohle in der Region auf den Punkt. Und genau darum geht es in dem Museum nördlich von Forst im Ortsteil Horno: Es erzählt von den 137 Dörfern, die seit 1922 in der Lausitz ganz oder teilweise dem Tagebau weichen mussten. Wie sich Ortsabbrüche und Umsiedlungen auf das Leben der Menschen ausgewirkt haben, können Sie im ›erzählenden Raum‹ anhand einer begehbaren Landkarte mit interaktiven ›Infosaugern‹ nachvollziehen.

Dorfaue 9, OT Horno, www.archiv-verschwundene-orte.de, Di–Fr 10–17, jeden 1. und 3. So im Monat 14–17 Uhr, 2/1,50 €

Schlafen

Mit schöner Gartenterrasse

Bett & Bike Hotel Haufe: Radlerfreundliches, 2017 renoviertes Drei-Sterne-Haus mit Sauna und Solarium, das auch häufig von Reisegruppen frequentiert wird.

Cottbuser Str. 123, T 03562 28 44, www.hotel-haufe.com, EZ 60 €, DZ 80 €

Infos

• **Touristeninformation Forst:** Cottbuser Str. 10, T 03562 98 93 50, www.forst-information.de. Geführte Rundgänge, Rad- und Tagebautouren.

Spremberg   ♦ K 9/10

Mit seiner schönen Insellage zwischen Wasser und Grün gilt Spremberg als ›Perle der Lausitz‹. Zwei Spreearme umgeben die Altstadt, die durch acht Brücken und Stege mit den neueren Stadtvierteln verbunden ist. Im 10. und 11. Jh. sollen sich hier Slawen angesiedelt haben, später entwickelte sich der Ort im Schutz einer Burg zur prosperierenden Stadt. Mittendrin erhebt sich am Kirchplatz die **Kreuzkirche,** eine spätgotische Backsteinhalle. Die im 19. Jh. entstandene **Wendische Kirche** ist dagegen ein klassizistischer Saalbau. Beim **Rathaus** am Markt vermischen sich wiederum Renaissance- und Barockelemente.

Heidemuseum in der Wasserburg

Der größte Besuchermagnet Sprembergs, das **Schloss,** ging aus einer mittelalterlichen Wasserburg hervor. Im 17. Jh. zur dreigeschossigen Zweiflügelanlage ausgebaut und von einem schönen Park umgeben, birgt es seit 1927 das **Niederlausitzer Heidemuseum** mit Exponaten zur Regionalgeschichte und dem hier geborenen Schriftsteller Strittmatter.

Schlossbezirk 3, T 03563 40 32, Di–Fr 9–17, Sa/So/Fei 14–17 Uhr, 3/2 €

Weitblick über die Lausitz

Weiterer Höhepunkt im wahrsten Sinn des Wortes ist der **Georgenberg,** der als Teil des Niederlausitzer Grenzwalls den Verlauf der südlichen Eisgrenze während der Eiszeit markiert. Noch schöner ist das Panorama, wenn Sie auf den 21 m hohen **Bismarckturm** steigen. Dort sind auch Fotos und Dokumente aus seiner Entstehungszeit um 1903 zu sehen.

Kirschallee, Mai–Okt. Mi 9–12, Sa/So/Fei 14–18 Uhr, 0,50 €

Zu Besuch im Tagebau

Das **Kraftwerk Schwarze Pumpe** südlich des Stadtzentrums gehört zu den modernsten Braunkohlekraftwerken der Welt. Die 162 m hohe Aussichtsplattform bietet einen fantastischen Rundblick über die Lausitz. Im multimedialen Informationszentrum ist außerdem Wissenswertes über den Tagebau zu erfahren. Wer will, kann sich durch Turbinenhallen, Kühltürme und Entschwefelungsanlagen führen lassen.

Besuch und Führungen auf Anfrage unter www.leag.de

Dreh- und Wohnort Krämerladen

Die **Erwin-Strittmatter-Gedenkstätte** in Bohsdorf erinnert an den Schriftsteller. 1912 in Spremberg geboren, siedelte er sich hier 1919 mit seiner Familie an, wo auch seine von der ARD verfilmte Romantrilogie »Der Laden« entstand. Schauplatz ist der alte Krämerladen seiner Eltern samt Backstube, in dem auch Lesungen stattfinden.

Dorfstr. 35, Felixsee/OT Bohsdorf (ca. 15 km nordöstl.), T 0356 982 21, www.strittmatterverein.de, Do/Fr 13–16, April–Okt. auch Sa/So 11–16 Uhr

Träume aus Schokolade

Die Lausitz von ihrer Schokoladenseite kann man in Hornow, einem Ortsteil von Spremberg 14 km nordöstlich, erleben, wo die **Confiserie Felicitas** eine Erfolgsgeschichte schreibt. In Handarbeit entstehen hier wahre Kunstwerke aus Schokolade nach Rezepten, die das belgische Konditorenpaar aus Antwerpen mitgebracht hat. Beim Werksverkauf kann man einen Blick in die Mini-Schauwerkstatt werfen.

Schokoladenweg 1, Hornow, T 035698 80 55 50, www.confiserie-felicitas.de, Mo–Fr 8–18, Sa 14–18 Uhr, auch Werkstattbesichtigung für Gruppen nach Anmeldung

---

Schlafen und Essen

Ländlicher Charme

Hotel zum Gutshof: Freundliches Haus mit Drei-Sterne-Komfort und gutbürgerlicher Küche, das im ehemaligen Gutsschloss untergekommen ist.

Karl-Marx-Str. 6, Neupetershain-Nord (25 km westl.), T 0357 51 25 60, www.hotel-zum-gutshof.de, EZ ab 51 €, DZ ab

73 €; Restaurant: Do/Fr ab 17.30, Sa 11–21, So 11–16 Uhr

Mit Wildgehege

Zur Wildtränke: Radlerfreundlicher Bauernhof am Stadtrand mit funktionalen Zimmern. Wildspezialitäten aus eigener Zucht (ab 10,50 €).

Grausteiner Weg 15, T 03563 902 76, www.wildtraenke.de, EZ ab 45 €, DZ ab 63 €, Frühstück 4,50, HP 14 €; Restaurant: Mo–Fr 16.30–22, Sa/So 11–22, im Winter Mo–Fr 16–22, Sa/So 11–17 Uhr, Schließzeiten Jan.–Mitte Feb., Hauptgerichte 5–15 €

Bewegen

Baden

Ein schönes Naherholungsgebiet mit einigen Stränden finden Sie rund um die **Spremberger Talsperre** nördlich von Spremberg.

Infos

• **Touristeninformation Spremberg:** Am Markt 2, 03130 Spremberg, T 03563 45 30, www.spremberger-land.de. Auch Stadtführungen, Wanderungen und Radtouren.

Lausitzer Seenland 📍 J/K 10

Keine andere Reiseregion in Brandenburg ist so sehr in Bewegung wie die Niederlausitz, wo sich ehemalige Tagebaustätten in das größte künstliche Seengebiet Europas verwandeln. Zwar steckt der Tourismus vielerorts noch in den Kinderschuhen, dafür können Sie hier spannende Entdeckungen machen. Die Internationale Bauausstellung (IBA) Fürst-Pückler-Land war zwischen 2000 und 2010 Ideengeber für 25 Projekte, die den Strukturwandel der Region vom Braunkohlefördergebiet zur Wassersport- und Urlaubsregion zum Ziel haben.

Wichtigstes Projekt ist die Anlage der Seenlandschaft rund um Großräschen. Um diesen Wandel hautnah zu erleben, empfehlen sich die Radfernwege wie der Fürst-Pückler-Radweg oder die Niederlausitzer Bergbautour, an der auch einige Ikonen der Industriekultur liegen.

Größte Landschaftsbaustelle

Der **Großräschener See** wurde ab 2007 geflutet und hat inzwischen eine Wassertiefe von knapp 100 m. 2019 wurde ein Hafen mit 130 Bootsliegeplätzen und Seebrücke eingeweiht, von dem aus ein Fahrgastschiff durch die Seenlandschaft startet. Insgesamt entstehen auf Europas größter Landschaftsbaustelle auf diese Weise zehn Seen, die durch Kanäle verbunden und somit zum größten künstlichen Wasserrevier des Kontinents werden sollen. Der **Sedlitzer See** hat, wenn er 2023 vollständig geflutet sein wird, die größte Wasserfläche im Seenverbund. Bis dahin sollen hier das Lagunendorf Sedlitz mit 80 bis 100 Wohneinheiten, ein Schiffsanleger, eine Fahrgastanlegestelle und ein Badestrand entstehen. Weitere Seen sind **Partwitzer, Geierswalder** und Senftenberger See.

Für den 2013 fertiggestellten, 1000 m langen schiffbaren **Koschener Kanal** zwischen Geierswalder und **Senftenberger See** mussten rund 350 000 m³ Erde bewegt werden. Der Senftenberger See wurde schon in den 1970er-Jahren geflutet und hat Modellcharakter.

An verschiedenen Stellen bieten **Aussichtspunkte,** wie bei Lieske oder der Turm in Form eines rostigen Nagels am Sornoer Kanal, schöne Panoramen der Seenlandschaft (s. Tour S. 120).

Senftenberg 📍 J 10

Nachdem man 1860 am Senftenberger See das ›braune Gold‹, die Braunkohle, gefunden hatte, war Senftenberg lange Zeit Zentrum des Braunkohletagebaus. Heute ist die Stadt stattdessen Synonym für einen nachindustriellen, zukunftsweisenden Strukturwandel. Dazu tragen neben dem Lausitzer Seenland auch touristische Attraktionen wie der Eurospeedway Lausitz oder das Skisportzentrum Snowtropolis bei.

Jugendstil und Spätgotik

In der historischen **Altstadt** können Sie rund um den Marktplatz einige schöne Jugendstilhäuser entdecken. Nicht weit davon entfernt steht das älteste Gebäude der Stadt, die spätgotische **Peter-und-Paul-Kirche.** Der Innenraum weist das für Sachsen und Böhmen typische Zellengewölbe auf. Ein Stück weiter steht in der Baderstraße die ehemalige **Wendische Kirche** (18. Jh.), die bereits 1934 zum Bürgerhaus wurde.

Hochkarätige Kunst

Im 13. Jh. erstmals urkundlich erwähnt, war der Ausgangspunkt der mittelalterlichen Stadt eine Festungsanlage, aus der im 16. Jh. ein Renaissanceschloss hervorging. Der Südflügel wurde im 19. Jh. abgetragen, aber die übrigen Gebäudeteile stehen mit ihrer freundlichen hellen Fassade noch inmitten eines schönen Parks. Im Inneren zeigt das **Kreismuseum** zusammen mit der benachbarten Galerie am Schloss Kunstwerke aus Dorfkirchen, die dem Braunkohletagebau geopfert wurden. Außerdem sind ein historisches Klassenzimmer und ein Modellbergwerk in Originalgröße zu sehen.

Ein kleines Highlight ist die **Kunstsammlung Lausitz** mit Werken von Georg Baselitz, Carl Lohse, Harald Metzkes oder Gerhard Richter, die einen guten

Überblick über die Kunst aus bzw. über die Region vermittelt.

Das Schloss ist übrigens von einem schönen Park und einem angrenzenden **Tierpark** umgeben, dessen Markenzeichen die seit 1956 hier in einem großzügigen Gehege lebenden Braunbären sind.

Kunstsammlung Lausitz: Steindamm 26, www.museums-entdecker.de, April–Okt. Di–So 10.30–17.30, Nov.–März Di–Fr 13–17, Sa/So 10.30–17.30 Uhr, 2,50/1–1,50 €; **Tierpark:** Schlossstraße, T 03573 26 28, April–Okt. Di–So 10.30–17.30, Winter Di–Fr 13–17, Sa/So 10.30–17.30 Uhr, 5/3,50 €, bis 16 J. 1 €, Familien 10 €

Schlafen

Ayurveda trifft Landhausstil

Seeschlösschen: Komfortables, auf Wellness und Gesundheit spezialisiertes, gut geführtes Vier-Sterne-Haus, das sich eher für längere Aufenthalte eignet. Hier haben Sie die Auswahl zwischen mehreren Restaurants.

Buchwalder Str. 77, T 03573 378 90, www.ayurveda-seeschloesschen.de, EZ ab 175 €, DZ ab 200 €, mit Lounge-Bar

Ostufer des Senftenberger Sees

Strandhotel: Freundliches Drei-Sterne-Hotel mit eigener Badestelle, 25 Zimmern, Restaurant (Speisen 4,50–20 €, Öffnungszeiten jeweils erfragen!) und vielen Freizeitangeboten.

Am See 3, T 03573 80 01 00, www.senften berger-see.de, EZ ab 69 €, DZ ab 79 €, HP 18 €, günstige Radlerpauschalen

Radlerfreundlich

Pension Mandy: Nette, am Stadtrand gelegene Pension mit schönen Zimmern, Apartments und einem Innenhof mit kostenlosen Stellplätzen. Radfahrer wissen den Trockenraum mit kleinem Reparaturservice und die Tipps für Radtouren zu schätzen.

Kreuzstr. 27, T 03573 79 00 58, www.pension-mandy.de, EZ ab 63 €, DZ ab 77 €, Fewo für 4–5 Pers. ab 90 €, Frühstück 7 €

Vom Braunkohletagebau zum Erholungsgebiet: Heute umrunden Radler den Senftenberger See.

Mit Fälschermuseum
Seehotel Großräschen: Aus einem ehemaligen Wohnheim für Bergleute hat ein findiger Hamburger einen florierenden Vier-Sterne-Betrieb mit 60 Komfortzimmern, Wellnessbereich, sehr guter Küche und einem kleinen Museum gemacht, in dem Sie eine täuschend echte Mona Lisa bewundern und auf den neu gefluteten Ilsesee blicken können.

Seestr. 88, Großräschen, T 03737 781 80 80, www.seehotel-grossraeschen.de, EZ ab 100 €, DZ ab 130 €

Essen

Kulinarische Vielfalt am Wasser
Cucina Restaurant & Café: Das Lokal an der Strandpromenade des Senftenberger Sees schafft den Spagat zwischen einfachen Mittagsmenüs, Eiscafé und stilvollem Abendrestaurant zu sehr fairen Preisen.

Am Stadthafen 1, T 03573 81 06 30, www.cucina-senftenberg.de, Bistro: Mo–Fr 11–14

**INNOVATIVE HISTORI-
SCHE SIEDLUNG**　**I**

Ein besonderes Kleinod ist die **Gartenstadt Marga** (♀ J 10) im Stadtteil Brieske westlich des Zentrums. Sie zeigt, dass es schon in früheren Zeiten zukunftsweisende Ansätze fürs Bauen gab. Die denkmalgeschützte Siedlung mit Kaufhaus, Kirche, Marktplatz und Gasthaus wurde 1907–15 von dem Dresdner Architekten Georg Heinsius von Mayenburg in Anlehnung an den Jugendstil für die Ilse-Bergbau-Actiengesellschaft entworfen. Vom Verfall bedroht, wurde das Ensemble inzwischen umfassend saniert und ist äußerst sehenswert.

(preiswerter Mittagstisch), Restaurant: Mo–Fr 14–21, Sa 11.30–21, So/Fei 11.30–18 Uhr

Einkaufen

Originelles aus der Region
Lausitzer Brauchtum: Sorbische Trachten, Keramik und Kunsthandwerk aus Holz – hier finden Sie Dinge, die es anderswo nicht gibt.

Markt 19, T 03573 79 25 11, Mo–Fr 9–18 Uhr

Bewegen

Alles rund ums Wasser
Hafencamp Senftenberger See: Servicecenter mit barrierefreier Hafenanlage, Kajak-, Segel-, Tret- und Ruderboot-Verleih, Segelschule. Übernachtung in Hafenlodges, Baumhaus, Campinghütte (ab 45 €), im Radwanderspecial ab 15 €.

Straße zur Südsee 2, OT Großkoschen, T 03573 80 01 00, www.senftenberger-see.de, April–Okt. 10–19, Juni–Aug. 9–19 Uhr

Surfen und Katamaran-Segeln
Surfschule Renner: Kurse, auch Verleih von Tret- und Paddelboot, Jollen und Katamaranen am Geierswalder See.

Promenadenweg 8, Geierswalde (ca. 12 km östl.), T 0171 777 43 40, www.onlineshop-renner.de

Skifahren und Snowboarden
Snowtropolis: Skifahren in Brandenburg? Das können Sie tatsächlich – in der Indoorhalle mit 130 m langer Piste und Funpark. Im Winter öffnet auch die Eishalle. Materialverleih und Kurse. Fürs leibliche Wohl sorgt das Tiroler Stadl mit österreichischen Spezialitäten.

Tropolis 1, Hörlitz, T 03573 363 70 65, www.snowtropolis.de, Juli–April Mi–So 10–21 Uhr; Tiroler Stadl ganzjährig ab Mi–Mo ab 16, Sa/So ab 11 Uhr, Di geschl.

Ausgehen

Gute Unterhaltung
Neue Bühne Senftenberg: Am ehemaligen Theater der Bergarbeiter wurden Stücke von Heiner Müller, Volker Braun oder Peter Hacks aufgeführt. Namhafte Regisseure und Schauspieler wie Frank Castorf, Michael Thalheimer und Armin Müller-Stahl haben hier gewirkt. Das ambitionierte Mehrspartentheater bespielt im Sommer auch das Amphitheater am Strand von Großkoschen.
Theaterpassage 1, T 03573 80 12 86, www. theater-senftenberg.de

Infos

● **Tourismusverband Lausitzer Seen:** Markt 1, T 03573 149 90 10, www.lausitzerseenland.de. Schnuppertouren in den Tagebau und archäologische Wanderungen mit Steinzeit-Imbiss. Mai–Sept. gibt es auch einen touristischen Info-Punkt am Stadthafen.

Elbe-Elster-Land ♀ G/H 10

Markanteste Sehenswürdigkeiten des Elbe-Elster-Landes sind die Zeugnisse der Industriekultur, die inzwischen – mit Hilfe der Internationalen Bauausstellung (IBA) Fürst-Pückler-Land (www.iba-see. de) – zu Besuchermagneten geworden sind. Zu den Highlights der sogenannten Energie-Route gehören die **Biotürme** von Lauchhammer, das **Besucherbergwerk F60** und die **Brikettfabrik Louise.**
  Mittendrin liegt der **Naturpark Niederlausitzer Heidelandschaft,** der aus einem 20 km² großen ehemaligen Tagebaugelände entstanden und jetzt im Besitz der NABU-Stiftung Nationales Naturerbe ist. Langsam erobern sich hier Wind, Wasser, Flora und Fauna das lädierte Gebiet zurück. Auf geführten Wanderungen können Sie beobachten, wie zwischen Sandstrohblumen und Ginsterbüschen Brachpieper und Braunkehlchen brüten, und Wissenswertes über den stillgelegten Tagebau erfahren.
Naturparkhaus, Markt 20, Bad Liebenwerda, T 035341 61 50, www.niederlausitzer-heide landschaft-naturpark.de

Energie-Route rund um Lauchhammer ♀ H 10

Wie eine futuristische Burg sieht das Ensemble von 24 Türmen aus, die bei Lauchhammer in die Luft ragen. Bis in die 1990er-Jahre wurde hier in großen Kokereien aus Braunkohle hüttenfähiger Koks gemacht. Die Öfen sind längst einer großen Wiese gewichen, doch die sogenannten **Biotürme,** in denen einst die giftigen Abwässer geklärt wurden, konnten als Denkmal gerettet werden und stellen heute eine Art Wahrzeichen der Energieregion dar. Inzwischen wurden auch Aussichtskanzeln an den Türmen angebracht, die im Rahmen von Führungen durch ehemalige Industriearbeiter bestiegen werden können. Hin und wieder dienen sie auch als Kulisse für Konzerte oder Mittelaltermärkte.
Finsterwalder Str. 57, Lauchhammer, www. biotuerme.de, T 0172 411 42 14, April–Okt. Sa/So/Fei 10–18 Uhr, 4/2 €

Aus Eisen und Bronze gegossen
Wesentlich älter als die Türme ist die Gießerei-Tradition von Lauchhammer. Nachdem es 1784 erstmals gelang, einen figürlichen Hohlguss von einer antiken Bacchantin herzustellen, wird in der **Gießerei** bis heute die Tradition des Eisen- und Bronzegusses fortgeführt. Was im Lauf der Jahrzehnte alles ge-

TOUR
Seenhopping
in der Lausitz

Fahrrad- oder Autotour durchs Seenland

Ausgangspunkt der Tour sind die **IBA-Terrassen** direkt am ehemaligen Tagebau Meuro in Großräschen, das auch mit dem Zug zu erreichen ist. Hier befindet sich die zentrale Informationsstelle der Internationalen Bauausstellung (IBA) Fürst-Pückler-Land samt Bistro.

Der Braunkohletagebau hat in der Niederlausitz eine wüste Kraterlandschaft hinterlassen. Nach und nach entsteht durch die Flutung der ehemaligen Gruben eine weitläufige Seenlandschaft. Mit Fahrrad oder Auto können Sie den Prozess nachverfolgen.

Direkt vor den IBA-Terrassen liegt der **Großräschener See** (s. S. 116), an dessen Nordufer entlang geht es auf dem Radweg bzw. auf der B 96, später der B 156 zum Sedlitzer See) mit der größten Wasserfläche im Seenverbund. Hier und da stehen Kiefern, Fichten und Birken am Wasser, hin und wieder kreist auch eine Möwe darüber. Doch richtiges Strandleben wird es erst geben, wenn der See vollständig geflutet ist, sich das Gelände am Ufer stabilisiert und die Qualität des noch relativ sauren Wassers verbessert hat.

Aussichtsturm in Form eines Nagels
Die Route führt am **Aussichtspunkt bei Lieske** vorbei zum Rosendorfer Kanal. Autofahrer bleiben auf der

Infos

📍 J 9

Start/Ziel:
IBA-Terrassen,
Großräschen
Dauer: ein halber
bis ganzer Tag
Strecke:
ca. 20–35 km
Schwierigkeit:
einfach

IBA-Terrassen:
Seestr. 100,
Großräschen,
T 035753 261 11,
www.iba-terrassen.
de, April–Okt.
Mi–So 10–18 Uhr,
auch geführte Rad-,
Schiffs- und andere
Touren sowie Fahr-
radverleih über www.
iba-tours.de

Pier 1: Am Was-
sersportzentrum,
Geierswalde,
T 03571 41 53 12,
www.grillandchill.de,
April–Anfang Okt.
Ausleihe von Grill-
and-Chill-Booten,
Beachbar

B 156 und biegen später rechts zum **Partwitzer See** ab. Auf diese Weise können sie das erste schwimmende Haus am südöstlichen Ufer entdecken, das bereits zum begehrten Feriendomizil geworden ist. Radfahrer fahren am Ost- und Südufer des **Sedlitzer Sees** entlang zum neu entstandenen Sornoer Kanal. Dort bietet sich von einem weiteren **Aussichtsturm** in Form eines rostigen Nagels aus 30 m Höhe der Blick vom Sedlitzer über den Partwitzer und den sich südlich an den Kanal anschließenden **Geierswalder See**.

An dessen Südufer bei **Geierswalde** hat sich rund um eine Surf- und Segelschule, Wasserski- und SUP-Station und einen Tretbootverleih bereits ein munteres Strandleben entwickelt. Im Wasser kann man sich erfrischen oder bei kühleren Temperaturen in sogenannten Grill-and-Chill-Booten auf dem See herumschippern – ein Abstecher von der Radroute, der sich lohnt. Auf den schwimmenden ›Donuts‹ sitzen bis zu sechs Fahrgäste um einen Grill herum und lassen sich je nach Gusto Kaffee und Kuchen, Fleisch, Fisch oder Gemüse vom Grill schmecken. Im Wohnhafen Scado liegen *floating homes,* die Modell für ein neues Wohnkonzept sind.

Modell Senftenberger See
Letzte Station der Tour ist der **Senftenberger See** mit seinen Naturschutzinseln. Radfahrer kommen auf dem Weg über **Kleinkoschen** am **Koschener Kanal** zwischen Geierswalder und Senftenberger See vorbei. Autofahrer fahren direkt nach Großkoschen am Südufer des Senftenberger Sees. Dieser wurde schon in den 1970er-Jahren geflutet und ist mit seiner erstklassigen Wasserqualität längst ein beliebtes Ausflugs- und Urlaubsziel geworden, das zum Surfen, Segeln, Angeln, Tauchen, Beachvolleyball und natürlich Baden an 6 km langen Stränden einlädt. In **Großkoschen** gibt es einen Familienpark mit 300 Ferienhäusern, Fünf-Sterne-Campingplatz und Wassersportzentrum. Besonderes Highlight ist im Sommer das Amphitheater.

Auf der gegenüberliegenden Seeseite liegt **Senftenberg** (s. S. 116), das sich ebenfalls mit Strand, Hotels und Bars zum Wasser hin öffnet. Hier kann man sich im Cucina Restaurant & Café am Stadthafen erholen, bevor man nach Großräschen zurückfährt.

gossen wurde, ist im Schaudepot des benachbarten **Kunstgussmuseums** und in wechselnden Ausstellungen zu bewundern. In der benachbarten **Kunst- und Glockengießerei** wird noch nach alter Technik produziert. Im Shop finden Sie vielleicht auch ein schönes Souvenir.

Kunstgussmuseum: Freifrau-von-Löwendal-Str. 3, T 03574 86 01 66, www.kunstguss-museum-lauchhammer.de, Di–Fr 10–17, Sa/So 13–17, Winter Di–So 13–17 Uhr, 5/2,50 €, Schaugießerei 10 €, auch Kombi-tickets mit Führungen (nach Voranmeldung), Werksverkauf der Kunst- und Glockengießerei Di–So/Fei 13–17 Uhr; **Kunst- und Glocken-gießerei:** Freifrau-von-Löwendal-Str. 1, T 03574 885 10, www.kunstguss.de, Mo–Fr 8–18 Uhr

Liegender Eiffelturm

Ein beeindruckendes Stück Technikge-schichte ist die Abraumförderbrücke F 60 nördlich von Lauchhammer, die auch oft als ›liegender Eiffelturm‹ bezeichnet wird. Mit 500 m Länge, 200 m Breite und 74 m Höhe ist das **Besucherbergwerk**

F60 die weltweit größte bewegliche För-derbrücke. Erst 1991 ging sie nach mehr-jähriger Bauzeit in Betrieb – und wurde nach nur 13 Monaten wieder stillgelegt. Nachdem sie bereits gesprengt werden sollte, setzte sich die IBA für den Erhalt als Besucherbergwerk ein. Besonders eindrucksvoll ist der Stahlgigant, wenn er bei Dunkelheit mit Licht-Klang-Installationen in Szene gesetzt wird. Bei geführten Brückenrundgängen wird hier Technikgeschichte lebendig. Auch abenteuerliche Abseilaktionen finden hier statt.

Bergheider Str. 4, Lichterfeld, www.f60.de, T 03531 608 00, Mitte März–Okt. tgl. 10–18, Mai–Sept. Sa 10–20, Nov.–Mitte März Mi–So 11–16 Uhr, 2,50 €, Kinder bis 5 J. frei, mit Führung 12,50 €, Kurzführung 8/4,50–11 €

Braunkohle aus Plessa

Weitere Station auf der Energie-Rou-te ist das **Erlebnis-Kraftwerk Plessa** westlich von Lauchhammer, das schon von Weitem an seinen Schornsteinen zu

Wo bis 1992 im ältesten Kraftwerk der Welt aus Braunkohle Strom erzeugt wurde: das Erlebniskraftwerk Plessa in der Lausitzer Industrieregion

erkennen ist und als ältestes Braunkohlekraftwerk Europas gilt. 1927 in Betrieb genommen und 1992 stillgelegt, ist das technische Denkmal heute zusammen mit einer Ausstellung zur regionalen Bergbaugeschichte zu besichtigen.

Am Kraftwerk 1–3, Plessa, T 0176 248 617 44, www.kraftwerk-events.de, Besuch auf Anfrage unregelmäßig Mo–Fr 10–17, Sa/So 10–15 Uhr, Führung ab 10 €

Wo das schwarze Gold entstand

Einen Meilenstein europäischer Industriegeschichte stellt schließlich auch die **Brikettfabrik Louise** in Domsdorf nördlich von Bad Liebenwerda dar. 1882 in Betrieb genommen, zischten hier lange Zeit die Dampfkessel, stampften Pressen und rollten die mit Briketts gefüllten Waggons – die Tagesproduktion belief sich auf bis zu 600 t. 1991 stillgelegt, lädt das technische Denkmal zur Besichtigung und auch zu Kulturveranstaltungen ein. Bei Konzerten vor der Kulisse des Turbogenerators kommt die gute Akustik der Kraftwerkshalle zum Tragen.

Louise 111, Domsdorf, www.brikettfabrik-louise.de, T 0353 419 40 05, April–Okt. Do–Mo 10–16, Nov., März Mo–Fr 10–15 Uhr, Führungen 10.30, 12, 14 und 16 Uhr, 8,50/3–5 €, Familien 15 €

Schlafen und Essen

Für Radler
Gästehaus Villa K: Freundliche Zimmer in einer schönen alten Villa von 1920 mit neuem Nebengebäude.

Wilhelm-Külz-Str. 2, Lauchhammer-Ost, T 03574 86 20 11, www.gaestehaus-villa-k.de, EZ 42 €, DZ ab 68 €, Frühstück 9 €

Leuchtturm in der Energieregion
Der Goldene Hahn: Er liegt nicht gerade um die Ecke, lohnt aber einen Abstecher in die Sängerstadt Finsterwalde: Das Traditionsrestaurant ist im Jahr 1882

aus einer Postkutschenstation entstanden. Ob Millefeuille vom Brandenburger Büffelmozzarella oder Lammkarree mit Kräuterkruste – Juniorchef Frank Schreiber versteht sich aufs Handwerk. Das zeigt sich auch in den Kochkursen, die er regelmäßig zu Themen wie Wild, Fisch oder Pilzen veranstaltet. Wenn Ihnen danach nicht mehr zum Fahren zumute ist, können Sie hier auch in geschmackvollen Zimmern übernachten.

Bahnhofstr. 3, Finsterwalde, T 03531 22 14, www.schreiber-cuisine.de, Di–Do 17.30–22.30, Fr/Sa 12–14.30, 17.30–22.30 Uhr, Drei-Gänge-Menüs ab 35 € (auch vegetarisch!), EZ ab 49 €, DZ ab 79 €, Frühstück 10 €, HP 15–40 €

Bad Liebenwerda ♥ G 10

Am südwestlichen Ausläufer des Naturparks Niederlausitzer Heidelandschaft zeigt die Kurstadt Bad Liebenwerda ein ganz anderes Gesicht des Elbe-Elster-Landes. Mit seiner guten Luft und einem Moorbad war das Städtchen schon in den 1920er-Jahren ein beliebter Aufenthaltsort. Heute ist es mit der **Lausitztherme Wonnemar** staatlich anerkanntes Heilbad. Höhenluft kann man auf dem **Bergfried Lubwart** schnuppern, der von einer mittelalterlichen Burg übrig geblieben ist und einen schönen Blick über die Stadt mit **Marktplatz**, dem **Rathaus** von 1800 und der **Kirche St. Nikolai** aus dem 15. Jh. bietet.

Marionettensammlung
Das neu gestaltete **Kreismuseum** am Lubwartturm widmet sich der Puppenspielertradition des Ortes, wo alljährlich auch ein Puppentheaterfestival stattfindet. Die Exponate einschließlich Puppenbühne erzählen eindrucksvoll vom Alltag der Komödianten zwischen Elbe und Elster.

Burgplatz 2, T 035341 124 55, April–Sept.
Di–So 10–18, Winter 10–17 Uhr, 4/2 €,
Familien 10 €

Schlafen und Essen

Lange Tradition
Gasthaus und Pension Eichhörnchen: In dem zünftigen Landgasthaus
können Sie in funktionalen Zimmern unterkommen und sich die herzhafte, bodenständige Küche schmecken lassen.
Als Vegetarier greifen Sie vielleicht lieber
zu den Trüffel-Tagliatelle (14 €).
Dorfstr. 15, Röderland (10,5 km südl.),
T 035341 11 29 24, www.gasthaus-eich
hoernchen.de, EZ ab 38 €, DZ ab 55 €, Fewo
ab 30 €; Restaurant: Di–So ab 11.30, im
Winter Di–Fr ab 17, Sa/So ab 11 Uhr

Bewegen

Badewelt
Lausitztherme Wonnemar: Hier können Sie nach den Besichtigungstouren
neue Energie tanken. Moderne Therme
mit Erlebnisbad, Solebecken und vielen
Wellnessangeboten.
Am Kurzentrum 1, T 035341 490 20, www.
wonnemar.de, tgl. Mai–Sept. 10–21, Okt.–
April 10–22, Wonnemar Spa 11–19 Uhr, ab
10,50/9,50 €, Familien ab 32,50 €

Doberlug-Kirchhain 📍 H 9

Statt mit Industriekultur lockt die Doppelstadt am Rand des Naturparks Niederlausitzer Heidelandschaft mit einem
Höhepunkt mittelalterlicher Baukunst:
Das 1165 gestiftete **Zisterzienserkloster**
ist einer der bedeutendsten Backsteinbauten zwischen Elbe und Oder. An
der spätromanischen **Klosterkirche**
(Schlossstraße) lässt sich gut der Übergang von Romanik zu Gotik erkennen.
In romanischem Stil wurde auch die
Stadtkirche in Kirchhain begonnen, das
erst im 20. Jh. mit Doberlug zusammengelegt wurde. Ihr mächtiger Turm mit
den steil aufragenden Doppelspitzen
stammt jedoch aus dem 18. Jh.

Neben dem **Rathaus** im Renaissancestil und der kursächsischen Postmeilensäule beeindruckt vor allem das
Renaissanceschloss aus dem 16. Jh.
Mehrere Zwerchhäuser und Treppentürme zieren die weiß getünchte Fassade.
Nachdem es lange als Kaserne diente,
ist es jetzt Ausstellungs- und Veranstaltungsort.

Mit Schusterwerkstatt
Bereits in vorindustrieller Zeit war die
Stadt mit dem Aufkommen des Gerberhandwerks aufgeblüht – diesen Aspekt
zeigt das **Weißgerbermuseum** in einem restaurierten Gerbergebäude. Zu
bestaunen ist hier eine umfangreiche
Sammlung von Leder und Fellen von
der Maus- bis zur Elefantenhaut samt
Schusterwerkstatt und Gesellenstube
aus dem 19. Jh.
Potsdamer Str. 18, T 0353 22 22 93,
Di–Do 9–12, 14–17, Fr 10–12, 14–16, So
14–16 Uhr, 4/2 €

Schlafen

Preiswert und sympathisch
Pension Brigitte: Nette Zimmer, Hofterrasse mit Grillplatz, Sonnenliegen stehen zur Verfügung.
Luckauer Str. 43, T 035322 305 46, www.
pension-brigitte.de, EZ ab 25 €, DZ ab 50 €

Infos

● **Touristeninformation Doberlug-Kirchhain:** Schlossplatz 1, T 035322 68 88
50, www.doberlug-kirchhain.de

Zugabe
Briefe und Pakete kommen auf dem Fließ

Die einzige Kahnpostfrau Deutschlands

Wenn das Eis im Spreewald getaut ist und die Temperaturen steigen, kommt Andrea Bunar besonders ins Schwitzen. Denn dann heißt es für die Postbotin, dass sie Briefe und Päckchen wieder auf dem Wasserweg nach Lehde zustellen muss, wo viele Haushalte keine direkte Anbindung an die Straße haben. Und dazu muss sie tüchtig staken, um ihren Kahn ohne Motorisierung durch die Fließe zu befördern.

Als einzige Frau in Deutschland übt sie den Beruf der Kahnpostfrau aus und ist dabei auch in traditioneller Tracht mit weitem Rock und ausladender Kopfbedeckung unterwegs. So gibt sie gleichzeitig ein beliebtes Fotomotiv für Touristen ab. Oder für die Kamerateams, die den Saisonstart regelmäßig begleiten. Auch wenn die Pakete in Zeiten des Online-Handels immer schwerer werden – sie nimmt Pakete bis 31,5 kg an –, zumindest im Frühjahr kann sie ihre Arbeit noch genießen: »Gerade zum Saisonstart explodiert die Natur, es ist noch ruhig auf den Fließen und das Gezwitscher der Vögel begleitet mich.« ∎

Der Osten

Dahme-Seenland, Schlaubetal, Oderbruch und Märkische Schweiz — märchenhafte Wandergebiete und seenreiche Landstriche kontrastieren mit geschichtsträchtigen Orten wie Frankfurt/Oder und Eisenhüttenstadt.

Seite 133
Bad Saarow

Am »märkischen Meer«, wie Fontane es nannte, können Sie in gut geführten Wellnessbetrieben oder der SaarowTherme am Seeufer ausspannen.

Es klappert die Mühle im Schlaubetal.

Seite 139
Märchenhaftes Schlaubetal

Ganz untypisch für Brandenburg ist das Bachtal, in dem sich die Schlaube ihren Weg durch eine Wald-, Seen- und Moorlandschaft bahnt. Folgen Sie ihr von Mühle zu Mühle!

Eintauchen

Seite 142
Kontrastprogramm Eisenhüttenstadt

Am wichtigsten Stahlstandort der DDR wurde 1961 eine sozialistische Musterstadt errichtet, an der heute noch die Ideale der jungen Republik abzulesen sind.

Seite 144
Das Barockwunder von Neuzelle

… können Sie auf dem Klostergelände rund um die Stiftskirche erleben. Und dazu noch einen Blick in das Himmlische Theater werfen.

Seite 146

Frankfurt/O.

In der Grenzstadt erzählen die großartigen Glasfenster der St.-Marien-Kirche die Geschichte des Antichristen.

Seite 156

Oder-Neiße-Radweg

Balsam für Augen und Seele ist die Auenlandschaft an der deutsch-polnischen Grenze. Am besten zwischen Küstrin und Bad Freienwalde in die Pedale treten.

Seite 159

Musenhöfe im Oderbruch

Im menschenleeren Osten machten einst Adelige ihre Schlösser zu Zentren einer gepflegten Debattenkultur. Daran knüpfen heute Orte wie Schloss Neuhardenberg an.

Seite 162

Märkische Schweiz

Was die Alpenrepublik mit Brandenburg zu tun hat? Das können Sie beim Wandern auf der Großen Naturparkroute herausfinden, die durch tiefe Schluchten, Bachtäler und Wälder führt.

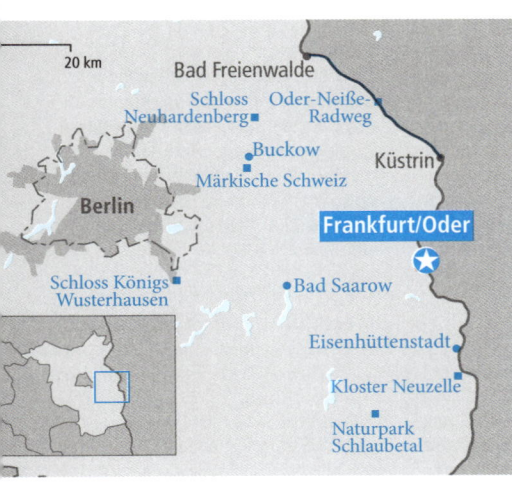

20 km

Bad Freienwalde
Schloss Neuhardenberg · Oder-Neiße-Radweg
Buckow
Küstrin
Märkische Schweiz
Berlin
Frankfurt/Oder
Schloss Königs Wusterhausen
Bad Saarow
Eisenhüttenstadt
Kloster Neuzelle
Naturpark Schlaubetal

Die Herbstresidenz des Soldatenkönigs steht in Wusterhausen (s. S. 129).

»Majestät, in Buckow geht die Lunge auf Samt.« (der Leibarzt von Friedrich Wilhelm IV. über die gute Luft des Kneippkurorts)

erleben

Seenreicher Osten, einsames Oderbruch

Der Südosten Brandenburgs ist gespickt mit Seen, die nicht nur viel frischen Fisch versprechen. Das Dahme- und das Oder-Spree-Seengebiet – ein weitläufiges Binnengewässersystem, in dem die Flüsse Neiße, Spree, Dahme und Oder eine einzigartige Wasserlandschaft bilden – ist ein Mekka für Kanufahrer, Ruderer, Segler und Angler. Vor allem Bad Saarow am Scharmützelsee bietet mit seiner langen Bädertradition, hervorragenden Unterkünften und netten Lokalen gute Bedingungen für einen längeren Aufenthalt. Weiter nördlich locken mit den Naturparks Schlaubetal und Märkische Schweiz geradezu paradiesische Wandergebiete.

Herrenhäuser und sozialistische Musterstadt

Wer auf der Schlössertour durch das sehr viel sprödere, menschenleere Oderbruch radelt, kann indessen unzählige stolze Herrenhäuser entdecken, die sich mitunter in stilvolle Nobelherbergen verwandelt haben. Hier und da sind auch die einstigen Musenhöfe zu neuem Leben erwacht und laden zu inspirierenden Landaufenthalten

ORIENTIERUNG **O**

Internet: www.seenland-oderspree.de, www.tourismus-ffo.de, www.maerkischeschweiz.eu, www.schlaubetal.de, www.oder-neisse-radweg.de **Verkehr:** Eine fantastische Neuerung ist der Bus 879, der von Ostern bis Oktober an den Wochenenden alle möglichen Orte des Oderbruchs zwischen Bad Freienwalde und Eberswalde »abklappert« und somit Ausflügler, Wanderer, aber auch Fahrradfahrer (!) und Theaterbesucher in die entferntesten Gegenden bringt. Infos unter: T 03344 150 80 90, www.oderbus.de

ein. Im Spannungsverhältnis von geschichtsträchtiger Architektur und junger Kunst bewegt sich die Studentenstadt Frankfurt/Oder.

Noch krasser ist der Gegensatz zwischen dem weiter südlich gelegenen Neuzelle, dem brandenburgischen Barockwunder, und dem benachbarten Eisenhüttenstadt: In den frühen Jahren der DDR-Republik als sozialistische Musterstadt entstanden, überrascht sie heute mit erstaunlich viel Lebensqualität.

Schloss Königs Wusterhausen ⚲ H6

Gleich vor den Toren Berlins können Sie in Königs Wusterhausen – bei den Einheimischen einfach nur KW genannt – auf den Spuren Friedrich Wilhelms I., des Soldatenkönigs, wandeln, dessen liebster Aufenthaltsort das dortige **Jagdschloss** war. Bereits als zehnjähriger Kurprinz hatte er das Anwesen von seinem Vater erhalten, später wurde es sein liebster Aufenthaltsort. Hier stellte er sein berühmtes Leibregiment, die ›Langen Kerls‹ auf, hier ging er zur Jagd, malte und versammelte das legendäre Tabakskollegium um sich.

Das erstmals 1320 erwähnte Gebäude war ursprünglich eine Wasserburg. Sein Äußeres, ein fast quadratischer Bau, dessen weiße Fassade zur Hofseite zwei mit roten Gesimsen abgesetzte Giebel und ein runder Turm schmücken, verrät noch den Renaissancestil des 16. Jh.

Musterbeispiel an Sparsamkeit

Im Inneren wurde es indessen von 1698 an dem Geschmack des Königs angepasst, der jegliche Verschwendung ablehnte und Preußen strenge Sparsamkeit verordnete. Nach der sorgsamen Restaurierung vermitteln die Wohnräume Friedrich Wilhelms und seiner Gemahlin Sophie Dorothea, Offiziersgalerie, Kabinett, Festsaal, Tabakskollegium und Logierzimmer eine relativ genaue Vorstellung von der Lebenswelt der Monarchen. An den Wänden hängen auch rund 40 von Friedrich Wilhelm I. selbst angefertigte Bilder. Andere zeigen ihn bei der Wildschweinjagd oder in Rüstung.

Vom barocken Lustgarten ist mit einer von Linden gesäumten Rasenflä-

Spartanisch ausgestattet, aber Lieblingsort des Soldatenkönigs: das Jagdschloss Königs Wusterhausen

che nur eine Andeutung geblieben. In neuem Glanz erstrahlen dagegen die Kavaliershäuser, die 1703–06 für Friedrich Wilhelm I. errichtet wurden. Schlossplatz 1, T 03375 21 17 00, www.spsg.de, April–Okt. Di–So 10–17.30, Nov.–März Sa/So bis 16 Uhr, 6/5 €, Familien 12 €; Schlosscafé: T 03375 527 27 80, Mi–So 12–18 Uhr

Schlafen

Nah am Wasser gebaut
Hotel Residenz am Motzener See: Vier-Sterne-Haus mit 60 geräumigen Zimmern (z. B. mit Seeblick), Gartenrestaurant, eigener Strandbar und Fahrradverleih. Wenn es zu kalt ist, um im See zu baden, können Sie sich in Hallenbad und Sauna entspannen. Töpchiner Str. 4, Motzen (ca. 15 km. südl.), T 0337 698 50, EZ ab 75 €, DZ ab 120 €

Naturnah
Naturcamp Tonsee-FKK: Wenn Sie keinen großen Wert auf Komfort legen, tut es vielleicht auch der schöne Naturcampingplatz am Kiessee oder der Campingplatz Tonsee mit FKK-Betrieb, Badestrand und Ferienzimmern (ab 35 €). Motzener Str. 68, Bestensee (ca. 8 km südl.), T 033763 632 53, www.camping-bestensee.de, Zelt ab 4 €, pro Pers. ab 5 €

Dahme-Seen-landschaft ♀ H/J7

Südlich von Königs Wusterhausen breitet sich eine riesige Wasserlandschaft mit mehr als 100 Seen, Kanälen, Wäldern, Mooren und Weideflächen aus. Hier finden Sie nicht nur viele schöne Badestellen und Strandbäder – Sie können auch

mit seltenen Pflanzen- und Tierarten auf Tuchfühlung gehen, die im Naturpark Dahme-Heideseen besonderen Schutz genießen. Die Dahme, die das Gebiet von Süden nach Norden durchfließt, in dem sich die Seen wie Perlen an einer Kette aneinanderreihen, ist auch ein beliebter Wasserwanderweg.

Prieros ♀ H7

Das Rundlingsdorf im Herzen des Naturparks ist ein guter Ausgangspunkt für die Erkundung des Naturparks. Vom Hafen an der Dorfaue starten Ausflugsdampfer in Richtung Teuplitz, und im Fachwerkhaus neben der alten Dorfschule hat die **Naturparkverwaltung mit Besucherzentrum** ihren Sitz, mit wechselnden Ausstellungen lockt. Arnold-Breithor-Str. 8, Mo–Fr 8–16 Uhr, Eintritt frei

Kräuter und Nadelhölzer
Mehr über die Pflanzenwelt der Gegend können Sie im liebenswerten **Biogarten** mit Insektenwand, Heil- und Wildkräuterbeeten erfahren. Mühlendamm 14, T 033768 507 79, März–Sept. Mo–Fr 8–16, Mai–Sept. auch Sa/So/Fei 13–17 Uhr, 2,50/1 €, Familien 5 €

Schlafen und Essen

Übernachten im Pieck-Zimmer
Hotel-Restaurant Waldhaus Prieros: Wo in den 1950er-Jahren der erste Präsident der DDR, Wilhelm Pieck, residierte, können Sie heute in komfortablen Zimmern wohnen, am Streganzer See oder im Pool planschen, in der Sauna und dem 18 ha großen Park entspannen. Das **Restaurant Seeromantik** bietet sehr gute regionale Küche mit den Schwerpunkten Fisch und Wild.

Am Waldhaus 1, Heidesee/OT Prioros,
T 0337 68 99 90, www.hotel-waldhaus-
prioros.de, EZ ab 59 €, DZ ab 99 €, HP
19 €; Seeromantik: tgl. Sommer 12–23.30,
Winter 12–22.30 Uhr, Speisen 6–24 €

Mit Bootsanlegestelle

Zur Fischerhütte: Ob Dorsch, Zander
oder Wels – die Auswahl ist riesig, die
Preise sind moderat. Auch Verkauf.

Blossiner Seeweg 2, Heidesee/OT Blossin
(am Wolziger See), T 033767 30 47 40,
April–Sept. tgl. 11–21, Nov.–März Mi–So
11–19 Uhr

Bewegen

FKK mit Tradition

Kallinchen: Ende des 19. Jh. entstand
am Westufer des Motzener Sees der
1. FKK-Club Deutschlands. Ein Campingplatz, Bootsverleih und Tauchschule
ergänzen das naturnahe Badevergnügen.

Hauptstr. 21, Zossen/OT Kallinchen (20 km
westl. Prioros), T 033769 20 68 77, www.
kallinchen.de

Infos

- **Tourismusverband Dahme-Seen e. V.:**
Bahnhofsvorplatz 5, Königs Wusterhausen, T 03375 25 20 25, www.dahme-
seenland.de

Märkisch-Buchholz ⚲ H7

Das Städtchen an der Dahme genießt
nicht nur den zweifelhaften Ruhm, dass
hier am Stadtrand auf dem größten deutschen Soldatenfriedhof um die 60 000
junge Männer begraben liegen, die noch
kurz vor Ende des Zweiten Weltkriegs
in einer großen Kesselschlacht ihr Leben lassen mussten. Es führt Literatur-

freunde auch auf die Spuren eines der
wichtigsten Schriftsteller der DDR, Franz
Fühmann, der Autor von Werken wie
»Das Judenauto« oder »Vor Feuerschlün-
den« ist. Das kleine Haus, das er 1959
zu seinem Rückzugsort machte, ist heute
Franz-Fühmann-Gedenkstätte.

Münchehofer Str. 1, T 03765 203 49, www.
franz-fuehmann-litbeg.de, Do 15–17 Uhr

Transparente Prozesse

Aus der **Gläsernen Molkerei** des
winzigen Münchehofe, 7 km nordöstlich, kommen Bio-Milch, -Butter und
naturgereifter Käse namens Wiese 7,
dessen Produktion zu einer kleinen
Touristenattraktion geworden ist. Bei
einer Führung ist die Produktion von
einem gläsernen Gang aus erlebbar.
Drumherum verteilen sich ein Stauden-,
ein Kräuter- und ein Jahreszeitengarten,
wo Heilpflanzen, Feldfrüchte und auch
der Bockshornklee wachsen.

Hauptstr. 10, Münchehofe, T 33760 20 77 50,
www.glaeserne-molkerei.de, Mo–Fr 9–18, Sa
9–13 Uhr

Bewegen

Paddeltouren

Kanusport Dahmeland: Kanu- und
Kajakverleih, Wasserwandertouren und
Erlebnisfahrten für Gruppen.

Eisenbahnstr. 12, Märkisch-Buchholz, T 0172
31 962 53, www.kanusport-dahmeland.de

Baden mit Südseefeeling

Tropical Islands: Eigentlich sollte hier
ja eine riesige Traglufthalle für den Cargo-
lifter entstehen. Das Projekt scheiterte,
dafür entwickelte sich diese tropische
Badelandschaft, die sich immer größerer Beliebtheit erfreut. Rund um einen In-
door-Regenwald mit 50 000 bis zu 18 m
hohen Bäumen verteilen sich Südsee,
Bali-Lagune, Strände, Bars, Restaurants
und ein Tropendorf mit Originalbauten aus

Thailand und Samoa. Alles steht an 365 Tagen rund um die Uhr offen. Für Unterhaltung sorgen Shows und Partys. Nicht wenige Gäste übernachten hier: in speziellen Zelten (ab 75 €/Pers.), Zimmern (DZ ab 120 €), Abenteuer-Lodges (ab 100 €/Pers.).

Tropical-Islands-Allee, Krausnick (ca. 18 km südl. Märkisch-Buchholz), T 035477 60 50 50, www.tropical-islands.de, ganzjährig tgl. 6–24 Uhr für Tagesgäste, Übernachtungsgäste 24 Std., Sauna 9–24 Uhr, Tagesticket 44/35 €, Kurzzeittickets ab 12 €

Storkow   ♀ H6

Östlich der Dahme-Seen gelangen Sie zum Großen Storkower See, der mit der Seenkette durch den Storkower Kanal verbunden und ein schöner Ausgangspunkt für Wanderungen und Radtouren ist. Ein breites Wegenetz lädt dazu ein, Störche zu beobachten oder in den Wäldern Pilze und Beeren zu sammeln. Rund um Storkow finden Sie reizvolle Bade- und Angelstellen, außerdem können Kanus gemietet und Schiffstouren unternommen werden.

Etwa 3 km vom Zentrum entfernt liegt am Storkower See das **Schloss Hu-**

PHILADELPHIA   **P**

Vielleicht wundern Sie sich über Ortsschilder mit Namen wie Philadelphia oder Neu Boston in der Umgebung von Storkow? Ursprünglich wollten die Einwohner dorthin auswandern, sind dann aber doch daheim geblieben und haben einfach ihren Ort umbenannt. Ob so der Traum von Amerika in Erfüllung ging? Schauen Sie sich doch mal um!

bertushöhe, aus dem in – offensichtlich immer fernerer – Zukunft ein Kunst- und Literaturort werden soll.

Multifunktionales Burggemäuer

Hauptattraktion von Storkow ist die restaurierte 800 Jahre alte **Burg,** die heute als städtisches Kulturzentrum, Bibliothek und Touristeninformation in einem dient.

Schlossstr. 6, Storkow, T 033678 731 08, www.storkow.de, April–Okt. tgl. 10–17, sonst 11–16 Uhr, 4,50/2–3 €, Familien 8–12 €

Groß Schauener Seenkette   ♀ H6/7

Landschaftlicher Höhepunkt der Gegend ist das **Naturschutzgebiet Groß Schauener Seenkette,** Heimat vieler vom Aussterben bedrohter Tiere wie Fischotter, Rohrdommeln und Trauerseeschwalben. Für deren Schutz engagiert sich die **Heinz-Sielmann-Stiftung,** die dazu etwa 1000 ha Wasserflächen erworben hat. Gemeinsam mit der **Fischerei Köllnitz** wird versucht, die extensive Fischerei zu erhalten und Besuchern den Naturraum näherzubringen. Interessiert? Dann lassen Sie sich von Rangern auf einer 25 km langen Entdeckungstour mit behindertengerechten Wegen zu unterschiedlichen Beobachtungsplätzen führen.

Oder begeben Sie sich auf eigene Faust auf den 1,5 km langen Naturlehrpfad, an Infotafeln entlang, der zum **Aussichtsturm Selchow** am **Großen Wochowsee** führt. Die Aussicht auf das ca. 2000 ha große Schutzgebiet ist atemberaubend!

Heinz-Sielmann-Stiftung: Hauptstr. 31, bei der Fischerei Köllnitz, Groß Schauen, www.sielmann-stiftung.de, tgl. 9–17 Uhr, eine Zweigstelle befindet sich in der Burg Storkow

Schlafen und Essen

Fischerei mit Geschichte

Fischerei Köllnitz: Wenn Sie irgendwo fangfrischen Hecht, Zander oder Karpfen bekommen, dann in dieser bis auf das 13. Jh. zurückgehenden, idyllisch gelegenen Fischerei. Sie verfügt auch über eine hauseigene Aalräucherei und die **Köllnitzer Fischerstuben.** Eine Übernachtung ist möglich, in Zimmern mit Drei-Sterne-Komfort. Außerdem: Sauna, Boot- und Fahrradverleih sowie Angelmöglichkeiten.

Hauptstr. 31, Groß Schauen (3,5 km westl.), T 033678 69 60, www.koellnitz.de, EZ ab 50 €, DZ ab 60 €; Köllnitzer Fischerstuben: im Sommerhalbjahr tgl. 12–22, sonst 12–21 Uhr, Hauptgerichte ab 16,50 €

Scharmützel-see $\mathbf{Q}$ J6

Der von Kiefernwäldern und Heidelandschaft umgebene größte See des Landes ist eines der beliebtesten Erholungsgebiete Brandenburgs. Der Tourismus hat schon eine lange Tradition, so sorgen hier zahlreiche gute Hotels, Restaurants und Apartmenthäuser für einen gelungenen Aufenthalt. Die Erschließung des Urlaubsgebiets begann vor rund 100 Jahren, als hier nach Plänen des Gartenarchitekten Ludwig Lesser eine Landhaussiedlung entstand. Zunächst aus einfachen Holzhäusern bestehend, kamen später immer elegantere und verspieltere Villen dazu, von denen Sie heute noch einige Exemplare bewundern können.

Mondäne Vergnügungen

Rund um Bad Saarow legte man schöne Parkanlagen und Uferwege an, im Jahr 1911 eröffneten ein Sanatorium, eine

Pack die Badehose ein: Badesteg am Scharmützelsee

Seebadeanstalt und der Bahnhof mit Anbindung nach Berlin. 1927 begann der weitere Ausbau des Kurbetriebs mit der Erschließung der Chlor-Kalzium-Solequelle. Nicht nur der Schriftsteller Maxim Gorki erholte sich 1922 am Scharmützelsee. Vor allem betuchte Berliner und Stars der Stummfilmzeit verbrachten hier unbeschwerte Tage, ließen die hektische Metropole hinter sich und gaben sich mondänen Vergnügungen wie Bootspartien, Segelregatten oder dem Golfspielen hin.

Bad Saarow $\mathbf{Q}$ J6

In den letzten Jahrzehnten wandelte sich das historische Moorbadegebäude zum **Saarow-Centrum** für Kurgäste. Seit der Eröffnung der **SaarowTherme** 1998 darf sich der Ort auch staatlich anerkanntes

Sole- und Moorheilbad nennen, in das nach und nach ein gewisses mondänes Flair zurückgekehrt ist. Neben der **SaarowMarina** am Cecilienpark gibt es mehrere Bootsverleih- und Anlegestellen für Ausflugsdampfer, im Sporting Club locken gleich vier Golfplätze, eine Jachtakademie und ein Tenniszentrum.

Wendisch-Rietz ♀ J7

Ruhiger und bescheidener wirkt das sehr viel ältere Wendisch-Rietz am Südufer des Scharmützelsees, das sich mit seinen Strandbädern ebenfalls gut zur Erholung eignet. Sehenswert sind hier die 1865 erbaute Schleusenanlage im Rietzer Kanal und die historische Wassermühle.

Schlafen

Mit Sport und Spa
A-Rosa Resort Scharmützelsee: Wenn Sie es sich gut gehen lassen und entspannen wollen, ist das der richtige Ort. Das Vier-Sterne-Hotel am See bietet neben geschmackvollen Zimmern einen opulenten Spa-Bereich mit Hallenbad, Saunen, Beauty- und Gesundheitsangebot, Badestrand und Jachtakademie. Außerdem auf dem Gelände: Golfplätze, Tenniszentrum Jachtakademie, mehrere Restaurants und Bars.
Parkallee 1, Bad Saarow, T 033631 615 22, www.a-rosa-resorts.de, EZ/HP ab 110 €, DZ/HP ab 160 € (mit Frühstück, zahlreiche Arrangements)

Wellnessoase und Nikkei-Cuisine
Esplanade Resort & Spa: Zu erholsamen Auszeiten lädt der sehr gut geführte Vier-Sterne-Betrieb mit Sandstrand, Spa, Soleschwimmbecken, Saunen und Therapiebereich ein. Auch ein Shuttle-Service vom Bahnhof ist inbegriffen. Dazu werden

Sie in den vier Restaurants bestens, wenn auch ganz unterschiedlich, verköstigt. Ob aus Tigermilch, Adlerfisch, Staudensellerie und Maracuja tatsächlich eine Geschmacksexplosion (14,50 €) wird, das lässt sich im japanisch-peruanischen Restaurant **SeeBadSaarow** im geschichtsträchtigen ehemaligen Seebad überprüfen. Dies ist ein Hotel nur für Erwachsene!
Seestr. 49, Bad Saarow, T 0336 31 43 20, www.esplanade-resort.de, EZ ab 130 €, DZ ab 150 €; SeeBadSaarow: Do–Mo 17–23, Sa/So ab 13 Uhr

Lakeside Hideaway
Wasserwerk Bad Saarow: Für Liebhaber von Industriedenkmälern gibt es kaum eine spektakulärere Bleibe. Sie haben die Wahl zwischen E-Werk- oder Maschinen-Loft, Wasser- oder Kompressor-Turm, Meister- und Direktorenwohnung.
Ulmenstr. 12, 15562 Bad Saarow, T 030 92 21 29 66, www.wasserwerk-badsaarow.de, App. ab 100 €

Essen

Frisch von der Angel
Fischhaus: Reetgedecktes Haus auf einer Halbinsel im Glubigsee. Aal, Wels, und frischer Zander aus der eigenen Fischerei. Auch komfortable Zimmer (DZ ab 90 €) und Apartments (ab 110 €).
Am Kleinen Glubigsee 31, Wendisch-Rietz, T 033679 750 73, www.fischhaus-goedicke. de, tgl. 12–20 Uhr, Räucherfischplatte aus der Hausräucherei 18,50 €

Gekonnte Bistroküche
AS am See: Andreas Staack steht für eine feine, saisonale Küche und gute Weine aus der Vinothek.
Seestr. 9, Bad Saarow, T 033631 59 92 44, www.asamsee.de, Sommer Mi–So ab 12, Winter Mi–Fr ab 18, Sa/So ab 12–22 Uhr, Gerichte ab 10 €, Drei-Gänge-Menü 42 €

Zu Besuch bei der Kaffeeologin
Kaffeerösterei Bad Saarow: Nachdem Katja Straube im Kaffee-Konsulat in Mannheim studierte, weiß sie alles über den Anbau und die Röstung der Bohnen und lädt zu Kaffeeverkostungen ein. Dazu können Sie sich belgische Waffeln schmecken lassen.

Seestr. 2 A, Bad Saarow, T 0173 30 798 45, www.kaffeeroesterei-badsaarow.de, Mo–Sa 10–19, So 13–18 Uhr

Bewegen

Schiffsrundfahrten
Scharmützelseeschifffahrts GmbH: Rund-, Tages- und Erlebnisfahrten mit Oldie- oder Karibischen Nächten auf dem Wasser. Auch Bootscharter.

Seestr. 40, Bad Saarow, T 033631 86 88 00, www.bad-saarow-schiff.de, März–Nov.

Thermalbad
SaarowTherme: Im warmen Thermalsolebad und dem angeschlossenen Saunabereich ist definitiv für Entspannung gesorgt; dabei schweift der Blick in die Parklandschaft am See.

Am Kurpark 1, Bad Saarow, T 033631 86 80, www.saarowtherme.de, So–Do 9–21, Fr/Sa 9–23 Uhr, Bad ab 15 €, Sauna ab 18 €

Gepflegt schwitzen
Satama Saunapark: In dem großen Saunagarten am See wird rund um das Thema Sauna alles ausgeschöpft einschließlich Theatervorstellungen während der Schwitzorgien. Mit Kaminrestaurant, Bibliothek und Übernachtungen in geschmackvollen Apartments.

Sandstr. 12, Wendisch-Rietz, T 033679 758 99 00, www.satama-saunapark.de, tgl. 9–23 Uhr, ab 19 bzw. 34 €

Hoch hinaus
Kletterwald Bad Saarow: Hier geht es nicht einfach nur auf Bäume und unzählige andere Kletterelemente. Ob Schmunzelsteinweg, Eyla-Pfad oder Mollysteig – jeder der sechs Parcours erzählt eine eigene Geschichte.

Seestr. 47, Bad Saarow, T 033631 40 48 31, www.kletterwald-badsaarow.de, 23/20 €, Kinder bis 11 J. 16 €

Ausgehen

Tanz, Theater und Comedy
Park-Café: Die schöne Villa am See bietet nicht nur gute Küche (z. B. Kürbiscurry mit Tagliatelle 13,50 €), im angeschlossenen Theater können Sie sich auch von Konzerten, Kabarett, Wine & Crime-Abenden oder Frühschoppentanz unterhalten lassen.

Seestr. 22, Bad Saarow, T 033 631 86 83 23, www.restaurant-park-cafe.de, Di–So 12–22 Uhr

Infos

- **Tourismusverein Scharmützelsee:** Gästeinformation Bad Saarow, Bahnhofsplatz 4, Bad Saarow, T 033631 43 83 80; Kleine Promenade 1, Wendisch-Rietz, T 033679 648 40, www.scharmuetzel see.de

Beeskow ♀ J7

Die malerisch von der Spree umflossene Kreisstadt Beeskow ist ein idealer Ausgangspunkt für Wasserwanderer. Rund um die Marina finden Sie alles Nötige, um ein paar Stunden oder ganze Tage auf der Spree zu schippern. Aber auch der mittelalterlich geprägte Stadtkern wird Sie angenehm überraschen. An drei Seiten wird er durch Stadtmauern begrenzt, von den ehemals neun **Türmen** haben sich immerhin noch sechs erhalten.

TOUR
Auf dem Wasserweg von Beeskow nach Hangelsberg

Paddeltour auf der Märkischen Umfahrt

Lust auf Bewegung auf dem Wasser? Auf der Märkischen Umfahrt zeigt sich die Spree von ihrer schönsten Seite mit urwüchsigen Uferabschnitten, dichten Schilfgürteln und Wiesen. Der 180 km lange Rundkurs zwischen Beeskow, Fürstenwalde, Erkner und Königs Wusterhausen gilt als Königstour unter den brandenburgischen Paddelrouten. Natürlich brauchen Sie dafür ein bisschen Kondition und Zeit – man rechnet mit 7 bis 11 Tagen. Aber auch eine dreitägige Schnuppertour garantiert sportliche und landschaftliche Hochgenüsse.

Guter Einstiegspunkt ist der **Spreepark** in **Beeskow,** wo Sie auch die entsprechende Infrastruktur mit Booten, sonstiger Ausrüstung und Unterkunftsmöglichkeiten vorfinden. Außerdem organisiert auf Wunsch der Outdoor-Spezialist Albatros die ganze Tour mit Übernachtungen. Wenn Sie startklar sind, folgen Sie dem Flusslauf der **Drahendorfer Spree** und gleiten an Gartengrundstücken und der Spreeinsel vorbei in Richtung **Radinkendorf.** Kaum haben Sie die letzten Häuser hinter sich gelassen, scheint die Zivilisation meilenweit entfernt.

Je nach Jahreszeit von einem ganzen Klangteppich aus Vogelstimmen begleitet, paddeln Sie ins 18 km entfernte **Neubrück** am **Wergensee,** wo Ferienwohnungen und -zimmer vermietet werden und es auch einen Campingplatz gibt. Auf jeden Fall sollten Sie sich gut ausruhen. Denn am nächsten Tag warten nicht nur 23 km, sondern mit weiteren Schleusen auch einige Herausforderungen auf Wasserwanderer.

Infos

📍 J 7

Start: Beeskow
Ziel: Hangelsberg
Länge: ca. 60 km
Dauer: 3 Tage
Schwierigkeit: auch
für Anfänger und Fa-
milien geeignet, aber
einige Schleusen
sind zu überwinden

Buchung:
Tourismusverband
Seenland Oder-
Spree e. V.,
Ulmenstr. 15,
Bad Saarow,
T 033631 86 81 00,
www.seenland-
oderspree.de;
Albatros Outdoor,
www.albatros-
outdoor.de oder
KSS Kanusport
Spree GmbH, www.
kanu-spree.de

Fürstenwalde: www.
fuerstenwalde-
tourismus.de

**KSS Kanusport
Spree:** Bahnhofstr.
1, Grünheide/OT
Hangelsberg,
T 033632 59 53 59,
www.kanu-spree.de

Hinter der **Neubrücker Selbstbedienungsschleuse** paddeln Sie in den **Oder-Spree-Kanal** und weiter in Richtung **Fürstenwalde,** größte Stadt im Kreis Oder-Spree mit etwa 30 000 Einwohnern. Unterwegs soll-ten Sie einen Stopp am **Forsthaus an der Spree** bei **Briesen** einlegen: Nicht allein, weil hier ein schöner Wasserwanderplatz das Ufer säumt. Das Forsthaus in-mitten der lauschigen Waldlandschaft war in früheren Zeiten auch Versteck von RAF-Terroristen.

Zugegeben: Nicht die ganze Strecke ist Idylle pur. Fürstenwalde begrüßt die Wassersportler mit der Duftmarke eines Futtermittelherstellers, dessen Silos und Kräne das Spreeufer säumen. Außerdem ist eine größere **Schleuse** zu passieren. Beim Ruderclub kön-nen Sie an Land gehen und beispielsweise in dessen **Villa Strohsack** Quartier beziehen (der Stegdienst ist in der Saison unter T 0151 12 28 38 60, www.rcf-ev. de/wasserwandern zu erreichen), um anschließend die Stadt zu erkunden.

Wahrzeichen ist der **Dom St. Marien** mit seinem fast 70 m hohen Turm. Außerdem ist aus einer alten Brau-erei am Domplatz die Kulturfabrik, ein soziokulturel-les Zentrum, geworden, das mit Ausstellungen und anderen Veranstaltungen lockt. Einer der schönsten Abschnitte der Märkischen Umfahrt ist die dritte Etappe von Fürstenwalde nach **Hangelsdorf.**

Ein paar Kilometer hinter Fürstenwalde zweigt an der Großen Tränke die **Müggelspree** ab, die wesentlich naturbelassener als der Oder-Spree-Kanal und von ei-nem dichten Schilfgürtel gesäumt ist. Außerdem stehen majestätische Eichen und Buchen am Ufer, hier und da haben Biber ihre Spuren an den abgenagten Baumstäm-men hinterlassen, Libellen schwirren durch die Luft, mit etwas Glück lassen sich auch Graureiher blicken.

Mit dem Gefühl völliger Einsamkeit erreichen Sie den **Wasserwanderrastplatz** mit Bootsverleih kurz vor **Hangelsberg,** wo Sie noch mal nach Herzens-lust baden, auch in Jurten, Ferienwohnungen oder im Matratzenlager übernachten und abends am Lager-feuer Stockbrot grillen können, bevor Sie per Bahn die Rückreise antreten.

Besonders markant ist der sogenannte **Dicke Turm.**

Wahrzeichen der Stadt ist aber **St. Marien,** eine der monumentalsten Kirchen der Mark. Die im 14./15. Jh. als Backsteinhallenkirche mit steil aufragenden achteckigen Pfeilern und schönem Kreuzrippengewölbe entstandene Kirche wurde noch im April 1945 schwer zerstört. Seit 1991 wird sie restauriert, doch noch immer ist sie nicht vollständig wiederhergestellt. Trotzdem gibt sie das ganze Jahr über eine stimmungsvolle Konzertkulisse ab.

Wehrhaftes Kulturzentrum

Unbedingt ansehen sollten Sie sich die **Burganlage** auf der Spreeinsel, den ältesten Teil von Beeskow. Ursprünglich war es eine slawische Wasserburg, die auf das 13. Jh. zurückgeht, als die Ritter von Strele im Auftrag der Markgrafen von Meißen an der strategisch wichtigen Furt damit begannen, Handwerker und Bauern anzusiedeln. Als die Bischöfe von Lebus 1518 Beeskow übernahmen, bau-

ten sie die Burg zum Residenzschloss mit **Salzhaus** und mächtigem **Bergfried** aus.

Heute ist sie ein lebendiges Kulturzentrum mit **Regional- und Musikmuseum.** Ringsum arbeiten Künstler und Kunsthandwerker in den Ateliers. Frankfurter Str. 23, Beeskow, T 03366 35 27 10, www.burg-beeskow.de, April–Sept. Di–So 10–18, Okt.–März Di–So 11–17 Uhr, pro Museum 3,50 €, Tageskarte 8/6 €, Führungen Di, Do, Sa/So 14.30 Uhr, 9/7 €

Essen

Efeuumrankte Terrasse

Kirchenklause: In der ehemaligen Pantoffelwerkstatt der Familie Hampel können Sie sich mit Blick auf das älteste Fachwerkhaus der Stadt gute regionale Küche zu sehr fairen Preisen schmecken lassen. Vegetarier sollten mal die gebratenen Curry-Kartoffelscheiben mit Honig, Sesam und buntem Pfannengemüse probieren. Kirchgasse 11, T 03366 233 34, tgl. ab 11.30 Uhr

Jugend forscht: Junior-Ranger aus dem ganzen Land kommen einmal im Jahr zusammen und erkunden den Naturpark Schlaubetal, sie untersuchen Flora und Fauna und erheben Umweltdaten.

Bewegen

Marina und Flussbadeanstalt

Spreepark Beeskow: Hier können Sie vor Anker gehen und auf dem Camping- und Caravanplatz oder in großzügigen Ferienwohnungen übernachten. Zelt/Pers. je 8 €, Kinder 6–14 J. 6 €, Liegeplätze ab 9 €, Fewos ab 60 €. Auch Bootsverleih. Bertholdplatz 6, T 0152 23 67 13 17, www.spreepark-beeskow.de, April–Okt.

Wasserwandern

Albatros Outdoor: Ob es nur ein paar Stunden oder eine Mehrtagestour sein soll – hier werden Sie fündig. Kanus, Paddelboote und Zubehör. Bertholdplatz 6, T 03366 72 89 61, www.albatros-outdoor.de, Mai–Sept. 9–18 Uhr

Segel- und Hausboote

Marina Beeskow: Charter von Motorbooten, Kanus und Segeljachten mit Reparaturservice, angeschlossenem Campingplatz und **Restaurant Wasserwelt.** Spreeinsel 5, T 03366 152 09 30, www.marina-beeskow.de, Mai–Sept. tgl. 9–18 Uhr

Feiern

- **Osterspektaculum:** Ostersonntag. Wahrsager, Narren, Gaukler, Hexen – alles tummelt sich auf der Burg. Feuerschlucker und Fakire führen ihre Künste vor, außerdem versetzen Sie ein Ritterturnier und ein Mittelaltermarkt in frühere Zeiten.

Infos

- **Spreeregion Beeskow:** Nachdem die Tourist-Information schließen musste, gibt es nur noch eine kleine Informationsstelle im Rathaus, Berliner Str. 30, www.spreeregion.de

Naturpark Schlaubetal ♀ K 7/8

Zu den schönsten Wanderregionen Brandenburgs gehört der Naturpark Schlaubetal, wo sich die Schlaube durch ein geradezu märchenhaftes Tal schlängelt. Rund um den Bach erstrecken sich dichte Wälder und tiefe Schluchten, Seen und Teiche, Wiesen, Moore und Binnendünen, in denen um die 1000 geschützte und gefährdete Pflanzen sowie rund 400 Tierarten zu Hause sind. Neben Ringelnattern, Smaragdeidechsen und Hochmoor-Perlmuttfaltern können Sie hier Rippenfarne und seltene Orchideenarten wie Korallenwurz sichten.

Die Entstehung des Tals geht auf die Eiszeit vor ca. 90 000 Jahren zurück. Damals bildeten sich aus Schmelzwasserrinnen die Flüsschen Schlaube, Ölse und Demnitz. Mehr als zwei Drittel des Parks sind von Wäldern bedeckt. Mal sind es Erlenbrüche, mal Buchen- und Hainbuchenwälder. Besonders charakteristisch sind die Mühlen, die vom 15. Jh. an der Mehl- und Ölgewinnung sowie dem Holzschnitt dienten und die heute als Restaurants Fischgerichte servieren.

Müllrose ♀ K 6

Das Tor zum Schlaubetal ist das Ackerbürgerstädtchen am Großen Müllroser See. Bereits in den 1920er-Jahren beliebtes Ausflugsziel der Berliner, hat es sich nach Abzug der Sowjetarmee zum staatlich anerkannten Erholungsort entwickelt. Am See lädt eine schöne Promenade zum Flanieren ein, auf der im Sommer auch Konzerte stattfinden. Außerdem gibt es ein Strand- und ein Freibad sowie einen Bootsverleih.

TOUR
Immer der Schlaube nach

Mühlenwanderung durch den Naturpark Schlaubetal

Durch das Tal der Schlaube zieht sich ein idyllischer, insgesamt 25 km langer Wanderweg. Besonders schön ist der Abschnitt zwischen Müllrose und der Bremsdorfer Mühle, der gespickt ist mit romantischen Seen und mehreren Mühlen. Ideal, um mal richtig ins Laufen zu kommen und sich frische oder geräucherte Forellen schmecken zu lassen. Sie müssen nur immer dem blauen S folgen, mit dem der Schlaubetalwanderweg markiert ist.

Mühle mit Biergarten

Vom Zentrum von **Müllrose** laufen Sie zunächst zum Müllroser See und am Ostufer mit dem Freibad entlang in südlicher Richtung, wo es durch schattigen Wald zur **Ragower Mühle** geht. Die liebevoll restaurierte Mühle mit Biergarten wartet nicht nur mit guten Fischgerichten auf – Spezialität sind die geräucherten Forellen. Es besitzt auch ein kleines geschichtsträchtiges Mühlenmuseum. Heute technisches Denkmal, wurde die Mühle erst 1872 zum Getreidemahlen errichtet und 1968 stillgelegt.

Beim Kupferschmied

Von hier wandern Sie weiter durch den lichten Kiefernwald und auf teils sandigen Böden zum **Kupferhammer.** Auch dies ist ein Lokal hinter historischen Mauern – 1553 von dem Kupferschmied Antonius Ott aus Beeskow erbaut, kamen später eine Mühle und im 19. Jh. eine Tuchfabrikation dazu. Nun wird hier gutbürgerliche Küche serviert; als Einkehrmöglichkeit ist es bedingt empfehlenswert.

Infos

📍 K 6

Start: Müllrose
Ziel: Bremsdorfer
Mühle oder unter-
wegs
Strecke: 19 km
Dauer: ca. 5 Std.
Schwierigkeit:
einfach
Verkehr: Mai–Anfang
Okt. verkehrt Sa/So/
Fei der Ausflugsbus
A 400 zw. Müllrose
und den Mühlen,
www.seenland-oder-
spree.de

Ragower Mühle:
Schernsdorf,
www.ragowermuehle.
de, April–Okt. Mi–So
10–18, sonst nur
Sa/So

Kupferhammer:
Kupferhammerweg 1,
Mixdorf,
www.gaststaette-
kupferhammer.de,
tgl. ab 11 Uhr

**Forsthaus Sieh-
dichum:** Sieh-
dichum/Schernsdorf,
www.forsthaus-siehdi
chum1.de, März–
Dez. tgl. sonst Sa/So
ab 11.30 Uhr

Bremsdorfer Mühle:
Schlaubetal/Brems-
dorf, T 033654 232,
ganzjährig Di–So
12–17 Uhr

Jugendherberge:
T 03364 272, www.
jugendherbergen-
berlin-brandenburg.
de, Übernachtung
ab 25 €

Wer bereits hier nach Müllrose zurückmöchte, nimmt
den Ausflugsbus. Falls dieser nicht fährt, können Sie
von hier aus weiter zum Bahnhof Mixdorf laufen und
mit dem Zug zurückfahren.

Forelle im Forsthaus und ein Försterfriedhof

Ansonsten geht es weiter auf erst schmalem Pfad,
dann auf dem breiteren Schlaubetalwanderweg am
Lange- und Schinkensee entlang durch eine kleine
Wildnis aus Wasser, Moor und Wald mit einigen um-
gefallenen Bäumen. Nächste Station ist das **Forsthaus
Siehdichum**, das idyllisch am **Hammersee** liegt. 1780
erstmals erwähnt, soll ein Schild an dem ehemaligen
Jagdhaus dazu ermahnt haben, sich in der Sumpf- und
Moorlandschaft immer wieder umzusehen. 1870 führte
hier der Forstmeister Wilhelm Reuter eine ganz neue
Forstkultur mit Roteichen und Douglasien ein, die er
von Reisen nach Nordamerika mitgebracht hatte. In der
Nähe können Sie auch einen **Försterfriedhof** entdecken.
Inzwischen wird das Anwesen privat als Gasthaus mit
Hotelbetrieb geführt. Hier werden regionale Gerichte
wie Hirschkeulentopf, Wildeintopf oder Gänsebraten
serviert.

Noch eine Mühle

Von hier aus wandern Sie am Ostufer des Hammer-
sees und am **Großen Treppelsee** entlang durch eine
wildromantische Landschaft mit Sümpfen, aber auch
mächtigen Buchen, Eichen und Erlen, bis Schilder Sie
zur **Bremsdorfer Mühle** (siehe Foto) weisen, die auf
der anderen Straßenseite der B 246 liegt. Im Gasthaus,
einem schönen Fachwerkbau neben einer ökozertifi-
zierten, modernen Jugendherberge in einer früheren
Pensionsvilla, besteht erneut die Möglichkeit, geräucherte Forellen zu essen.

SCHLAUBETAL-TELLER **S**

Saiblingsfilet aus den Jamlitzer Teichen, Meerrettichbuletten mit Schmorgurken, Neuzeller Bockbierforelle – in der Region haben sich knapp zwei Dutzend Gastronomen dazu verabredet, jeweils einen ›Schlaubetal-Teller‹ aufzutischen, und zwar zu einem Festpreis um 15 €, der auch ein Getränk einschließt. Das soll nicht nur ein günstiges Lockangebot für hungrige Wanderer, sondern auch ein Bekenntnis zur Nachhaltigkeit sein. Denn auf den Teller kommen nur hochwertige Produkte aus der Region. Eine Übersicht gibt Ihnen der entsprechende Flyer der Naturparkverwaltung, der auch im Internet herunterzuladen ist (www.schlaubetal-naturpark.de).

Wer den See zu Fuß umrunden will, kann sich am **Marktplatz** auf den 9 km langen Weg machen. Im ältesten Teil der Stadt steht gleich hinter dem Marktplatz eine hübsche **Barockkirche.** Im Haus des Gastes mit kleinem **Heimatmuseum** befindet sich auch die **Schlaubetal-Information,** die neben Stadtführungen naturkundliche Wanderungen und Pauschalarrangements u. a. für Radler oder Reiter anbietet.

Heimatmuseum: Kietz 7, Haus des Gastes, T 033606 77 90, www.muellrose.de, Mo–Fr 10–16, Sa/So/Fei 10–14 Uhr, Winter z. T. geschl., 3/1,50 €, Familien 8 €

Schlafen und Essen

Grüne Oase
Hotel Kaisermühle: Die ehemalige Kaisermühle wurde liebevoll zu einem wohnlichen Landhotel umgestaltet, in dem man nicht nur kaiserlich in der Mond- und Sternenkammer, dem Wassergemach oder Prinzesszimmer schläft, sondern auch Köstlichkeiten der Landhausküche wie Buchweizensuppe mit Löwenzahnblüten, Fasan in Lebkuchensoße und stilvolle Konzertmenüs genießt.

Forststr. 13, T 033606 880, www.hotel-kaisermuehle.de, EZ ab 69 €, DZ ab 89 €; Restaurant: tgl. ab 12 Uhr, Hauptgerichte ab 9 €

Infos

- **Schlaubetal Information:** Haus des Gastes, Kietz 7, T 033606 772 90, www.schlaubetal-tourismus.de

Eisenhüttenstadt ♀K7

Eisenhüttenstadt bietet ästhetische Wechselbäder. Schon von Weitem kündigen mächtige Schornsteine den wichtigen Standort der Stahlherstellung an, der in der DDR den Mythos von der sozialistischen Idealstadt begründete. Zunächst entstand hier 1950 ein Hüttenwerk mit sechs Hochöfen, später ergänzten ein Kaltwalzwerk und weitere Anlagen den Komplex, in dem aus sowjetischem Erz und polnischer Kohle das Roheisen für den Aufbau der jungen Republik produziert wurde. Um die unzähligen Arbeitskräfte unterzubringen, wurde um 1961 zwischen dem 700 Jahre alten Städtchen Fürstenberg und dem Dorf Schönfließ eine Stadt errichtet, die der Idee von der neuen sozialistischen Gesellschaft Ausdruck verleihen sollte.

Klassizismus statt Bauhaus
Dafür entwarf der Bauhaus-Schüler Franz Ehrlich locker angeordnete Ge-

bäuderiegel, die auf ein ornamentales Gefüge am Pohlitzer See zulaufen. Doch der allzu moderne Bauhausstil war politisch nicht erwünscht, stattdessen entschied man sich für klare Platz- und Straßenstrukturen nach sowjetischem Vorbild. Grundlage wurde ein Entwurf des Architekten Kurt W. Leucht mit fächerförmigem Grundriss, der mit einer zentralen Achse direkt auf das Tor des Eisenhüttenwerks zuläuft und eindeutig die Orientierung am Klassizismus verrät.

Die sogenannte kompakte Stadt besteht aus vier Gebäudekomplexen mit drei- oder viergeschossigen Wohnblöcken und begrünten Hofbereichen, die durch Sichtachsen mit dem Straßenraum verbunden sind. Auf erste schlichte Gebäude folgten reich verzierte ›Arbeiterpaläste‹, dann wandte man sich vom Pathos der nationalen Tradition ab und setzte die Bebauung mit vorgefertigten Betonblöcken fort.

Bei späteren Wohnkomplexen ist bereits der Übergang zur Plattenbauweise zu erkennen. Die großzügige Stadtanlage mit ihren Grünanlagen und ihrer sonstigen Infrastruktur hat durchaus Lebensqualität. Doch auch wenn das Eisenhüttenwerk heute einer der modernsten Flachstahlproduzenten Europas ist, werden längst nicht mehr so viele Arbeitskräfte gebraucht. Die einstige Stadt hat mit einem massiven Bevölkerungsrückgang zu kämpfen. Deshalb wurden viele leer stehende Häuserzeilen abgerissen.

Mittelalteroase am Fluss

Sehr viel anheimelnder ist das alte, historisch gewachsene **Fürstenberg.** Der Stadtteil an der Oder, der 1961 mit Eisenhüttenstadt zusammengeschlossen wurde, steht in starkem Kontrast zur sozialistischen Musterstadt und erlebt in den letzten Jahrzehnten eine gewisse Renaissance.

Hier haben die gotische **Pfarrkirche** und Gassen mit sorgsam restaurierten Häusern die Zeit überdauert. Auch der **Fischerkiez** am Oder-Spree-Kanal birgt manch idyllischen Winkel. Inzwischen ist Fürstenberg mit seinem **Gästesteg** samt Saniereinrichtungen auch ein beliebter Anlaufpunkt für Wasserwanderer. Für sie ist vor allem die Durchfahrt durch die **Eisenhüttenstädter Zwillingsschachtschleuse** ein besonderes Erlebnis. 1918–29 erbaut, ist die Doppelschleuse mit 130 m Länge und 12 m Breite ein einzigartiges technisches Baudenkmal.

Zeitreise in den DDR-Alltag

In einer früheren Kinderkrippe ist das **Dokumentationszentrum** für **Alltagskultur der DDR** angesiedelt, das mit seiner umfangreichen Sammlung an Alltagsgegenständen, von Möbeln und Geschirr bis hin zu Schulbüchern nicht nur zur »langfristigen Sicherung der Objektkultur beitragen« will.

Erich-Weinert-Allee 3, www.alltagskultur-ddr. de, T 03364 41 73 55, April–Okt. Di–So/Fei 10–18, sonst 11–17 Uhr, 4/2 €

Feuerwehr und Stadtgeschichte

Eine Kuriosität stellt das **Feuerwehrmuseum** dar. Ein anderer Bereich des **Städtischen Museums** beleuchtet die Stadtgeschichte mit einer Sammlung zeitgenössischer Kunst und Fotografie, zu der sich auch Abteilungen gesellen, die die Geschichte der Glaskunst und des zweitgrößten Kriegsgefangenenlagers STALAG III B thematisieren.

Löwenstr. 4 und Heinrich-Pritzsche-Str. 4, OT Fürstenberg, T 03364 21 46, Di–Fr 10–17, Sa/So 13–17 Uhr, 3/1,50 €, Familien 5 €

Essen

Stilvoll und gemütlich

Restaurant Bollwerk 4: Hier werden auch Sie ins Schwärmen kommen. Die

ebenso liebenswerte wie unprätentiöse Gourmetadresse von Steffen Krüger und seiner Frau Vucki überzeugt mit gekonnter regionaler Küche, in die sich auch schon mal Blüten oder Pferdefleisch mischen, zu sehr fairen Preisen.
Lindenplatz 1, Eisenhüttenstadt/Fürstenberg, T 03364 74 02 64, www.bollwerk4.de, Do–Sa 11.30–13.30 und ab 17 Uhr, Di/Mi ab 17, So 11.30–14 Uhr

Kunst hinter historischen Mauern

Kunsthofs Fürstenberg: Die engagierten Betreiber stellen nicht nur regionale Amateur-Künstler aus. Es gibt auch einen kleinen Hofladen mit Café. Außerdem bringen Blues-Konzerte, Kabarett und Kleinkunst Leben in den Innenhof.
Lindenplatz 4, T 03364 552 04 77, www.kunsthof-fuerstenberg-oder.de, Mai–Okt. tgl. 10–18, sonst Di–So 11–17 Uhr

Infos

• **Tourismusverein Oder-Region Eisenhüttenstadt:** Lindenallee 25, T 03364 41 36 90, www.eisenhuettenstadt.de

Neuzelle ♀ L 7

Hier erleben Sie tatsächlich Ihr barockes Wunder: Barocke Schnörkel, vergoldeter Stuck und lauter Engel im sonst eher nüchternen Brandenburg? Viele reiben sich erst mal die Augen, wenn sie vor der Stiftskirche St. Marien stehen. Aber in der böhmischen Oase sollte eben die Gegenreformation triumphieren und dafür wurde einiges aufgefahren.

Von Heinrich dem Erlauchten, dem sächsischen Markgrafen von Meißen, 1268 gestiftet, wurde das Kloster ursprünglich im Stil der Backsteingotik erbaut. Kurz darauf, 1304, kam das Zis-

terzienserkloster unter brandenburgische Herrschaft, fiel aber 1370 wieder an das von Karl IV. regierte Königreich Böhmen. Dieser Umstand bewahrte das Kloster nicht nur vor der Auflösung im Zeichen der Reformation, er verhalf ihm im 18. Jh. sogar zu neuer Blüte.

Erst als die Niederlausitz 1815 Preußen zufiel, wurde das Kloster aufgehoben. Die Stiftskirche St. Marien selbst blieb katholisch und diente als eine Art Wallfahrtskirche, während die Besitztümer an das preußisch-staatliche Stift Neuzelle gingen.

Vielfältige Sakralgebäude

Wenn Sie sich dem Stift nähern, sehen Sie schon von Weitem den 70 m hohen Turm. Linker Hand die Klosterbrauerei, rechts der Klosterteich, der im Sommer mit Seerosen bedeckt ist, führt eine Lindenallee geradewegs auf die **Stiftskirche St. Marien** zu. Wenn schon die Fassade in Erstaunen versetzt, dann erst recht das Innere, das überquillt von Skulpturen, Putten und Heiligen. Allein 13 Altäre, mehrere geschnitzte Kanzeln, Figuren aus Marmor oder vergoldetem Stuck drängen sich zwischen weißem Stuckdekor, Wand- und Deckenmalereien.

Herzstück des mittelalterlichen Klosters ist der spätgotische **Kreuzgang.** Neben dem wunderbaren Kreuzrippengewölbe sind durch die Restaurierung auch die spätmittelalterlichen Ausmalungen sichtbar geworden. Inzwischen wurden auch die außergewöhnlichen Passionsdarstellungen restauriert, die im **Museum Himmlisches Theater** zu bewundern sind.

Barocker Klostergarten

Wesentlich schlichter und kleiner präsentiert sich die **Pfarrkirche Zum Heiligen Kreuz,** die eine sehenswerte Darstellung der Bergpredigt und ein kunstvolles Kruzifix mit einer zu Füßen des Gekreuzigten knienden Maria Magdalena birgt.

Opulenz im protestantischen Brandenburg: Das vollständig erhaltene Zisterzienserkloster von Neuzelle gilt als Barockwunder.

Ein Kleinod ist auch der **Klostergarten,** der einzige Barockgarten Brandenburgs mit geometrischen Wegen und Wasseranlagen, steil abfallenden Terrassen und einer hübschen **Orangerie.**

Stift Neuzelle, T 033652 61 20, www.stift-neu
zelle.de; **Stiftskirche St. Marien:** Mai–Okt.
Mo–Fr 10–12.15, 13.15–17, Sa/So 11–16,
Nov.–April Mo–Fr 11–12.15, 13.15–16, Sa/
So 11–12.15, 13.15–15.30 Uhr; **Kirche zum
Heiligen Kreuz:** Mai–Okt. Di–Fr 11–17, Nov./
Dez., März/April 11–15 Uhr; **Kreuzgang/
Klostermuseum, Himmlisches Theater:**
April–Okt. 10–18, Nov.–März 10–16 Uhr,
5/4 €, Familien 8 €, mit Kreuzgang 8/6 €,
Familien 14 €; **Klostergarten:** Mai–Okt.
10–20, Nov.–April 10–16 Uhr

Schlafen und Essen

Mit Schaubrennerei
Klosterhotel Neuzelle: Unter dem Motto »Barock trifft Moderne« bietet das Hotel in der 150 Jahre alten Villa aufwen-

dig designte Zimmer und Suiten. Wenn das Restaurant **Wilde Klosterküche** mit regionaler Küche geschlossen ist, steht Ihnen das Schwesterrestaurant **Wilde Hilde** offen. Die Schaudestillerie zeigt den Produktionsprozess der edlen Obstbrände.

Bahnhofstr. 18, T 033652 82 39 91, www.
neuzelle-hotel.de, EZ ab 89 €, DZ ab 119 €;
Wilde Klosterküche: Do–So 11.30–16, 17–
21.30 Uhr; Wilde Hilde: Mo–Mi 17–21.30 Uhr

Komfort am Kloster
Landhaushotel Prinz Albrecht: Wohnliche Zimmer im freundlichen, historischen Landhotel. Im Restaurant bekommen Sie eine gut abgeschmeckte märkische Küche mit diversen vegetarischen und veganen Varianten, z. B. Steinpilzrisotto mit gebratenen Kräuterseitlingen (15 €).

Frankfurter Str. 34, T 033652 813 22, www.
hotel-prinz-albrecht.de, EZ ab 59 €, DZ ab
74 €, HP 23 €; Restaurant: tgl. 11.30–23 Uhr

Einkaufen

Ein Schwarzer Abt zum Trinken

Klosterbrauerei: Seit dem 16. Jh. wird hier Bier gebraut; das jetzige Gebäude wurde 1902 nach einem Brand neu aufgebaut. Derzeit sind es 41 mehr oder weniger exotische Biersorten wie Schwarzer Abt, Himmelspforte, Kirsch Royal, Lebensfreude oder Neuzeller. Es lohnt, bei einer Führung hinter die Kulissen der Brauerei zu schauen – anschließend sind Sie zur Verkostung eingeladen und können sich auf Wunsch auch mit Ihren Lieblingssorten eindecken.
Brauhausplatz 1, T 033652 81 00, www. klosterbrauerei.com, tgl. 10–18 Uhr

Frankfurt/Oder und Umgebung

 ♀ K6

Mag sein, dass die 750-jährige Stadt, die im Zweiten Weltkrieg zu zwei Dritteln zerstört wurde, auf den ersten Blick keinen so einladenden Eindruck macht. Aber lassen Sie sich nicht abschrecken! Im Zentrum hat mit der St.-Marien-Kirche einer der schönsten Sakralbauten Brandenburgs überdauert. Die wunderbaren Glasfenster im Chor erzählen die Geschichte des Antichristen, die sonst nur in Notre-Dame in Paris thematisiert wurde. Und es gibt noch mehr steinerne Zeugen der bewegten Stadtgeschichte. Von dort ist es auch nicht weit zur Oder.

Schlendern Sie von der Uferpromenade zur liebenswerten Insel Ziegenwerder oder machen Sie eine Dampferfahrt auf dem Fluss und lassen Sie die Grenzregion an sich vorüberziehen! Dann werden Sie die Stadt mit anderen Augen se-

hen. Einen guten Überblick bekommen Sie ansonsten vom Aussichtsrestaurant in der 24. Etage des in den 1970er-Jahren erbauten Oderturms, wo der Blick über die Altstadt bis zum anderen Flussufer mit dem polnischen Slubice schweift.

Im Mittelalter Hansestadt

An der Kreuzung der wichtigen Handelsstraßen gehörte Frankfurt von 1430 bis 1525 zur Hanse und war zwischenzeitlich sogar als heimliche Hauptstadt Brandenburgs.

Nach dem Zweiten Weltkrieg galt die Randlage Frankfurts als Handicap, heute ist sie eine Chance: Als wichtigste Grenzstadt der Bundesrepublik ist das rund 58 000 Einwohner zählende Frankfurt sozusagen das Tor zu Osteuropa. Nicht nur Waren, auch unzählige Menschen passieren tagtäglich die Grenze zu Polen.

Initialzündung der Stadtgründung

Die einstige große Bedeutung der Stadt spiegelt sich auch in ihren Bauten wider. Viele davon haben den Zweiten Weltkrieg nicht überlebt, die **Stadtkirche St. Marien** ❶ immerhin als Ruine. Nachdem sie restauriert wurde und die drei wunderschönen, 1945 ausgelagerten und als Beutekunst nach Russland verbrachten Glasfenster zurückgekehrt sind, ist

ANTICHRIST-LEGENDE

Das rechte Glasfenster in der St.-Marien-Kirche erzählt die Geschichte des Antichristen, des Widersachers von Jesus und Verbündeten des Teufels, der in den Johannesbriefen im Neuen Testament erwähnt wird. Interessant ist dabei, dass der Demagoge Christus ganz ähnlich sieht und als verführerischer Jüngling im – damals – modischen Gewand erscheint.

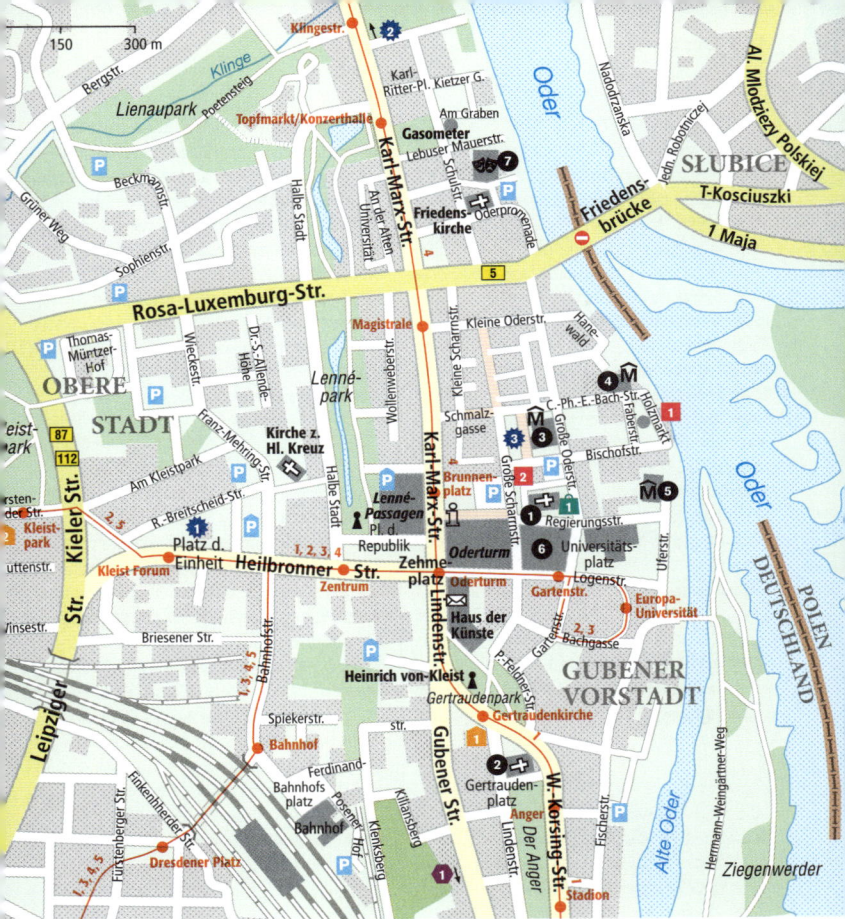

Frankfurt/Oder

Ansehen

1. Stadtkirche St. Marien
2. St.-Gertraud-Kirche
3. Brand. Landesmuseum
   für moderne Kunst
4. Museum Viadrina
5. Kleist-Museum
6. Universität Viadrina
7. Konzerthalle
   C. Ph. E. Bach

Schlafen

1. City Park Hotel
2. Palais am Kleistpark

Essen

1. Kartoffelhaus
2. Café Diana

Einkaufen

1. Adventsmarkt

Bewegen

1. Helenesee

Ausgehen

1. Kleist-Forum
2. Theater des Lachens
3. Die Oderhähne

nachvollziehbar, dass sie nicht nur zu
den frühesten, sondern auch den bedeutendsten Kirchen Brandenburgs gehört.
Oberkirchplatz 1, Mai–Sept. 10–18, Okt.–
April 10–16 Uhr, Turmbesteigungen 10–17.30
bzw. 15.30 Uhr, am 1. und 4. Sa im Advent ist
der Turm bis 20 Uhr geöffnet, 3,60/2 €

Schöner Marienaltar

Welche Schätze die St.-Marien-Kirche
sonst noch barg, zeigt die **St. Ger-
traud-Kirche** ❷ in der nahe gelegenen
Gubener Vorstadt. Der Backsteinbau aus
dem 19. Jh. wurde nach der Zerstörung
von St. Marien Hauptkirche der Stadt
und nahm deren Schätze auf. Wichtigstes
Stück der Sammlung ist der Marienaltar,
einer der größten Schnitzaltäre Brandenburgs aus der Zeit um 1489.
Gertraudenplatz, Mo–Do 7–16.30, Fr 7–15
Uhr

Moderne Kunst im alten Rathaus

Das Rathaus zählt zu den ältesten noch
erhaltenen seiner Art in Deutschland. Der
zweigeschossige Bau im Stil der norddeutschen Backsteingotik, der 1253 begonnen
wurde, diente auch als Kaufhaus der damaligen Handelsstadt. Inzwischen ist es
neben Cottbus Standort des **Brandenburgischen Landesmuseums für moderne
Kunst** ❸, das die umfassendste Sammlung von DDR-Kunst und den nachfolgenden Traditionslinien beherbergt.
Gezeigt werden die Werke im Rahmen
wechselnder Ausstellungen.
Brandenburgisches Landesmuseum für
moderne Kunst: Marktplatz 1/Rathaushalle,
T 0335 28 39 61 83, www.blmk.de, Di–So
11–17 Uhr, 4/3 €, Do 3,50/2–3 €, bis 18 J.
frei

Musikinstrumente im Junkerhaus

1567 als kurfürstliches Haus erbaut,
logierten im heutigen **Museum Viadrina** ❹ später auch adlige Studenten.
Inzwischen fungiert der Barockbau,
dessen Räume dekorative Stuckdecken
aus dem 17. Jh. schmücken, als Museum
für Stadt- und Landesgeschichte und

*Die Oder trennt Deutschland und Polen sowie die beiden Städte
Frankfurt/Oder und Słubice, die vor 1945 eine Einheit bildeten.*

beherbergt u. a. die frühgeschichtlichen Sammlungen der Stadt. Bemerkenswert sind vor allem die historischen Musikinstrumente. Ein umfangreiches Programm an Kunstvermittlung mit Workshops, Führungen und Vorträgen ergänzt die Werkschauen.

Carl-Philipp-Emanuel-Bach-Str. 11, T 0355 401 56 10, www.museum-viadrina.de, Di–So 11–17 Uhr, 4/2–2,80 €, Familien 8 €

Zu Besuch bei Heinrich von Kleist

Mit der ehemaligen Garnisonsschule wird schließlich noch ein weiteres Barockgebäude von 1777 als **Museum** ❺ genutzt und vor einigen Jahren durch einen imposanten Neubau ergänzt. Die Gedenk- und Forschungsstätte ist **Heinrich von Kleist,** dem berühmtesten Sohn der Stadt, gewidmet, der hier am 18. Oktober 1777 geboren wurde. Rund 250 Gemälde, Briefe und andere Objekte geben Einblick in Leben und Werk des Dichters.

Faberstr. 6–7, www.kleist-museum.de, T 0355 387 22 10, Di–So 10–18 Uhr, 5/3 €

Institution neu belebt

Nicht weit davon entfernt wurde bereits 1506 die Universität Viadrina gegründet, an der u. a. Thomas Müntzer und Ulrich von Hutten und später auch Kleist studierten. Erst katholisch, dann lutherisch, schließlich calvinistisch, war sie die wichtigste Ausbildungsstätte für Theologen, gab aber auch dem Buchdruck im Kurfürstentum Brandenburg Auftrieb. Mit dem Aufstieg der Universitäten von Halle und Berlin verlor die Viadrina allerdings an Bedeutung und wurde 1811 geschlossen. Heute knüpft die neu gegründete **Europa-Universität Viadrina** ❻ an ihre Geschichte an.

Im Übrigen hat die renommierte Universität den Brückenschlag ins vereinte Europa schon praktiziert, bevor Polen Mitglied der EU wurde. An der 1991 wiedereröffneten Institution studieren heute etwa 6500 Studenten aus zahlreichen Nationen.

Große Scharrnstr. 59, www.europa-uni.de

Hier spielt die Musik

Um die Altstadt zieht sich der von Lenné 1835–45 angelegte und nach ihm benannte Lenné-Park wie ein grüner Gürtel, der an die Stelle der alten Stadtbefestigung trat. An einem Ende steht die **Konzerthalle Carl Philipp Emanuel Bach** ❼, Stammhaus des Brandenburgischen Staatsorchesters Frankfurt in der ehemaligen Kirche des Franziskanerklosters. Heute bringen Bachs Werke die original Frankfurter Sauer-Orgeln zum Klingen. In der Sakristei wurde Carl Philipp Emanuel Bach, dem Sohn Johann Sebastians, eine Dauerausstellung gewidmet.

Lebuser Mauerstr. 4, T 0335 401 01 20, www.muv-ffo.de

Schlafen

Zentrale Lage

❶ **City Park Hotel:** Drei-Sterne-Hotel mit Bistro, Terrasse, Lobbybar und 90 Komfortzimmern in unterschiedlichem Stil und Ausstattung. Klein, aber hübsch sind die Türmchenzimmer.

Lindenstr. 12, T 03355 553 20, www.citypark-hotel.de, EZ ab 65 €, DZ ab 72 €

Geschichtsträchtig

❷ **Palais am Kleistpark:** Wo vor 100 Jahren Offiziere in der Gründerzeitvilla logierten, schlafen Sie heute in geräumigen Zimmern.

Fürstenwalder Str. 47, T 0335 561 50, www.palaisamkleistpark.de, EZ ab 67 €, DZ ab 86 €

Essen

Rustikales Ambiente

❶ **Kartoffelhaus:** Ob Pizza, Auflauf, Moussaka, Lasagne oder Puffer – hier wird

alles aus Erdäpfeln zubereitet und zu sehr zivilen Preisen, auch auf der Terrasse mit schönem Blick auf die Oder, aufgetischt.
Holzmarkt 7, T 0335 53 07 47, www.frankfur ter-kartoffelhaus.de, tgl. ab 11.30 Uhr

Unprätentiös, aber nett

2 Café Diana: Ob Cappuccino und Kuchen, ein Rührei mit Champignons oder ein Eis – das zentral gelegene Café ist ein guter Ort, um den kleineren oder größeren Hunger zu stillen.
Marktplatz 4, T 0335 53 66 72, Mo–Fr 6–18, Sa/So 8–19 Uhr

Einkaufen

1 Adventsmarkt in der Marienkirche: Ein wirkliches Highlight ist der stilvolle Markt, der jeweils am 2. und 3. Adventswochenende in der Marienkirche veranstaltet wird.
Oberkirchplatz 1, 2./3. Adventswochenende Sa/So 13–19 Uhr, 3/1 €

Bewegen

Baden und tauchen

1 Helenesee: Beliebtes Naherholungsgebiet 8 km südlich des Stadtzentrums ist der See mit glasklarem Wasser, breiten Sandstränden und Campingplatz. Mit 67 m Tiefe eignet sich der See auch zum Tauchen. Kurse, Tauchmaterial, nächtliche Tauchgänge und Eistauchen bietet das **Tauchcenter.**
Am Helenesee 5, T 0335 52 59 84, www. tc-helenesee.de

Ausgehen

Volles Programm Musik

Kleist-Forum: Theater, Kabarett, Sinfonie- und Jazzkonzerte – sogar Tagungen finden unter dem Dach des Kleist-Forums

statt. Wobei in der Musikstadt Frankfurt/ Oder nicht nur das Brandenburgische Staatsorchester, sondern auch ein deutsch-polnisches Jugendorchester, die Singakademie Frankfurt, die Ökumenische Kantorei, eine Kinder- und Jugendkantorei und das Orchester der Frankfurter Musikfreunde ein wahrlich beachtliches und vielseitiges Kulturprogramm bestreiten.
Platz der Einheit 1, T 0355 401 01 20, www. muv-ffo.de

Engagiertes Puppenspiel

Theater des Lachens: In einer ehemaligen Möbelfabrik ist das Theater untergekommen, das vor allem Auswege aufzeigen und Mut machen will. Dazu trägt auch ein umfassendes theaterpädagogisches Programm bei.
Ziegelstr. 26, T 0335 680 16 95, www. theaterdeslachens.de

Traditionsreiches Kabarett

Die Oderhähne: Viel zu lachen und zu schmunzeln gibt es in dieser mehr als 40 Jahre alten Frankfurter Institution mit meist ausverkauften Vorstellungen. Vor oder nach den Vorstellungen können Sie sich im Ratskeller stärken.
Marktplatz 3, T 0335 237 23, www.oder haehne.de

Feiern

- **Musikfesttage:** Ende Feb./Anfang März. Konzerte mit klassischer Musik, aber auch Jazz oder Tango (www.musikfesttage.de).
- **Unithea-Festival:** Ende Mai/Anfang Juni. Ein ambitioniertes europäisches Theatertreffen, das vor allem auch die polnischen Nachbarn einbezieht (www. unithea.eu).
- **Kleist-Festtage:** Mitte Okt. Heinrich von Kleist wird alljährlich mit unkonventionellen Theateraufführungen, Lesungen, Ausstellungen und Musik gehuldigt (www. kleistfesttage.de).

- **TransVOCALE:** Nov. Europäisches Festival für Weltmusik. Mal stehen die Africa Mama als weibliche Troubadoure auf der Bühne des Kulturhauses SMOK in Slubice, mal bespielen Klezmer-Bands das Kleist-Forum (www.transvocale.eu).
- **Adventsmarkt:** 2. und 3. Advent in der Marienkirche.
- **Deutsch-polnischer Weihnachtsmarkt:** Advent. Auf dem Marktplatz.

Infos

- **Deutsch-Polnische Tourist-Information:** Bolfrashaus, Große Oderstr. 29, T 0335 610 08 00, www.tourismus-ffo.de. Mo–Fr 10–18, Sa 10–14 Uhr, Ticket- und Buchungsservice; Stadtführungen finden Mai–Sept. Sa um 11 Uhr statt.

Schloss Steinhöfel 📍 J6

Das einzigartige klassizistische Ensemble aus Schloss, Dorf und Gartenlandschaft zählt zu den schönsten Adelssitzen Brandenburgs. Vermutlich im 13. Jh. als ›Steinihobell‹ gegründet, war das Dorf 400 Jahre lang im Besitz der Familie von Wulffen; der heutige Bau ist vermutlich um 1730 entstanden. Durch die von zwei Sphinxen flankierte Toreinfahrt fällt der Blick auf einen künstlichen See, Wassergräben, eine chinesische Brücke und eine ehemalige Bibliothek im Stil eines antiken Tempels, in dem man heute heiraten kann.

Inzwischen restauriert, ist aus dem Hauptgebäude ein elegantes Schlosshotel mit 29 etwas bemüht romantischen Zimmern und einem Restaurant mit saisonaler Küche geworden.

Schlossweg, T 033636 27 70, www. schloss-steinhoefel.de, EZ ab 95 €, DZ ab 130 €; Restaurant: Do–So 12–20 Uhr, Drei-Gänge-Menü ab 42 €

Alt Madlitz 📍 J6

Ein Stück weiter östlich liegt in Alt Madlitz das etwas bescheidenere Schloss, das in früheren Zeiten ein bedeutender Musenhof war. Das Herrenhaus besitzt einen 20 ha großen **Landschaftsgarten** nach englischem Vorbild. Ein Teil ist von sanften Hügeln und künstlichen Schluchten durchzogen, ein anderer von Obstgärten und kleinen Äckern. Mit der Vertreibung der Familie nach 1945 verwilderte die Parkanlage. Doch nachdem die Grafen das Anwesen zurückkaufen konnten, ist sie wieder eine Augenweide und – anders als das Herrenhaus – frei zugänglich.

Sehenswert ist auch die Dorfkirche aus dem 13. Jh. mit schöner Holzdecke und Holzkruzifix aus der Zeit um 1500. Die Gräfliche Schlossbäckerei (Schlossstr. 32) in den schönen Backsteinmauern einer alten Destillerie verarbeitet ausschließlich naturbelassene Rohstoffe aus eigener Produktion oder der Region.

Schlossgut Alt Madlitz, Lindenstr. 19, Briesen/ OT Alt Madlitz, T 033607 219, www.schloss gutaltmadlitz.com, Park- und Schlossführungen unter T 0171 534 04 51

Schlafen und Essen

Im alten Konsum

Parkcafé: Das ehemalige Inspektorhaus des Gutes Alt Madlitz, das nach der Wende zunächst als Konsum genutzt wurde, hat sich in ein hübsches Café verwandelt. Gäste schmökern in der Bibliothek, im Café sind Parkführungen buchbar. Dazu verfügt das Haus über fünf gemütliche, im englischen Stil eingerichtete Gästezimmer.

Lindenstr. 31, T 0171 534 04 51, www. schlossgutaltmadlitz.com, EZ um 80 €, DZ um 100 €

Entspannende Landaufenthalte

Gut Klostermühle: Es sich rundum gut gehen lassen und neue Energie schöpfen – das ist hier möglich. Das natur resort & medical spa ist in die Wirtschaftsgebäude eines früheren Kartäuserklosters eingezogen. Die geschmackvollen, behaglichen Zimmer verteilen sich über mehrere Gebäude. Dazu gesellen sich ein opulenter Wellnessbereich, mehrere Restaurants, ein Vier-Sterne-Resorthotel mit großzügigen Suiten und ein Theatersaal. Kulinarisch verwöhnen die rustikale **Klosterscheune** und das **Genießer-Restaurant Klostermühle**. Für Bewegung sorgen Reithalle, Kanu- und Ruderbootverleih.

Mühlenstr. 11, Briesen/OT Alt Madlitz, T 033607 592 90, www.gut-klostermuehle. com, EZ ab 110 €, DZ ab 130 €; Klosterscheune: tgl. 12–17, So–Do auch 17–21 Uhr; Genießer-Restaurant Klostermühle: Fr/Sa, Mai–Sept. auch Do 17.30–23 Uhr, Bestellungen bis 21 Uhr

Rund um das Oderbruch

Das Oderbruch, das mit einer Fläche von 700 km² die natürliche Grenze zu Polen bildet, ist einer der einsamsten Landstriche der Mark. Protagonist ist die flache Landschaft, wo der Blick in eine scheinbar unendliche Weite schweift – und in die Flussauen, wo die wechselnden Wasserstände Flora und Fauna ganz unterschiedlich beeinflussen.

Nirgendwo sonst in Deutschland leben feuchtigkeits- und trockenheitsliebende Pflanzen so eng beieinander. Steppenpflanzen wachsen in nächster Nähe von Schilf, Weiden und Wasserpflanzen, im Frühjahr überziehen ganze Blütenmeere die Hänge zwischen Seelow und Lebus. Außerdem sind die Polder Rast- und Brutstätte vieler seltener Vogelarten. Mitunter sind Schwarzstörche, Fischadler, Rohrdommeln, Trauerseeschwalben und zahlreiche Entenarten zu beobachten.

Die Flussniederungen um die Oder waren schon in der Steinzeit bewohnt. Später wechselten germanische und slawische Siedlungen einander ab, bevor unter Friedrich dem Großen Kolonisten für die Trockenlegung sorgten. Auf Anweisung des Königs wurde auch das Flussbett der Oder begradigt und das westliche Ufer eingedeicht, was Voraussetzung für die landwirtschaftliche Nutzung des fruchtbaren Bodens war. Mit seinen vielen Getreide-, Zuckerrüben-, Mais- und Gemüsefeldern ist das Bruch auch heute noch ein wichtiger Nahrungsmittellieferant. Gleichzeitig belegen Herrenhäuser und Schlösser wie das von Neuhardenberg, Wulkow oder Gusow, dass die Gegend nicht gänzlich vom politischen Leben Brandenburgs abgeschnitten war.

Ideales Fortbewegungsmittel ist das Fahrrad. Mehrere Fernradwege führen durch das Gebiet. Von Ende April bis Anfang Oktober verkehrt am Wochenende zwischen Bad Freienwalde, Eberswalde und vielen kleinen Orten auch der Oderbus 879 (www.oderbus.de).

Bad Freienwalde ♀ J4

»Hübsches Wort für hübschen Ort. (…) in den Marken gibt es wenig Orte von besserm Klang«, schrieb Fontane über die Stadt am nördlichen Rand des Oderbruchs. Er weilte oft und gern hier und genoss die »Leichtbegnüglichkeit« der Stadt, wenn er seinem Vater einen Besuch im Ortsteil Schiffmühle abstattete. Heute ist der älteste Kurort Brandenburgs immer noch ein beliebtes

Moorheilbad, außerdem mit seiner hügeligen Umgebung guter Ausgangspunkt für Wanderungen. Besonders beliebt ist der Turmwanderweg, der zum **Galgenberg,** zum **Bismarck-** und zum **Eulenturm** führt und eine tolle Aussicht bietet.

Heilkräftiges Quellwasser

Die Geburtsstunde des Badeorts schlug, als 1683 ein Apotheker von der Heilkraft des Quellwassers hörte, es untersuchte und seinen mineralischen Gehalt feststellte. Daraufhin ließ Kurfürst Friedrich Wilhelm einen Kurbetrieb aufbauen. 1706 wurde für Friedrich I. ein Lustschloss errichtet, dem ein Jahr später das von Carl Gotthard Langhans erbaute Logier- und Badehaus folgte.

Das Schloss fiel allerdings einem Erdrutsch zum Opfer und wurde durch ein neues ersetzt. Andere Anlagen des Kurbetriebs haben sich indessen erhalten. Zu ihnen gehören das von Langhans 1790 erbaute **Landhaus** (das heutige Kurmittelhaus), der **Kurpark** mit Kurpromenade, **Kurfürstenquelle** und das **Kurtheater.**

Mal Teehäuschen, mal Theater

1799 baute David Gilly für Königin Friederike Luise ein neues, frühklassizistisches **Schloss** am Apothekerberg. Blickfang ist der elegante Pavillon mit Säulenumgang, der mal als Teehäuschen, mal als kleines Theater genutzt wurde. Später kamen Berliner Adlige und betuchte Bürger hierher, es entstand eine ganze Reihe von Villen mit schönen Fassaden.

Zu den berühmtesten Gästen gehörte der Industrielle, Sozialphilosoph und spätere Außenminister der Weimarer Republik Walter Rathenau. 1909 erwarb er das Schloss und den von Lenné umgestalteten Schlossgarten. Hier erholte er sich regelmäßig – bis er 1922 einem Attentat zum Opfer fiel. Im Schloss erinnert heute die **Rathenau-Gedenkstätte** mit

Auf dem beliebten Oder-Neiße-Radweg am östlichen Grenzfluss rollt es sich gut auf dem Asphalt.

einer Dauerausstellung an Leben und Werk des visionären Politikers.

Rathenaustr. 3, Bad Freienwalde, T 03344 34 07, www.schloss-freienwalde.de, April–Okt. Mi–So 11–17, im Winter z. T. nur bis 16 Uhr, 4/2 €

Rund um den Marktplatz

Im Stadtzentrum lässt sich rund um den dreieckigen **Marktplatz** mit der mehr als 100-jährigen Kaisereiche die **Stadtkirche St. Nikolai** entdecken. Schräg gegenüber steht das spätklassizistische Rathaus. Etwas weiter südlich an der Georgenkirchstraße erhebt sich mit der **Georgenkirche** ein schöner Fachwerkbau.

Kulturgeschichte des Oderbruchs

Wie das Leben in früheren Zeiten aussah und wie das Oderbruch trockengelegt wurde, erzählt das **Oderbruchmuseum**, das im sogenannten Adligen Freihaus untergekommen ist. Auch von außen ist es mit seiner barocken Fassade von 1774 schön anzusehen.

Uchtenhagenstr. 2, T 03344 20 56, Mi–Sa, Fei 11–17 Uhr, 2/1 €

Zu Besuch bei Fontanes Vater

Bei einem Abstecher in den Ortsteil Schiffmühle können Sie das liebenswerte kleine **Fontanehaus** in Augenschein nehmen, in dem Louis Henris Fontane die letzten Lebensjahre zubrachte. Er wohnte hier mit seiner Haushälterin. Eine Ausstellung beleuchtet das Leben des Apothekers und das Verhältnis zu seinem berühmten Schriftsteller-Sohn, der hier oft und gern zu Gast war.

Schiffmühle 3, T 03344 15 08 90, April–Okt. Do/Fr 11–16, Sa/So/Fei 10–16 Uhr

Werkstatt für ländliche Kultur

Eine Zeitreise ins 18. Jh. bedeutet der Besuch des **Freilicht-Oderbruch-museums Altranft** südöstlich von Bad Freienwalde, wo sich eine Dorfanlage mit neobarockem Herrenhaus, Dorfschule, Schmiede, Fischerhaus, Wasch- und Backhaus sowie einem in Lenné gestalteten Gutspark erhalten hat. Hier legen Besucher beim Backen, Weben, Schustern oder Papierschöpfen mit Hand an.

Am Anger 27, Bad Freienwalde/OT Altranft, www.oderbruchmuseum.de, T 03344 33 39 11, Anfang April–Anfang Dez. Do–So/Fei 11–17 Uhr, 8/5 €, bis 18 J. frei

Staatsgeheimnis aus DDR-Zeiten

Unheimliches Relikt aus DDR-Zeiten südlich von Bad Freienwalde ist der **Führungsbunker Harnekop,** der für die höchsten NVA-Generäle gebaut wurde und zu den bestgehüteten Staatsgeheimnissen der sozialistischen Republik gehörte. Gut versteckt im Wald inmitten einer eiszeitlichen Senke, sollte die vom Verteidigungsministerium errichtete, heute abbruchreife Kasernenhalle im Fall eines Krieges als oberste Koordinierungsstelle zwischen Nationaler Volksarmee und dem Oberkommando der Warschauer Vertragsstaaten fungieren, aber auch Schutz vor Atombomben bieten. Inzwischen sorgt der Verein für Erinnerung und Bewahrung von Zeitgeschichte für die Instandhaltung des denkmalgeschützten Gebäudes und führt auch regelmäßig Interessierte durch die einzelnen Etagen des Betonkolosses.

Lindenallee 4, Prötzel/OT Harnekop, T 033436 377 65 bzw. 0160 99 41 86 04, atombunker-harnekop-nva.hpage.com, Führungen nach Voranmeldung meist Sa 11 Uhr, Preis 15/10 €

Schlafen

Im historischen Fachwerkhaus

Schuberts Oderbruchlandpension: Hier stimmt einfach alles, von der Umgebung des liebenswerten Kolonistendorfs über die behagliche, mit viel Liebe zum

WANDEROPER

Damit auch metropolenferne Gebiete musikalisch nicht länger unterversorgt sind, hat sich der pensionierte Opernregisseur und Theaterwissenschaftler Arnold Schrem mit seinem Verein für kulturelle Bildung vor einigen Jahren auf den Weg gemacht, von Bad Freienwalde aus ein ehrgeiziges, von Profis gestemmtes Programm auf die Beine zu stellen und Opern wie »Der Wildschütz« oder »Die Zauberflöte« in die entlegensten Winkel zu bringen – und zwar auch an Schulen und andere Institutionen.

Detail ausgestattete Pension mit Sauna und kleinem Pool im Garten bis zu den freundlichen Betreibern.

Neulietzegöricke 27, Neulewin, T 033457 46 56 66, www.schubertsoderbruchlandpension. de, EZ ab 55 €, DZ ab 70 €, Fewo ab 60 €, Frühstück 8,50 €

Liebenswert

Pension Lindenwirtin: Eine kleine, feine Adresse mit schönem Garten. Auf Wunsch organisiert Lindenwirtin Bärbel Nolting auch Mal- und Yogakurse sowie Kutschfahrten und Ausflüge.

Neulewin 17, Neulewin, T 0174 306 76 48, www.lindenwirtin-neulewin.de, EZ 70 €, DZ 75 €

Im Industriedenkmal

Hotel-Restaurant Maschinenhaus: Neun modern eingerichtete Zimmer mit Aussicht über das Oderbruch und den Fluss. Im Restaurant Essen mit regionalen Zutaten, Fleisch aus artgerechter Tierhaltung, Hauptgerichte um 10 €.

Hafenstr. 2, Groß Neuendorf, T 033478 38 77 10, www.maschinenhaus-online.de, EZ ab 55 €, DZ ab 75 €, Frühstück 10 €; Restaurant: April–Okt. tgl. zum Frühstück (extern 10 €) und Do–Di ab 15 Uhr

Essen

In der alten Dorfschule

Kolonisten-Kaffee: Mitunter stehen die Menschen Schlage, um die köstlichen Torten von Martina Herrlich-Grzan zu essen. Auch die Einrichtung mit altem Porzellan lädt dazu ein, den weit und breit besten Kaffee hier zu genießen.

Neulietzegöricke 61, Neulewin, T 033457 51 93, www.kolonisten-kaffee.de, Ende Juni–Sept. Mi–So 13–18, sonst Fr–So 13–18 Uhr

Direkt am Deich

Dammmeisterei: In zwei restaurierten Fachwerkhäusern schmecken vor allem

Dammmeisters Fischtopf mit Wurzelgemüse und andere regionale Köstlichkeiten, zubereitet von Alexander Thomas und seinem Team. Moderne Bistroküche mit frischen regionalen Zutaten. Beliebt ist auch der Sonntagsbrunch.

Zollbrücke 10, Zäckericker Loose, T 033457 46 90 99, www.dammmeisterei.de, Mo/Di, Fr/Sa 11.30–21, So 9–21 Uhr, Hauptgerichte ab 10 €

Gute Nacht

Gasthaus Zollbrücke: Schmuckes Fachwerkhaus am Oderdeich. Spezialität sind Fisch- und Wildgerichte. Nachmittags gibt es Kuchen und Eis. Auch einige Zimmer.

Zollbrücke 7, Zäckericker Loose, T 033457 51 16, www.gh-zollbruecke.de, Mi–So/Fei 9–18 Uhr, Hauptgerichte um 8 €; Übernachtung: EZ ab 40 €, DZ ab 55 €, Frühstück 7,50 €

Augenweiden und Gaumenfreude

Galerie Koch und Kunst: Stefan Hessheimer ist sowohl leidenschaftlicher Fotograf als auch Koch und seit vielen Jahren dem Oderbruch verbunden. All diese Liebhabereien gibt er auch in Form von Workshops in seiner Galerie an Interessierte weiter, die regelmäßig zu Foto- und Kochkursen eingeladen sind – und staunen, welche Augenweiden und Gaumenfreuden im fernen Groß Neuendorf entstehen.

Poststr. 12, Letschin/OT Groß Neuendorf, T 033478 45 41, www.kochundkunst.de, Workshops ab 85 €

Einkaufen

Alles von der Ziege

Ziegenhof Zollbrücke: Im Hofladen am Europa-Radweg ist alles von der Ziege: Ziegenkäse und -wurst über Ziegenkäsetorte bis hin zum Eis aus Ziegenmilch. Nicht vergessen, die Tiere anzusehen!

TOUR
Immer am Grenzfluss entlang

Auf dem Oder-Neiße-Radweg von Küstrin bis Bad Freienwalde

Infos

📍 K 5–J 4

Start: Bahnhof Küstrin-Kietz
Ziel: Bad Freienwalde
Länge: 52 km
Dauer: ca. 5 Std.
Auskunft: www.seenland-oder-spree.de und www.oder-neisse-radweg.de

Einer der reizvollsten Fernradwege in der Umgebung ist der 630 km lange Oder-Neiße-Radweg, der in Tschechien an der Quelle der Lausitzer Neiße startet, ihr bis zur Mündung in die Oder und dieser wiederum bis an die Ostsee folgt. Eine besonders schöne und dazu bequeme Etappe führt – meist auf gut ausgebauter, asphaltierter Strecke – von Küstrin nach Bad Freienwalde. So einsam die Auenlandschaft anmutet – unterwegs überraschen unscheinbare Orte mit originellen Ess- und Übernachtungsmöglichkeiten sowie professioneller Bühnenkunst.

Die Tour startet am Bahnhof Küstrin-Kietz. In **Kienitz,** dem ersten Etappenziel nach ca. 20 km, erinnert ein Panzer des sowjetischen Typs T 34 daran, dass der Ort der erste war, der 1945 von der Roten Armee auf ihrem Weg nach Berlin befreit wurde. Ansonsten wartet hier in der **Radwegekirche** das **Café Himmel & Erde** mit selbstgebackenem Kuchen auf hungrige Radsportler.

Nächste Station nach ca. 3 km ist **Groß Neuendorf.** Schon von Weitem ist der ehemalige **Verladeturm** der Hafenanlage zu sehen. Das **Turmcafé** lädt zu einer Rast mit Panoramablick ein. Nach ca. 7 km taucht **Zäckericker Loose** auf. So winzig der Ort ist, er hat eine geballte Ladung Kulinarik aufzubieten. Neben Gasthäusern bewirtet der **Ziegenhof Zollbrücke** die Ausflügler mit Käse und Eis aus Ziegenmilch, das Theater am Rand mit gekonnter Bühnenkunst (s. Lieblingsort S. 158). In **Hohenwutzen** verlassen Sie den Oder-Neiße-Radweg und biegen in den ausgeschilderten Weg nach **Bad Freienwalde** ab.

Zollbrücke 20, Oderaue/OT Zäckericker Loose, T 033457 50 65, www.ziegenhof-zoll bruecke.de, tgl. 10–19 Uhr, s. auch S. 270

Infos

• **Tourismus Oderbruch:** Mittelstr. 10, Seelow, T 03346 84 98 08, www.oder bruch-tourismus.de

Möglin ♀ J4

Die winzige Siedlung gehört zu Reichenow unweit von Prötzel. Hier hat sich die **Fördergesellschaft Albrecht Daniel Thaer** dafür eingesetzt, dass mit einer Ausstellung an den vielseitigen Agrarreformer und Arzt erinnert wird. 1752 in Celle geboren, war er zunächst Leibarzt von Georg III., dem Kurfürsten von Hannover, bevor er sich der Landwirtschaft widmete, mit Pflanzen und Ackergeräten experimentierte und Neuerungen wie die Fruchtwechselwirtschaft einführte. Seit 1804 in preußischen Diensten, erwirbt er ein 250 ha großes Gut in Möglin, wo er seine von der englischen Landwirtschaft inspirierten Theorien in die Praxis umsetzt und eine Königlich Preußische Akademie Lehranstalt des Landbaus begründet.

Thaers Gutsgelände ist heute leider nur von außen zu besichtigen, aber in einem Neubau kann man sich anhand von Schautafeln, Porträts und von Thaer erfundenen Gerätschaften ein Bild von der bedeutenden Persönlichkeit machen. Bei einem Spaziergang durch die Siedlung trifft man hinter der Dorfkirche auf Albrecht Daniel Thaers Grab und auf eine Büste.

Hauptstr. 10, Reichenow-Möglin, T 033456 351 64, www.albrecht-daniel-thaer.org, April–Sept. Do–So 11–17, Okt.–März Di–Fr 10–16 Uhr, Eintritt 3/2 €, Führungen 2 €

Der visionäre Agrarreformer Albrecht Daniel Thaer hat sich nicht nur um ein Denkmal verdient gemacht.

Schlafen und Essen

Tudor-Schloss
Schloss Reichenow: Das nahe gelegene ehemalige Schloss mit schönem Landschaftsgarten am Langen See bietet 22 renovierte Zimmer und Suiten, Sauna und ein stilvolles Restaurant.

Neue Dorfstr. 1, Reichenow-Möglin, T 033437 27 66 28, www.schlossreichenow. com, nur DZ ab 140 €; Restaurant: Mi–Fr ab 16, Sa/So ab 12 Uhr, Hauptgerichte ab 15 €

Kunersdorf ♀ J4

Einst haben tatkräftige und weitsichtige Frauen dem Ort zu regionaler Größe verholfen, wobei sie sich von den Ideen des mit ihnen befreundeten Albrecht Daniel Thaer (s. Möglin, links) leiten ließen. 1789 übernahm Helene Charlotte von

Lieblingsort

Kühnes Theater in menschenleerer Natur

Ein Theater dicht an der Oder und der polnischen Grenze? Ob so etwas funktionieren kann? Und ob! Wenn eine mutige Unternehmung von Erfolg gekrönt ist, dann dieses ebenso unprätentiöse wie überzeugende **Theater am Rand** (📍 J 4). Schon allein das Gebäude: Aus Holz, darunter zusammengesammelte dicke Baumstämme, haben die Betreiber ein skurriles und zugleich behagliches Ensemble aus Zuschauerraum, Restaurant Randwirtschaft und Nebengebäuden errichtet. Hier bringen jetzt der Musiker und Intendant Tobias Morgenstern und Thomas Rühmann alias Dr. Roland Heilmann aus der ARD-Serie »In aller Freundschaft« eigene Produktionen auf die Bühne, in denen häufig Regionalgeschichten von teils eigenwilliger, aber immer gekonnter Musik untermalt werden. Mal inszenieren sie Sten Nadolnys »Entdeckung der Langsamkeit«, mal Theodor Storms »Schimmelreiter«. Mitunter singt auch eine Operettenspezialistin zu den Rhythmen der südamerikanisch angehauchten Band Morgenstern von Ipanema. Jazzkonzerte, Filmabende und das OderKurz-Filmspektakel im Juni runden das ambitionierte Programm ab. Dazu können Sie sich auch noch gute regionale Küche schmecken und die unmittelbar vor der Haustür liegende Oderlandschaft auf sich wirken lassen. Und das Beste: Sie zahlen keinen Eintritt, sondern einen freiwilligen, aber bitte fairen »Austritt« am Ende der Vorstellungen. **Theater am Rand:** Zollbrücke 16, Oderaue/OT Zäckericker Loose, T 033457 665 21, www.theateramrand.de, Reservierung nötig

Lestwitz (1754–1803) nach dem Tod ihres Vaters die Güter der Herrschaft Friedland und bewirtschaftete sie nicht nur nach fortschrittlichen landwirtschaftlichen Prinzipien.

Von ihrem Ehemann geschieden, holte sie eine illustre Gesellschaft aus Politik, Wissenschaft, Kunst und Kultur ins Cunersdorfer Schloss, in die tiefe Provinz. Wilhelm und Alexander von Humboldt, die Bildhauer Schadow und Christian Daniel Rauch waren bei der viel bewunderten Helene Charlotte von Friedland zu Gast.

Chamisso in Kunersdorf

Das Schloss und die alte Patronatskirche wurden im Krieg zerstört. Erhalten blieben die klassizistische Grabkolonnade der Familien von Lestwitz und Itzenplitz, der Dammkrug, der Schlosspark und die Dépendance des Schlosses, eine hübsche Villa mit großem Garten. Dort hat der Förderverein Kunersdorfer Musenhof seinen Sitz und es beherbergt ein sehenswertes **Museum** für das deutsch-französische Multitalent Chamisso, der sich als Schriftsteller, Naturforscher und Weltreisender betätigte, die Antarktis und Alaska erforschte und auf den übrigens auch der Begriff des Parkas zurückgehen soll.

Chamisso Museum: Bliesdorf/OT Kunersdorf, T 033456 15 12 27, www.kunersdorfermusenhof.de, April–Okt. Sa/So/Fei, auf Anfrage auch Mi–Fr 11–17 Uhr, im Winter Mi–So auf Anfrage, Eintritt frei, Spende erwünscht

---

Neuhardenberg ♥ J5

1348 unter dem Namen Quilitz erstmals urkundlich erwähnt, residierte hier im 18. Jh. Oberstleutnant von Prittwitz, dem Friedrich der Große 1759 für seine Verdienste in der Schlacht bei Kunersdorf den hiesigen Herrensitz schenkte. 1811 erwarb ihn der preußische Staat zurück und machte ihn 1814 dem Staatskanzler Karl August Fürst von Hardenberg zum Geschenk. Mit ihm sollten »Urbanität, Grazie und Lebensgefühl« in der Provinz einziehen.

Dazu ließ von Hardenberg um 1821 den spätbarocken Landsitz von Karl Friedrich Schinkel in ein elegantes, **klassizistisches Palais** verwandeln. Im Mittelpunkt stand der repräsentative Gartensaal, dessen große Fenster den Blick auf den dahinterliegenden Park freigeben. Durch ihn wurde die Schlossanlage samt Kavalierhäusern, Orangerie und Wirtschaftsgebäuden zu einem Gesamtkunstwerk.

Peter Joseph Lenné legte den **Park** unter Mitwirkung von Hermann Fürst von Pückler-Muskau im Stil englischer Landschaftsgärten an. Sichtachsen verbinden das Schloss mit Elementen wie dem Marmordenkmal für Friedrich den Großen, das sich in einem kleinen See spiegelt. Von dem Luccheser Bildhauer Giuseppe Martini geschaffen, zeigt es den Kriegsgott Mars und die Göttin der Künste und Wissenschaft, die an einer Säule um die Urne des verstorbenen Königs trauern.

Schinkel'sches Gesamtkunstwerk

Besonderes Kleinod ist die **Schinkelkirche** vis-à-vis dem Schloss. Der Architekt machte aus dem bei einem Brand zerstörten Vorgängerbau zwischen 1814 und 1817 einen klassizistischen Putzbau. Im Inneren empfängt den Besucher eine freundliche Emporenhalle mit runder Apsis, Blickfang ist die berühmte Decke mit blauem Sternenhimmel, im Altar fand das Herz des früheren Staatskanzlers seine letzte Ruhestätte.

Über 130 Jahre blieb das Schloss im Besitz der Familie von Hardenberg – bis die Geschichte ein tragisches Ende nahm. Carl-Hans Graf von Hardenberg, ein Nachfahre des früheren Besitzers, war an dem gescheiterten Attentat auf

Adolf Hitler beteiligt und wurde von der Gestapo im KZ Sachsenhausen interniert. Dem gegen ihn vorbereiteten Prozess mit Beantragung der Todesstrafe kam die Rote Armee zuvor, die die Gefangenen befreite.

Nach Kriegsende wurde aus Neuhardenberg das sozialistische Musterdorf Marxwalde, das zeitweise als Schule genutzte Schloss bot einen traurigen Anblick. Erst nach der Wende durften die Urnen von Graf Hardenberg und seiner Frau in Neuhardenberg beigesetzt werden.

Zu neuem Glanz durch eine aufwendige Sanierung verhalf dem Schloss sein neuer Eigentümer, der Deutsche Sparkassen- und Giroverband. In die Remise, das westliche Kavaliershaus und die Orangerie ist ein edler **Hotelbetrieb** eingezogen, in die ehemalige Brennerei ein **Landgasthof** mit sehr guter märkischer Küche. Doch beseelt wird das Gebäudeensemble erst durch das Kulturprogramm mit Ausstellungen, Konzerten, Debatten und der alljährlich im Mai stattfindenden Neuhardenberg-Nacht, wo Performances, Varieté, Trommelwirbel und Feuerwerk die stille Provinz aufmischen.

Molkenbasilika

Ein eindrucksvolles Zeugnis für das Frühwerk Schinkels befindet sich in **Bärwinkel,** 3 km nördlich von Neuhardenberg. Um 1800 entstand hier eine Art Sommerfrische für Friedrich Wilhelm Bernhard von Prittwitz, den Besitzer des Gutes Quilitz. Erhalten geblieben ist nur das **Molkenhaus** genannte Verwalterhaus, das Fontane aufgrund der Ähnlichkeit mit einer Kirche auf den Namen ›Molkenbasilika‹ taufte. An eine stolze Fassade mit Rundbogenfenstern

Klassizistische Eleganz: Schloss Neuhardenberg inmitten eines Landschaftsparks im englischen Stil

unter klassizistischem Giebel schließt sich ein Bau aus Feldsteinen an, der an italienische Basiliken erinnert. Im Inneren veranstaltet ein Förderverein zum Teil Ausstellungen über das Gebäude und das Frühwerk Schinkels.

Schloss Neuhardenberg: Schinkelplatz, Neuhardenberg, T 033476 60 00, www.schlossneuhardenberg.de, April–Ende Okt. Do 12–18 Uhr, Eintritt 2,50 €, mit Führung 4,50 €, Führungen 13, 14.30, 16 Uhr; **Ausstellungen und Stiftungsshop:** Ende März–Okt. Di–So/Fei 10–18, Nov.–März Sa/ So 11–16 Uhr, Eintritt 3/2 €; Park ganzjährig geöffnet; **Schlosshotel:** T 033476 60 00, EZ ab 100 €, DZ ab 110 €; **Brennerei:** T 033476 60 05 30, tgl. 12–22 Uhr, Jan./Feb. nur Fr–Mo; **Schinkelkirche:** www.schinkelkir che.de, Di–So 12–15 Uhr, Nov.–März nur Sa/ So 12.30–15 Uhr; **Molkenbasilika:** Bärwinkel 19, Neuhardenberg/OT Bärwinkel, T 030 44 26 81 26, www.foerderverein-baerwinkel.de, April–Mitte Okt. Fr 11–17, Sa/So 10–18 Uhr, Eintritt 5/3,50 €

Schloss Trebnitz   ♀J5

Während Schloss Gusow südlich von Neuhardenberg in den letzten Jahren immer mehr verkommen ist, leuchtet der Stern von Schloss Trebnitz, das ebenfalls in der näheren Umgebung von Neuhardenberg liegt. Allerdings ist in dem prächtigen Gebäude kein Hotel, sondern ein Bildungs- und Begegnungszentrum untergekommen, das den kulturellen Austausch in der deutsch-polnischen Grenzregion fördern soll.

Flensburger Venus im Oderland
In einem hübschen Wirtschaftsgebäude zeigt seit 2017 ein kleines **Gustav Seitz Museum** das Werk des Bildhauers, der 1906 in Neckerau bei Mannheim geboren wurde, nach seiner Ausbildung erst in Berlin, später in Hamburg lebte, wo er auch an der Hochschule für Bildende Künste lehrte und 1969 starb. Unzählige

Studienreisen führten ihn durch ganz Europa.

Nach Trebnitz dürfte er nie einen Fuß gesetzt haben. Doch ausgerechnet hier kam der Nachlass des Künstlers mit einer archaischen Sappho, einem Torso aus melonenförmigen Brüsten oder Frauenfiguren unter, die durch ihre überdimensionalen Bäuche jeden Moment das Gleichgewicht zu verlieren drohen. Das verbindende Element zur Begegnungsstätte ist laut Museumsleiter Dr. Bernd Schälicke die tiefgründige, herausfordernde Menschlichkeit, die den Werken innewohnt. Gleich dabei lädt auch ein Dorfladen mit kleinem Café zur Stärkung mit regionalen Spezialitäten ein.

Platz der Jugend 3 A, Müncheberg/OT Trebnitz, T 033477 51 90, www.gustav-seitz-museum.de, Mi–So 11–17 Uhr, 4/2 €

Gedenkstätte Seelower Höhen   ♀J/K5

Ganz Widersprüchliches erleben Sie in der Kreisstadt Seelow am Westrand des Oderbruchs 12 km südwestlich von Neuhardenberg. Den meisten ist sie durch die Gedenkstätte Seelower Höhen ein Begriff. Der Ort erlangte traurige Berühmtheit, als hier im April 1945 die letzten Kämpfe des Zweiten Weltkriegs ausgetragen wurden. 100 000 polnische, russische und meist blutjunge deutsche Soldaten kamen hier ums Leben.

Erinnerung an den Krieg
An ihr Schicksal erinnert die Gedenkstätte mit der überlebensgroßen Statue eines russischen Soldaten von dem Moskauer Bildhauer Lew Kerbel, die den Sieg der Sowjetarmee in den Vordergrund stellt. Das Museum mit wechselnden Ausstellungen trägt inzwischen zu einer diffe-

renzierteren Sicht bei. Auch wechselnde Ausstellungen, z. B. über die »Operation Berlin«, halten Besuchern die Grausamkeit des Krieges vor Augen.

Küstriner Str. 28 A, Seelow, T 03346 597, www.seelowerhoehen.de, April–Okt. Di–So 10–17, Nov.–März Di–So 10–16 Uhr, im Winter z. T. Schließzeiten, 4/3 €, Familien 8 €, Führung 5/2,50 €

Schweizerhaus Seelow ♀ K5

Ausgerechnet in nächster Nähe ist das Schweizerhaus zu neuem Leben erwacht. Mit Eiskeller, Scheune und Biergarten war es im 19. Jh. beliebtes Ausflugslokal, bis es 1919 der Berliner Hugo Simon erwarb. Der jüdische Bankier, Kunstmäzen und spätere Finanzminister der Weimarer Republik machte daraus ein einzigartiges Mustergut, in dem auch Kurt Tucholsky, Thomas Mann oder Albert Einstein zu Gast waren. 1933 vom preußischen Staat beschlagnahmt, ging die Gutsanlage später an den Volkseigenen Betrieb Gartenbau Seelow.

Nachdem der Erbengemeinschaft des früheren Besitzers das Gelände zurückübereignet wurde, erwarb es die Gemeinde Seelow. Seitdem bemüht sich der Heimatverein Schweizerhaus Seelow erfolgreich, das einstige **Mustergut mit Goethehaus** denkmalgerecht zu sanieren und der Öffentlichkeit zugänglich zu machen. Von der Schönheit des Anwesens können Sie sich u. a. im Sommerhalbjahr überzeugen, wenn es zum Kaffeetrinken sowie Lesungen und Ausstellungen einlädt.

Kunstspeicher Friedersdorf

Einen knapp 3 km langen Abstecher von Seelow nach Friedersdorf lohnt der dortige **Kunstspeicher,** der einen früheren Kornspeicher als Kulturzentrum mit Leben füllt. In dem stattlichen Gebäude haben Kunstausstellungen, Trödelladen und Wirtshaus Platz, dazu finden Lesungen, Kabarettabende oder Konzerte in der hübschen Barockkirche des Ortes statt. Das Wirtshaus bietet Friedersdorfer Zwiebelkuchen oder Schwarzwurzel-Pastinaken-Pfanne mit Ziegenkäse (12,50 €), der SpeicherLaden regionale Produkte wie Liköre, Marmeladen, Honig, Kerzen, Schafwollsocken usw.

Schweizerhaus Seelow: Am Schweizerhaus 1–5, Seelow, T 03346 429 19 10, www. heimatverein-seelow.de, Juli–Sept. So ab 14 Uhr Sammeltassen-Café; Kunstspeicher: Frankfurter Str. 39, Vierlinden/OT Friedersdorf, www.kunstspeicher-friedersdorf.de, T 03346 85 58 50, Di–So 11–18, Wirtshaus ab 11 Uhr, 2,50/1,50 €

Märkische Schweiz ♀ J5

Zugegeben, mit der Schweiz hat der Naturpark wenig zu tun. Aber für Brandenburger Verhältnisse wirkt er schon wie ein kleines Gebirge und gehört sicherlich zu den liebenswertesten Flecken rundum. Er ist auch ein ideales Wander- und Erholungsgebiet. In der Eiszeit vor 10 000 bis 15 000 Jahren entstanden, ließen die Endmoränenzüge nördlich von Buckow die Wachtelberge und den Krugberg zurück. Das abfließende Schmelzwasser bahnte sich seinen Weg durch das **Stobbertal.**

Auf engem Raum begegnen Sie hier sanften Hügeln, tiefen Schluchten – den sogenannten Kehlen –, Quellbächen, Seen und stillen Mooren. In dem 205 km² großen Areal brüten Kraniche, Schwarz- und Weißstörche sowie Fisch- und Seeadler. Neben Seen wie dem **Schermützel-** oder dem **Tornowsee,** die zum Baden einladen, breiten sich weite Buchenwälder aus, in denen seltene Farne und Moose, Fischotter, Eisvögel und Wechselkröten zu Hause sind. Durch das Gebiet schlängeln sich insgesamt ca. 150 km markierte Wanderwege. Der schönste, allerdings auch anspruchsvollste ist die Große Naturparkrunde (s. Tour S. 166).

Buckow   ♥ J 5

Der Hauptort der Märkischen Schweiz am Schermützelsee wurde bereits 1253 urkundlich erwähnt und wuchs als »Buchowe« unter den Mönchen von Lebus bis 1405 zum Städtchen heran. Damals wurden hier Hopfen und Wein angebaut, später auch Rosen für die königlichen Gärten in Berlin und Potsdam gezüchtet. Das waren gute Voraussetzungen für den Gesundheitstourismus, der heute Hauptaktivität des Kneippkurorts ist. Besonders günstig ist auch das trockene, warme Mikroklima der Märkischen Schweiz.

»Majestät, in Buckow geht die Lunge auf Samt«, lobte schon der Leibarzt Friedrich Wilhelms IV. die gute Luft der Gegend, in der sich später so mancher Prominente erholte. Zu ihnen gehörte nicht nur Bertolt Brecht, sondern auch Egon Erwin Kisch, der 1927 eine Zeit lang in der Kleinen Weißen Taube – heute das **Hotel-Restaurant Johst** am See – wohnte.

»Buckower Elegien«
Berühmt geworden ist der Ort aber vor allem, weil Bertolt Brecht hier sein Refugium hatte, das inzwischen als **Brecht-Weigel-Haus** die Hauptattraktion des Städtchens ist. Im Jugendstil-Sommerhaus, der sogenannten **Eisernen Villa**, erholten sich der Dramatiker und seine Frau ab 1952. Ursprünglich 1911 von dem Berliner Bildhauer Georg Roch er-

baut, bot ihnen das elegante Atelierhaus mit der großen Fensterfront einen herrlichen Blick auf den See, der Brecht zu seinem Gedichtzyklus »Buckower Elegien« von 1953 inspiriert haben mag. Heute erinnern nicht nur viele Möbel, Fotos, Schriftdokumente und der berühmte Planwagen aus der »Mutter Courage« von 1949 an die Sommerfrischler, sondern auch der hier stattfindende Literatursommer mit Lesungen, Konzerten und Theater.

Bertolt-Brecht-Str. 30, T 033433 467, www.brechtweigelhaus.de, April–Okt. Mi–Fr 13–17, Sa/So 13–18, Nov.–März Mi–Fr 10–12, 13–16, Sa/So 11–16 Uhr, 4/3 €, jeden 3. So im Monat 12.30 Uhr Brecht-Spaziergang 10 €

Waldsieversdorf   ♥ J 5

Durch Bertolt Brecht fand John Heartfield, Künstler und Begründer der Fotomontage, sein Sommerrefugium im benachbarten Waldsieversdorf. Inzwischen zeigt das verwunschene **John-Heartfield-Haus** seine Kunstwerke, Fotos und persönliche Gegenstände. Kaffee, selbstgebackenen Kuchen und Eis serviert das **Café Tilia.**

Schwarzer Weg 12, T 033433 771, www.heartfield.de, Mai–Anfang Okt. Fr–So 13–18 Uhr, Eintritt frei, Spende erwünscht
Café Tilia: Nr. 27, T 033433 15 53 77, www.cafe-tilia.de, Mitte April–Mitte Juni u. Mitte Sept.–Okt. 13–18, Mitte Juni–Mitte Sept. 11–18, Nov.–Mitte April 14–17 Uhr

Schlafen und Essen

Für Kreative
Bellevue Buckow: Das Traditionshaus hat sich nach und nach in eine Gastgeberei und ein Kreativhaus verwandelt. Neben liebevoll möblierten und unterschiedlich gestrichenen Zimmern wartet draußen ein Feuerplatz mit schönem Blick auf den See,

Gebratene Forelle ist der Renner im Gasthaus Pritzhagener Mühle im Stobbertal.

im Keller können Sie sich mit Pinsel und Farbe betätigen, Fotobücher und anderes herstellen.

Hauptstr. 16, T 033433 61 31 55, www.bel levue-buckow.de, EZ ab 45 €, DZ ab 85 €, Frühstück 7 €

Raffinierte Landküche

Hotel Stobbermühle: Renommiertes Restaurant mit Terrasse und Kaminstube, wo z. B. Zanderfilet in Honigkruste serviert wird (19,50 €). Komfortable, individuell gestaltete Zimmer, Fontane-, Toscana- und Hochzeitssuite.

Wriezener Str. 2, T 033433 668 33, www. stobbermuehle.de, tgl. 12–22, So bis 21 Uhr, EZ ab 54 €, DZ ab 75 €, Frühstück 10 €

Café im Wiesengrund

Pritzhagener Mühle: Das Gasthaus geht auf eine 180 Jahre alte Mühle am Flüsschen Stobber zurück, es gibt gute Fischgerichte und hausgemachten Kuchen vom Blech, der sich als Picknick-vorrat eignet.

Lindenstr. 74, im Stobbertal, T 033443 38 44, meist März–Mitte Nov. Di–So 11–17 Uhr

Nettes Ladencafé

Buckower Köstlichkeiten: Unprätentiöser Laden mit qualitätvollen, regionalen Produkten und dem besten Kaffee weit und breit. Freitagsabends um 18 Uhr trifft man sich hier gern zum gemeinsamen Essen.

Am Markt 8, T 033433 15 60 12, www.natur kontor-buckow.de, Mo–Do 9–18, Fr 9–20, Sa 9–16.30 Uhr

Bewegen

Strandbäder und Bootsverleih

Strandbad Buckow: Neben dem Strandbad gibt es noch diverse Badestellen am Schermützel-, Tornow- und Großen Däbersee.

Wriezener Str. 38, Mai–Sept. tgl. 10–19 Uhr, 3/1,50 €

Ausflugsdampfer

Seetours: Rundfahrten mit den altgedienten Ausflugsdampfern »Scherri« und »Seeperle«

Bertolt-Brecht-Str. 11, T 033433 232, www. seetoursms.de, April–Okt. 10–17.30 Uhr stündlich, 8/4 €

Feiern

● **Klassik im Grünen:** Mai–Aug. Der Schlosspark wird zur Kulisse für Open-Air-Konzerte unter dem Motto »Klassik im Grünen«, wobei das Programm inzwischen auch Jazz, Blues oder Tango mit einschließt.

Buckower Kunst- und Kulturförderverein, T 030 691 75 66, www.kulturfeste.de

Infos

- **Kultur- und Tourismusamt Märkische Schweiz:** Sebastian-Kneipp-Weg 1, T 033433 15 00 30, www.maerkische-schweiz.eu. Führungen, Wandertouren, Pauschalangebote, auch für Schulklassen.
- **Besucherzentrum Schweizer Haus:** Lindenstr. 33, T 033433 158 41, www.maerkische-schweiz-naturpark.de. Mit neu gestalteter Ausstellung informiert das Besucherzentrum ab 2021 über den Naturpark.
- **Besucherzentrum Drei Eichen:** Königsstr. 63, T 033433 201, www.dreichen.de. Wandertipps, Karten sowie GPS-Geräte.

Vor den Toren Berlins

Museumsdorf Rüdersdorf ⚲ H5

Kalksteinabbau – das klingt nicht gerade spannend. Aber im Museumspark Rüdersdorf, dem weltweit einzigen erhaltenen historischen Kalkbergwerk, waren bedeutende Architekten wie Schinkel am Werk. Nachdem hier mehr als 750 Jahre lang Kalk abgebaut wurde, haben sie über 200 einzigartige Industriedenkmäler hinterlassen. Wer sich über das 17 ha große Gelände bewegt – das geht auch mit E-Bikes, Go-Karts oder sogar dem Kanu –, kann sich von den **Rumfordschen Kalköfen** aus dem frühen 19. Jh. oder dem **Magazingebäude** mit dem Uhrenturm von 1830 beeindrucken lassen.

Bei historischen Führungen erfahren Sie auch, dass Kalkstein ein äußerst wichtiger Baustoff war, der auch bei den Terrassen von Sanssouci oder beim Brandenburger Tor in Berlin zum Einsatz kam. Dazu serviert das **Café Magazin** herzhaftes Bauernfrühstück und preiswerte vegane Sandwiches. Mitunter werden hier sogar Discoabende veranstaltet.

Heinitzstr. 41, www.ruedersdorf-kultur.de, T 033638 79 97 97, April–Okt. tgl. 10–18, Nov.–Feb. 10.30–16 Uhr, 6/3 €

Grünheider Wald- und Seengebiet ⚲ H6

Südlich von Rüdersdorf im schönen Grünheider Wald- und Seengebiet begibt man sich auf die Spuren **Gerhart Hauptmanns.** Er lebte hier 1885–89 mit seiner Familie in einer Gründerzeitvilla, die heute als **Museum** fungiert. Wo Originalmöbel und Porträts an den Nobelpreisträger erinnern, finden hin und wieder auch Lesungen, Vorträge oder Filmabende statt. Noch mehr über die Stadtgeschichte berichtet das 1760 erbaute Heimatmuseum, das zugleich ältestes Haus von Erkner ist.

Ab 2021 plant übrigens der US-Elektroautohersteller Tesla in Grünheide die Produktion von 500 000 Fahrzeugen pro Jahr in einer sogenannten Gigafactory, der ersten in ganz Europa. Die Realisierung wäre eine riesige Investition in und für das Land Brandenburg. 8000 Arbeitsplätze könnten entstehen. Wann der Spatenstich genau erfolgt, war bei Redaktionsschluss noch nicht bekannt.

Gerhard-Hauptmann-Museum: Gerhart-Hauptmann-Str. 1/2, Erkner, T 03362 36 63, www.gerhart-hauptmann.de, Di–So 11–17 Uhr, Eintritt 2, Führungen 10 €; **Heimatmuseum:** Heinrich-Heine-Str. 17, Erkner, T 03362 224 52, Mi, Sa/So 13–17 Uhr, 2/1,50 €

TOUR
Auf und ab durch Täler und Schluchten

**Wandertour auf der Großen Naturparkroute
durch die Märkische Schweiz (s. S. 162)**

Diese Runde ist
der Königsweg
durch die Mär-
kische Schweiz.
Zwischendurch
bieten mehrere
Badeseen eine
Erfrischung.

Ausgangspunkt ist das Tourismusamt mit kleinem
Parkplatz im Zentrum von Buckow, das auch ein
Wander-Faltblatt aushändigt. Auf gut markiertem
Weg geht es durch den Schlosspark am Griepensee zur
Lindenstraße, dort links und zum **Besucherzentrum
Schweizer Haus.** Am Hopfenweg mit der Güntherquel-
le rechts und kurz darauf an der Weggabelung wieder
rechts auf der markierten Naturparkroute durchs wildromantische **Stobbertal.** Der Pfad verläuft mal mehr,
mal weniger nah am Stobber entlang. Nach diversen
Schlangenlinien verlässt der Weg den Bach und führt
zum idyllischen **Großen Tornowsee,** der
links liegen bleibt, weiter zur **Pritzhagener
Mühle.** Rechts am Fischpass vorbei und an
der großen Eiche links – schon kommt der
idyllische Kaffeegarten, der auf eine 180
Jahre alte Mühle am Flüsschen Stobber zurückgeht, in Sicht, wo es gute Fischgerichte
und hausgemachten Kuchen gibt (s. S. 164).

Zurück an der großen Eiche folgen Sie dem
Hinweisschild zum **Umweltbildungszen-
trum Drei Eichen** erst links und an der
nächsten Weggabelung rechts auf einen
breiten Fahrweg, der dahinter in eine Fahrradstraße mündet, von der man kurz darauf
rechts auf einen Waldpfad abbiegt. An der
nächsten Kreuzung geht es links in den **Alten
Schulsteig,** der zurück auf die Fahrradstraße führt. Ihr folgt man eine kurze Strecke
und nimmt dann links den markierten Weg
in Richtung Waldsieversdorf.

Infos

📍 J 5

Start/Ziel: Kultur-
und Tourismusamt
Märkische Schweiz in
Buckow
Länge: 21 km
Dauer: ca. 7 Std.
(Abkürzungen
möglich), Markie-
rung roter Punkt auf
weißem Grund

**Kultur- und Touris-
musamt in Buckow:**
Sebastian-Kneipp-
Weg 1,
T 033433 15 00 30,
www.maerkische-
schweiz.eu

Auf der Himmelsleiter zur Sauerkirschenallee

Nun wandern Sie lange Zeit geradeaus am **Schwarzen See** vorbei zur **Alten Berliner Straße**, überqueren diese. Geradeaus weiter weisen Schilder zur Kleinbahnstrecke. Von hier aus kann man zum 3 km entfernten Bahnhof von **Müncheberg** laufen oder mit der Buckower Kleinbahn nach Buckow zurückfahren. Ansonsten wandern Sie ein kurzes Stück rechts neben den Bahngleisen, bis links an einem Bach ein schmaler Pfad abzweigt, der um den **Großen Däbersee** herumführt. Hier eignet sich ein Abstecher zum **John-Heartfield-Haus** (s. S. 163), das an den englischen Fotomontagekünstler erinnert. Ansonsten setzt sich die Naturparkroute am südlichen Seeufer fort. Dort geht es ein kleines Stück nach rechts und dann links zwischen See- und Gartengrundstücken auf der schmalen Himmelsleiter ins Zentrum von **Waldsieversdorf** hinauf.

Oben markiert ein Wasserturm den höchsten Punkt des Ortes. Links läuft man auf der Sauerkirschenallee wieder den Berg hinunter. Für eine Stärkung bietet sich **Café Tilia** an (s. S. 163). Sonst gelangen Sie links über die Wilhelm-Pieck-Straße zum **Friedhof**, wo rechts ein schöner Waldweg abzweigt. Der **Stobber** wird überquert und man folgt dem Buckower Weg in weitem Bogen an einem Parkplatz mit Schutzhütten vorbei zur Berliner Straße. Auf dieser ist eine Rückkehr nach Buckow möglich.

Ansonsten wandert man auf der anderen Seite der Berliner Straße im Rechtsbogen bergab in den Wald, wo es links zunächst auf einen kopfsteingepflasterten Weg geht, bis dann rechts ein kaum sichtbarer, schmaler Pfad am westlichen Ufer des **Schermützelsees** entlangführt – zum Teil über steile Treppen durch die hügelige Kehlenlandschaft. Achtung: Ist es feucht, besteht hier Rutschgefahr! Seien Sie deshalb bitte vorsichtig.

Schließlich erreicht der Pfad eine Asphaltstraße am Seeufer. An Siedlungshäusern, einigen Badestellen und dem **Hotel-Restaurant Johst** am See vorbei gelangen Sie zur Wriezener Straße und bald darauf ins Ortszentrum von **Buckow.**

Der Nordwesten

Prignitz und Ruppiner Land — Eine ausgedehnte Hügellandschaft mit Wäldern und Seen kennzeichnet das Ruppiner Land mit kulturhistorischen Perlen wie Neuruppin oder Rheinsberg. Herber mutet dagegen die flache Prignitz an.

Seite 172

Gedenkstätte und Mahnort Sachsenhausen

Keine erbauliche Touristenattraktion, aber ein wichtiger Erinnerungsort, der eins der traurigsten Kapitel deutscher Geschichte veranschaulicht.

Zehntausende Kraniche rasten in der Prignitz.

Eintauchen

Seite 185

Neuruppin ⭐

Die preußische Musterstadt hat sich zu einem überaus liebenswerten Reiseziel gemausert.

Seite 182

Rheinsberg ⭐

Wo Friedrich der Große seine glücklichsten Jahre verbrachte, finden Sie heute eine einzigartige Symbiose aus Schloss, Park und Wasserlandschaft vor.

Seite 188

Ruppiner Schweiz

Die liebliche Wald- und Seenlandschaft ist der ideale Ort für eine Rad-, Wander- oder Kanutour.

Seite 195

Reif für die Insel?

Dann statten Sie der INSL mit Ausflugsrestaurant bei Kyritz einen Besuch ab. Per Boot!

Seite 197
Modemuseum im Schloss Meyenburg

In einem unscheinbaren Prignitzdorf ist eine erstaunliche Privatsammlung von Kleidern untergekommen.

Seite 199
Kloster Stift zum Heiligengrabe

In dem im 13. Jh. gegründeten Zisterzienserinnenkloster leben heute Stiftsdamen in einem einzigartigen Gebäude-Ensemble.

Seite 202
Rambower Moor

Ein besonders geschütztes Stück stille Natur versteckt sich im Hinterland der Elbe. Das kann man wunderbar umwandern – und anschließend in der Moorscheune einkehren.

Seite 208
Auf dem Pilgerweg nach Bad Wilsnack

Zigtausende sind im Mittelalter zur Wunderblutkirche in der Prignitz gepilgert. Heute können Sie auf ihrem Weg das Glück der Entschleunigung erleben.

In Himmelpfort befindet sich ein Weihnachtspostamt, das jährlich Tausende Briefe aus bis zu 70 Ländern erhält (s. S. 179).

»Wenn's draußen was Großes gibt, dann brodelt's hier nicht bloß und sprudelt und strudelt, dann steigt ein roter Hahn auf und kräht in die Lande hinein.« (Fontane über den Stechlinsee)

erleben

Wo Störche über Seen und Schlösser fliegen

U nzählige Seen, die sich in eine sanfte Hügellandschaft aus Wiesen und Wäldern schmiegen, machen das Ruppiner Land zu einem der lieblichsten Gebiete Brandenburgs. Von Havel, Rhin und Dosse durchzogen, lädt es dazu ein, sich per Kanu oder Hausboot von einem Gewässer zum nächsten zu bewegen. Unterwegs gilt es, stolze Schlösser wie Rheinsberg zu entdecken.

Noch heute lässt sich nachvollziehen, warum Friedrich der Große, Fontane und Tucholsky vom Ruppiner Land schwärmten. Ganz anders als Fontanes Urteil über seine Geburtsstadt Neuruppin mag das heutiger Besucher ausfallen: Vom Dichter scharf kritisiert, zeigt sich die preußische Musterstadt am Ruppiner See inzwischen von einer gastfreundlich-charmanten Seite.

Dazu beleben kleine Festivals die großen Plätze. Ein landschaftlicher Höhepunkt ist auch die Wasserlandschaft rund um Fürstenberg mit dem Großen Stechlinsee, Lychen und Himmelpfort, wo man sich tatsächlich schon fast an der Pforte des Himmels wähnt. In Himmelpfort beantworten übrigens jährlich bis zu 20 Personen die Post an den Weihnachtsmann.

ORIENTIERUNG **O**

Internet: www.dieprignitz.de, www.ruppiner-reiseland.de, www.rheinsberg.de, www.prignitzsommer.de

Menschenleere Prignitz

Je nördlicher, desto einsamer: Unendliche Weite kennzeichnet dagegen die dünn besiedelte Prignitz im Nordwesten der Mark. Sie ist das bevorzugte Revier von Störchen und Kranichen. Hier erlebt man nicht nur auf dem Pilgerweg nach Bad Wilsnack, sondern auch beim Kanu- oder Radfahren das Glück der Entschleunigung.

Der Blick schweift über die Auen der Flusslandschaft des Biosphärenreservats Elbe-Brandenburg, dazwischen überraschen liebenswerte historische Stadtkerne wie Wittstock. Besondere Anziehungspunkte sind außerdem das Schloss Meyenburg mit seinem ungewöhnlichen Modemuseum oder das einstige Zisterzienserinnenkloster Stift zu Heiligengrabe, heute ein kleines evangelisches Frauenkonvent. Das schöne Gebäudeensemble mit Kirche, Kreuzgang und Heiliggrabkapelle ist auch Ausgangspunkt für einen Pilgerpfad auf den Spuren der heiligen Anna durch die Ostprignitz.

Oranienburg und Umgebung 📍F4

Oranienburg löst zweifellos gemischte Gefühle aus: Nur wenige Kilometer trennen das prachtvolle Barockschloss von Louise Henriette vom ehemaligen Konzentrationslager Sachsenhausen. Während der Große Kurfürst und seine holländische Gemahlin hier Zeichen für Toleranz und Fortschrittlichkeit setzten, wurde später ganz in der Nähe die systematische Vernichtung von Menschenleben betrieben. Noch dazu war ausgerechnet hier 1893 die **Obstbausiedlung Eden** begründet worden, ein gelungenes Experiment der Lebensreformbewegung. Mitunter als ›freier Marmeladen-Staat‹ belächelt (s. S. 213), ist die Stadt heute stolz auf dieses idyllische Wohnviertel mit preisgünstiger Wohnpacht. An jedem Sonntag lädt das **Eden Café** in der ehemaligen Mosterei zum Besuch ein.

Eden Café: Struweweg 103, www.eden-eg. de, So 14–17 Uhr

Landsitz einer Oranierin

In »Traumlandschaften einer Kurfürstin« – so der Titel der Landesgartenschau von 2009 – entführt Sie **Schloss Oranienburg,** das seine Existenz einer Holländerin verdankt: Louise Henriette aus dem Hause der Oranier, der ersten Gemahlin des Großen Kurfürsten, soll der Ort bei einem Jagdausflug so gut gefallen haben, dass dieser hier 1651 für sie einen Landsitz errichten ließ. Ihr Sohn, der Pracht liebende König Friedrich I., ließ es später von den Baumeistern Johann Arnold Nering und Johann Friedrich Eosander zum Barockschloss ausbauen, sodass es um 1700 als schönstes der preußischen Monarchie galt.

1651 errichtet, sollte Schloss Oranienburg Luise Henriette von Oranien an ihre niederländische Heimat erinnern.

Auch der Garten wurde durch Orangerie, Grotte, Kaskade, Skulpturen und von der Havel gespeiste Teiche erweitert. Einen weiteren Höhepunkt erlebte das Schlossensemble zur Zeit des Rokoko unter Prinz August Wilhelm und dessen Gemahlin Prinzessin Luise Amalie von Braunschweig. Doch als der Prinz verstarb, begann der Verfall des Schlosses.

1802 wurde es verkauft und erst Baumwoll-, dann Schwefelsäurefabrik, später Königliches Lehrerseminar und sogar Kaserne für die SS. Im Zweiten Weltkrieg von Bomben beschädigt und in der Nachkriegszeit militärisch genutzt, wurde es Ende der 1990er-Jahre sorgsam saniert und als Museum eröffnet.

Auch wenn von der Originalausstattung nicht viel mehr als eine kunstvolle Stuckdecke geblieben ist – durch eine Fülle von Gemälden, Wandteppichen und Skulpturen wird die Zeit der früheren Schlossherren lebendig.

In einem anderen Teil des Schlosses zeigt das Kreismuseum Exponate zur Geschichte Oranienburgs und des Landkreises Oberhavel. Im Zuge der Landesgartenschau wurde auch der Schlosspark wiederhergestellt und durch Schlosshafen und Havelpromenade ergänzt. Schlossplatz 1, T 03301 53 74 37, www.spsg. de, April–Okt. Di–So 10–17.30, Nov.–März Di–So 10–16 Uhr, 6/5 €, Familien 12 €

Düsterer Schauplatz

Ein wichtiger Erinnerungsort liegt vor den Toren der Stadt: **Gedenkstätte und Museum Sachsenhausen,** Schauplatz eines der düstersten Kapitel der deutschen Geschichte. Während der NS-Zeit waren hier 200 000 Menschen aus allen Teilen Europas inhaftiert. Zehntausende von ihnen starben an den Folgen von Hunger, Zwangsarbeit, Misshandlung oder durch Mord. 1941 wurde eine Massenerschießungsanlage errichtet, in der 13 000 bis 18 000 sowjetische Kriegsgefangene systematisch hingerichtet wurden.

Zunächst erhält man im **Besucherzentrum** einen Überblick über den 400 ha großen Komplex. Über die Lagerstraße, auf der auch die Häftlinge in das KZ getrieben wurden, gelangen Sie dann zum Turm A, dem Eingang zum Lagerbereich mit der zynischen Aufschrift »Arbeit macht frei«. Dicht dabei informiert ein **Museum** mit Filmen, Hörbeispielen und anderem Material über das Vorgänger-KZ, das bereits 1933 im Zentrum der Stadt entstanden war.

Weiter geht es über einen großen Appellplatz am ehemaligen Standort des Galgens vorbei zu den Lagern mit 68 Wohnbaracken, Häftlingsküche und -wäscherei. In **Baracke 39** berichten 20 Häftlinge in Tondokumenten vom Alltag im Lager. In den **Krankenrevierbaracken** informiert eine Ausstellung über »Medizin und Verbrechen«. Auf dem weiteren Weg sind der Erschießungsgraben, ein Gräberfeld mit Asche von KZ-Opfern sowie der zentrale **Gedenkort Station Z** zu sehen, der 1994 anlässlich des 50. Jahrestags der Befreiung des Lagers eingerichtet wurde.

Weiter entfernt liegen der Industriehof mit Werkstätten, in denen die Lagerinsassen Zwangsarbeit leisten mussten, außerdem der Bereich mit dem **Museum Sowjetisches Speziallager.** Von August 1945 bis 1950 unterhielt der sowjetische Geheimdienst hier sein Speziallager Nr. 7, in dem nicht nur NS-Funktionäre, sondern auch willkürlich Verhaftete einsaßen. Von insgesamt 60 000 Gefangenen starben rund 12 000 an Mangelernährung oder Krankheiten – 7000 von ihnen liegen in den Massengräbern neben dem Museum.

Letzte Station auf dem Rundgang ist schließlich das einige hundert Meter entfernte **T-Gebäude,** wo von 1938 bis 1945 die ›Schreibtischtäter‹ saßen. Original erhalten geblieben ist z. B. das Arbeitszimmer des obersten Chefs des KZ-Systems. Nach der Evakuierung des

Lagers kurz vor Kriegsende starben noch einmal Tausende von Häftlingen auf den sogenannten Todesmärschen – an ihr Schicksal erinnert das Museum des Todesmarsches bei Wittstock.

Str. der Nationen 22, T 0331 20 02 00, www.sachsenhausen-sbg.de, tgl. Mitte März–Mitte Okt. 8.30–18, Mitte Okt.–Mitte März 8.30–16.30 Uhr (Museen im Winter Mo geschl.), Eintritt frei, Führungen 15–25 €, Anmeldung unter besucherdienst@gedenkstaette-sachsenhausen.de

Velten   📍F4

Alles nur alte Öfen? Keineswegs. Das kombinierte **Ofen- und Keramik- und Hedwig Bollhagen-Museum** in Velten (s. S. 292) präsentiert nicht nur außergewöhnliche Raritäten, es arbeitet auch die kulturhistorischen Facetten der Industriegeschichte auf. Zu Beginn des 20. Jh. gab es im Städtchen etwa 36 Ofenfabriken, denn der Veltener Ton eignete sich besonders gut zur Herstellung von Kacheln. In einer der Fabriken ist das Ofen- und Keramikmuseum untergekommen. Ein anderer Teil des Museums widmet sich der Gebrauchs- und Zierkeramik aus verschiedenen Epochen. Neben 750 Objekten, die auf Hedwig Bollhagen zurückgehen, informiert es auch über Leben und Werk der bedeutenden Keramikerin.

Wilhelmstr. 32/33, T 03304 317 60, www.okmhb.de, April–Sept. Di–So 11–17, Okt.–März Di–Fr 11–17, Sa/So 13–17 Uhr, 5/4,50 €, bis 12 J. frei

Kremmen   📍F4

Nachdem die Stadt Kremmen im 17. Jh. gleich fünf Mal durch Scheunenbrände zerstört wurde, mussten Scheunen au-

ßerhalb der Stadt errichtet werden. So entstand ein Ensemble aus 50 Gebäuden, das heute unter Denkmalschutz steht. Dem Verein Scheunenviertel e. V. ist es zu verdanken, dass es seit seiner Restaurierung durch Lokale, Läden, ein Bistro, eine Museumsscheune und sogar ein Theater wiederbelebt wird.

Scheunenweg 29, T 033055 70 445, www.scheunenviertel-kremmen.com

Schlafen

Erholung am See
Hotel Sommerfeld: Herzstück des Hauses ist der große Wellnessbereich mit Innen- und Außenpool und Sauna. Dazu wohnen Sie in behaglichen Zimmern am Beetzsee. Das Restaurant für Hausgäste tischt gesunde Vitalküche auf (z. B. vegetarische Quinoa-Gemüsepfanne 17,90 €).

Beetzer Str. 1 A, OT Sommerfeld, T 033055 970, www.hotel-sommerfeld.de, EZ ab 121 €, DZ ab 190 €

Stilvolles Herrenhaus
Schloss Ziethen: Das Gebäude mit schönem Landschaftsgarten und mehreren Salons war u. a. Residenz des Feldmarschalls von Blücher. Heute können Sie hier in stilvollen, geräumigen Zimmern unterkommen. Wunderschön ist die **Orangerie,** in der es auch ein Vier-Gänge-Überraschungsmenü für 44 € gibt.

Alte Dorfstr. 3, OT Groß Ziethen, T 033055 950, www.schlossziethen.de, EZ/DZ ab 95 €; Orangerie Mo–Fr 17–21, Sa/So 12–21 Uhr (14.30–17.30 Uhr Nachmittagskarte)

Essen

Spezialität Ziege
Ziegenkäserei & Wiesencafé Karolinenhof: Ob das Käse-Frühstück, Frischkäse-Brot mit Salat, Käsespätzle

oder Gemüsepfanne mit Ziegenhack – in dem hübschen Café mit Hofladen dreht sich alles um das, was die rund 130 Tiere des Betriebs hergeben. Von Mitte Feb. bis Mitte März sind Sie Sa/So um 12 Uhr zur Fütterung der Zicklein und zum Schmusen eingeladen und können sich auch ein Käse-Souvenir mitnehmen.

Karolinenhof 1, OT Flatow, T 033022 601 90, www.guter-ziegenkaese.de, Mitte Feb.–Anfang/Mitte Nov. Fr 11–19, Sa/So 9–19 Uhr, Speisen ab 3,20 €

Linum ♀ E4

Im zweitgrößten **Storchendorf** Deutschlands zwischen Havelländischem Luch und Rhinluch brüten Jahr für Jahr bis zu 18 Paare – wovon zahlreiche Nester auf Schornsteinen und Dächern zeugen. Im Frühjahr und Herbst rasten wiederum Zehntausende von **Kranichen** im umliegenden Teichgebiet. Zu diesen Naturschauspielen werden nicht nur spezielle Führungen veranstaltet. Sie können das Geschehen in den Storchennestern auch von den Ausstellungsräumen der **Storchenschmiede** aus auf einem Monitor verfolgen. Dabei sollte man auch die schöne Dorfkirche nicht übersehen.

Nauener Str. 54, T 033922 505 00, www.berlin.nabu.de, April–ca. Mitte Nov. Di–Fr 10–16, Sa/So/Fei 12–18 Uhr, Eintritt frei, Spenden erwünscht

Schlafen

Für Pilger und Storchenfans
Landpension Adebar: Auf dem ehemaligen Bauernhof kommt man gut unter. Mit Fahrradverleih. Das Café Adebar versorgt mit Eis, Kuchen, kleinen Speisen und Storchenwein.

Nauener Str. 25, 16833 Linum, T 033922 902 87, www.landpension-adebar.de, EZ ab 55 €, DZ ab 70 €, Ap. ab 80 €; Café Adebar, Fr–So geöffnet

Im Storchendorf Linum gehören auch die Kraniche zum vertrauten Bild, die hier auf ihrem Flug von und nach Süden Rast machen.

OBERHAVEL-KRIMIS **O**

Eine Frau wird auf einem einsam gelegenen Hof bei Wolfsruh erschossen. Vom Ehemann keine Spur. Während sich die Granseer Kripo auf die Suche nach Mann und Mörder macht, wird Hagen Brandt von Ahnungen geplagt … So der Plott von Brandts viertem Fall, den Harald Hillebrands zu Papier gebracht hat. Ursprünglich hat er als Kriminalist und in der Verwaltung von Gransee gearbeitet, bevor er sich aufs Schreiben verlegte. Wenn Sie mit ihm ins Gespräch kommen wollen – in Gransee betreibt er Café & Bücherei, wo Sie nicht nur seine Werke erstehen oder ausleihen können (s. rechts).

Gransee $\bigcirc$ F3

»Unsere Heimatstadt ist nicht so unscheinbar, wie Sie glauben«, behauptet der Verschönerungsverein von Gransee. Ob es ihm tatsächlich gelungen ist, das Image vom hässlichen Entlein abzulegen? Das Ackerbürgerstädtchen mit seinem mittelalterlich geprägten, ovalen Stadtkern ist von einem Stück Stadtmauer aus Feldstein, sogenannten Weichhäusern, dem Ruppiner Tor und Pulverturm umgeben. Im Inneren haben sich das **Rathaus** aus dem 18. Jh. sowie die stattliche spätgotische **Kirche St. Marien** mit Wandmalereien und Schnitzaltar aus der Zeit um 1400 erhalten.

Hauptattraktion ist das gusseiserne **Luisen-Denkmal** am Schinkelplatz, das an die beliebte Preußenkönigin Luise erinnert. Nachdem sie am 19. Juli 1810 noch jung in Hohenzieritz verstarb und ihr Sarg während der Überführung nach Berlin hier in der Nacht zum 26. Juli 1810 aufgebahrt wurde, sammelten die Bürger Geld und erteilten Schinkel den Auftrag, ein Denkmal zu errichten.

Stadtgeschichte und Infos

Das einstige **Hospital St. Spiritus** mit der Hospitalkapelle von 1300 wurde zum Heimatmuseum umgebaut. Mit liebevoll gestalteten Dioramen, einem Siechenzimmer und einem Stadtmodell von 1930 lässt es die Stadtgeschichte Revue passieren. Unter demselben Dach befindet sich die **Touristeninformation.** Rudolf-Breitscheid-Str. 44, T 03306 216 06, Di–Fr 10–16, Sa/So 12–16 Uhr, Eintritt 2 €, Türme 1 €

Essen und Einkaufen

Lesungen mit Kuchen

Café & Bücherei Hillebrand: Der Romanautor Harald Hillebrand veranstaltet Lesungen, verkauft und verleiht Bücher. Im dazugehörenden Café gibt's Kaffee sowie Kuchen und Torten von Marina und Katrin, auch laktose- und glutenfrei. Rudolf-Breitscheid-Str. 39, T 0151 42 51 53 77, www.cafe-und-buecherei.de, Fr–Mo 11–18 Uhr

Bewegen

Radtour nach Menz

Die ehemalige Bahntrasse von Gransee nach Neuglobsow am Stechlinsee hat sich in den sehr reizvollen **Stechlinseeradweg** verwandelt. Die 26 km vergehen wie im Flug. Unterwegs lohnen der Künstlerhof in Wolfsruh einen Besuch, wo es mitunter auch Kaffee und Kuchen gibt. Auch in Menz wird gern Station gemacht.

Fliegend über Gransee

Go Jump: Ein Tandem-Sprung gefällig? Egal, ob Anfänger oder Profi, das Team

sorgt für ein einmaliges Flugerlebnis und eine sichere Landung auf einem der ältesten und größten Sprungplätze Deutschlands.
Templiner Str. 12 C, 16775 Gransee, www.gojump.de, T 030 24 53 40 30, April–Okt. nach Voranmeldung

Schloss Meseberg ♀ F3

Wahrscheinlich würden Sie nicht unbedingt erwarten, dass ausgerechnet in Meseberg, einem winzigen Ort bei Gransee, das **Gästeschloss der Bundesregierung** steht. Die Abgeschiedenheit prädestiniert es aber für Veranstaltungen wie Klausurtagungen. Im Übrigen ist es auch nicht irgendein Gebäude, sondern ein stolzer, zweigeschossiger Barockbau mit Mansardendach, der aufwendig restauriert wurde. Erbauen ließ ihn Reichsgraf Hermann von Wartensleben um 1738. Später schenkte Prinz Heinrich von Preußen das Schloss seinem Günstling Christian Ludwig von Kapphengst. Mit seiner reichen Ausstattung soll es zeitweise sogar Rheinsberg übertroffen haben.

Schlafen und Essen

Fein gemachte Nebengebäude
Hotel Schlosswirt Meseberg: Neben dem Gästehaus der Regierung hat sich in der ehemaligen Stellmacherei und Brennerei des Schlosses das familiengeführte Hotel mit geschmackvoll eingerichteten Zimmern und Suiten etabliert. Das Kaminrestaurant und der Wintergarten verwöhnen mit Basilikumschaumsüppchen, Fasanenbrust in Calvadosrahmsoße und anderen feinen Speisen.
Dorfstr. 27, T 03306 20 46 70, www.schlosswirt-meseberg.de, EZ ab 80 €, DZ ab 95 €; Restaurant: tgl. 12–21, im Winter So nur 12–14.30 Uhr, Hauptgerichte ab 15 €

Zehdenick ♀ G3

Östlich von Gransee liegt Zehdenick an einem wichtigen Havelübergang, der Ausgangspunkt für Kanutouren und Schiffsfahrten mit der »Zehdenixe« ist. Bei der Marina Zehdenick können Sie auch Hausboote mieten. Im Städtchen selbst hat die efeuumrankte **Ruine eines Nonnenklosters** die Jahrhunderte überdauert. Zusammen mit der Klosterscheune dient es als stilvolle Kultur- und Begegnungsstätte einschließlich Galerie, wo Lesungen und Konzerte stattfinden.
Im Kloster 2, www.kloster-zehdenick.de, Führungen T 03307 491 99 69, Außenanlagen ständig zugänglich, Kreuzgang April–Sept. tgl. 10–18 Uhr

Ziegeleipark Mildenberg ♀ F/G3

Hier wird nicht nur der frühere Herstellungsprozess von Ziegeln anschaulich vermittelt. Mit Abenteuerspielplatz, Go-carts, Kleintierbereich, Schienenfahrrädern und Badestelle samt Grillplatz richtet er sich auch an Familien, die hier durchaus einen ganzen Tag verbringen können. Zum Gelände gehören 60 Ringöfen und eine Kugelmühle für die Verarbeitung von Ziegelbruch. Sie können hier auch mit der Tonlorenbahn durch eine noch aktive Tongrube fahren oder an Touren durch die Seenlandschaft teilnehmen.
Ziegelei 10, www.ziegeleipark.de, T 03307 31 04 10, April–Okt. tgl. 10–18 Uhr, 8/4 €

Schlafen und Essen

Schnörkellose Idylle
Mühle Tornow: Der Weg ins 8 km entfernte Tornow lohnt sich. Dort wurde eine

restaurierte Wassermühle durch eine Pension mit einfachen Zimmern, ein Restaurant, einen idyllischen Sommergarten und einen Hofladen mit regionalen Produkten wiederbelebt. Ein überaus charmantes Gebäudeensemble am malerischen Mühlenfließ, das ohne die aufwendige Sanierung wohl zerfallen wäre.

Neue Str. 1, Fürstenberg/OT Tornow, T 033080 40 48 50, www.muehle-tornow. de, Juni–Sept. tgl., Mai Di–So 11–21.30, März/April, Sept./Okt. Di–Fr ab 17, Sa/So 11.30–22 Uhr, EZ ab 75 €, DZ ab 90 €, Drei-Gänge-Menü ab 25 €

Bewegen

Alles für Wassersportler
Marina Alter Hafen: Neben Liegeplätzen bietet die idyllisch gelegene Marina eine Flotte komplett ausgestatteter Boote und Jachten einschließlich führerscheinfreier Motorboote.

Ziegelei 11, T 03307 42 05 04, www.marina-alter-hafen.de

Schloss Liebenberg ♀F3

Schon Fontane weilte gern hier, in einem einzigartigen Ensemble mit Lenné-Park, hübscher Feldsteinkirche, Seehaus und Gutsanlage östlich von Löwenberg. Nach der aufwendigen Restaurierung durch die DKB-Stiftung lädt es mit stilvollen Zimmern und seinem Restaurant, das so manche Zutat aus der Schlossgärtnerei holt, zu ländlichen Aufenthalten ein. Beliebt ist der Sonntagsbrunch. Neben Nachtwächterführungen findet hier auch ein stimmungsvoller Weihnachtsmarkt statt.

Schloss & Gut Liebenberg, T 033094 70 00, www.schloss-liebenberg.de, EZ ab 109 €, DZ ab 169 €; Restaurant tgl. 12–22, So Brunch 12–15 Uhr, 33 €, Hauptgerichte ab 16 €

Fürstenberg und Umgebung ♀F2

Wasser ist das verbindende Element am Übergang des Fürstenberger Landes zur Mecklenburgischen Seenplatte – ein blaues Paradies für Wasserwanderer, Kanuten und alle, die sich im nassen Element betätigen wollen. Aber auch Wanderer und Radler kommen hier auf ihre Kosten. Landschaftliche Höhepunkte sind der Stechlinsee, eins der klarsten und tiefsten Gewässer Brandenburgs, sowie Himmelpfort mit seinem Weihnachtspostamt.

Fürstenberg/Havel ♀F2

Guter Ausgangspunkt für (Wasser-) Wanderer und Radler ist die an Röblin-, Baalen- und Schedtsee gelegene Inselstadt, die in der letzten Zeit auch immer beliebterer Wohnort für Großstadtflüchtlinge ist. Bequem mit dem Zug zu erreichen, finden sich gleich in Bahnhofsnähe allerhand Lokale, Übernachtungsquartiere und Verleihstellen für Kanus, Paddel- oder Hausboote. Ansonsten gibt es hier noch die neobyzantinische **Stadtkirche** mit dem größten hängenden Batikteppich Europas zu entdecken sowie ein **Barockschloss,** aus dem irgendwann ein Wellnesshotel werden soll. Allerdings leidet die Stadt unter der verkehrsreichen B 96, die durch das Zentrum führt.

Konzentrationslager für Frauen
1939 ließ die SS unweit der Stadt inmitten idyllischer Waldlandschaft das größte deutsche **Frauen-Konzentrationslager Ravensbrück** errichten. 1941 kam ein Männerlager dazu, sodass hier bis 1945 132 000 Menschen inhaftiert und zum

Teil umgebracht wurden. Heute ist das Gelände Teil der Stiftung Brandenburgische Gedenkstätten, die das Gelände für Besucher zugänglich gemacht hat. Straße der Nationen, T 033093 60 80, www.ravensbrueck-sbg.de, Mai–Sept. Di–So 9–18, Außengelände bis 20 Uhr, Okt.–April Di–So 9–17 Uhr, Eintritt frei

Schlafen und Essen

Herberge mit Fahrradgarage

Alte Reederei: Eine hübsche Oase am Wasser ist die als Kulturgasthof konzipierte Radlerherberge mit gut ausgestatteten Zimmern und Ferienwohnungen, wo auch Paddelboote oder ein Motorboot charterbereit sind. Brandenburger Str. 38, T 0172 3227421, www.AlteReederei.de, DZ ohne Frühstück ab 65 €, Fewo ab 70 €

Umgarnt von frischer Landschaft

Gut Boltenhof: Der geschichtsträchtige, bewirtschaftete Gutshof 11 km südlich von Fürstenberg lädt in idyllischer Umgebung zur Entschleunigung ein. Im Zuge der Renovierung haben die Betreiber versucht, alte Möbel, Türen und

---

MIT DER DRAISINE NACH LYCHEN

Die Bahnstrecke zwischen Fürstenberg und Lychen wurde stillgelegt, aber die Gleise sind nicht tot. In der Saison kann man zweimal täglich vom Draisinenbahnhof nach Hohenlychen fahren. Von dort geht es nachmittags 12 bzw. 16.30 Uhr wieder zurück. Unterwegs bietet sich eine Pause in Himmelpfort an – vielleicht, um ins Wasser zu springen. Infos und Buchung über die Touristeninformation.

Fenster zu erhalten. Alles andere wurde mit Werkstätten und Handwerkern und Gestalten der Region entwickelt. So auch das erste »Brandenburger Zimmer«. Wie es sich darin wohnt? Probieren Sie es aus! Das **Café & Bistro GUTess** im denkmalgeschützten Gutshaus mit Wintergarten bietet schmackhafte Küche mit regionalen Produkten. Lindenallee 14, Boltenhof, T 033087 525 20, www.gutboltenhof.de, EZ ab 74 €, DZ ab 97 €, Fewo ab 85 €, GUTess: Mi 18–21, Fr 14–21, Sa 12–21, So 12–17 Uhr

Alles andere als ein Inferno

Café INNFernow: Neben Frühstück, Eis, Kaffee und Kuchen gibt es hier einen preiswerten, auch vegetarischen Mittagssnack. Brandenburger Str. 21, T 033093 41 99 60, tgl. 8–18, Winter Do–So 8–17 Uhr

---

Bewegen

Kanutouren

Nordlicht Aktivreisen: Bootsverleih, auch mehrtägige Kanutouren für Familien und Gruppen. Brandenburger Str. 33, T 033093 371 86, www.nordlicht-kanu.de

Floßtour ohne Führerschein

Floßverleiher: Zu längeren Tagesfahrten laden die hölzernen, voll ausgestatteten Flöße am Standort Wentowsee ein. Rentafloss: Seestr. 1, Ringsleben, T 030 92 37 22 12, https://rentafloss.de oder **Floßverleih Treibgut:** Baalenseestr. 8, T 0160 96 76 96 91, www.flossverleih-treibgut.de

Hausboote

Locaboat Holidays Charter: Wenn Sie ganz gemütlich und mit Komfort durch die Gewässer schippern wollen, bieten sich die gut ausgestatteten Hausboote an. Ravensbrücker Dorfstr. 26 B, T 033093 602 68, www.locaboot.com

Infos

• **Tourismusverein Fürstenberger Seenland:** Markt 5, T 033093 322 54, www.fuerstenberger-seenland.de, Vermittlung von Unterkünften, Stadtführungen, auch Bootscharter, Draisinen-, Schiffs- und Kutschfahrten.

Himmelpfort 📍 F2

Ob Sie sich hier auch wie an der Pforte des Himmels fühlen? So ging es dem Mönch Otto, dem das 1299 gegründete »Coeli porta« – zu Deutsch Himmelpfort – wegen der landschaftlichen Schönheit seinen Namen zu verdanken hat. Tatsächlich ist das am Stolpsee gelegene Dorf ein besonders idyllisches Fleckchen, das Wassersportlern denkbar reizvolle Möglichkeiten eröffnet. Wer mit dem Kanu anreist, kann sich gleich am Fischerhafen mit einem günstigen Mittagessen stärken.

Ein paar Schritte weiter sorgt das einstige **Zisterzienserkloster** für einen romantischen Anblick, auch wenn davon nur noch die Kirche, das Brauhaus und Mauerreste stehen. Schräg gegenüber betören Kräuter und duftender Lavendel im **Klosterkräutergarten.**
Mai–Sept. Mo, Mi, Fr/Sa 12–17 Uhr, www.kloster-himmelpfort.de, Eintritt frei, Führungen 4 €

Schlafen, Essen

Luxuriöser Bett & Bike-Betrieb
Landhaus Himmelpfort: Schöne Villa mit geschmackvollen Ferienwohnungen im englischen, französischen oder schwedischen Landhausstil, die keinesfalls nur Radwanderern zu empfehlen ist. Auch das hauseigene **Restaurant Michaelis**

mit vegetarischen und veganen Gerichten trägt zum Wohlbefinden bei.
Eichberg 10, T 033089 44 00, www.landhaus-himmelpfort.de, EZ ab 85 €, DZ ab 105 €, HP 35 €; Restaurant Michaelis Mai–Okt. Di–So, sonst Fr/Sa ab 18 Uhr, Drei-Gänge-Menü 38 €, vorab reservieren

Nach dem Mahl ins Bett fallen
Frosch und Fisch: Keine Angst – neben Wildpastete serviert Jacques auch Veganes. Aber auch nachmittags lohnt

Im Klosterkräutergarten blühen die Heil- und Gewürzpflanzen zu einer duftenden Augenweide auf.

sich die Einkehr: auf einen Café au lait mit selbst gebackenem Kuchen. Oder Sie meiten sich in einem der drei (radfahrer-)freundlichen Zimmern ein.

Klosterstr. 12, T 033089 43 90 35, www. froschundfisch.de, Mo 12.30–14.30, 17.30–21.30, Fr 17–21.30, Sa 12–21.30, So 12–19, Nov.–April Fr–So 12–14.30, 17.30–21 Uhr, EZ ab 43 €, DZ ab 60 €, Hauptgerichte um 20 €

Mit Weihnachtspostfiliale

Haus des Gastes: Hinter den Mauern der alten Dorfschule bekommen Sie alle möglichen Informationen, Fahrräder, Frühstück, Kaffee aus nachhaltigem Anbau und andere Speisen sowie einfache Zimmer in der Herberge. Außerdem wohnt hier ganzjährig der Weihnachtsmann.

Klosterstr. 23, T 033087 418 88, www. weihnachtshaus-himmelpfort.de, Winter Sa/So 11–16 Uhr, Weihnachtsstube ab 10 Uhr, Café-Bistro im Sommer 8–18, Do 8–22, Jan./Feb. Sa/So 10.30–16.30 Uhr, Übernachtung ab 31 €, Kinder 15 €, Frühstück 7,50 €

Einkaufen

Alles von der Ziege

Capriolenhof: Idyllisch gelegen zwischen Havel und Altarm können Sie hier im Hofladen allerlei Produkte in Bio-Qualität vom Frischkäse bis Zickleinfleisch erwerben. In der Saison lädt der Ziegenpeter auch zu Raclette, Fondue oder Ziegenmilcheis ein (s. S. 270).

Schleusenhof Regow 1, 16798 Fürstenberg/OT Bredereiche, www.capriolenhof.de, T 033087 51 183, Ende Juni–Aug. 8–10, 12–16 und 19–21 Uhr, Ostern–Ende Juni, Sept.–Nov. Sa/So 12–16 Uhr

Bewegen

Kanus am Campingplatz

Kanuverleih Camp Himmelpfort: Wenn Sie Naturaurlaub am Wasser mit Bewegung kombinieren wollen, sind Sie hier richtig. Neben Booten bietet der Verleih auch SUPs, Bungalows, ein Minihotel und ein Restaurant.

Am Stolpsee 1, T 033089 412 38, www. camping-himmelpfort.de, April–Okt.

Naturpark Stechlin-Ruppiner Land 📍 E/F 2/3

Landschaftlicher Höhepunkt des Naturparks Stechlin-Ruppiner Land mit seinen rund 100 Seen und ausgedehnten Buchenwäldern ist der **Große Stechlinsee,** dem Fontane mit seinem Roman »Der Stechlin« ein literarisches Denkmal setzte. Mit 68 m ist er nicht nur eines der tiefsten, sondern auch klarsten Gewässer Brandenburgs und eignet sich ideal zum Baden, Rudern, Angeln und Tauchen – Motorboote sind nicht erlaubt, sodass es hier ausgesprochen beschaulich zugeht.

Nicht zuletzt war es Fontane, der auf die Schönheit des Sees aufmerksam machte. Zugleich nahm **Neuglobsow,** das Dorf am See, einen unerhörten Aufschwung und entwickelte sich zu einem beliebten Erholungsort. Betuchte aus Berlin und anderswo ließen sich hier stattliche Villen bauen, von denen noch einige zu entdecken sind. Es haben auch einige Fachwerkhäuschen die Zeit überdauert. So das **Glasmacherhaus,** das neben der Touristeninformation eine liebevoll gestaltete kleine Ausstellung zur einstigen Glashütte beherbergt.

Naturparkhaus Stechlin: Kirchstr. 4, Stechlin/Menz, T 033082 512 10, www.naturparkstechlin. de, Mai–Sept. Mo–Fr 10–17, Sa/So 11–17, Okt.–April Mo–Fr 10–16, Sa/So 11–16 Uhr, Ausstellung: 4 €, unter 6 J. frei, Familien 6 €, Führungen sollten rechtzeitig angemeldet werden

TOUR
Unter schattigen Buchen am Seeufer entlanglaufen

Wanderung um den Großen Stechlinsee

Infos

📍 F 2

Start/Ziel: Neuglob-sow/Stechlinsee
Länge: ca. 14 km
Dauer: ca. 4 Std.

Touristeninforma-tion: Im Glasmacher-haus, Stechlinseestr. 21, Stechlin/ OT Neuglobsow, T 03 30 82 7 02 02, www.stechlin.de

Von Neuglobsow aus laufen Sie bis zum See mit einer großen Badestelle. Von hier wandern Sie am besten rechts am Ufer entlang, das von Schatten spendenden Buchen und Buchten gesäumt ist. Schon nach kurzer Zeit führt ein kleiner Abzweig zur traditionsreichen **Fischerei Stechlinsee,** wo Sie sich stärken können. Spezialität ist die Stechlinseemaräne, die nur von der Fischersfami-lie und bereits in der vierten Generation geangelt wird (www.fischerei-stechlinsee.de).

Von der alten Fischerhütte geht es gemütlich zwischen Buchen und mehreren Badestellen zur 3,5 km entfernten Sonnenbucht an der Nordspitze des Sees. Weiter folgt man der Markierung mit grünem Querstrich 5 km in südlicher Richtung durch die **Menzer Heide** zur westli-chen Seespitze. Ganz in der Nähe befand sich das **Kern-kraftwerk Rheinsberg,** von dem noch die Schornsteine durch das dichte Grün lugen – noch ist es nicht vollstän-dig zurückgebaut. Interessierte sind jeweils mittwochs 13 Uhr zur kostenlosen Besichtigung eingeladen (www. ewngmbh.de).

Hinter der **Brücke** über den Kanal führt der Weg mit der roten Markierung rechts ca. 1,5 km abseits des Ufers durch Kiefernwald und weiter zum **Polzowkanal.** Nach Über-querung der Brücke folgen Sie wieder den Wegweisern, die am Seeufer und dem Leibniz-Institut vorbei nach ca. 3 km nach Neuglobsow zurückführen, wo Sie die Tour mit einem Sprung ins Wasser beschließen können.

WILDE HEIMAT

Die Umgebung des Großen Stechlinsees bietet sich für Abenteuerurlaub an. Wenn Sie etwas ganz Besonderes erleben wollen, dann übernachten Sie doch mal in der »Wilden Heimat« in einem original mongolischen Jurtenzelt. Ausgestattet ist es mit zwei großen Doppelbetten. Sie müssen nur Schlafsack und Zahnbürste mitbringen! Infos beim Bootsverleih-Stechlin (www.bootsverleih-stechlin.de), der natürlich auch Boote und SUPs vermietet.

Schlafen und Essen

Traditionshaus
Fontanehaus: In dem Fachwerkhaus kehrte schon Fontane ein. Mit zehn eher schlichten Zimmern und Apartments. Im Restaurant gibt es gutbürgerliche Küche.
Fontanestr. 1, Neuglobsow, T 033082 64 90, www.fontanehaus.com, EZ ab 50 €, DZ ab 62 €; Restaurant: Do–Mo ab 11.30 Uhr, Hauptgerichte ab 13 €

Kreativspot
Künstlerhof Roofensee: Der alte Vierseithof birgt stilvolle Apartments. Dazu gibt es ein Atelierhaus, wo ab und zu Workshops stattfinden. Das Restaurant in der Kunstscheune ist eingeschränkt geöffnet.
Berliner Str. 9, Menz, T 033082 402 50, www.kuenstlerhof-roofensee.de, Apartments ab 85 €

Nachhaltig
Café Glasklar: Hier wird vom Frühstück über Salate, Suppen und andere Speisen konsequent mit ökologischen Produkten gekocht. Probieren Sie mal die Rüblitorte mit Blütenblättern!

Stechlinseestr. 17, Neuglobsow, T 033082 40 75 25, www.cafeglasklar.de, unregelmäßig, meist Mai–Okt. tägl. außer Di 9–18, Juli/Aug. tgl. 9–18, Nov.–April Fr–Mo 9–17 Uhr

Französisches Savoir-vivre
Café Bric à Brac: Seit es Aurore Koch aus der Franche-Comté hierher verschlagen hat, gibt es in dem unprätentiösen Lokal mit Hofterrasse köstliche Obst-Tartes und Quiches.
Lindenstr. 18, Menz, T 033082 799980, April–Okt. Mi–So 12–18 Uhr, Jan.–März nur Sa/So

Bewegen

Unter Wasser
Tauchbasis am Stechlinsee: Mit Sichtweiten bis zu 10 m bietet der Große Stechlinsee ideale Bedingungen.
Fischerweg 2, Neuglobsow, T 033082 704 53, www.tauchbasis-stechlinsee.de

Rheinsberg und die Seen 📍E2/3

Rheinsberg ⭐ 📍E3

»Erst der glatte Wasserspiegel, an seinem Ufer ein Kranz von Schilf und Nymphen, dahinter ansteigend ein frischer Gartenrasen und endlich das Schloss selbst, die Fernsicht schließend. Nach links hin dehnt sich der See; wohin wir blicken, ein Reichtum von Wasser und Wald …« Nicht nur Fontane schwärmte von Rheinsberg, auch Friedrich der Große, sein Bruder und Tucholsky verbrachten hier unbeschwerte Zeiten. Tatsächlich gehört Rheinsberg zu den reizvollsten Orten in Brandenburg. Das einmalige

Ensemble aus Schloss, Park und Landschaft am **Grienericksee** ist Balsam für Augen und Seele. Aber auch das Städtchen mit seinen Traufenhäusern aus dem 18. Jh., der frühgotischen Pfarrkirche St. Laurentius und dem **Keramikmuseum** lohnt einen Rundgang.

In der weiteren Umgebung von Rheinsberg fließen über 150 Seen und 2000 km Wasserwege zu einem der schönsten Wassersportgebiete Mitteleuropas zusammen. Idealer Ausgangspunkt für Wasserwanderer sind das **Hafendorf Rheinsberg** nördlich des Stadtzentrums und die **Marina Wolfsbruch** im Ortsteil Kleinzerlang mit Jachthafen, Ferienresort und Bootsverleih.

Malerisches Schloss

Nachdem einst der Soldatenkönig Friedrich I. das Wasserschloss am Grienericksee für seinen Sohn gekauft und zur Barockresidenz hatte ausbauen lassen, verbrachte Friedrich II. als Kronprinz im **Schloss Rheinsberg** die glücklichsten Jahre seines Lebens. Für seinen Bruder Prinz Heinrich war Rheinsberg wiederum ein Ort, an dem er sich ohne die Bevormundungen durch den älteren Monarchen entfalten konnte. Er betätigte sich als Maler und Geiger, versammelte zahlreiche Künstler um sich und machte aus dem Provinznest ein kulturelles Zentrum mit internationaler Ausstrahlung.

Gleichzeitig arbeitete er an der weiteren Gestaltung von Gebäude und Garten. Das von Wenzeslaus von Knobelsdorff um 1737 vollendete Schloss war – noch vor Sanssouci – der Auftakt zum friderizianischen Rokoko. Besonders prachtvoll ist der **Spiegelsaal** mit einem **Deckengemälde** Antoine de Pesnes, das Ovids »Metamorphosen« darstellt. 1766 arbeitete Carl Gotthard Langhans die Pläne für eine Wohnung für Prinzessin Wilhelmine und das Treppenhaus aus. Es entstanden der **Muschelsaal** und ein Kabinett mit **chinesischen Lackmalereien**. 1774 fügte

Einst Lieblingsort der preußischen Prinzen, zieht Schloss Rheinsberg auch heutige Besucher in seinen Bann.

Bauintendant Hennert schließlich ein **Schlosstheater** im Kavaliersgebäude hinzu, wo auch heute noch Opern- und Schauspielaufführungen stattfinden.

Wunderschön ist auch der Landschaftspark mit der **Grabpyramide** und dem **Obelisken.** Letzteren ließ Prinz Heinrich zu Ehren der Helden des Siebenjährigen Krieges, vor allem seines Bruders Prinz August Wilhelm errichten, der als Armeeführer schwere Fehler gemacht hatte und bei Friedrich in Ungnade gefallen war.

Schloss Rheinsberg 2, T 033931 72 60, www.spsg.de, April–Okt. Di–So 10–17.30, Nov.–März Di–So 10–16 Uhr, 8/6 €, Familien 15 €, Kombikarte mit Tucholsky-Museum 10/7 €

Bilderbuch für Verliebte

In einem anderen Teil des Schlosses ist das **Kurt-Tucholsky-Literaturmuseum** untergekommen. 1912 scheint der Dichter hier mit seiner späteren Frau Else Weil eine besonders schöne Zeit verbracht zu haben – daraus resultierte sein Werk »Rheinsberg. Ein Bilderbuch für Verliebte«, das Anreise und Städtchen beschreibt. Im Museum erzählt eine Dauerausstellung von seinem Leben und Werk.

Schloss Rheinsberg, T 033931 390 07, www.tucholsky-museum.de, Di–So 10–12.30, 13–17.30, Nov.–März nur bis 16 Uhr, 4/3 €

Keramik im Spritzenhaus

Die 1762 in Rheinsberg gegründeten Keramikmanufakturen gehörten zu den wichtigsten Preußens. Heute ist im ehemaligen Spritzenhaus das **Keramikmuseum** mit einer privaten Sammlung von bis zu 250 Jahre alten Stücken zu bewundern, in der Schauwerkstatt finden Keramikkurse statt.

Am Kirchplatz 1, T 033931 376 31, Juli/Aug. Mo, Mi–Sa 10–18, So 12–16, Feb.–Juni Mi–Fr 12–17, So 10–17, Sept.–Dez. Mi–Fr 10–17, So 12–16 Uhr, 4/2 €

Schlafen

Mit bester Küche

Seehof Rheinsberg: Eine charmante Bleibe am Wasser. Man wohnt mit Blick auf den Grienericksee, erholt sich im Wellnessbereich mit Sauna und genießt im Hofgarten oder dem Wintergarten die vorzügliche Küche von Daniel Pfeiffer.

Seestr. 18, T 033931 40 30, www.seehof-rheinsberg.de, EZ ab 65 €, DZ ab 100 €

Barrierefrei

Seehotel Rheinsberg: Besser kann man Inklusion nicht leben als in diesem mehrfach ausgezeichneten Vier-Sterne-Hotel mit Schwimmbad, gutem Restaurant, Kaminzimmer und Hotelbar.

Donnersmarckweg 1, T 033931 34 40, www.seehotel-rheinsberg.de, EZ ab 85 €, DZ ab 144 €

Essen

Blick aufs Wasser

Zum Fischerhof: Ob frisch zubereiteter oder geräucherter Fisch – hier gibt es alles von der Suppe bis zum gebratenen Zander.

Seestr. 19 A, T 033931 395 86, Mi–So 12–21 Uhr, Gerichte um 15 €

Bewegen

Kanus und mehr

BergerTours: Hier gibt es nicht nur Boote. Sie können auch Kanutouren buchen und in der Pension (35 €), im Bauwagen (20 €) oder Zelt (7 €) übernachten.

Am Hellsee 2, T 033931 20 42, www.bergertours.de

Kapitän mit eigenem Boot

Le Boat Marina Wolfsbruch: Wenn es die neueste Generation von Hausbooten sein soll – hier können Sie in Richtung Müritz und Mecklenburgische Seenplatte starten.

Wolfsbruch 3, Kleinzerlang, T 06101 557 91 75, www.leboat.de

Ausgehen

Klassisches Musikangebot

Schloss Rheinsberg: An Musikangeboten mangelt es hier wahrlich nicht. Ganzjährig bespielen die **Kammeroper Schloss Rheinsberg** und die **Musikakademie Rheinsberg** mit Konzerten, Ballett, Opern das Schloss- und Heckentheater, den Spiegelsaal und den Akademiehof.

Markt 12, T 033931 72 10, www.kammer oper-schloss-rheinsberg.de

Feiern

- **Osterfestspiele:** Osterfeiertage bis zum folgenden Wochenende. Opernaufführungen mit jungen Sängern, Konzerte, Schauspiel und Literatur (www.osterfest spiele-schloss-rheinsberg.de).
- **Töpfermarkt:** April und Okt.
- **Open-Air-Festival Kammeroper Schloss Rheinsberg:** Mitte Juni–Mitte Aug. Das Festival ist ein Höhepunkt im Kulturleben, bei dem junge Sänger aus aller Welt auftreten (s. o.) und die Musikakademie Rheinsberg Konzerte veranstaltet.
- **Lange Nacht der Künste:** Nov. Konzerte, Tanzperformances, Lesungen und Vernissagen (www.kunstverein-rheins berg.de).

Infos

- **Tourist Information:** Mühlenstr. 15, T 033931 349 40, www.rheinsberg.de. Stadt- und Schlossparkführungen Mo 10 Uhr. Kulturinfos, Hotelbuchungen und Führungen.

Neuruppin und Umgebung ⭐ 📍 E 3/4

Die Fontanestadt – wie sie sich trotz der Abneigung des Dichters gegen seine Heimat nennt – besticht durch ihre Lage am Nordufer des Ruppiner Sees. Bevor Theodor Fontane 1819 in der Löwenapotheke das Licht der Welt erblickte, wurde hier 1781 Karl Friedrich Schinkel geboren. Vor ihm verbrachte hier Friedrich der Große als junger Regimentskommandeur eine unbeschwerte Zeit.

Das Besondere an Neuruppin ist ansonsten seine Anlage als preußische Musterstadt. Nachdem das mittelalterliche Zentrum 1787 fast vollständig durch einen Großbrand vernichtet worden war, entwarf der Berliner Baumeister Bernhard Matthias Brasch eine Stadt mit großen quadratischen Plätzen, die zum Exerzieren der dort stationierten Garnison gedacht waren. Um sie herum gruppieren sich gerade Straßen mit hübschen, zweigeschossigen Häusern.

Neuruppins Wahrzeichen

Zu den eindrucksvollsten Gebäuden aus mittelalterlicher Zeit gehört die **Klosterkirche St. Trinitatis ❶**, die sich mit ihren beiden Türmen weithin sichtbar am Seeufer erhebt. Der mächtige Backsteinbau ist das Überbleibsel eines 1246 gegründeten Dominikanerklosters. Schinkel hat im 19. Jh. zum Erhalt der Kirche beigetragen, als sie einzustürzen drohte. Die Türme sind allerdings neueren Datums und bieten einen fantastischen Ausblick auf Stadt und Landschaft.

Neben der Kirche haben ein Stück alte Stadtmauer sowie die **Hospitalkapellen St. Georg** und **St. Lazarus** in der Siechenstraße den Großbrand von 1787 überstanden.

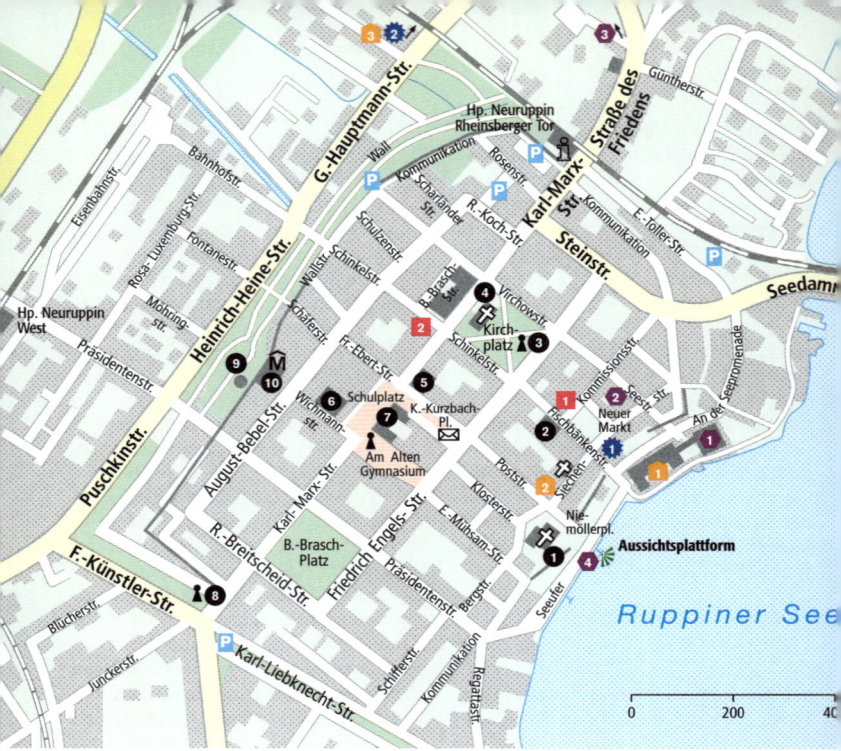

Neuruppin

Ansehen

❶ Klosterkirche St. Trinitatis
❷ Predigerwitwenhaus
❸ Schinkel-Denkmal
❹ Pfarrkirche St. Marien
❺ Löwenapotheke
❻ Rathaus
❼ Altes Gymnasium
❽ Fontane-Denkmal
❾ Parkanlage

❿ Museum Neuruppin

Schlafen

🟠 1 Mark Brandenburg
🟠 2 Up Hus Idyll
🟠 3 Hotel Boltenmühle

Essen

🟥 1 Weinhaus
🟥 2 StadtCafé

Bewegen

🟠 1 Fontane Therme
🟠 2 Segeln Neuruppin
🟠 3 Rhinpaddel
🟣 4 Schifffahrt Neuruppin

Ausgehen

🔵 1 Luna Lounge
🔵 2 Theatersommer
Netzeband

Schinkels und Fontanes Spuren

Wenn Sie durch die mittelalterliche Siechenstraße parallel zum Seeufer zur Fischbänkenstraße gehen, gelangen Sie zum Haus Nr. 8, in dem der junge Schinkel mit seiner Familie im **Predigerwitwenhaus** ❷ unterkam, nachdem sein Vater früh verstorben war. Heute hat hier die Schinkel-Gesellschaft ihren Sitz. Schräg gegenüber, am Kirchplatz, hat der Architekt Max Wiese 1883 Schinkel ein **Denkmal** ❸ gesetzt: Mit wehendem Mantel, einen Arm in die Hüfte gestemmt, blickt er selbstbewusst in die Ferne, in die es ihn von Neuruppin aus auch bald zog.

Gleich gegenüber steht die von Philipp Berson entworfene **Pfarrkirche St. Marien** ❹. Der Innenraum ist von Emporen umgeben, die von dorischen Säulen getragen werden, und wirkt wenig sakral.

Von hier aus ist es nicht weit zur **Löwenapotheke** ❺ in der Karl-Marx-Str. 84, in der Theodor Fontane geboren wurde. Ein paar Schritte weiter, am Schulplatz, steht das **Rathaus** ❻. Gegenüber befindet sich das **Alte Gymnasium** ❼, in dem auch Fontane zur Schule ging. An der Franz-Künstler-Straße wurde ihm übrigens 1907 auf einer steinernen Bank sitzend ein **Denkmal** ❽ gesetzt.

Orientalisch angehaucht

Besonders romantisch ist die **Parkanlage** ❾ nahe den Wallanlagen, die durch bürgerschaftliches Engagement vor dem Verfall gerettet wurde. Von Georg Wenzeslaus von Knobelsdorff um 1733 für Kronprinz Friedrich geschaffen, verteilen sich über den Park Skulpturen und ein kleiner Tempel mit sechs Säulen unter einem Kuppeldach.

Der schöne, orientalisch angehauchte Wintergarten von 1730 fungiert heute als stilvolles Restaurant, in dem heiße Getränke, Eierpfannkuchen und brandenburgische Küche serviert werden, gelegentlich finden auch Tanzveranstaltungen oder Konzerte statt.

Präsidentenstr. 64, T 03391 21 22, www.tempelgarten.de, April–Okt. tgl. 9–20, sonst Di–So 9–17 Uhr; Restaurant: Mi–Sa 10–22, So 10–18 Uhr

Neuruppiner Bilderbogen

In einem prächtigen klassizistischen Wohnhaus von 1790 und einem sehr gelungenen Neubau ist das **Museum**

Schöner Anblick: die Türme der Klosterkirche von Neuruppin

Neuruppin ❿ untergekommen, das mit alten Möbeln, Gemälden und Dokumenten die Stadt- und Regionalgeschichte illustriert. Wichtige Exponate sind die sogenannten Neuruppiner Bilderbogen, Vorläufer heutiger Illustrierten.

August-Bebel-Str. 14/15, T 03391 355 51 00, www.museum-neuruppin.de, April–Sept. Mo, Do/Fr–So 10–18, Mi bis 19 Uhr, 5/3 €, Familien 8 €, Mi 17–19 Uhr Eintritt frei

Schlafen

Luxus am Wasser

❶ **Mark Brandenburg:** Von außen verstellt das Vier-Sterne-Hotel etwas klotzig das Seeufer, umso schöner ist der Blick von innen. Freundliche Zimmer, Kaminbar, mehrere gute Restaurants, wo mit regionalen Produkten gekocht wird. Highlight ist die Nutzung der Fontane Therme, die im Preis inbegriffen ist.

An der Seepromenade 20, T 03391 403 50, www.resort-mark-brandenburg.de, EZ ab 125 €, DZ ab 180 €

TOUR
Quer durch die Ruppiner Schweiz

Radtour von Neuruppin nach Rheinsberg

Eine perfekte Mischung aus Natur und Kultur erwartet Sie auf der Radtour, die von der Fontanestadt Neuruppin nach Rheinsberg führt. Der reizvollste Abschnitt der Ruppiner Schweiz – die mit der Alpenrepublik so gut wie gar nichts gemeinsam hat – bietet besonders viele Mischwälder, Seen, Felder und Wiesen.

Am Flüsschen Rhin

Vom Bahnhof Rheinsberger Tor in Neuruppin radeln Sie auf der Straße des Friedens in östlicher Richtung aus der Stadt hinaus. Unterwegs wechselt der Radweg auf die linke Straßenseite. Immer geradeaus fahrend erreichen Sie das hübsche Örtchen **Alt Ruppin** am Ruppiner See, wo Sie einen Blick auf die Backsteinkirche aus dem 13. Jh. werfen sollten. Die Rhin durchfließt den Stadtteil.

Dann geht es links auf dem Neumühler Weg weiter und nach ca. 500 m wieder rechts auf der asphaltierten Straße nach **Molchow.** Kurz vorher gibt es auch eine hübsche Badestelle am Molchowsee. Mit einigen Gehöften und Gutsparks macht es einen aufgeräumten Eindruck. Mitten auf dem Dorfanger steht ein denkmalgeschützter, hölzerner Glockenturm aus dem Jahr 1692 – errichtet wurde er kurioserweise für eine noch ältere Glocke aus Eggersdorf. In entgegengesetzter Richtung vom Dorfanger führt eine leicht ansteigende Straße aus Molchow hinaus.

Der Radweg durch die Ruppiner Schweiz ist Idylle pur.

Bald schweift der Blick über Felder mit kleinen Wäldchen und Dörfern, bis **Krangen** erreicht ist. Hier ist die Landstraße zu queren, danach geht es erst links und dann gleich wieder rechts auf den Radweg, der jetzt durch dichten Mischwald führt und bei **Zippelsförde** in eine Landstraße mündet. Sie fahren jetzt ein kurzes Stück auf dem straßenbegleitenden Fahrradweg, bis nach ca. 300 m links – meist steht hier ein Räucherfischverkaufsstand – die Fahrradstraße nach Rheinsberg abzweigt.

Am Ufer des Grienericksees

Die folgende Strecke durch schattige Kiefernwälder nach Rheinshagen ist ein Traum. Schließlich zweigt die Straße rechts ab. Am Rastplatz, wo unweit des Fahrradwegs der Rhin plätschert, geht es links nach **Zechow.** Von hier gelangen Sie auf der Fahrradstraße und einem ruhigen Fahrweg durch Felder und Wiesen nach **Rheinsberg** (s. S. 182). Geradeaus geht es ins Zentrum. Dort zweigt man rechts in die Rhin- und wieder rechts in die Damaschkestraße ab, um zum ca. 400 m entfernten Bahnhof zu fahren.

Doch wäre es viel zu schade, in den Zug zu steigen, ohne dem Städtchen einen Besuch abzustatten und sich davon zu überzeugen, dass es mit dem Schloss am Grienericksee das Zeug zu einem Lieblingsort hat, das es tatsächlich für Friedrich den Großen, Prinz Heinrich und Kurt Tucholsky war. Vielleicht möchten Sie auch noch einen Blick ins Keramikmuseum werfen. Mit etwas Glück findet auch gerade ein Töpfermarkt statt.

Infos

♀ E 3

Start: Bahnhof Rheinsberger Tor Neuruppin
Ziel: Rheinsberg
Länge: 25 km
Dauer: 3 Std.

Anfahrt: mit RE 6 nach Neuruppin, Rückfahrt von Rheinsberg mit RB 54 und RE 5 über Gransee oder Löwenberg

Tourismusverband Ruppiner Land:
www.ruppiner-reiseland.de

HUSKIE-WANDERUNG H

Wenn im Naturpark Stechlin-Ruppiner Land kein Schnee liegt, können Sie mit den Schlittenhunden auch auf Wanderschaft gehen und dank der trainierten Vierbeiner in Schwung kommen. Im tiefsten Winter dürfen die Gäste auch schon mal bei Schlittentouren die Zügel selbst in die Hand nehmen (www.freizeit-mit-huskies.de).

Uriges Ambiente
2 Up Hus Idyll: Unterschiedliche, teils sehr stilvolle Zimmer im denkmalgeschützten Siechenhospital und Nebengebäuden. Dazu werden im ältesten Fachwerkhaus Neuruppins hausgemachte Kuchen, gute Weine und gekonnte Kreationen gereicht. Auch stimmungsvolle Konzerte in der gotischen Kapelle.
Siechenstr. 4, T 03391 39 88 44, www.neuruppin-hotel.de, EZ ab 60 €, DZ ab 75 €; Restaurant: Mai–Dez. Di–So ab 12, Winter Mo–Fr ab 17, Sa/So ab 12 Uhr

Mit Boots- und Fahrradverleih
3 Hotel & Restaurant Boltenmühle: In der Saison bevölkern ab und zu Busgruppen das idyllische Gelände um das Fachwerkhaus am Tornowsee. Spätestens am frühen Abend ist das Fleckchen aber komplett ruhig.
Am Wald 1, Gühlen-Glienicke, 10 km nördl. von Neuruppin, T 033929 705 00, www.boltenmuehle.de, EZ ab 55 €, DZ ab 89 €; Restaurant: tgl. 11.30–21 Uhr

Essen

Tapas und Wein
1 Weinhaus am Neuen Markt: Gemütliches Lokal, das allerhand edle Tropfen und dazu leckere Kleinigkeiten wie Quiche Lorraine, Bruschette, Würzfleisch und Soljanka auftischt.
Kommissionsstr. 17, T 03391 65 11 01, www.weinhaus-neuruppin.de, So/Mo 15–22, Di–Sa 12–24 Uhr

Zentrale Stärkung
2 StadtCafé: Sehr gute Kaffeespezialitäten, Croissants, Brownies und Kuchen.
Karl-Marx-Str. 30, Mo–Fr 8.30–18, Sa 9–17, So 10–17 Uhr

Bewegen

Schwitzen mit Aussicht
1 Fontane Therme: Still ruht der See, ein Schwan dreht seine Runde und Sie betrachten das ganze Naturschauspiel aus der schwimmenden Seesauna – so muss man sich die Fontane Therme mit wohltemperierten Innen- und Außen-, Solebecken, Leselounge vorstellen. Entspannung pur!
An der Seepromenade 21, T 03391 403 50, www.resort-mark-brandenburg.de/fontane-therme, tgl. 10–22 Uhr, Tageskarte 45/20 €, Drei-Stunden-Tarif ab 19 €

Mit Motor oder Armkraft
2 Segeln Neuruppin: Ob Jolle, Kajütsegel- oder Motorboot – hier stechen Sie in See oder gehen vor Anker.
Seestr. 7, T 0172 878 91 39, www.segeln-neuruppin.de

Wasser oder Rad
3 Rhinpaddel: Ruder-, Tret- und Paddelboote und Leihräder einschließlich Zubehör. Auch kombinierte Tagestouren lassen sich hier buchen.
Friedrich-Engels-Str. 8, Alt Ruppin, T 03391 77 12 12, www.rhinpaddel.de

Dampfend durch die Schweiz
4 Schifffahrt Neuruppin: Ausflugsdampfer mit guter Gastronomie auf dem Ruppiner See und bis Boltenmühle.

Tourismus-Service im Bürger-Bahnhof (s. Infos), www.schifffahrt-neuruppin.de, Rundfahrten ab 10 €

Ausgehen

Orientalisches Kellergewölbe
✸ **Luna Lounge:** Whisky und Wein, Fingerfood und Wasserpfeifen in einer ehemaligen Färberei.

Siechenstr. 14, T 03391 40 08 90, Mi–So ab 19 Uhr

Anspruchsvolles Theater
✷ **Theatersommer Netzeband:** Anspruchsvolle Inszenierungen klassischer Stücke und eigener Produktionen im Ferienparadies Märkische Höfe.

Dorfstr. 6, Netzeband, T 033924 29 98 37, www.theatersommer-netzeband.de

Feiern

- **Neuruppiner Mai- & Hafenfest:** Erstes Mai-Wochenende. Hauptereignis ist das Drachenbootrennen.
- **Fontane-Festspiele:** Mai/Juni. Einmal im Jahr huldigt die Stadt ihrem berühmtesten Sohn mit einem umfangreichen Programm aus Theater, Lesungen, Ausstellungen und Stadtführungen (www.fontane-festspiele.com).
- **Wasserfest und Sommerkarneval:** 1. Sa im Aug. Korsofahrt mit geschmückten Booten auf dem Rhin in Alt Ruppin. Auch die Uferzonen werden fantasievoll gestaltet.

Infos

- **Tourismus-Service Bürger-Bahnhof:** Karl-Marx-Str. 1, T 03391 454 60, www.tourismus-neuruppin.de. Stadtrundgänge, auch Nachtwanderungen mit »Pater Wichmann«.

Lindow 📍 F 3

»Lindow ist so reizend wie sein Name. Zwischen drei Seen wächst es auf und alte Linden nehmen es in ihren Schatten«, schrieb Fontane einst über das Ackerbürgerstädtchen, in dem er Teile seiner Romane »Der Stechlin« und »Vor dem Sturm« spielen ließ. Ob das Urteil auch heute so euphorisch ausfallen würde? Bestechend ist auf jeden Fall die idyllische Lage des staatlich anerkannten Erholungsorts am Wasser. Ob es der **Wutzsee** ist, der mit idyllischen Badestellen lockt, oder der **Gudelacksee** mit seinem Strandbad – die Gegend ist ideal zum Surfen, Rudern, aber auch Wandern.

Neben dem Wutzsee erhebt sich die **Ruine** eines 1230 gegründeten Zisterzienserinnenklosters. Nicht nur Efeu, auch Legenden ranken sich um die Gemäuer, z. B. die von einer schönen Nonne, deren Liebhaber an der Klostermauer kratzte und schabte, bis er sie befreien konnte. Im Sommer gibt sie die romantische Kulisse für klassische Konzerte ab. Rundum laden einige Gasthöfe zum Einkehren oder zu längerem Aufenthalt ein.

Schlafen und Essen

Logieren am Wutzsee
Klosterblick Lindow: Schon vom Zimmer haben Sie den See vor Augen und nach dem Frühstück können Sie gleich ins Boot steigen. Dazu bietet das **Café Cécile** mit Wintergarten und Seeterrasse gute märkische Küche zu gemäßigten Preisen. Außerdem gibt es einen Bootsverleih.

Am Wutzsee 53, T 033933 89 00, www.klosterblick-lindow.de, EZ ab 68 €, DZ 85 €; Café Cécile: im Sommer tgl., im Winter nur Fr–Di 8–18 Uhr

Wustrau ⚲ E4

Ein intaktes Ensemble aus Schloss, Dorf und Kirche: Das ist Wustrau am Südende des Ruppiner Sees. Nicht weit vom neobarocken Schloss, das als eine von zwei bundesdeutschen Richterakademien genutzt wird und Mi 13–16 Uhr zu besichtigen ist, steht die Kirche von 1781 mit schönem Altar und einem Epitaph für Hans Joachim von Ziethen, den bekanntesten General Friedrichs des Großen, dem hier auch ein eigenwilliges Denkmal gewidmet ist.

Geschichtsstunde
Dicht dabei steht das **Brandenburg-Preußen-Museum.** Sein Begründer hat es sich zum Ziel gesetzt, mit wechselnden Ausstellungen und Exponaten die Besucher davon zu überzeugen, dass Brandenburg-Preußen führend in Sachen Bildung, Kultur, Recht und Verwaltung war.
Eichenallee 7 A, T 033925 707 98, www.wustrau.de, April–Okt. Di–So 10–18, Nov.–März Di–So 10–16 Uhr, 10. Dez.–Ende Jan. geschl., 5/2–3 €, Familien 8 €

Schlafen und Essen

Villa am Seeufer
Theodors: Ein eleganter Betrieb am Seeufer mit mediterranem Flair – sowohl in den komfortablen Zimmern wie auch im Restaurant, das vorerst leider Hotelgästen vorbehalten bleibt.
Am Bollwerk 1, T 033925 88 03, www.theodors.de, EZ ab 80 €, DZ ab 100 €

Liebenswert
Café Constance: Hübsches Café im Constance-Haus mit Hofgarten. Hausgemachte Kuchen und Herzhaftes.
Hohes Ende 4, T 033925 706 76, www.cafe-constance.de, April–Okt. Fr–So 12–18 Uhr

Wassersportanschluss
Gasthof Alte Fischerhütte: Einfachere regionale Küche mit Fisch- und Fleischgerichten zu sehr moderaten Preisen. Verleih von Fahrrädern, Kajaks, Kanadiern und Ruderbooten. Auch einfache Pensionszimmer (DZ ab 55 €).
Zur Zugbrücke 7, Wustrau-Altfriesack, T 033925 706 04, www.fischerhuette-alt-friesack.de, Mai–Sept. tgl. 11–22, Okt.–April ab 17, Sa/So 11–22 Uhr

Feiern

● **Seefestival Wustrau:** Juli/Aug. Die Gegend läuft regelmäßig zu Hochform auf, wenn auf der Seebühne Theater gespielt wird. Karten unter T 033925 901 91, www.seefestival.com.

Ostprignitz ⚲ C/D 2–4

Die weitgehend flachen Wiesen und Felder des menschenleeren Nordwestens sind ideal zum Fahrradfahren und Wandern.

Neustadt/Dosse ⚲ D4

Den meisten ist Neustadt/Dosse wegen seines Gestüts ein Begriff, Pferdenarren gilt es als das »Sanssouci der Pferde«. Dazu wurde es, weil König Friedrich Wilhelm II. zwar edle Pferde liebte, es im Preußen des 18. Jh. aber kaum welche gab. Deshalb ließ der Monarch ein Stammgestüt zur Zucht erstklassiger Hengste einrichten.

Kaltblut Franziskus und Samba
Mittlerweile ist das über 400 ha große **Haupt- und Landesgestüt** mehr als

225 Jahre alt und hat eine beachtliche Hengstkollektion aufzuweisen. Bei einer Führung erfährt man alles über die Zucht und die Geschichte des Gestüts.

Jahreshöhepunkte sind die **Neustädter Hengstparaden** im September, die **Weihnachtsgala** und die **Neustädter Pferdestunde,** wenn zu weihnachtlicher Musik einzigartige Pferdeschaubilder mit prächtigen Kostümen präsentiert werden. Neben Reithalle, Weiden und Koppeln lockt auch ein **Kutschenmuseum** mit historischen Pferdewagen aus dem 19. Jh.

Hauptgestüt 10, T 033970 502 95 33, www. neustaedter-gestuete.de, Führungen April– Sept. Di, Do 15 und So 14 Uhr, Museum Mo–Fr 9–16, April–Sept. auch So 11–14 Uhr, 2,50 €

Deutschlands wichtigste Mumie

Ein Kuriosum ist die Gruft in der hübschen, über 700 Jahre alten Wehrkirche von **Kampehl,** einem Ortsteil von Neustadt, in der seit mehr als drei Jahrhunderten der Leichnam des berüchtigten Ritters Christian Friedrich von Kalebutz liegt. Einst soll er seinen Nebenbuhler, einen unschuldigen Schäfer, umgebracht haben. Der Ritter soll seine Unschuld mit den Worten »Ich bin es nicht gewesen, sonst soll ich nach meinem Tode nicht verwesen« beteuert haben. Das »Wunder von Kampehl« besteht darin, dass die Mumie bis heute nicht verwest ist.

Schulstr. 3, Kampehl, T 033970 132 65, www.kalebuz.de, März/April, Okt./Nov. Fr–So 11–16, Mai Do–So 11–16, Juli/Aug. Mi–Mo 11–16, Juni, Sept. Mi–So 11–16 Uhr, 3/1 €

Kyritz an der Knatter 📍 D 3

Das Städtchen am idyllischen Untersee, das im Schatten des betriebsameren und besser zu erreichenden Wittstock liegt, versucht sich derzeit an Konzepten, die es für Anwohner und Besucher attraktiver macht. Dazu gehört das ehrgeizi-

Auf dem Haupt- und Landgestüt in Neustadt/Dosse werden erstklassige Pferde gezüchtet.

ge Projekt, bis 2022 aus den Resten des mittelalterlichen **Franziskanerklosters** mit hübschem Garten einen interessanten Kulturstandort mit einem Museum, einer Touristeninformation und einer Bibliothek zu entwickeln.

Jetzt schon beeindruckt der wunderschöne **Marktplatz** mit der prächtigen Friedenseiche. Rundum lassen Fachwerkhäuser und die spätgotische **Pfarrkiche St. Marien** erahnen, dass die Stadt einst wichtiger Handelsplatz der Hanse war. Moderner Blickpunkt auf dem Markt ist der **Brunnen,** der den tapferen Frauen von Kyritz gewidmet ist, die im Mittelalter mit Töpfen voll heißem Brei den Raubritter Bassewitz in die Flucht schlugen.

Kreuzungspunkt Wusterhausen

Im mittelalterlich geprägten Nachbarstädtchen Wusterhausen können Sie nicht nur die gotische **Backsteinkirche St. Peter und Paul** entdecken. In einem barocken Fachwerkbau ist auch vor einigen Jahren das **Wegemuseum** mit der Touristeninformation und der Galerie Alter Laden untergekommen, das sich mit Ausstellungen der Geschichte des Kreuzungspunkts an Land- und Wasserwegen widmet.
Wegemuseum: Am Markt 3, T 033979 87 760, www.wegemuseum.de, Di 13–18, Do/Fr 10–18, Sa 10–16, Fei 13–16 Uhr, 4/2 €, Familien 9 €

Schlafen und Essen

Romantische Lage
Waldschlösschen Kyritz: 1906 als Sommerfrische erbautes Haus am Waldrand mit 18 freundlichen, komfortablen Zimmern, teils mit Terrasse.
Seestr. 110, Kyritz, T 033971 307 80, www.waldschloesschen-kyritz.de, EZ ab 57 €, DZ ab 75 €; Restaurant: Mo–Mi, Fr 14–22, Sa/So 11–22 Uhr

KNATTER

Wissen Sie, was es mit dem Beinamen »an der Knatter« auf sich hat? Damit ist kein Fluss gemeint, denn das Städtchen durchfließt die Jäglitz. Stattdessen fühlten sich einst Reisende, die auf dem Postweg von Berlin nach Hamburg hier Station machten, vom Geknatter der Mühlenräder gestört.

Logieren vor schöner Badestelle
Hotel am Untersee: Wer sich erholen, baden und Boot fahren will, für den ist das 36-Zimmer-Hotel am See das Richtige. Dazu bietet das Restaurant eine große Auswahl an (auch vegetarischen) Speisen.
Dorfstr. 48, Bantikow, T 033979 145 90, www.hotel-am-untersee.de, EZ ab 65 €, DZ ab 90 €; Restaurant: tgl. ab 12 Uhr, Hauptgerichte ab 12 €

Mediterranes Ambiente
Villa-Meehr: In den hellen, freundlichen Räumen am Ufer des Untersees wird passend zur Umgebung viel frischer Fisch aus nachhaltiger Binnenfischerei oder Aquakultur serviert (Hauptgerichte ab 13 €). Ringsum stehen wohnliche, Zimmer und Apartments im nordischen Stil für Übernachtungswillige bereit.
Dorfstr. 24, Bantikow, T 033797 51 75 40, www.villa-meehr.de, EZ ab 70 €, DZ ab 90 €

Idylle am Wasser
Restaurant & Hotel Seeidylle: Der Name verspricht nicht zu viel, denn schöner kann man frisch gebratenen Zander nicht essen als auf dieser Terrasse am Wasser. Die Zimmer sind nicht ganz so überzeugend.
Seemühle 4, Wusterhausen/Dosse, T 033979 87 10, www.seeidylle.de, EZ 52 €, DZ ab 75 €; Restaurant: Mo–Fr 15–21, Sa 12–21, 12–16 Uhr, Hauptgerichte um 12 €

Lieblingsort

Reif für die Insel?

Am Ufer des Untersees bei Kyritz hängt eine rote Pfanne am Fährsteig. Wenn Sie tüchtig darauf schlagen, wird das als Signal für »Fährmann, hol' über!« verstanden. Wobei Sie heute auch schon mal von Fährfrau Marie mit dem Motorboot abgeholt werden. Und wenig später kommen Sie zum 1,3 ha großen Eiland **INSL** (📍 D 3), einem kleinen grünen Paradies mit Badestellen. In dem seit 100 Jahren beliebten Ausflugslokal bewirten heute Rosmarie Köckenberg und ihr Team Ausflügler im Seemannszimmer mit Kaffee, Kuchen, Fisch- und anderen Burgern. Übrigens kann man hier auch in einer Außenstelle des Standesamts Kyritz eine Matrosenhochzeit feiern. Ahoi!
INSL: Seestr. 18, Kyritz, T 033971 32 44 71, www.insl.de, Ostern–Okt. Mi–So 12–21 Uhr

Infos

• **Kultur- und Tourismusbüro Kyritz:** Maxim-Gorki-Str. 32, Kyritz, T 033971 60 82 79, www.kyritz.de, www.dosse-seen-land.de

Wittstock/Dosse ⚲ D2

Mit seinen schönen Fachwerkbauten wird Wittstock oft als märkisches Rothenburg bezeichnet. Und mit den Grünanlagen, die für die Landesgartenschau 2019 entstanden, hat sich das **Städtchen** noch weiter verschönert. Einzigartig ist die fast geschlossene, 2,5 km lange Stadtmauer aus Backstein mit ihren Wällen und Gräben. Rundum haben sich um die 40 **Wiekhäuser** erhalten, die zusammen mit dem **Gröper Stadttor** rund 1000 Jahre Geschichte umschließen.

Einst residierten hier Bischöfe
Im 10. Jh. soll in Wittstock, dem damals von Slawen besiedelten Wysoka, eine Burg gestanden haben, die von 1271 bis 1548 Residenz der Bischöfe von Havelberg war. Übrig geblieben ist nur der 32 m hohe Torturm am Amtshof, der das Ostprignitzmuseum beherbergt.

In nächster Nähe steht das im 16. Jh. im Fachwerkstil erbaute **Teltow'sche Haus,** das 1681 erste Poststation auf dem Weg von Güstrow über Wittstock nach Berlin wurde. Von hier sind es nur ein paar Schritte zum schönen Marktplatz mit Lokalen und Läden. Flankiert wird er vom neugotischen **Rathaus,** das 1905 über einer mittelalterlichen Gerichtslaube entstand. Sein zum Platz gewandter Treppengiebel und der Turm geben ihm einen gewissen sakralen Charakter, das Innere schmücken dagegen Jugendstilelemente.

Rathaus: Markt 1, Mo–Mi 9–15.30, Do 9–17.30, Fr 9–12 Uhr

»DIE SCHWEDEN KOMMEN« **S**

Ein Historienspektakel der besonderen Art steigt alle zwei Jahre in Wittstock. Dann erinnern mehr als 200 Akteure, Mitglieder von Traditionsvereinen und Bürger, vor der historischen Kulisse der Stadtmauer und mit echten Kanonen an den Dreißigjährigen Krieg mit der **Schlacht bei Wittstock** 1636, als die Heere der Schweden und die kaiserlich-sächsischen Truppen aufeinandertrafen.

Wittstocker Madonna
Wittstocks Wahrzeichen, die mächtige **St.-Marien-Kirche,** eine dreischiffige Backsteinhallenkirche aus dem 13. und 14. Jh., lässt deutlich die verschiedenen Bauphasen erkennen. Innen sind eine Renaissancekanzel, die Wittstocker Madonna aus Sandstein (um 1400) und ein spätgotischer Schnitzaltar sehenswert. Danach sollte man nicht versäumen, auf den **Turm** zu steigen.

Von oben sehen Sie auch so manche schöne Fassade im Jugend- oder Gründerzeitstil. Hinter einer von ihnen verbirgt sich die mehr als 400 Jahre alte **Adlerapotheke** (Gröperstraße). Ganz in der Nähe erhebt sich die gotische **Heiliggeistkirche,** die von 1300 an Kaufleuten und Reisenden als Andachtskirche diente. Zum Abschluss des Rundgangs lohnt sich noch ein Schlenker um den beschaulichen Dosseteich, der außerhalb der Stadtmauer hinter dem Röbeler Tor liegt.

Traumatische Geschichte
Auf sieben Stockwerken thematisiert das **Ostprignitzmuseum** mit unzähligen Exponaten den Dreißigjährigen Krieg, das wohl einschneidenste

Ereignis der Gegend. Schließlich war Wittstock Schauplatz einer der blutigsten Schlachten des Krieges, bevor 1648 nach jahrzehntelangen Auseinandersetzungen der Westfälische Friede geschlossen wurde. An das traumatische Ereignis erinnert heute das alle zwei Jahre stattfindende Spektakel »Die Schweden kommen« (s. Kasten links).

Amtshof 1–5, T 03394 43 37 25 www. mdk-wittstock.de, Mai–Aug. Di–Do 9–17, Fr 9–15, Sa/So 11–16.30, Sept.–April Di–Do 9–16, Fr 9–14, Sa 13–16, So 11–16.30 Uhr, 4,50/3 €

Schlafen und Essen

An hübscher Parkanlage

Hotel & Restaurant Röbler Thor: Hübsch gelegen am Dosseteich kommen Sie hier in komfortablen Zimmern unter. Im Restaurant wird vom Forellenfilet bis zum Hirschrollbraten mit Zutaten von regionalen Erzeugern gekocht.

Am Dosseteich 1, Wittstock, T 03394 400 46, www.roebler-thor.de, EZ ab 75 €, DZ ab 99 €; Restaurant: Mo–Fr ab 12, Sa/So ab 11 Uhr, Hauptgerichte ab 15 €

Landurlaub auf dem Ökohof

Bio Ranch Zempow: Engagiertes Gründerzentrum mit Landwirtschaft, Reitmöglichkeiten sowie Ferienwohnungen und -häusern für 2–6 Pers. Einmal wöchentlich sind Sie auch zum Yogakurs im Dorf eingeladen. Oder möchten Sie sich lieber im Kuhflüstern üben?

Birkenallee 6–12, Wittstock/OT Zempow, T 033923 769 15, www.bio-ranch-zempow. de, Fewo ab 46 €

Infos

• **Touristinformation Wittstocker Land:** Am Bahnhof 2, Wittstock/Dosse, T 03394 42 95 50, www.wittstocker-land.de

Archäologischer Park und Schloss Freyenstein ♀ D2

Unweit von Wittstock haben Grabungen bei Freyenstein die Reste der mittelalterlichen Stadt zutage gefördert, die offenbar Anfang des 13. Jh. auf einem Grundriss von 25 ha gegründet, aber durch Kriege komplett verwüstet, aufgegeben und schon Ende des Jahrhunderts in der Nähe neu errichtet wurde. Stadttor, Marktplatz, Burggraben und vieles mehr wurden lokalisiert und an 42 Stationen gibt es entsprechende Erläuterungen.

Dazu gesellen sich zwei ganz unterschiedliche Schlösser. Vom sogenannten **Alten Schloss,** einer Burg aus dem 14. Jh., ist lediglich eine Ruine im italienischen Renaissancestil mit Terrakotta-Schmuck übrig geblieben. Das **Neue Schloss** wirkt dagegen wie eine stattliche Festung. Nach wechselvoller Nutzung beherbergt es eine Touristeninformation mit Shop, Bibliothek und Standesamt.

Archäologischer Park: Marktstr. 48, T 033967 600 57, www.park-freyenstein. de, April–Okt. Di–Fr 11–17 Sa/So/Fei 13–17 Uhr, 3/1,50–2 €, mit Audioguide 4,50 € bzw. 2,50–3,50, Familien 12 €

Meyenburg ♀ C2

So klein das Dorf im äußersten Nordwesten von Brandenburg sein mag – mit seiner gelungenen Synthese aus Schloss, Park und Modemuseum hat es sich zu einem beliebten Ausflugsziel entwickelt. Untergekommen ist das Museum im Ostflügel des Schlosses im Renaissancestil, der mit seinen großen Kaminen, ausgemalten Rippengewölben und umfangreichen Kellergewölben auf das 16. Jh. zurückgeht. Im 19. Jh. wurde es mit dem sogenannten Westflügel verbunden und mit repräsentativen Giebeln versehen.

80 Jahre Textilgeschichte

Während in einem Teil des Gebäudes die Geschichte Meyenburgs und des Adelsgeschlechts derer von Rohr im Mittelpunkt steht, ist 2006 in den Ostflügel das **Modemuseum** eingezogen. Damit erfüllte sich für Josefine Edle von Krepl, 1944 in Fürstenwalde geboren, der Traum von einem eigenen Museum für ihre Sammlungen historischer Kleiderstücke und Accessoires, die die Textilgeschichte von 1900 bis 1980 Revue passieren lassen. Dabei wurden Kleider, Kostüme, Kittel und Blusen liebevoll mit Hilfe von Möbelstücken wie Nierentischchen oder alten Grammophonen, Schirmen, Postkarten und sogar Musik in ihren zeitgeschichtlichen Kontext gestellt, sodass die einzelnen Jahrzehnte lebendig werden.

Dazu passend werden Konzerte, wechselnde Ausstellungen, Moden-schauen oder Kostümbälle im Stil der 1920er-Jahre veranstaltet, im **Café** gibt es Kaffee und hausgemachten Kuchen von altem Porzellan und einen Shop mit Antikmode.

Versäumen Sie nicht, durch den **Schlosspark** zu schlendern, der 1860 nach Plänen des Hofgärtners Fink angelegt wurde und dabei Teile der Stadtmauer und die mittelalterliche Kirche einbezog.

Modemuseum: Schloss 1, T 03396 850 89 61, www.modemuseum-schloss-meyenburg.de, Di–So 11–17 Uhr, im Winter z.T. nur Fr–So; **Schlossmuseum:** T 033968 50 29 74, www.schloss-meyenburg.de, Di–So 10–16 Uhr, Kombikarte für beide Museen 8/4 €

Schlafen und Essen

Mitten im Schlosspark

Hotel Germania: Drei-Sterne-Hotel mit geschmackvollen Zimmern. Zum eleganten Restaurant gehört auch eine schöne Terrasse am Teich.

Auf dem Pilgerweg rund um das Kloster Stift Heiligengrabe kommt die Seele zur Ruhe.

PILGERN AUF DEM ANNENPFAD

Wenn Sie Lust haben, eine kleine Pilgertour zu machen – am Kloster startet der sogenannte **Annenpfad** (📍 D 2/3), ein 22 km langer, gut markierter Rundweg, der über die Wallfahrtskirche in Alt Krüssow und die Dorfkirche in Bölzke einen weiten Bogen um Heiligengrabe schlägt. Der Legende nach befand sich in der Kirche von Alt Krüssow der Rock der heiligen Anna, die im Spätmittelalter eine der beliebtesten Heiligen und Schutzpatronin der Zünfte, der Frauen und Mütter, der Bergleute und Knechte war. Aufgrund der Reliquie entwickelte sich rund um Krüssow ein lebhafter Pilgertourismus, der bis ins 18. Jh. anhielt. Inzwischen wurde der Pilgerpfad neu ausgeschildert. Allerdings gibt es unterwegs kaum Einkehrmöglichkeiten. Aber Frau Schick, die den Schlüssel zur Kirche hat, serviert auf Anfrage einen Kaffee oder eine warme Suppe (www.wallfahrtskirche-alt-kruessow.de).

Wilhelmsplatz 3, Meyenburg, T 033968 50 20, www.germania-meyenburg.de, EZ ab 62 €, DZ ab 83 €; Restaurant: tgl. ab 10, Winter Mo–Sa ab 17–22 Uhr, Hauptgerichte ab 13 €

Kloster Stift zum Heiligengrabe 📍 D 2

Hier kommen Sie in eine Oase der Ruhe, die je nach Jahreszeit zu Fasten- oder Einkehrtagen, Yoga-, Tanz- oder Pilgerwochenenden sowie Konzerten und Filmabenden einlädt. Aber auch ohne derartige Veranstaltungen sind die Gebäude schön anzusehen. Im Jahr 1287 von den Zisterzienserinnen gegründet, wurde das Kloster nach der Reformation evangelisch und von Friedrich dem Großen zum **Damenstift** ernannt. Bis ins 18. Jh. galt es mit seinen Edeljungfrauen, den Stiftsdamen, als das vornehmste Kloster der Mark. Noch heute leben hier Frauen in klösterlicher Gemeinschaft, wobei Arbeit und Gebet der Freiwilligkeit unterliegen.

Von nationaler Bedeutung

Besonders schön ist die **Heiliggrabkapelle,** ein einschiffiger Bau mit von Staffelgiebeln verzierter Fassade. In der lang gestreckten **Kirche** mit Kreuzrippengewölbe haben sich ein Retabel aus dem 15. Jh. und einige Tafelbilder erhalten, die die Gründungsgeschichte des Klosters illustrieren. Inzwischen ist auch der **Kreuzgang** wieder zugänglich. Über die Klostergeschichte informiert eine **Ausstellung** im Ostflügel der Abtei, einem spätklassizistischen, restaurierten Bau.

Stiftgelände 1, T 033962 80 80, www.klosterstift-heiligengrabe.de, die Heiliggrabkapelle ist meist auch außerhalb der Führung zugänglich; Führungen März–Mitte Dez. Di–So 14, Feb. Sa/So 14 Uhr; Ausstellung April–Okt. Di–So 10–17, Feb. Sa/So 11–16, März, Nov./Dez. Di–So 11–16 Uhr, 5/3,50 €; Wohnen im Dormitorium oder Wulffenhaus auf Anfrage

Schloss Wolfshagen 📍 C 2/3

Idyllisch an der Stepenitz liegt mit Schloss Wolfshagen das bedeutendste Barockschloss der Prignitz. Von 800 bis 1945 war es im Besitz der Gans Edlen Herren zu Putlitz, wobei zwischen 1771 und 1787 über einem Vorgängerbau die jetzige stattliche Zweiflügelanlage errichtet wurde. Inzwischen erstrahlt es mit seiner terrakottafarbenen Fassade wieder in neuem Glanz.

KÖNIGSGRAB **K**

Unweit von Perleberg liegt bei Groß Pankow ein Relikt aus vergangenen Zeiten auf freiem Feld: Fast 3000 Jahre alt ist das **Königsgrab von Seddin** (♀ C 3), ein bronzezeitliches Hügelgrab mit 126 m Durchmesser und 11 m Höhe. 1899 gefunden, wurde die Grabanlage wegen ihrer reichen Ausstattung dem König Hinze zugeschrieben. Einige der Grabbeigaben sind in Kopie zu sehen, die Originale lagern in verschiedenen Museen (Ausbau 7, Groß Pankow).

In den Innenräumen erzählt ein **Museum** von der Geschichte der Familie und der Wohnkultur vergangener Jahrhunderte. Zugleich birgt es die bedeutende Porzellan-**Sammlung** von Barsewisch: Die blau-weißen Porzellane aus über 50 Manufakturen, u. a. Meißen, zeigen die Entwicklung von den frühesten, nach chinesischen Vorbildern entstandenen Stücken bis heute. Außerdem bilden Porträts und andere Gemälde den schönen Rahmen für Hochzeiten.
Putlitzer Str. 16, Wolfshagen, T 038789 610 63, www.schlossmuseum-wolfshagen. com, Mi–So/Fei 11–16 Uhr, Jan./Feb. nur Sa/So, 5/4 €

Schlafen und Essen

Im schönen Wirtschaftshof
Hotel und Restaurant am Schloss Wolfshagen: 13 geschmackvolle Zimmer im Landhausstil mit Naturholzmöbeln. Im Restaurant wird mit frischen Zutaten aus der Region und traditionellen Rezepten aus dem Kochbuch »Bei den Edlen Gänsen zu Tisch« bekocht. Mit Abholservice für Paddler und Abstellmöglichkeit für Räder.
Pankower Weg 9 A, Wolfshagen, T 038789 900 54, www.hotelrestaurantamschloss.de, EZ ab 55 €, DZ ab 77 €

Perleberg ♀ B 3

Hier haben Sie bisweilen das Gefühl, ins Mittelalter zurückzureisen, so authentisch mutet der verwinkelte Stadtkern mit seinen Fachwerkbauten an. Bei genauerem Hinsehen wird allerdings schnell deutlich, dass die Kleinstadt mit Abwanderung und Überalterung zu kämpfen hat. Inzwischen erhält sie besondere Förderung als regionaler Wachstumskern, die auch zu einer touristischen Belebung führen soll.

Im 12. Jh. auf einer Insel der Stepenitz als Ansiedlung deutscher Mönche, Handwerker und Kaufleute gegründet, stieg Perleberg im 14. Jh. mit florierendem Handel und Handwerk zur Hauptstadt der Prignitz auf. Als Mitglied der Hanse profitierte sie vom Handel mit Tuchen, die auf Stepenitz und Elbe verschifft wurden. Aus dieser Zeit stammt auch das zwischen Markt und Kirchplatz stehende **Rathaus,** das allerdings um 1839 zum neugotischen Bau mit schlankem Turm wurde.

Gegenüber bewacht ein 5 m hoher, wehrhafter **Roland** aus Elbsandstein von 1546 den Platz. Hinter dem Rathaus behauptet sich die **Stadtkirche St. Jacobi** neben stolzen **Giebelhäusern** aus dem 16. und 17. Jh. Vom 13. bis 15. Jh. entstanden, ist noch ein Turmunterbau aus Feldsteinen unter der Hallenkirche zu erkennen. Hinter ihrem Blendgiebel birgt sie einen fünfarmigen Standleuchter von 1475 und einen Kronleuchter von 1685.

Brandenburgs sauberster Fluss
Besonders poetische Ecken sind rund um die Ufer der **Stepenitz** zu finden, die

als sauberster Fluss Brandenburgs gilt. So können Sie die Altstadt auch gut vom Wasser aus, z. B. per Spreewaldkahn, erkunden. Während der Gondoliere aus der Stadtgeschichte plaudert, werden Kaffee und Kuchen gereicht. Zudem ist die Stadt ein beliebter Ausgangspunkt für Kanutouren zum 20 km entfernten Wolfshagen oder nach Wittenberge.

Lotte Lehmann und mehr

Nicht nur Archäologie und Stadtgeschichte thematisiert das **Stadt- und Regionalmuseum** mit seinen Exponaten aus 10 000 Jahren. Hier lässt sich auch ein Kolonialwarenladen von 1896 bewundern und einiges zu Lotte Lehmann erfahren, die 1933 in die USA auswanderte und dort große Erfolge als Opernsängerin feierte.
Mönchort 7–11, T 03876 78 14 22, www.stadtmuseum-perleberg.de, Di–Fr 10–16, So 11–16 Uhr, 3,50/1,50 €

Bewältigung der Vergangenheit

Auch wenn das **DDR-Geschichtsmuseum** auf 1000 m² Relikte des ›real existierenden Sozialismus‹ ausbreitet, über die Sie heute vielleicht schmunzeln – Anliegen des Museums ist es, als Teil des Dokumentationszentrums Perleberg die Geschichte des Staates, darunter Themen wie Kirche und Militär, aufzuarbeiten.
Feldstr. 98 A, T 03876 61 63 93, www.ddr-museum-perleberg.de, April–Okt. Do/Fr 10–13, Sa/So/Fei 13–16, in den Ferien Di–Fr 10–13, Sa/So 13–16 Uhr, 5 €

Vom Fahrrad bis zum Traktor

50 Fahrzeuge und Kuriositäten, wie ein Flugzeug mit Trabantmotor, versammelt das **Oldtimermuseum** in einer ehemaligen, denkmalgeschützten Turnhalle. Natürlich werden ab und zu auch Oldtimertreffen organisiert.
Wilsnacker Str. 12, www.oldtimerfreunde-perleberg.de, So 14–17 Uhr

Schlafen und Essen

Mit historischem Flair

Burg Stavenow: In der 1365 erbauten Burg ist ein kleines Gästehaus mit sechs liebevoll eingerichteten Apartments und schönem Kaminzimmer untergekommen. Erholen können Sie sich auch im Burggarten mit Naturteich oder in der Sauna.
Dorfstr. 20, Karstädt, T 038797 591 33, www.burg-stavenow.de, Apartment ab 80 €, Verpflegung auf Anfrage

Vom Roland bewacht

Café Roland: In diesem urgemütlichen Café am zentralen Marktplatz verbringt man so manche Stunde bei köstlichen Milchshakes, Torten und mehr.
Großer Markt 15, T 01525 99 595 30, tgl. 9–17 Uhr

Kaffee und Kuchen auf dem Kahn

Neue Mühle: Rustikales Ausflugslokal an der Stepenitz mit preiswerten Gerichten und kunstvollen Torten. Neben einem Spreewaldkahn, auf dem man So ab 14 Uhr auch Kaffee und Kuchen bekommt, gibt es auch einen Kanu- und Tretbootverleih (8,50 €/Std.).
Neue Mühle 3, T 03876 30 10 10, www.caravanhafen.de, April–Okt. Mi–So ab 11 Uhr

AUENTOUR-APP

Mit einer kostenlosen App verwandelt sich Ihr Handy in einen vergnüglichen und informativen Reiseführer, wenn Sie auf dem Elberadweg unterwegs sind und mehr über Land und Leute und die ökologischen Zusammenhänge erfahren wollen. An 17 Stationen bringen Ihnen Audio-Aufnahmen, Fotos und Videos die Flusslandschaft näher (Download unter www.bund.net).

Feiern

- **Perleberg-Festival für Folk-, Lied- und Weltmusik:** Anfang Juni. Dann ist richtig was los in der Stadt. Schauplätze sind u. a. einige malerische Innenhöfe. Infos bei der Stadtinformation.
- **Rolandfest:** Sept. Die meist menschenleere Altstadt belebt sich bei diesem traditionellen Fest mit einem bunt gemischten Unterhaltungsprogramm, bei dem auch schon mal ein Musical auf die Bühne kommt.

Infos

- **Stadtinformation:** Großer Markt 12, T 03876 78 15 22, www.stadt-perleberg. de, Mai–Sept. Einmal monatlich Sa um 11 Uhr können Sie an offenen Stadtführungen teilnehmen. Die Termine werden im Internet veröffentlicht.

Lenzen ♀ A 3

Beschaulichkeit und Ruhe erwarten Sie rund um Lenzen an der Elbtalaue im äußersten Nordwesten Brandenburgs, wo die Elbe ganz gemächlich durch die Auenlandschaft mäandert. Dabei war das Städtchen im 10. Jh. Schauplatz eines schauerlichen Gemetzels zwischen Sachsen und Slawen, bevor es im 12. Jh. in den Machtbereich der Gans Edlen zu Putlitz gelangte. Zum Schutz vor weiteren Angriffen entstand um 1200 eine **Burg,** in der der BUND ein Biohotel und das Europäische Zentrum für Auenökologie betreibt, das die Zusammenhänge von Ökologie und Landwirtschaft veranschaulicht. Dazu müssen Sie wissen, dass unter der Ägide des BUND auch der Deich der zuvor begradigten Elbe zurückverlegt wurde, sodass sich Flora

RAMBOWER MOOR **R**

Alles begann mit einem großen Flachmeer, das vor mehr als 250 Millionen Jahren weite Teile der Nordhalbkugel bedeckte. Durch intensive Sonneneinstrahlung verdunstete das Wasser und hinterließ Salzmassen, die mit der Zeit von Gestein überdeckt wurden. Dieser Salzstock wurde wiederum in der Saale-Eiszeit vor 30 000 bis 130 000 Jahren von Schmelzwasser überschwemmt. Das drang in den Salzstock ein und wusch ihn aus, sodass Hohlräume entstanden. Aus den eingestürzten Räumen entwickelte sich dann die 10 km lange und bis zu 1 km breite **Rambow-Lenzener Rinne,** die sich mit Wasser füllte. Als der nordöstliche Teil verlandete, bildete sich schließlich das Moor heraus.

und Fauna durch die neuen Überflutungsräume spürbar erholt haben.

Seltenes Exemplar

Im historischen Stadtkern ragt der sogenannte **Stumpfe Turm** aus dem 13./14. Jh. auf, der Teil eines mittelalterlichen Stadttors, später Gefängnis war und heute die **Touristeninformation** beherbergt. Ansonsten stehen die spätgotische **Stadtkirche St. Katharinen** und die **Preußische Postmeilensäule** inmitten von Fachwerkhäusern. Besonderheit des **Rathauses** von 1713 mit gotischem Kreuzgewölbe ist die Sonnenuhr an der Giebelseite: Von Splinten zusammengehalten, besitzt sie nur einen Stundenzeiger und gehört zu den bundesweit sechs Exemplaren von Ein-Zeiger-Uhren. Zum Baden, Angeln und Wassersport lädt der am Stadtrand gelegene Rudower See ein, der der größte See der Prignitz ist.

Sabine Forberg vom BUND erteilt Anschauungsunterricht in Sachen Auenökologie auf der »Kleinen Dott«.

Auenökologie und Geschichte

Im alten Burgturm und Nebengebäuden ist das **Besucherzentrum Burg Lenzen** untergekommen, wo Sie sich anhand von Hörstationen, Computeranimationen und Schautafeln ein Bild von der Landschaftsentwicklung an der Elbtalaue und der Geschichte der Stadt machen können. Vom 24 m hohen Turm eröffnet sich auch ein schöner Blick auf Wiesen, Wälder, Elbe und das Flüsschen Löcknitz.
Burgstr. 3, T 038792 12 21, www.burg-lenzen.de, April–Okt. tgl. 10–18, Nov.–März Mi/Do 11–15, Fr–So 11–16 Uhr, 4/2 €, Familien 8,50 €

Schlafen und Essen

Hinter historischen Mauern

Biohotel Burg Lenzen: Neben dem Zentrum für Auenökologie beherbergt die Burg auch ein Tagungshotel mit 40 freundlichen, komfortablen Gästezimmern, einige davon befinden sich in der benachbarten ehemaligen Schule. Das **Burgrestaurant** tischt schmackhafte Bio-Küche zu leicht gehobenen Preisen auf.
Burgstr. 3, T 038792 507 83 00, www.burghotel-lenzen.de, EZ ab 75 €, DZ ab 110 €, HP 23 €; Burgrestaurant: April–Okt. tgl. 10–22, Nov.–März tgl. 12–14, 18–20 Uhr

Am Deich

Pension am Elbdeich: Hier sieht es ein bisschen aus wie im Bilderbuch. Hübsche Ferienwohnungen und -häuser. In der warmen Saison öffnet auch das Gartenlokal.
Lenzener Str. 13, Lenzerwische, OT Mödlich (6,5 km westl. von Lenzen), T 038792 77 90, www.pension-am-elbdeich.de, Fewo ab 43 €, Ferienhaus ab 65 €, Frühstück 9 €

Reetgedeckt

Alter Hof am Elbdeich: Sehr stilvolle Zimmer und Apartments im liebevoll restaurierten Hof. Das **Restaurant** kocht auch vegetarische Gerichte.
Am Elbdeich 25, Unbesandten (10 km westl. von Lenzen), T 038758 357 80, www.

TOUR
Wo der Moorochse balzt

Wanderung durch das Rambower Moor

Feuchtwiesen, dichte Schilfgürtel, Erlenbruchwälder mit haushohen Baumsolitären – das **Rambower Moor** (s. Kasten S. 202) ist eins der schönsten Moore Brandenburgs und Balsam für Augen und Seele. Als Lebensraum von seltenen Orchideen, Wildgänsen, Fischottern, Kranichen und Rohrdommeln gehört es zum **Biosphärenreservat Flusslandschaft Elbe-Brandenburg**. Nicht zufällig wurde das 450 ha große Areal 2014 von der Heinz-Sielmann-Stiftung zu »Deutschlands schönstem Naturwunder« gewählt. Ihr ganz persönliches Naturwunder können Sie auf einer Wanderung um den Rambower See erleben. Heute wird sein Erhalt durch ein EU-Life-Projekt gefördert. Denn es ist nicht nur Lebensraum für bedrohte Tiere und Pflanzen, sondern leistet auch einen wichtigen Beitrag zum Klimaschutz, da es Kohlendioxid speichert.

Ausgangspunkt der Wanderung ist das **Hünengrab** an der Durchgangsstraße von **Mellen**. Das letzte Megalithgrab der Prignitz aus dicken Gesteinsbrocken soll auf

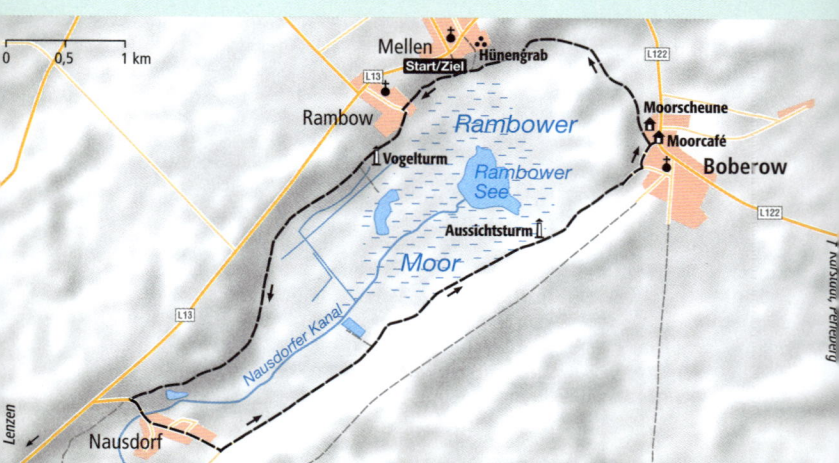

Infos

📍 B 2

Start/Ziel: Hünen-
grab an der Karstäd-
ter Straße in Mellen
mit kleinem Parkplatz
Anfahrt: Von Lenzen
auf der L 13 Rich-
tung Ludwigslust/
Karstädt bis Mellen
Länge: ca. 12 km
Dauer: 3,5 Std.
Schwierigkeit:
einfach

Moorcafé:
Mellener Weg 3,
T 038781 42 95 99,
www.moorscheune.
de, Sa/So/Fei 14–19
Uhr

die Zeit von 3000 bis 2500 v. Chr. zurückgehen und
zeugt davon, dass die Gegend schon vor über 4000 Jahren besiedelt war. Die Grabanlage ist etwa 22 x 8 m groß.

Moorauge inmitten von Feuchtwiesen

Etwa 10 m weiter zweigt gegenüber von einem großen
Gehöft nahe dem kleinen Parkplatz ein Weg ab, der zum
Moor führt. Hier begrüßt Sie bereits die erste der Infor-
mationstafeln, die in regelmäßigen Abständen über das
Moor, seine Bedeutung und Geschichte informieren.

Von der Informationstafel laufen Sie nun rechts im
großen Bogen um den **Rambower See** herum. Der
eigentliche Flachsee, das ›Moorauge‹, ist meist nur
von den Aussichtstürmen aus zu sehen, weil er von
dichten Schilfgürteln und Feuchtwiesen eingeschlossen
ist. Zwischendurch führen kleine Quellwege in seine
Richtung. Doch dürfen Sie dabei nicht den Wanderweg
aus den Augen verlieren, der geradeaus weiterführt,
manchmal auch Bauernhöfe umkreist und immer
wieder von ausladenden, alten Eichen gesäumt wird.
Vorbei an der Ortschaft **Rambow** mit hübscher Backsteinkirche, wo auch einer der beiden Aussichtstürme
steht, geht es nach Nausdorf. Mit etwas Glück entdecken
Sie unterwegs auch Orchideen, Kuckuckslichtnelken
oder Sumpfdotterblumen, die hier im Frühjahr blühen.
Und vielleicht hören Sie das Quieken der Wasserralle.
Oder die Rohrdommel, deren dumpfer Balzruf aus dem
Röhricht an einen Ochsen erinnert. Deshalb wird sie
auch Moorochse genannt.

Jazz, Blues und Comedy in der Moorscheune

In **Nausdorf** wandern Sie auf der Kopfsteinpflasterstraße
aus dem Ort hinaus, halten sich links und erreichen
einen nicht asphaltierten Fahrweg, der Sie weiter nach
Boberow mit seiner Feldsteinkirche führt. Unterwegs
sollten Sie auf den Aussichtsturm mit weitem Blick über
die Moorlandschaft steigen. In Boberow ist dann – zumindest am Wochenende – ein Abstecher in die **Moorscheune** fällig. Mit ihren eigenwilligen Rock-, Jazz- oder
Blueskonzerten und Comedy-Abenden genießt sie in
der Gegend Kultstatus. Ansonsten lädt das **Moorcafé**
mit großem Garten zu Kaffee, Kuchen, Blaubeer-Punch
und herzhaften Suppen ein. Von hier aus ist es dann auch
nicht mehr weit zum Ausgangspunkt der Wanderung.

alter-hof-am-elbdeich.de, EZ ab 70 €, DZ
ab 87 €, Fewo ab 85 €, Frühstück 9,90 €;
Restaurant: April–Okt. Mo–Do 12–21, Fr–So
12–22, Nov.–März Mo/Di, Do 17–20, Fr–So
12–20 Uhr, Hauptgerichte ab 15 €

Bewegen

Radfahren
Fahrradhandel Behrens: Verleih und
Reparaturservice. Hier können Sie auf
einem der schönsten Abschnitte des
Elberadwegs radeln.
Seetorstr. 27, T 038792 75 16, Mo–Fr
8–18 Uhr

Infos

• **Tourismus- und Kulturverein Lenzener Elbtalaue:** Berliner Str. 7, T 038792
73 02, www.elbeurlaub.de

Wittenberge ♀ B 3

Auf den ersten Blick macht Wittenberge einen zerrissenen, wenig einladenden
Eindruck. Lange Zeit hatte die Stadt damit zu kämpfen, dass hier 1991 allein
drei Großbetriebe aufgelöst wurden.
Die Einwohnerzahl hat sich von 1988
bis 2014 fast halbiert. Inzwischen versucht Wittenberge, seine wirtschaftlichen und touristischen Potenziale zu
entwickeln. Reizvoll ist immerhin die
Lage an der Elbe, die Wittenberge zur
Station auf dem Elberadweg oder zum
Ausgangspunkt von Kanu- oder anderen Bootstrips prädestiniert. Mit dem
Sporthafen wurde nicht nur die Elbe,
sondern auch die Stepenitz für den
Wassersport erschlossen. So kann man
in verschiedene Richtungen und bis ins
mecklenburgische Dömitz paddeln. Die
bequemere Variante sind Fahrgastschiffe,
die auch Schleusenfahrten oder Touren
bis Magdeburg anbieten.

Industrie und Bauhaus
Wahrzeichen der Stadt ist der rund
50 m hohe **Singer-Uhrenturm** in der
Bad Wilsnacker Str. 48, der 1928 außerhalb des Stadtzentrums ursprünglich
als Wasserturm zur Versorgung der
Nähmaschinenfabrik gebaut wurde (s.
Kasten). Jedes Zifferblatt der vier Uhr-
werke wird mit einem Drehstrommotor
angetrieben (Führungen können über
das Stadtmuseum organisiert werden).

In der Kirchstraße zeugt die neugotische **Evangelische Stadtkirche** mit
58 m hohem Turm noch vom Selbstbewusstsein der Industriestadt des 19. Jh.
Etwas später entstanden das **Wohnquartier Heisterbusch** mit mehreren
Wohnhäusern im Jugendstil. Besonders
schöne Beispiele sind das **Haus der vier
Jahreszeiten** (Johannes-Runge-Str. 16)
und die **Friedrich-Ludwig-Jahn-Schule.**

Ansonsten sticht das 1914 fertigge-
stellte neobarocke **Rathaus** mit seinen
Glasmalereien im Inneren heraus. Sein
51 m hoher Turm kann auch bestiegen
werden. Wesentlich jüngeren Datums ist
dagegen das monumentale **Kultur- und
Festspielhaus** am Paul-Lincke-Platz 1,
das bis vor einigen Jahren Spielort für
Theater, Konzerte, Revuen etc. war.

Architekturinteressierten sei noch
ein Abstecher in die nördlich des Zentrums gelegene **Gropius-Siedlung Alte
Scholle** empfohlen. Mit den ehemaligen
Siedlungshäusern konnte Walter Gropius
1914 die Idee seiner rationellen Bauten
verwirklichen und schuf hier seine größte Wohnanlage.

Immer schöner wird das Gelände
der **Alten Ölmühle** mit denkmalgeschützten Industriebauten, die heute
als Hotel, Schaubrauerei, Strandbar,
Loft Spa, Tauchturm und für vielfältige
Veranstaltungen genutzt werden.

MYTHOS SINGER

1904 als Zweigwerk der US-amerikanischen Singer Company gegründet, entstanden in der **Singer-Nähmaschinenfabrik** in Wittenberge bis 1968 eine Million Nähmaschinen. Wahrzeichen war – und ist noch heute – der Singer Uhrturm, Europas zweitgrößter freistehender Uhrturm, der 1928 errichtet wurde. Aufgrund der großen Nachfrage gesellte sich von 1976 an ein zweites Werk zum damaligen Kombinat. So wurden bis 1989 im VEB Nähmaschinenwerk Wittenberge mit über 3000 Mitarbeitern um die 7 Mio. Maschinen produziert. 1991 lief allerdings das letzte Gerät vom Band. Das Werk wurde von der Treuhand abgewickelt. Damit endete die Ära der flinken Nadeln. Während der Gebäudekomplex aus norddeutschem Backstein mit neoklassizistischen Stilelementen nur noch verwaister Denkmal für die geschichtsträchtige Fabrik ist, erzählt eine Schauwerkstatt im Stadtmuseum von der wichtigen Etappe der Wittenberger Industriegeschichte.

Rathaus: August-Bebel-Str. 10, T 03877 95 10, Turmbesteigung 2., 3. und 4. Sa im Monat 14 Uhr

Stadtgeschichte in der Alten Burg

Ältestes Bauwerk in der Altstadt ist das mittelalterliche **Steintor,** das auf die Stadtgründung durch die Gans Edlen Herrn zu Putlitz zurückgeht und lange Zeit als Gefängnis diente. Heute ist es Teil des **Stadtmuseums.** Dessen Hauptsitz ist allerdings die sogenannte **Alte Burg,** eins der wenigen erhaltenen Herrenhäuser in der Stadt. Bis 1780 war sie Residenz der Gans Edlen Herren zu Putlitz, heute erzählt hier eine Ausstellung vom Leben der Ackerbürger und Industriebarone in Wittenberge.

Putlitzstr. 2, Wittenberge, T 03877 40 52 66, Di 14–16, Mi 10–12, 14–16, Do 10–12, 14–18, So 11–17 Uhr, 2,50/1,50 €, Familien 5 €

Schlafen und Essen

Highlight Industriedenkmal

Alte Ölmühle Wittenberge: Ob Sie hinter den historischen Mauern der Kaufmannsvilla übernachten, im Loft Spa mit Blick auf die Elbe saunieren oder in der Schaubrauerei speisen wollen – das denkmalgeschützte, aufwendig sanierte Areal der Alten Ölmühle ist tatsächlich das Highlight von Wittenberge. Aus zwei alten Türmen ist ein Indoor-Kletter- und ein Tauchturm mit 600 000 Liter Wasser geworden. Das Ganze direkt am Ufer der Elbe mit Strandbar und Beachvolleyballanlage.

Bad-Wilsnacker-Str. 52, T 03877 567 99 46 00, www.oelmuehle-wittenberge.de, EZ ab 110 €, DZ ab 160 €; Restaurant: tgl. 11.30–14, 17.30–21.30 Uhr, Hauptgerichte Pasta ab 12,50 €

Idylle am Wasser

Birgit Lehner: Hübsches Fachwerkhaus mit Bauerngarten am Elbdeich. Gut ausgestattete Ferienwohnungen für 1–3 Pers., Fahrradverleih und -garage.

Am Elbdeich 1 A, Müggendorf, T 038794 305 98, www.lehner-ferien.de, Fewo ab 49 €

Für Experimentierfreudige

Kranhaus: Unter sechs Gängen geht bei dem aus der Normandie stammenden Mika Drouin nichts. Auf den Teller kommen Süßkartoffel-Teriyakis, Garnelen mit Mango und Prik Nam Plaa oder Black Angus mit geräuchertem Sellerie.

BIOSPHÄRENRESERVAT **B**

Bad Wilsnack ist zugleich Tor zur beschaulichen **Elbtalaue** mit dem UNESCO-Biosphärenreservat **Elbe-Flusslandschaften.** Da die Region zu DDR-Zeiten im deutsch-deutschen Grenzgebiet lag, blieben viele seltene Tiere und Pflanzen sich selbst überlassen und überlebten in den weiten Auen fast ungestört. Noch immer machen im Frühjahr und Herbst Tausende von Kranichen, Saat- und Blessgänsen sowie Zwerg- und Singschwänen Station. Auch etwa hundert Weißstörche brüten hier. Da die Elbe nicht begradigt ist und sich in weiten Mäandern durch Wiesen und Auenvegetation zieht, vermittelt die Landschaft ein Gefühl der Ruhe – Balsam für Augen und Seele.

Elbstr. 4 A, T 03877 40 20 50, Mi–So 18–22, außerdem Sa/So 12–14.30 Uhr, Sechs-Gänge-Menü 60 €

Bewegen

Rad- und Wassertourismus
Freizeit Park Wittenberge: Am Sporthafen finden Sie ein umfangreiches Sport- und Ausflugsprogramm (Strandbad und Hochseilgarten). Schiffsfahrten, Rad- oder Kanutouren inkl. Transfermöglichkeiten sowie Kahnfahrten auf der Stepenitz. In der Gaststätte Zum Fährmann mit gutbürgerlicher Küche gibt es auch preiswerte Übernachtungsmöglichkeiten.
Friedrich-Ebert-Str. 9, T 03877 56 79 94 45, www.fpw.kletterturm-wittenberge.de

Saunalandschaft mit Elbblick
Loft-Spa: Fantastisch ist die Wellnessanlage in 13 m Höhe mit sechs Themensaunen, Dampfbad, Salzgrotte, zwei Tauchbecken und Liegen auf der Dachterrasse mit Blick über die Elbelandschaft (Sauna ab 18 J.!)
Alte Ölmühle, Mo–So 10–22 Uhr, Eintritt ab 19 €

Feiern

• **Elblandfestspiele:** Juli. Sie sind der kulturelle Höhepunkt mit einem gemischten Musikprogramm im Industriedenkmal Alte Ölmühle (www.elblandfestspiele.de).

Infos

• **Touristeninformation Wittenberge:** Paul-Lincke-Platz 1, T 03877 92 91 81, www.wittenberge.de. Mai bis Sept. finden an jedem 2., 3. und 4. Sa um 17 Uhr Altstadtrundgänge, um 11 Uhr Jugendstilführungen, zu bestimmten Terminen auch Rathausführungen mit Turmbesteigung statt.

Bad Wilsnack ♀ C3

Das Prignitzstädtchen ist ein munterer Kurort. Schon 1907 wurde hier eine Moorbadeanstalt eingeweiht und Wilsnack bald darauf zum ›Bad‹ gekürt. Das renovierte Kurmittelhaus und der schöne Kurpark zeugen noch von der langen Badetradition. Nach der Wende wurde darüber hinaus eine Thermalsolequelle erschlossen, deren Wasser nun in das Solebad mit Saunadorf und Gradierwerk sprudelt. Doch nicht nur die Bade- und Kurgäste beleben das Zentrum, wo schöne Fachwerkbauten und das 100 Jahre alte **Rathaus** den Kirch- und Marktplatz säumen. Es kommen auch immer mehr Pilger hierher. Ihr Ziel ist die **Wunder-**

Der Wunderblutschrein in Bad Wilsnack mit der »Verspottung Christi« ist Ziel zahlreicher Pilger.

auf einer Sünderwaage gegen Geld, Brot oder andere Wertgegenstände aufwiegen ließen. Mit den tüchtig sprudelnden Einnahmen wurde dann der Neubau der festungsartigen Kirche finanziert. Über den Turmstumpf des ersten Baus wurde ein noch größerer gesetzt, den Schlusspunkt bildete der stattliche Renaissancegiebel an der Westfassade.

Anlaufstelle für Pilger war die **Wunderblutkapelle** mit dem Wunderblutschrein, der einst hinter kunstvoll bemalten Türen die drei Hostien barg. Nachdem sie im 16. Jh. vom protestantischen Pfarrer verbrannt wurden, ging es mit Wilsnack bergab. Erst der Kurbetrieb sorgte vor gut 100 Jahren wieder für Auftrieb.

Wunderblutkirche St. Nikolai: An der Nikolaikirche, Mo–Sa 10–18, So 11–18, im Winter bis 16 Uhr, Führungen 3 €; **Förderverein:** Große Str. 2, www.wunderblutkirche.de, Infos zur Geschichte der Kirche und der Legende

blutkirche St. Nicolai, das Wahrzeichen der Stadt.

Ablasshandel und Wunderblut
An der Stelle der heutigen Kirche soll sich im 14. Jh. das sogenannte Blutwunder ereignet haben: Drei Hostien überstanden 1383 unversehrt einen schweren Brand der damaligen Dorfkirche. Als der Wilsnacker Pfarrer sie in den Trümmern des Gebäudes fand, waren auf ihnen Blutstropfen zu sehen. Bald ereigneten sich noch andere Wunder. Daraufhin setzte eine riesige Wallfahrtsbewegung ein, die bis nach der Reformation im 16. Jh. andauerte.

Aus allen Himmelsrichtungen, aus Belgien, England, Skandinavien und dem Baltikum kamen die Gläubigen, um hier ihr Heil zu suchen. Sie konnten sich ihrer Sünden entledigen, indem sie sich

Schlafen und Essen

Am Kurpark
Vitalhotel Ambiente: Freundliche Zimmer im Grünen, Sauna und Wellnessbereich locken vor allem gesundheitsbewusste Gäste. Das **Restaurant** kocht mit regionalen Zutaten und ist auch auf basische Kost eingestellt. Vielleicht probieren Sie mal die Kartoffel-Lauchroulade mit Pilzen für 12,80 €?

Dr. Wilhelm-Külz-Str. 5 A, T 038791 760, www.vitalhotel-ambiente.de, EZ ab 85 €, DZ ab 111 €; Restaurant: Mo–Do ab 12, Fr–So ab 12.30 Uhr

Geschichtsträchtig
Schloss Grube: Das letzte noch erhaltene Herrenhaus derer von Quitzow lockt mit geschmackvollen Zimmern – wie wäre es mit der Schwiegermuttersuite? – und einem stilvollen **Restaurant** mit frischer, saisonaler Küche. Hier finden auch Kon-

TOUR
Auf dem Pilgerweg zur Wunderblutkirche

Wanderung von Kyritz nach Bad Wilsnack

Im Mittelalter sind Hunderttausende Menschen zur Wunderblutkirche nach Bad Wilsnack gepilgert. Erst die Reformation setzte der Wallfahrtsbewegung ein Ende. Aber heute erlebt der Weg eine Renaissance.

Startpunkt ist Kyritz, das gut mit dem Regionalexpress zu erreichen ist. Bei Bedarf steht Ihnen hier auch eine Pilgerherberge in der katholischen Heilig-Geist-Kirche offen. Haben Sie auf dem Marktplatz die ausladende Eiche in der Mitte und den skurrilen Marktbrunnen des Bildhauers Jan Witte-Kropius bewundert, begeben Sie sich zur **Pritzwalker Straße** auf der anderen Seite des Platzes und laufen bis zu einer großen Ampelkreuzung, wo Sie scharf links in die Wilsnacker Straße einbiegen. Von hier aus ist nach ca. 4 km an der Landstraße entlang **Rehfeld** erreicht. Weiter geht's auf unbefestigtem, von Birken, Eichen und Kiefern bestandenem, etwa 3 km langem Weg nach Berlitt. Die Hauptstraße führt links zum **Schloss Berlitt,** das eher ein stattliches Gutshaus ist, mit der spätgotischen Kirche nebenan. Der freundliche Innenraum mit barockem Chorgestühl birgt eine schön bemalte Kanzel.

Es ist möglich, von Berlin nach Bad Wilsnack zu pilgern. Der ganze Weg misst ca. 135 km, aber auch auf einer zweitägigen Teilstrecke kann man Entschleunigung inmitten der einsamen Prignitz erfahren.

Infos

♀ C/D 3

Start: Startort ist Kyritz östlich von Bad Wilsnack
Ziel: Wunderblut-kirche Bad Wilsnack
Länge: ca. 40 km
Dauer: ca. 2 Tage, alternativ die Strecke Plattenburg–Bad Wilsnack als Halb-tagestour

Auskunft: Wegbe-schreibung und Infos zu Übernachtungs-und Einkehrmöglich-keiten: www.wege nachwilsnack.de

Achtung: Vor der Wanderung sollte man sich hier ausrei-chend bevorraten, da es auf den folgenden rund 40 km kaum Einkaufs- und Einkehrmöglichkeiten gibt.

Auf dem Bahndamm zum Pfarrhaus

Am Ortsende führt dann ein besonders reizvoller, rund 4 km langer Weg auf dem ehemaligen Bahn-damm mit weitem Blick über Wiesen und Felder nach **Barenthin**. Für Pilger ist der Ort ein wichtiges Zwi-schenziel. Das dortige Pfarrhaus bietet ca. 20 Personen Unterschlupf (mit eigenem Schlafsack und Isomatte). Von hier aus wandern Sie an der Feldsteinkirche vor-bei die Lindenallee hinunter, bis am Ortsende rechts die **Göriker Straße** abzweigt. Der folgt man 2 km, lässt einen weiteren Abzweig nach Bendelin links liegen, folgt rechts einem Feldweg, um wenig später wieder links in einen Kiefernwald einzubiegen. Nach ca. 2 km erreicht man Görike, wo es ebenfalls Übernachtungs-möglichkeiten gibt. Der Hofladen versorgt mit dem Nötigsten. Nach einem Besuch in der Dorfkirche von Görike mit schönem Marienaltar geht es weiter nach **Söllenthin**. Dazu biegt man 200 m hinter dem Orts-ende rechts von der Landstraße ab und erreicht nach einigen Kilometern die Dorfkirche aus dem 14. Jh. mit einem spätgotischen Turm.

Operndorf und Wasserburg

In **Klein Leppin** ist nach 4 km Weg eine Wassermüh-le aus dem 17. Jh. zu bewundern. Kleine Bungalows bieten bescheidene Unterkunft. Im Sommer werden hier Opern im ehemaligen Schweinestall aufgeführt (s. Kasten S. 212). Das benachbarte **Groß Leppin** ist ein freundliches Dorf mit gepflegten Häusern und verwunschenen Gärten. Auch die Feldsteinkirche aus dem 14. Jh. mit den Grabsteinen von Jakob von Sal-dern und seiner Frau Maria links und rechts der Tür ist sehenswert. Die Adelsfamilie von Saldern residierte vom 16. Jh. bis 1945 auf der **Plattenburg,** dem nächsten Etappenziel. Nach 3 km durch idyllischen Eichen- und Kiefernwald steht man plötzlich vor einer der größten Wasserburgen Norddeutschlands. Sie diente ab 1319 den Havelberger Bischöfen als Sommerresidenz.

Am nördlichen Ortsausgang beginnt die letzte, be-sonders schöne Etappe: Nach ca. 8 km durch lichten Laub- und Kiefernwald gelangen Sie schließlich nach **Bad Wilsnack,** wo hinter einer Bahnunterführung das Pilgerziel, die mächtige **Wunderblutkirche,** wartet (s. S. 208).

OPER IM SCHWEINESTALL

Das gibt es nicht noch einmal: Unter dem Motto »Dorf macht Oper« bringt der Verein Festland e. V. meist im Juni in Klein Leppin (♥ C3) 20 km östlich von Bad Wilsnack Werke wie »Dido und Aeneas« von Henry Purcell auf die Bühne eines ehemaligen Schweinestalls. Dazu gibt es Kaffee, Kuchen, kleine Speisen und Musik in der schönen Parkanlage der Umgebung. Infos unter: www.dorf-macht-oper.de, Karten: T 01525 968 37 86.

zerte, Yoga-Brunchs oder After-Work-Partys statt.
Gruber Dorfstr. 24, Grube, T 038791 8017 48, www.schloss-grube.de, EZ ab 96 €, DZ ab 116 €; Restaurant: tgl. Mo–Sa 15–22, So/Fei 11–22 Uhr, Hauptgericht ab 15 €

Bewegen

Thermenlandschaft
Kristall- und Gradiertherme: An die über 100 Jahre alte Moorbadeanstalt knüpft heute das Thermalbad an, das mit jodhaltigem Wasser aus einer Quelle in 1000 m Tiefe gespeist wird. Besonderheit neben Bade- und Saunalandschaft mit Edelsteingrotte und Strömungskanal ist das Gradierwerk, wo die Sole über speziellem Edelreisig inhaliert wird.
Am Kähling 1, T 038791 808 80, www.kristalltherme-bad-wilsnack.de, Mo–Do, So 9–22, Fr/Sa 9–23 Uhr, ab 14 €, mit Sauna ab 17 €

Infos

- **Stadtinformation Bad Wilsnack:** Bahnhof 1, T 038791 26 20, www.bad-wilsnack.de

Rühstädt ♥ B4

In Rühstadt, dem Zentrum des Biosphärenreservats Flusslandschaft Elbe-Brandenburg, nisten mehr als 40 Storchenpaare auf Haus- und Scheunendächern. Wenn die Jungen im Nest auf dem Dach des **Besucherzentrums** mit Weißstorch-Ausstellung gefüttert werden, kann man ihnen per Live-Übertragung zusehen.
Neuhausstr. 9, T 038791 980 24, www.flusslandschaft-elbe.de, Okt.–März Mo–Fr 8–15 Uhr, April–Okt. tgl. 10–18 Uhr, 1,50 €

Storchenfeierabend
Die Abendstunden im Frühsommer sind ein besonderer Moment in Rühstädt. Dann fliegen die Störche in ihre Nester ein, was von einem ordentlichen Begrüßungsgeklapper begleitet wird. Wenn Sie das erleben wollen, sollten Sie am **Rühstädter Storchenfeierabend** teilnehmen, einer preisgekrönten Erlebnisführung. Sie startet mit einem Imbiss in der **Gaststätte Rosenhof**, anschließend geht es zum Walter-Fritze-Storchenblick am alten Speicher, wo Sie Meister Adebar und seinen Jungen ganz nah kommen.
Gaststätte Rosenhof: Wittenberger Str. 2, T 038791 73 90 71, www.rosenhof-rühstädt.de, Do–Mo 11–21 Uhr; Storchenfeierabend: Mitte Mai–Anfang Aug. Sa 20 Uhr, Preis 19 €, Kinder unter 12 J. 13 €

Schlafen

Mit den Störchen auf Tuchfühlung
Schlosshotel Rühstädt: Das stattliche Gebäude und die prächtige Parkanlage sind das Schönste an dem Hotel mit 14 individuell gestalteten Zimmern, kleiner Bibliothek und Wellnessbereich. Leider bekommen Sie hier nur Frühstück.
Schloss 1, T 038791 808 50, www.schlosshotel-ruehstaedt.de, EZ ab 75 €, DZ ab 110 €

Zugabe
Der freie Marmeladen-Staat

Siedlung Eden

Teilnehmer des 8. Internationalen Vegetarier-Kongresses in Eden bei Oranienburg am 12. Juli 1932

Ein- bis zweistöckige Häuser, Schule, Kindergarten, Beauty World und alles umgeben von üppigem Grün: Die Siedlung Eden ist ein idyllisches Fleckchen und noch dazu nicht weit vom Oranienburger Zentrum entfernt.

1893 begründet im Zeichen der damaligen Lebensreformbewegungen, wollten hier einige Großstadtmüde der aufkeimenden Industriemetropole Berlin den Rücken kehren und ihre Ideen von einem gesunden, naturnahen Leben verwirklichen. In Verbindung mit der vegetarischen Lebensweise versammelten sich frühe Aussteiger – darunter Ärzte, Rechtsanwälte und Kaufleute –, um auf dem Land Obst anzubauen und zugleich eine neue Form des Wirtschaftens zu initiieren. Dabei ging es nicht allein um die Selbstversorgung. Das Erntegut sollte auch verarbeitet und verkauft werden, um damit gemeinnützige Einrichtungen zu finanzieren. Neben den Anbauflächen entstand ein reges Gemeinwesen mit sozialen Einrichtungen. Von vielen als ›freier Marmeladen-Staat‹ belächelt, fand die Siedlung Eden im Rahmen des 8. Internationalen Vegetarierkongresses 1932 weltweite Anerkennung. Zu DDR-Zeiten wurde die Genossenschaft volkseigener Betrieb. Nach der Wende machte sie einen zaghaften Neuanfang.

Frühes Paradies für Aussteiger aus Berlin

Heute wirkt Eden wie eine ganz normale Siedlung, nur sehr viel grüner und beschaulicher. Selbstversorger gibt es in der gemeinnützigen Anlage keine mehr, die Pächter müssen sich lediglich verpflichten, in ihren Gärten mindestens acht Obstbäume anzupflanzen, dazu Sträucher und Gemüsebeete. Die Wartelisten für die günstigen Pachthäuser sind lang.

Die vegetarische Leitidee wurde bereits kurze Zeit nach Gründung aufgegeben, und heute ist das einzige Restaurant dort ein Steak- und Grillhaus. Mehr Informationen über die Siedlung erhalten Sie sonntags zwischen 14 und 17 Uhr, wenn die Ausstellung und das Eden-Café öffnen (www.eden-eg.de). ∎

Der Nordosten

Barnimer Land und Uckermark — in dem menschenleeren Landstrich finden sich Natur im Überfluss, geschichtsträchtige Orte mit großem Entwicklungspotenzial und architektonische Meisterwerke.

Seite 218
Wandlitz

Hierher geht's am besten mit dem Fahrrad – vorher noch eine Runde rund um den Liepnitzsee drehen. Der Erholungsort war schon immer beliebt, und das nicht nur als Sommerfrische.

Das Odertal ist ein bevorzugtes Winterquartier von Schwänen.

Eintauchen

Seite 221
Baudenkmal Bundesschule

Das zum Welterbe der UNESCO zählende Gebäude von Hannes Meyer und Hans Wittwer in Bernau ist eine der offiziellen Bauhaus-Stätten in Deutschland.

Seite 223
Schiffshebewerk Niederfinow ⭐

1934 als weltgrößtes Hebewerk errichtet, ist die gigantische Stahlkonstruktion heute technisches Denkmal. Highlight: eine Durchfahrt per Schiff!

Seite 224
Biosphärenreservat Schorfheide-Chorin

Eins der größten Naturschutzgebiete Deutschlands ist ideales Wandergebiet. Sie werden verstehen, warum sich hier Deutschlands größter Demeter-Betrieb angesiedelt hat.

Seite 227

Kloster Chorin ⭐

Die Ruine des Zister-
zienserklosters, ein
Meisterwerk der Hoch-
gotik, gibt den Rahmen
für Konzerte ab.

Seite 233

Nationalpark Unteres Odertal ⭐

Einmalig in Europa ist
die weite Flussauen-
landschaft mit Wiesen,
Weiden, Mooren und
den hohen Oderhängen.

Seite 238

Kleiner Boitzenburger

Einer der reizvollsten
Wanderwege Deutsch-
lands schlängelt sich
um das Schloss Boit-
zenburg herum – vorbei
an einem Erbbegräbnis,
einem Verlobungsstein
und einer Baumehe.

Seite 247

Mit dem Musikfloß über die Uckermärkischen Seen

In einem der schönsten
Wassersportreviere
Brandenburgs auf einer
abendlichen Floßfahrt
entspannen – mit an
Bord sind häufig Live-
Bands.

In der kleinen
Gemeinde
Temmen-
Ringenwalde
konkurrieren
gleich zwei
vorzügliche
Landgasthöfe
(s. S. 244).

Schloss Boitzenburg · Uckermärkische Seen · Nationalpark Unteres Odertal · Biosphärenreservat Schorfheide-Chorin · Temmen-Ringenwalde · Kloster Chorin · Brodowin · Eberswalde · Schiffshebewerk Niederfinow · Liepnitzsee · Wandlitz · Baudenkmal Bundesschule · Bernau · Berlin

50 km

»Die Uckermark, das ist da, wo Brandenburg am schönsten, aber auch am
ärmsten ist« (ein etwas scherzhafter
Ausspruch des früheren Minister-
präsidenten von Brandenburg,
Manfred Stolpe)

erleben

Natur, Aussteiger und Architektur-Ikonen

Wenn Sie unberührte Natur und viel Auslauf suchen – im dünn besiedelten Nordosten Brandenburgs finden Sie beides wirklich im Überfluss. Ob Nationalpark Unteres Odertal, Naturpark Barnim, Biosphärenreservat Schorfheide-Chorin oder Naturpark Uckermärkische Seen – ausgedehnte (Buchen-)Wälder und Seen bieten die besten Voraussetzungen für erholsame Auszeiten. Nicht nur Deutschlands größter Öko-Betrieb hat sich hier angesiedelt. Alle möglichen Stadtflüchtlinge füllen die teils entsiedelte Gegend mit neuem Leben. Mal betätigen sie sich als Künstler oder Vermieter origineller Ferienzimmer, mal arbeiten sie in Co-Working-Spaces oder stellen raffinierte Blütenprodukte her.

Von Welterbestätten bis zum kleinstem Zoo

Dazwischen überraschen Herrenhäuser, liebenswerte Gasthöfe – und ein paar einzigartige Bauwerke wie das Schiffshebewerk Niederfinow oder das UNESCO-Baudenkmal Bundesschule Bernau. Das bedeutendste ist sicherlich die Ruine des Zisterzienserklosters

ORIENTIERUNG

Internet: www.barnim.de, www.barnimer-tourismus.de, www.nationalpark-unteres-odertal. eu, www.tourismus-uckermark.de, www.uckermark.de, www.schorf heide-chorin-biosphaerenreservat. de, www.kloster-chorin.info
Verkehr: Viele Orte sind mit der Regionalbahn (www.bahn.de) oder der Niederbarnimer Eisenbahn (www.neb.de) zu erreichen.

Chorin, ein Meisterwerk der Hochgotik inmitten lieblicher Waldlandschaft, das einmal im Jahr auch Kulisse des Choriner Musiksommers ist. Dann erklingen hochkarätige Klänge in alten Gemäuern.

All das erkunden Sie am besten mit dem Fahrrad oder zu Fuß. Ganz nebenbei lässt sich auch Deutschlands kleinster Zoo, ein Verlobungsstein oder eine Baumehe entdecken sowie ein Blick in die vielen Galerien und Ateliers der Kreativen werfen, die den einsamen Nordosten seit ein paar Jahren für sich entdeckt haben. An den Tagen der Offenen Gärten sind indessen tiefe Einblicke in wunderschön blühende Innenhöfe und auf private Streuobstwiesen gestattet.

Barnimer Land 📍 G/H 4

Neben viel Natur hat das Barnimer Land gleich mehrere, völlig unterschiedliche bautechnische Meisterwerke aufzuweisen: das Kloster Chorin, das Schiffshebewerk Niederfinow und das Baudenkmal Bundesschule in Bernau, eine Ikone der Bauhaus-Architektur, die inzwischen zum Welterbe der UNESCO gehört.

Naturpark Barnim 📍 G/H 4

Gleich hinter der Stadtgrenze Berlins können Sie im 750 km² großen Naturpark Barnim tief durchatmen. Auf relativ kleinem Raum hat die Eiszeit hier völlig unterschiedliche Landschaftstypen hin-terlassen. Über die Hälfte des Gebiets ist bewaldet, neben Kiefernwäldern können Sie auch durch schönen Buchenwald am Liepnitzsee laufen, anderswo gibt es Eichenmischwälder oder Erlenbrüche wie im Finow- und Briesetal.

Dazwischen liegen Dünengebiete sowie unzählige Seen und Fließe. Die Rotbauchunke, das Wappentier des Naturparks, steht stellvertretend für viele hier lebende bedrohte Tierarten wie Moorfrösche, Knoblauchkröten, Steinbeißer und Eisvögel. Im Biesenthaler Becken mit dem Quellgebiet der Finow sind wiederum fast alle in Mitteleuropa vertretenen Moortypen anzutreffen.

Eisenbahnnostalgie
Touristisch erschlossen wurde der Naturpark Barnim vor allem durch die sogenannte Heidekrautbahn, die vor mehr als 100 Jahren Berliner Besucher hierher beförderte. Mehr über deren Geschichte erzählt das **Heidekraut-bahn-Museum** südlich von Wandlitz

Mehr Entschleunigung geht nicht als auf einem Floß in den Uckermärkischen Seen.

mit Fotos, Schautafeln und anderen Exponaten. Außerdem lädt der Verein der Eisenbahnfreunde über das Jahr verteilt immer wieder zu nostalgischen Fahrten mit dem historischen **Dampfzug** ein.

An der Wildbahn 2 A, Wandlitz/OT Basdorf, April–Okt. Sa 11–16 Uhr, 3 €; Auskunft und Reservierung der Fahrten: T 03339 726 56, www.berliner-eisenbahnfreunde.de, Fahrpreise ab 18/7 €

Wandlitz ◉ G 4

›Wandelice‹ – Menschen, die am Wasser leben – nannten die Slawen das frühere Dorf, das mit der Bahnverbindung von Berlin nach Groß Schönebeck, der Heidekrautbahn, zu Beginn des 20. Jh. zum Erholungsort aufblühte. Damals entstanden Villen, Landhäuser und das Strandbad, zu dem sich schließlich eine Künstlerkolonie und ein **Bahnhofsgebäude im Stil der Neuen Sachlichkeit** nach Plänen von Wilhelm Wagner gesellten. Später ließ es sich hier auch die DDR-Prominenz gut gehen (s. Kasten).

Mit seinen Seen, einem großen Strandbad und schönen Buchenwäldern am Liepnitzsee sind Wanderer, Radfahrer und Badegäste hier gleichermaßen gut aufgehoben. Im Zentrum des Städtchens zieht neben der **Dorfkirche** von 1716 mit barockem Innenraum, der ehemaligen **Kirchschule** aus dem 19. Jh. und der **Friedenseiche** von 1872 vor allem das Barnim Panorama viele Besucher an.

Landmaschinen und Traktoren

Unter einem Dach haben sich im **Barnim Panorama** das **Naturparkzentrum Barnim** und das **Agrarmuseum** vereint. In der Multimediashow »Wilder Barnim – 20 000 Jahre in 300 Sekunden« lässt sich nachvollziehen, wie sich die Landschaft in den letzten 15 000 Jahren herausgeformt

W

DIE GEHEIME WALD-SIEDLUNG

Heute ist die **Waldsiedlung Wandlitz** (◉ G 4) 10 km nördlich von Bernau ein heilklimatischer Kurort mit der Brandenburg Klinik. Aber zu DDR-Zeiten war das Gelände mit seinen idyllischen Mischwäldern hermetisch abgesperrt. Der Grund: Die SED-Funktionäre sollten sich hier unbehelligt und sicher erholen können. Bei Führungen erfahren Sie, in welchen Villen Erich Honecker, Willi Stoph oder Walter Ulbricht residierten. Weitere Informationen unter www.wandlitz-waldsiedlung.de bzw. www.wandlitzsee.com.

hat und welche Gerätschaften und Handwerke die Menschen unter diesen Bedingungen entwickelten. Außerdem können Sie hier so manche Barnim-Geschichte hören und aus dem Obergeschoss das Panorama auf die Landschaft am See genießen. Schließlich befindet sich hier auch eine Touristeninformation.

Breitscheidstr. 8/9, T 033397 36 05 05, www.barnim-panorama.de, Sa–Do 10–18 Uhr, Eintritt 6/2,50–4 €, Familien 14 €

Schlafen und Essen

Wohlfühlen am Wasser

Hotel Seeterrassen: Schöner kann man in Wandlitz nicht wohnen und speisen als in dem Traditionsbetrieb. 14 geschmackvolle Zimmer, eine herrliche Sonnenterrasse, Badesteg, Liegewiese, ein hauseigenes Ruderboot. Dazu verwöhnt Sie Küchenchef Christian Hinrich mit kreativer regionaler Küche zu leicht gehobenen Preisen.

Thälmannstr. 93, T 033397 76 90, www.hotel-seeterrassen.de, EZ ab 59 €, DZ ab 84 €; Restaurant: Mi–So 17–23 Uhr

Wassergrundstück mit Historie
Seepark Kurhotel Am Wandlitzsee:
Wo einst die Parteispitze der SED residierte, kommen Sie heute in eher schlichten, aber komfortablen Zimmern unter. Das Beste ist die Lage mit Parkanlage am privaten Seeufer. Mit Restaurant und Wellnessbereich inkl. Sauna.
Kirchstr. 10, T 033397 750, www.redstone-hotels.com, EZ ab 70 €, DZ ab 99 €, im Winter z. T. geschl.

Bewegen

Windsurfen
Surfcenter Wandlitz: Hier dreht sich alles ums Windsurfen – Material bis Ein- und Aufsteigerkurse.
Prenzlauer Chaussee 150, 033397 604 80, www.surfshop-berlin.de, April–Okt. tgl. 10–18 Uhr

Bad mit Tradition
Strandbad Wandlitzee: Schönes traditionsreiches Strandbad mit großer Liegewiese, Kinderspielplatz usw.
Prenzlauer Chaussee 154, Mai–Juni und 1. Sept.-Hälfte tgl. 10–19, Juli/Aug. 9–20 Uhr, 2 €, Sa/So 3 €, Familien 6,50 €

Infos

• **Tourist-Information Wandlitz:** Bahnhofsplatz 2, T 033397 672 77, www.wandlitz-entdecken.de

Bernau bei Berlin　　📍 G 4

Hier und da versetzt Sie das im 13. Jh. gegründete Bernau am östlichen Rand des Naturparks Barnim ins Mittelalter zurück. Allerdings wurden in der Nachkriegszeit viele alte Fachwerkhäuser durch Plattenbauten ersetzt. Immerhin haben sich einige Gebäude aus früherer Zeit erhalten – wie das **Kantorhaus** im Fachwerkstil in der Tuchmacherstraße, die **Adlerapotheke** von 1755, das **Amtsgericht,** das **kaiserliche Postamt** und die **alte Schule** aus dem 19. Jh.

Überstrahlt werden sie von der **St.-Marien-Kirche** am Kirchplatz, die zu den schönsten Sakralbauten der Mark gehört. Im Inneren beeindrucken ein Flügelaltar aus der Schule von Lukas Cranach d. Ä. aus der Zeit um 1520 und ein Triumphkreuz.

Hungerturm und Scharfrichterei
Imposantes Relikt früherer Zeiten ist das **Steintor,** das einzige erhaltene Stadttor, in dem sich ein Teil des **Heimatmuseums** befindet. Die Ausstellung mit Rüstungskammer, Wehrgang und Hungerturm gibt einen guten Überblick über die Handwerkskünste im Mittelalter. Wer die große Waffensammlung aus dem 15. und 16. Jh. bewundert, kann vom knapp 30 m hohen Turm Ausschau auf die Stadt halten. Anschließend geht es zum Gruseln ins **Henkerhaus** mit der ehemaligen Scharfrichterei und einer rekonstruierten schwarzen Küche.
Berliner Straße bzw. Am Henkerhaus, T 03338 29 45, www.bernau-bei-berlin.de, Mo–Fr 9–12, 13–17 Steintor 14–17 Uhr, Sa/So 10–13, 14–17 Uhr, 2/1 €

Video-Kunst im alten Pulverturm
Im **Wolf Kahlen Museum Bernau,** in einem anderen Teil der Stadtmauer, zeigt der Film-, Video- und Fotokünstler Wolf Kahlen Avantgardekunst. Neben seinen eigenen Werken seit Ende der 1950er-Jahre sind wechselnde Ausstellungen zeitgenössischer Kunst, Performances und Filmvorführungen zu sehen.
Grünstr. 16, Am Pulverturm, T 03338 75 31 75, www.wolf-kahlen.net/museum, Di–So/Fei 15–18 Uhr, 4 €, mit Kaffee und Kuchen 5 €, Film-/Videotage 6 €

TOUR
Um den lieblichen Liepnitzsee

Radtour von Bernau nach Wandlitz

Infos

📍 G 4

Start: Bahnhof Bernau
Ziel: Bahnhof Wandlitz
Länge: 22 km
Dauer: ca. 3,5 Std.
Schwierigkeit: einfach

Fähre Liepnitzsee:
www.liepnitzinsel.de, Sommer tgl. 10 Uhr bis 1 Std. vor Sonnenuntergang

Am **Bahnhof Bernau** angekommen, überqueren Sie den Vorplatz und folgen links auf der Breitscheidstraße der Ausschilderung des R 1. Gleich darauf geht es rechts durch die Alte Goethestraße, links die Berliner und rechts die Bürgermeisterstraße. Am Marktplatz vorbei zur **Marienkirche.** Vom Marktplatz fahren Sie am **Museum im Henkerhaus** und dem 100 Jahre alten Wasserturm vorbei aus der Stadt hinaus. Nach ca. 5 km liegt rechts das **Baudenkmal Bundesschule** (s. S. 221).

Von hier aus führt der Radweg an der Wandlitzer Chaussee entlang, bis nach ca. 5 km rechts ein asphaltierter Fahrradweg in den Wald und zum **Liepnitzsee** abzweigt. Herrlich schattiger Wald mit haushohen Buchen umfängt Sie und bald kommt der See in den Blick. Um ihn zu umrunden, müssen Sie den Hinweisschildern nach **Ützdorf** folgen. Zwischendurch kann man auch per Liepnitzsee-Fähre »Frieda« vom Südufer einen Abstecher zur **Insel Großer Werder** mit einem 70 m hohen Kiesberg und Badestellen machen. Wahren Kultstatus genießt dort die **Insulaner Klause.**

Zurück am Südufer, radeln Sie weiter über Ützdorf zum Nordufer und am schönen Waldbad Liepnitzsee vorbei, bis scharf rechts der Weg nach Wandlitz abzweigt. Zwischen Siedlungshäusern und kleinen Teichen geht es in den Ortsteil **Wandlitzsee** mit dem gleichnamigen Bahnhof im Stil der Neuen Sachlichkeit. Gleich gegenüber lädt das **Strandbad Wandlitzsee** (s. S. 219) zum Sprung ins Wasser ein. Von dort geht es weiter nach Wandlitz und zum **Bahnhof Wandlitz.**

DICKE BARBARA **D**

Gleich neben der Eingangstür der Maria-Magdalenen-Kirche in Eberswalde steht – nein, keine Heilige, vielmehr eine 36 Zentner schwere **Glocke** mit der Inschrift: »Barbara heiße ich, alle die mich zain und hören, zeint zeelig.« 1518 von dem Lübecker Glockengießer Heinrich van Kampen gegossen, ist sie ein eindrucksvolles Zeugnis der spätmittelalterlichen Glockengießerei. Allerdings wurde das Original 1909 durch ein Pendant ersetzt.

Bauhaus-Ikone im Grünen

Architekturfans sollten unbedingt einen Abstecher zum **Baudenkmal Bundesschule** machen, die nördlich des Stadtzentrums liegt und inzwischen zu den Welterbestätten der UNESCO gehört, zusammen mit Weimar und Dessau. Tatsächlich handelt es sich um ein bedeutendes Werk der Bauhausarchitekten Hannes Meyer und Hans Wittwer, die hier 1930 ihre Idee vom rationalen Funktionalismus verwirklichten.

Der Gebäudekomplex, der sich in Eingang, Speisesaal mit großen Glasfenstern, Aula, einen lichtdurchfluteten Glasgang sowie Internatshäuser samt Sporthalle gliedert, wurde einfühlsam in die naturbelassene Umgebung integriert. Besonders raffiniert sind auch die Seminarräume mit keilförmig nach innen gerichteten Decken, die das einfallende Licht nach unten lenken.

Das Gebäude ist von innen nur im Rahmen von Führungen zugänglich. Hannes-Meyer-Campus 9, T 03338 37 65 95, www.baudenkmal-bundesschule-bernau.de, Bus 894 ab Busbahnhof Bernau, Haltestelle Waldfrieden, Außenbesichtigungen jederzeit möglich, Führungen Do und So 11.30 und 14.30 auf Anfrage, Buchung online, 8/6 €

Eberswalde 📍 H4

Auch wenn die Stadt auf den ersten Blick einen wenig einladenden, zerrissenen Eindruck macht – in den letzten Jahren hat sie nicht zuletzt durch die Fachhochschule großen Zulauf und macht mit ambitionierten Kulturveranstaltungen wie dem Filmfest Provinziale von sich reden. Reizvoll für Besucher sind nicht nur der innovative Zoo und der Familiengarten Eberswalde – die Lage am Wasser prädestiniert die Stadt auch zum Ausgangspunkt von Kanu-, Motorboot- oder Schifffahrten.

Durch den Finowkanal, die Lebensader der Stadt, war Eberswalde auch in früheren Zeiten ein Umschlagplatz für Waren aus der Binnenschifffahrt und später ein bedeutender Industriestandort, das ›märkische Wuppertal‹. Noch heute erinnern die Stadtteile Kupferhammer, Eisenspalterei und Messingwerk an die früheren Erwerbszweige.

Inzwischen sind sie Stationen des **Industriekulturpfads,** der auf 6 km vom Hauptbahnhof über die Hufnagelfabrik, die Papierfabrik Wolfswinkel, das Kraftwerk Heegermühle zum Messingwerk mit einer Werkssiedlung und denkmalgeschützten Bauten wie dem Wasserturm führt. Am besten lässt sich der Weg per Rad erkunden – eine Übersichtskarte und Hinweise auf eine App sind auf www.unser-finowkanal.eu zu finden.

Apotheken- und Stadtgeschichte

Im Zentrum sind neben der Backsteinbasilika **St. Maria Magdalena,** der gotischen **Backsteinkapelle St. Georg,** dem alten Rathaus von 1775 und dem neuen von 1903 die historische **Adler-Apotheke** sehenswert. In dem schönen Fachwerkbau aus dem späten 17. Jh. lässt heute das **Stadtmuseum** die Geschichte der Apotheken und die kulturgeschichtliche Entwicklung der Stadt

Das alte Schiffshebewerk von Niederfinow, das Schiffe 36 m in die Höhe hievt, ist ein einzigartiges technisches Denkmal.

vom 18. bis Anfang des 20. Jh. Revue passieren. Eins der interessantesten Exponate ist die noch erhaltene Schwarze Küche. Unter demselben Dach befindet sich die Touristeninformation.

Stadtmuseum: Steinstr. 3, T 03334 644 15, Di–So 10–13, 14–17 Uhr, 4/2 €, Familien 8 €, bis 17 J. frei, Kombiticket mit Familiengarten und Zoo 13/6,50 €

Die Gärten um Eberswalde

Nach dem Niedergang des Metall verarbeitenden Gewerbes hat sich in Eberswalde ein allmählicher Wandel zur Gartenstadt vollzogen. Neben dem **Forstbotanischen Garten** von 1830, einem der ältesten seiner Art in Europa mit etwa 600 Krautpflanzen sowie 1200 Gehölzarten, ist auf dem Gelände der Landesgartenschau von 2002 der **Familiengarten Eberswalde** entstan-

den. Direkt am Finowkanal lockt er mit üppig blühenden Themengärten, Picknick- und Grillplätzen, Boccia- und Beachvolleyballfeld. Sie können auch mit dem Tretboot durch die mystisch anmutenden unterirdischen Betriebsarchen schippern.

Forstbotanischer Garten: Am Zainhammer 5, tgl. 9 Uhr bis zur Dämmerung; **Familiengarten Eberswalde:** Am Alten Walzwerk 1, T 03334 38 49 10, www.familiengarten- eberswalde. de, April–Okt. tgl. 10–18 Uhr, 4/2 €, Kombitickets s. o.

Bester kleiner Zoo

Höhepunkt der Gartenlandschaft ist der 90-jährige **Zoologische Garten,** der bereits als bester kleiner Zoo Deutschlands ausgezeichnet wurde. Eingebettet in herrlichen Mischwald mit neun Abenteuerspielplätzen, beherbergt er ca. 1500

Tiere aus fünf Kontinenten, die sich in großen Gehegen frei bewegen können. Besondere Attraktionen des Zoos sind die Braunbärenanlage, das begehbare Damwildgehege, die frei lebende Affengruppe, das Löwengehege und das Urwaldhaus mit 100 Pflanzen- und 40 Tierarten. Hier dürfen Sie auch bei der Fütterung der Pinguine und Zwergotter dabei sein. Tiernarren geben sich hier sogar das Ja-Wort.

Am Wasserfall, T 03334 227 33, www.zoo. eberswalde.de, 9 Uhr bis zur Dämmerung, 10/5 €, Familien 25 €

Essen

Kochen, Backen und Musik
KoBaMugasmus: Auch wenn sich die Betreiber vielleicht besser einen anderen Namen hätten einfallen lassen – das Café und Bistro ist unbedingt empfehlenswert. Ob Dinkel-Ciabattas oder preiswerter Mittagstisch mit veganen und vegetarischen Spezialitäten der französischen, koreanischen oder arabischen Küche – alles mundet vorzüglich.

Schicklerstr. 25, www.kobamugasmus.com, Di–Fr 11.45–18 Uhr

Bewegen

Radfahren
Rad-Haus Kattanek: Beim Rad-Profi bekommen Sie Räder und Infos, wenn Sie lieber am statt auf dem Wasser unterwegs sein wollen.

Eisenbahnstr. 87, T 03334 21 21 19, www. radhaus-online.de

Feiern

● **Provinziale:** Anfang Okt. Das ambitionierte einwöchige Filmfestival mit Schwerpunkt Dokumentar-, Kurz- und Animationsfilm hat sich längst über die Stadtgrenzen hinaus einen Namen gemacht. Infos unter: T 03334 279 33 34, www.filmfest-eberswalde.de

Infos

● **Touristeninformation Eberswalde:** Steinstr. 3 (im Museum), T 03334 645 20, www.tourismus-eberswalde.de

Finowkanal ♥ H4

Ein Kanal, der unter Denkmalschutz steht? Für den Finowkanal zwischen Havel und Oder, die erste künstliche Wasserstraße Deutschlands, trifft das zu. Erstmalig Anfang des 17. Jh. gebaut, zerfiel er nach dem Dreißigjährigen Krieg und wurde auf Anordnung Friedrichs des Großen neu angelegt. 150 Jahre lang trug er zur industriellen Entwicklung der Region um Eberswalde bei, wobei die Kähne durch Staken, Segeln oder Treideln mit Menschen- und Pferdekraft vorwärtsgetrieben wurden. Die Dampfkraft kam erst später.

Anfang des 20. Jh. soll sich der Güterverkehr auf 1 Mio. Tonnen pro Jahr belaufen haben. Als später der Oder-Havel-Kanal diese Aufgabe übernahm, kam der Schiffsverkehr in den 1970er-Jahren zum Erliegen. Heute erschließt die Binnenwasserstraße Kanuten und anderen Besuchern die reizvolle Umgebung.

Schiffshebewerk Niederfinow ✪
Größter Besuchermagnet rings um Eberswalde ist das **alte Schiffshebewerk,** das älteste noch arbeitende Schiffshebewerk für Frachtschiffe in Deutschland und ein Meisterwerk der Technik. Nachdem die gigantische Stahlkonstruktion bei ihrer Fertigstellung 1934 der weltgrößte Schiffs-Fahr-

stuhl war, überwindet sie bei einer Troglänge von 85 m noch immer eine 36 m hohe Stufe im Oder-Havel-Kanal. 60 m hoch, 94 m lang und 27 m breit, kann sie in fünf Minuten bis zu 100 t schwere Schiffe heben.

Dieses Schauspiel können Sie von einer Besucherplattform aus erleben, die auch einen Blick in die alte Treppenschleuse von 1914 ermöglicht. Noch eindrucksvoller ist eine Fahrt mit dem Schiff durch das Hebewerk, wo seine Technik hautnah erlebt wird. Dazu laden mehrere Reedereien ein. Am Gemeindehaus von Finowfurt treffen sich im Sommer übrigens auch häufig die Fans des **Finowfurter Flößervereins** zum Schauflößen, zu Flößerfesten oder einem Flößerfeuer am Ufer des Finowkanals.

Versäumen Sie nicht, sich auch das **neue Hebewerk** (ab 2021) anzusehen, das neben dem Industriedenkmal entstanden ist! Mit ihm bleibt dem Schiffsverkehr die wichtige Ost-West-Verbindung erhalten. Mehr darüber ist im Infozentrum Neues Hebewerk zu erfahren, das auch Besichtigungen ermöglicht.
Hebewerkstr. 52, Niederfinow, T 033362 713 77, www.schiffshebewerk-niederfinow.info, Ende März–Okt. tgl. 9.30–17.30, Nov./Dez., Ende Feb.–Ende März tgl. 10–16 Uhr, Eintritt Ausstellung kostenlos, Schiffshebewerk 3/2 €

Bewegen

Wasserwandern

Triangel Camping: Der Finowkanal eignet sich ideal zum Wasserwandern zwischen Oderberg und Liebenwalde. Informationen über Wasserwanderplätze, Schleusen usw. gibt es beim Tourismusverein. Beim Campingplatz mit Wasserwanderrastplatz stehen Kanus, Kajaks und Fahrräder zur Miete bereit. Auch der Rücktransfer lässt sich organisieren.
Dorfstr. 31, Niederfinow, T 033362 704 37, www.camping-niederfinow.de, April–Sept.

Per Schiff durchs Hebewerk

Reederei Neumann: Eins der größten Erlebnisse sind die Fahrten durchs Schiffshebewerk. Sie können auch weiter bis Oderberg oder Eberswalde schippern.
Birkenweg 18, Eberswalde, T 03334 244 05, www.schiffshebewerk-niederfinow.info, Ende März–Okt.

Ausflugsvielfalt

Fahrgastschifffahrt Oderberg: Rundfahrten von Oderberg zum Schiffshebewerk, nach Hohensaaten, Stettin oder zur Müritz. Ganzjährig Fahrten zum Schiffshebewerk und auf der Oder, im Winter mit Glühwein-Ausschank.
Am Galgenberg 3, Oderberg, T 033369 77 99 83, www.oder-schiff.de, Fahrten (besser vorher reservieren) ab 8/5 €

Mondscheintouren

Kanu Verleih Oderberg: Der Kanuverleih organisiert auch Mondscheintouren. Wenn sich der Tag neigt, paddeln Sie mit Laternen und Picknickkörben von Bad Freienwalde nach Oderberg.
Hermann-Seidel-Str. 62 A, Oderberg, T 0174 531 54 52, www.kanu-oderberg.de, in der Saison tgl. 9–19 Uhr, Mondscheintouren mit Lagerfeuer 30 €

Biosphärenreservat Schorfheide-Chorin   ♀ G/H 2

Teils in der Uckermark, teils im Barnimer Land gelegen, gehört das 1990 gegründete, 130 000 ha große UNESCO-Biosphärenreservat Schorfheide-Chorin zu den größten Landschaftsschutzgebieten Deutschlands. Rund 240 Seen, Tausende von Mooren, ausgedehnte Wälder, Wiesen und Äcker prägen die während der Weichseleiszeit vor 15 000 Jahren entstandene und von Menschen gestaltete Kulturlandschaft.

VOLLMONDWOLFSNÄCHTE

Haben Sie Angst vor Wölfen? Vielleicht verschwindet die, wenn Sie den Tieren im Rahmen einer Führung näherkommen. Dazu bieten sich die Vollmondwolfsnächte an, bei denen man einmal im Monat nach ordentlicher Stärkung in der Kräuterküche des Jagdschlosses Schorfheide mit Fackeln in den Wald läuft, wo man den Wolfsrudeln bei der Fütterung zusehen kann und dabei sehr viel Informatives zu hören bekommt. Anschließend klingt der Abend in der Köhlerhütte aus. Anmeldung unter T 033393 658 55, www.wildpark-schorfheide.de, 40/30 €.

Während die fruchtbaren Böden der Grundmoränen landwirtschaftlich genutzt werden, ist das Waldgebiet der Schorfheide traditionelles Jagdrevier. Jahrhundertelang machten hier Kurfürsten, Könige, Kaiser, Nazi-Größen wie Hermann Göring und die Politprominenz der DDR Jagd auf Rot-, Dam- und Schwarzwild. Zeitweise gab es so viel Wild, dass der übrigen Fauna fast die Lebensgrundlage entzogen wurde.

Heute brüten in den Wäldern wieder See-, Fisch- und Schreiadler, die Feuchtgebiete sind idealer Lebensraum von Kranichen, Schwarzstörchen, Fischottern und Sumpfschildkröten. Charakteristisch für die Vegetation sind die knorrigen Huteichen – mehr als 2000 der 400 bis 600 Jahre alten Bäume soll es hier geben. Zum Schutz der Natur tragen viele Ökobetriebe bei, die bereits 25 Prozent aller Agrarunternehmen ausmachen.

Jagd & Macht im Schlossmuseum
Ein besonders geschütztes Areal im Biosphärenreservat ist der **Wildpark**

Schorfheide bei Groß Schönebeck. Hier leben in einem riesigen Waldgebiet Rotwild, Schwarz- und Damwild in großzügigen Gehegen. Mehr über die Schorfheide, ihre Geschichte und Nutzung als Jagd- und Zuchtgebiet berichtet das **Jagdschloss Schorfheide**. Nicht allein das Gebäude, ein um 1540 entstandenes, im 19. Jh. umgestaltetes Jagdschloss mit Türmchen und prächtiger Stuckdecke, ist sehenswert, sondern auch die **Ausstellung Jagd & Macht.**
Schlossstr. 6, T 033393 657 77, www.schorf heide-museum.de, tgl. Mai–Sept. 10–12.30, 13–17, Okt.–April 10–12.30, 13–16 Uhr, 6,50/1,50–4 €

Joachimsthal   ⚲ H 3

Das Städtchen ist in mehrfacher Hinsicht reizvoller Ausgangspunkt für Erkundungen der Schorfheide. Eingebettet in die idyllische Biosphärenlandschaft zwischen Grimnitz- und Werbellinsee, bieten sich hier glasklares Wasser zum Baden, ausgedehnte Buchenwälder und gut ausgebaute Radwege. Im Zentrum erinnert ein kurioses **Denkmal** an Kurfürst Joachim I., der dem Ort seinen Namen gab. Gleich dabei steht die **Kirche** aus dem 14. Jh. mit barockem Quersaal, die Schinkel nach einem Stadtbrand in neugotischem Stil wiederaufbaute.

Besuchermagnet ist aber auch der **Kaiserbahnhof** im Fachwerkstil. Benannt nach Kaiser Wilhelm II., der 1898 mit der Bahn zur Jagd kam, ist aus dem hübschen Gebäude Deutschlands erster Hörspielbahnhof geworden, wo Sie im Sommer spannenden Geschichten, aber auch Lesungen namhafter Autoren lauschen können.
Bahnhof Werbellinsee 2, T 033361 646 46, www.hoerspielbahnhof-joachimsthal. de, öffentlich zugänglich meist Ostern–Okt., Führungen ab 10 Pers. 2 €

Panorama vom Wasserturm

Ein weiteres Kunstzentrum der Gegend ist das **Biorama-Projekt** am Stadtrand von Joachimsthal, wo ein englisches Künstlerpaar einen historischen Gebäudekomplex wiederbelebt hat. Dazu gehört ein alter Wasserturm mit Aussichtsplattform in 123 m Höhe. In der Weißen Villa finden Ausstellungen, Theateraufführungen und Performances statt.

Am Wasserturm 1, T 033361 649 31, www. biorama-projekt.org, Ostern–Okt. Do–So/Fei 11–18 Uhr, 4/1 €, Familien 9 €

Alles aus Glas

Joachimsthal verdankt seine Stadtgründung 1604 der Glasmacherei. Bereits 1575 hatte der Leibarzt von Kurfürst Johann Georg, der Alchemist Leonhard Thurneysser, hier eine **Glashütte** errichtet, wo auf Glas mit Metallpulver als Emaille farbige Wappen und Bilder aufgetragen wurden. An die jahrhundertealte Handwerkskunst erinnern heute Glasmacher und Glasbläser während der **Glastage,** wenn sie in der Grimnitzer Glasstube bei Althüttendorf ihre Arbeitstechniken und Werke präsentieren. Auch an anderen Tagen im Sommerhalbjahr öffnet die **Glaswerkstatt mit kleinem Museum** und Verkaufsraum zusammen mit der Burgruine.

Grimnitzerstr. 11 A, Joachimsthal, T 0173 93 87 737, www.glashuettegrimnitz.de, Glastage: Ende Juli/Anfang Aug. tgl. 11–17 Uhr, 2,50 €, bis 14 J. frei; Glaswerkstatt: Mai–Sept. 1. Sa im Monat 10–17 Uhr

---

Schlafen und Essen

Idylle am Wasser

Café Wildau: Schön wohnen und essen können Sie in dem gepflegten Hotelbetrieb mit Gartenterrasse am Seeufer. Die zwölf geschmackvollen Zimmer ergänzt ein Wellnessbereich mit Sauna. Die Küche des Hauses überzeugt auch mit vegetarischen Kreationen – wie mit Pilzragout gefülltem Kürbis für 15 €.

Wildau 19, Schorfheide/OT Eichhorst, T 033363 526 30, www.cafe-wildau.de, EZ ab 73 €, DZ ab 85 €; Restaurant: tgl. 12–20.30 Uhr

Behaglichkeit im Tagungshotel

Ringhotel Schorfheide: Auch wenn es sich vor allem als Tagungszentrum profiliert hat, lässt sich in dem modernen Gebäudeensemble neben dem Jagdschloss Hubertusstock mit Sauna und Badesteg sehr gut unterkommen. Mittags und abends gibt es im **Restaurant Von Hövel** jeweils ein umfangreiches Themenbuffet (abends 27,50 €, Kinder 13,50 €). Auch Mieträder im Angebot.

Hubertusstock 1, Joachimsthal, T 033363 505, www.tagungs-zentrum.de, EZ ab 70 €, DZ ab 99 €, HP 25 €; Restaurant Von Hövel: Mo–Sa 12–22 Uhr

Mit Badehaus am See

Hotel Döllnsee-Schorfheide: Das geschichtsträchtige Vier-Sterne-Hotel am Döllnsee, das 1941 Hermann Göring errichten ließ und das später von der DDR-Regierung als Gästehaus genutzt wurde, verfügt über 127 stilvolle Zimmer und ein großes Hallenbad. Gute Küche mit Fisch- und Wildspezialitäten.

Döllnkrug 2, Templin/OT Groß Dölln, T 039882 630, www.doellnsee.de, EZ ab 59 €, DZ ab 82 €; Restaurant: tgl. 12–22 Uhr, Hauptgerichte ab 15 €

Übernachten und ausreiten

Gut Sarnow: Familiär geführtes Hotel mit ländlichem Charme und gutem Restaurant. Dazu gehört ein ganzes Gestüt, das Ausritte, Kremserfahrten, Reiterferien und Jagden organisiert.

Eichhorster Chaussee 5, Schorfheide/OT Groß Schönebeck, T 033393 658 25, www. gut-sarnow.com, Feb.–Dez., EZ 59 €, DZ 79 €; Restaurant: März–Dez. Mi/Do ab 17, Sa/So ab 12, Feb. Fr–So ab 12 Uhr

Frisch gefischter Fisch
Alte Fischerei: Direkt am Werbellinsee können Sie sich frische und geräucherte Forellen, Aal, die für die Gegend typischen Maränen sowie Wildgerichte zu sehr fairen Preisen schmecken lassen.

Am See 2, Schorfheide/OT Altenhof, T 033363 31 41, www.altenhof-werbellinsee. de, tgl. ab 11.30 Uhr

Bewegen

Schiffstouren
Reederei Wiedenhöft: Mit Traditionsschiffen aus den 1930er-Jahren schippern Sie auf dem Werbellinsee zwischen Joachimsthal und dem Askanierturm umher. Auch das Fahrrad kann mit an Bord.

Seerandstr. 23, 16247 Joachimsthal, T 033361 474, www.werbellinsee-schorf heide.de, Mai–Mitte Okt., Fahrten ab 8/4 €, Fahrräder 3 €

Die Klosterruine von Chorin ist eine wunderbare Kulisse für Klassikkonzerte.

Unter Wasser
Tauchbasis Werbellinsee: Nicht nur Hechte, Barsche und Welse bekommen Sie zu sehen, wenn Sie auf Tauchstation gehen. Auch diverse Wracks liegen hier auf Grund.

Joachimsthaler Str. 20, 16247 Joachimsthal, www.tauchbasis-werbellinsee.de, Mai–Okt. Sa/So 9–18 Uhr

Feiern

• **Kammermusikfestival Bebersee:** Mitte Juni. Das einwöchige, seit 1999 stattfindende Festival beehren renommierte internationale Künstler. Als Konzertsaal dient der Flugzeughangar des ehemaligen sowjetischen Militärflughafens. Infos beim Veranstalter: T 03984 83 39 74, www.bebersee.de

Infos

• **Schorfheide-Info:** Töpferstr. 1, Joachimsthal, T 033361 646 46, www.schorfheide. de. Führungen durch den Kaiserbahnhof.

Kloster Chorin   H 3

Die Ruine des Zisterzienserklosters Chorin gehört zweifellos zu den schönsten Orten in ganz Brandenburg. Mitten im Biosphärenreservat, zwischen Wäldern und Amtssee, liegt das backsteinrote Gebäudeensemble, das sich bei näherem Hinsehen als Meisterwerk der Hochgotik entpuppt. Vielleicht – das bemerkte zumindest Fontane – wirkt es besonders schön und romantisch, weil es eine Ruine ist.

Ursprünglich sollte auf der nahe gelegenen Halbinsel Pehlitzwerder am Parsteiner See ein Haus- und Begräbniskloster für die Markgrafen entstehen. So begannen die Zisterziensermönche das Kloster Mariensee zu errichten, von dem heute noch Fundamente stehen, verlegten es aber bald an seine heutige Stelle. In der zweiten Hälfte des 13. Jh. erbaut, zeigt es noch romanische Elemente, wurde aber im Stil der Backsteingotik vollendet.

Schlicht und repräsentativ

Zentrum der repräsentativen Anlage ist eine dreischiffige **Gewölbebasilika** mit Querschiff und Chor, die verrät, dass bedeutende Kirchenbauten wie der Magdeburger Dom Modell gestanden haben. Dabei wurde einerseits der vom Zisterzienserorden vorgeschriebenen Schlichtheit, andererseits dem Repräsentationswillen des Herrschergeschlechts Rechnung getragen. So verziert nicht nur ein Lilienfries die gesamte Kirche. Besonders reich ist die Gestaltung der Querhausgiebel und vor allem der hoch aufragenden Westfront, wo die filigrane Ziegelbauweise ihren Höhepunkt findet.

Zwischen Kirche und Klausur wurde an der Westseite außerdem der sogenannte **Fürstensaal** für den Landesherrn eingefügt. Von der **Klausur** haben sich der Ost- und Westflügel mit dem **Kreuzgang** erhalten sowie ein Brüdersaal, die Küche, ein Pfortenhaus an der Westseite und das Brauhaus.

1542 wurde das Kloster nach der Reformation aufgehoben und nur noch landwirtschaftlich genutzt. Im Dreißigjährigen Krieg zu Teilen ausgebrannt, verfiel es bis ins 19. Jh. Schinkel hat die malerische Ruine wiederentdeckt und als Denkmal von nationaler Bedeutung erkannt. Daraufhin ließ es die königliche Familie restaurieren. Nach weiteren Sanierungsarbeiten im 20. Jh. dient es heute u. a. als Kulisse des **Choriner Musiksommers**, aber auch von stimmungsvollen **Bauern- und Weihnachtsmärkten**.

Mit Demeter-Produkten aus dem Ökodorf Brodowin können Sie sich im hübschen **Klostercafé** mit Gartenterrasse stärken.

Am Amt 11 A, www.kloster-chorin.info, T 033366 703 77, Sommer 9–18, Winter 10–16 Uhr, 6/3,50 €, Familien 13 €, Klosterfrühstück 17 €, Gruppenermäßigungen ab 12 Pers.

Schlafen und Essen

Gastgeber des Jahres 2020

Hotel Haus Chorin: Freundliches Haus mit hellen, renovierten Zimmern, eigener Badestelle und Sauna, als Gastgeber des Jahres im Barnim ausgezeichnet. Gespeist wird im **Restaurant Zum Amtssee** mit großer Sonnenterrasse, wo auch vegetarische Gerichte ab 10 € serviert werden.

Neue Klosterallee 10, T 033366 500, www.chorin.de, EZ ab 59 €, DZ ab 69 €; Restaurant Zum Amtssee: tgl. 12–22 Uhr

Naturnahe Idylle

Campingplatz Parsteiner See: Wenn es fernab der Zivilisation und am Wasser sein soll, kommen Sie hier auch in einfachen Bungalows unter. Mit Boots- und Surfverleih.

Am Parsteinsee 24, Parsteinsee, T 033365 362, www.parsteiner-see-camping.de, April–Anfang Okt., pro Person und Zelt ab 5 € bzw. 5,50 €, Bungalows für bis zu 4 Pers. ab 50 €

Denkmalgeschütztes Gemäuer

Alte Klosterschänke: In der urigen Fachwerkscheune beim Kloster werden Speisen mit regionalen Produkten, z. B. Karpfen aus dem Parsteiner See oder Wild aus den umliegenden Wäldern, aufgetischt. Wie wäre es etwa mit Wildschweinknackern mit Sauerkraut für 13,70 €?

Am Chorin 9, T 033366 53 01 00, www.chorin.de, Do–So/Fei 12–19 Uhr

TOUR
Abstecher ins Ökodorf

Wanderung von Chorin nach Brodowin

Infos

📍H3

Start/Ziel: Bahnhof
Chorin
Länge: ca. 4 Std.
Dauer: 14,5 km

Schwarzer Adler:
Dorfstr. 80,
Brodowin,
T 033362 712 40,
www.schwarzer-
adler-brodowin.de,
tgl. 11–22 Uhr

Hofladen:
Dorfstr. 89,
Brodowin,
T 033362 600 22,
www.brodowin.de,
tgl. Sommer 9–18,
sonst 10–17 Uhr

Vom **Bahnhof Chorin** laufen Sie auf der Bahnhofstraße bis zur Choriner Dorfstraße, biegen links ab und kurz darauf wieder links in den Klostersteig ein. Dieser führt von der Landstraße rechts auf einen schönen Waldpfad und weiter zum **Kloster.** Kurz bevor Sie dort ankommen, laufen Sie am **Amtssee** entlang, bis Sie rechts die mächtige Ruine aufragen sehen. Haben Sie sich das Meisterwerk der Frühgotik (s. S. 227) angesehen, wandern Sie weiter am Amtssee entlang ein kurzes Stück auf der B 2, bis nach ca. 500 m auf der gegenüberliegenden Straßenseite der blau markierte Wanderweg nach Brodowin abzweigt. Auf altem, holperigen Kopfsteinpflaster führt er durch Mischwald mit hohen Eichen und tiefen Kesselmooren.

Stüler-Kirche und eine gläserne Molkerei
Wenn sich der Wald lichtet, setzt sich der Weg auf einer schönen Weidenallee fort, in der Ferne tauchen bald auch die Häuser von **Brodowin,** Deutschlands größtem Ökodorf, auf. Im Zentrum steht die von Friedrich August Stüler gestaltete neugotische **Backsteinkirche,** gleich daneben lädt das **Landgasthaus Schwarzer Adler** zu preiswerter deftiger Hausmannskost ein. Speisen in Bio-Qualität bekommen Sie, wenn Sie auf der Dorfstraße weiterlaufen bis zum **Hofladen,** wo Sie nicht nur Kaffee, Kuchen und kleine Speisen bekommen, sondern sich auch noch mit Obst und Gemüse aus der Gärtnerei oder Produkten aus der benachbarten gläsernen **Schaumolkerei** eindecken können.

Zurück nach **Chorin** gelangen Sie, wenn Sie um den Weißen See herum und dann in den Wald wandern. Zwischendurch müssen Sie die B 2 überqueren, dann mündet der Nettelgraben auf die Choriner Dorfstraße. Von der zweigt rechts die Bahnhofstraße ab.

Feiern

- **Choriner Musiksommer:** Juni–Ende Aug. Jahreshöhepunkt in der Klosterruine sind die ambitionierten Open-Air-Konzerte mit namhaften Orchestern und Musikern (www.choriner-musiksommer.de).
- **Kirchensommer Brodowin:** An einigen Sa/So, vor allem im Sommer. Das Pfarramt veranstaltet über das Jahr verteilt stimmungsvolle Konzerte in der Stüler-Kirche des Ökodorfs und an anderen Orten (www.kirchensommer-brodowin.de).

Uckermark ♀ H/J2

Die sanft gewellte Endmoränenlandschaft, wo die Eiszeit über 400 Seen inmitten archaischer Hügel hinterlassen hat, übt einen besonderen Reiz aus. Zugleich ist die Uckermark mit 3058 km² zwar größter, aber mit ihren knapp 121 000 Einwohnern auch einer der am dünnsten besiedelten Landkreise Deutschlands. Gerade mal 40 Menschen wohnen hier pro Quadratkilometer.

Wenn die Landflucht für wirtschaftliche Probleme und Versorgungsengpässe gesorgt hat, dann birgt sie für andere wiederum die Chance, sich in reizvollen, historisch gewachsenen Orten eine neue Existenz als Künstler oder Kunsthandwerker aufzubauen – oder ungestört im bezahlbaren Homeoffice oder Co-Working-Space zu arbeiten. Das können Sie hautnah in der Gegend von Gerswalde oder Lychen erleben. Und natürlich die Vorzüge der Naturschutzgebiete genießen. Während der **Naturpark Uckermärkische Seen** vor allem Wassersportler, Wanderer und Radfahrer lockt, ist der **Nationalpark Unteres Odertal** an der Grenze zu Polen Eldorado für Vogelbeobachter.

Angermünde ♀ H3

Zwischen Nationalpark Unteres Odertal und Biosphärenreservat Schorfheide-Chorin liegt das Ackerbürgerstädtchen Angermünde, das ein guter Ausgangspunkt für Wanderungen und Radtouren ist. Die Askanier sollen die Stadt um 1230 als Grenzfestung gegen Pommern gegründet haben – bis heute hat sich der quadratische, mittelalterliche Grundriss erhalten. Herzstück ist der von schönen Fachwerk- und Putzfassadenhäusern gesäumte **Markt.** An einem Ende steht das barocke **Rathaus** mit klassizistischer Fassade, am anderen die sogenannte **Alte Wache,** ein Fachwerkhaus aus dem 18. Jh. In der Mitte zieht ein eigentümlicher **Brunnen** die Aufmerksamkeit der Betrachter auf sich: Der Bildhauer Christian Uhlig setzte sich Ende der 1990er-Jahre mit fünf Plastiken augenzwinkernd mit der Stadt und ihren Bewohnern auseinander.

Kirchen mit filigranen Giebeln

Das Stadtzentrum überragt die **St. Marienkirche** mit ihrem 53 m hohen

MARKTBRUNNEN

Vielleicht rätseln Sie über den Marktbrunnen von Angermünde mit seinen teils sehr skurrilen Figuren? Ein Kahn mit durchlöcherten Seitenwänden, ein Mann und eine Frau, die sich ostentativ voneinander abwenden, ein vergessener Werkzeugkasten, eine Katze, die ihre Mäuse zählt – es ist die Art und Weise, in der sich der in Angermünde ansässige Bildhauer Christian Uhlig humorvoll mit seiner Umgebung auseinandergesetzt hat. Bei genauem Hinsehen werden Sie noch andere Details entdecken.

Ob sich die Bewohner von Angermünde in den Figuren des Marktbrunnens wiedererkennen?

Turm, den filigrane Treppengiebel schmücken. 1230–60 aus Feldsteinen entstanden, wurde die Kirche im 15. Jh. mit Backsteinen umbaut. Im Inneren der dreischiffigen Halle sind farbig ausgemalte Gewölbe und eine barocke **Wagner-Orgel** zu bewundern. Dazu bietet der Organist für interessierte Gruppen auch sachkundige Orgelführungen an. Alternativ ist bei der Touristeninformation eine Kirchenführung durch eine Kunsthistorikerin buchbar.

Auch die **Franziskanerkirche,** die vom ehemaligen Franziskanerkloster übrig geblieben ist, wurde mit ihrem eleganten Dreiecksgiebel im 13. Jh. aus Feldsteinen erbaut und im 15. Jh. im gotischen Stil erweitert. Heute wird sie häufig für Ausstellungen, Theater und Konzerte des Angermünder Klostersommers genutzt.

Gleich dahinter zieht sich ein Rest Stadtmauer mit dem mächtigen **Pulverturm** aus dem 13. Jh. die Straße entlang. Ein Stück weiter steht an der Berliner Straße die kleine **Heilig-Geist-Kapelle,** die einst zum 1336 gegründeten gleichnamigen Hospital gehörte. Ebenso schön wie das Sterngewölbe im Inneren ist der verzierte Giebel.

Machen Sie auch einen kleinen Spaziergang zum **Mündesee:** Auf der Mündeseepromenade am Ufer erwartet Sie ein kleiner **Skulpturenpark** mit monumentalen Kunstwerken aus Findlingen – Überbleibsel von mehreren Bildhauersymposien, die hier veranstaltet wurden.

St. Marienkirche: April–Nov. tgl. 11–17, sonst 10–16 Uhr; **Franziskanerkirche:** Mitte Mai–Sept. Mo–Fr 10–16, Sa/So/Fei 13–17 Uhr

Spuren eines Romanautors

Im restaurierten Haus Uckermark ist seit 2020 das **Ehm-Welk- und Heimatmuseum** untergekommen. Hier können Sie mehr über den Schriftsteller erfahren, der wegen seiner antifaschistischen Schriften – die ihn zeitweise ins KZ Oranienburg brachten – hohe Auszeichnungen in der DDR erhielt und Land und Leuten der Uckermark mit Werken wie »Die Heiden von Kummerow« ein bleibendes Denkmal gesetzt hat.

Hoher Steinweg 17/18, www.museumanger muende.de, Öffnungszeiten nachfragen

Spuren von Bibern und Adlern

Knapp 4 km nordwestlich von Angermündes Zentrum informiert das **NABU-Besucherzentrum Blumenberger Mühle** über das Biosphärenreservat Schorfheide-Chorin. Wo einst Mönche Karpfen züchteten, blickt man heute von gut getarnten Aussichtsplätzen auf die Artenvielfalt in den Blumberger Fischteichen herab. Bei einer Fütterung lassen sich putzige Otter beobachten. Rundum führt ein System von Lehr- und Erlebnispfaden auf die Spuren von Bibern, See- und Fischadlern. **Das Restaurant »Zum grünen Wunder«** sorgt für das leibliche Wohl mit Bio-Produkten.

Ein einzigartiges Stück Natur ist der **Buchenwald Grumsin** in der Kernzone des Biosphärenreservats, der 2011 in die Liste des UNESCO-Weltnaturerbes aufgenommen wurde und langsam zum Urwald wird. Wo die Eiszeit viele Senken hinterlassen hat, die sich regelmäßig mit Wasser füllen, haben sich Seen, Erlensümpfe und Kesselmoore herausgebildet, in denen Seeadler, Schwarzstörche, Kraniche und Schwarzspechte brüten.

NABU Blumenberger Mühle: Blumberger Mühle 2, T 03331 260 40, www.blumberger-muehle.de, tgl. April–Okt. 10–18, Nov.–März 10–16 Uhr, 4/1–3 €, Familien 7 €; geführte Wanderungen Buchenwald Grumsin: ab 5 Pers., So 13 Uhr an der Kirche in Altkünkendorf, Dauer: ca. 4 Std., Preis 10/5–7,50 €, Kinder bis 12 J. frei; **Zum grünen Wunder:** April–Okt. tgl. 10–17, Nov.–März Mi–So 10–16 Uhr

Schlafen

Mit öffentlichem Spa

Flair Hotel Weiss: Das moderne Drei-Sterne-Hotel besticht durch seine Parklage, behagliche Zimmer und Suiten und die öffentlichen Wellnesseinrichtungen. Das Restaurant mit Wintergarten hat sich auf Steaks spezialisiert.

Puschkinallee 11, T 03331 369 50, www.flairhotelweiss.de, EZ ab 67 €, DZ ab 88 €; Spa: Mo–Fr 15–22, Sa 11–22, So 11–17 Uhr, Frauensauna Mi 13–19 Uhr; Restaurant: Sommer tgl. 11.30–22, Winter Mo–Fr 16–22, So ab 11.30–17 Uhr

Charmanter Innenhof

Hotel am Seetor: In dem zentral gelegenen, denkmalgeschützten Haus aus dem 18. Jh. gibt es 17 unterschiedliche gestaltete Komfortzimmer und Suiten, allerdings kein Restaurant.

Jägerstr. 25, T 03331 265 60, www.hotelam seetor.de, EZ ab 59 €, DZ ab 78 €

Essen

Am Marktplatz

Grambauers Kalit: Liebevoll eingerichtetes Restaurant, das Wild-, Geflügel-, Fisch- und Pilzspezialitäten zu fairen Preisen serviert.

Hoher Steinweg 25, T 03331 25 25 35, Di–So 11.30–15, ab 17.30 Uhr

Für eine Kaffeepause

Bäckerei-Café Schmidt: Der sympathische, traditionsreiche Laden versorgt mit Kaffee, Kuchen und kleinen Speisen.

Markt 21, T 03331 29 71 55, Mo–Fr 6.30–18, Sa 9–19 Uhr

Bio-Burger und mehr

Kaffee Konsum: Aus einem DDR-Konsum ist ein überaus ansprechendes Café am Wolletzsee geworden. Kleinere Tagesgerichte, verschiedene Burger, zubereitet aus regionalen Zutaten.

Zur Welse 4, Wolletz, T 033337 51 90 90, www.kaffee-konsum.de, Sommer Mi–So 12–17, Winter Do–So 12–17 Uhr, z. T. geschl.

Einkaufen

Fleisch und Wurst vom Ökohof

Gut Kerkow: Ökohof mit 150 schwarzbunten Milchkühen und Angusrindern. Im Hofladen kann man regionale Produkte kaufen, z. B. Wildschweinschinken, Rouladen oder Honig.

Kerkow, T 03331 262 934, www.gut-kerkow. de, tgl. 10–18 Uhr, eingeschränkte Zeiten

Infos

• **Tourismusverein Angermünde:** Brüderstr. 20, T 03331 29 76 60, www. angermuende-tourismus.de. Stadtführungen (Mai–Okt. Sa 11 Uhr), einmal pro Monat spannende Ketzerführungen, Kremser- und Schiffsfahrten.

Nationalpark Unteres Odertal J3

Im Herbst sind hier riesige Schwärme von Wasservögeln zu sehen, die sich auf der Durchreise sammeln. Im Frühjahr brüten wiederum seltene Vogelarten wie Kampfläufer und Bekassine, im Sommer Seggenrohrsänger und Wachtelkönig: Der Nationalpark Unteres Odertal ist mit seinen ausgedehnten Überflutungsräumen einzigartig in Europa.

    In den Wintermonaten steht auf Wiesen, Weiden, Auwäldern und Mooren oft meterhoch das Wasser, daneben erheben sich die bis zu 50 m hohen Oderhänge. 1995 als Nationalpark gegründet, ist das Untere Odertal zugleich

SINGSCHWANTAGE

Haben Sie schon mal gehört, wie Schwäne singen? Wenn nicht, können Sie das nachholen, wenn Sie Ende Jan./Anfang Feb. in den Nationalpark kommen. Bei den Singschwantagen, die jeweils vom Leiter des Nationalparks feierlich eröffnet werden, vermitteln nicht nur Vorträge das nötige Wissen über die 500 bis 1500 weißen Vögel, die hier von November bis März Station machen und als Symbol des Lichts und der Reinheit gelten. Bei Shuttle-Touren und Exkursionen zu Fuß kann man ihnen auch ganz nah kommen – und mit etwas Glück ihren eigentümlichen Gesang vernehmen. Drum herum wird ein buntes Programm mit Theaterstücken und allerlei Kulinarischem geboten (www.nationalpark-unteres-odertal.eu).

Bestandteil eines deutsch-polnischen Naturschutzprojekts, das das gesamte Gebiet von Hohensaaten bis Stettin umfasst.

Eins der artenreichsten Gebiete

Auf polnischer Seite schließen sich dem deutschen Nationalpark die Landschaftsschutzparks Cedynski Park Krajobrazowy und Park Krajobrazowy Dolina Dolnej Odry an. Auf deutscher Seite gehören neben der 2–4 km breiten Flussaue, die von vielen Altarmen durchzogen ist, Wälder und blühende Trockenrasen auf den Oderhängen dazu. Anfang des 20. Jh. hat man hier ein Poldersystem nach holländischem Vorbild errichtet. Durch die eingedeichten Talbereiche wurde einerseits der Schiffsverkehr für Schiffe bis 600 t, andererseits die Nutzung der Wiesen in den Sommermonaten möglich.

Die wechselnden Wasserstände bieten günstige Lebensbedingungen für eine Vielzahl von Pflanzen und Tieren. So gehört der Nationalpark mit 269 Wirbeltierarten, 2500 Wirbellosen und über 1000 Pflanzenarten zu den artenreichsten Gebieten Deutschlands. Einige davon sind vielleicht sichtbar auf dem 50 km langen **Uferwanderweg** von **Mescherin** nach Stolzenhagen im Süden.

Natur in der Auenwildnis

Mehr dazu erfahren Sie im **Besucherzentrum** im ehemaligen Schafstall. Schautafeln, ein Aquarium und Experimentierplätze bringen den Besuchern Flora und Fauna der Oderniederung näher. Versäumen Sie nicht, sich das restaurierte **Schloss Criewen** anzusehen, das auch Sitz der Nationalparkstiftung ist. Drum herum breitet sich der wunderbare, 10 ha große **Schlosspark** aus, den Peter Joseph Lenné um 1820 mit mächtigen alten Eichen, Pappeln, Kastanien sowie exotischen Sumpfzypressen gestaltete. Mittendrin steht die freundliche rosafarbene Dorfkirche, die bis auf das 13. Jh. zurückgeht. Sie ist Relikt eines früheren Dorfes, das 1816 abgetragen wurde, als Rittmeister von Arnim das Herrenhaus erbauen ließ.

Nationalpark-Besucherzentrum: Park 2, Schwedt/OT Criewen, T 03332 267 72 01, www.nationalpark-unteres-odertal.de, April–Okt. tgl. 9–18, Nov.–März Fr–So 10–17 Uhr, Eintritt frei

Schwedt/Oder ♀ J2/3

Das heutige Tor zum Nationalpark, die einstige Barockstadt, wurde im Zweiten Weltkrieg zu mehr als drei Viertel zerstört und danach zu einer modernen Industriestadt wiederaufgebaut. Seit der Wende wird im Rahmen des Wettbewerbs »Stadtumbau Ost« an der Verschönerung des Zentrums gearbeitet. Tatsächlich gibt es einige schöne Bauwerke zu entdecken.

Das Bild der sanierten Altstadt prägt die neugotische **Stadtkirche St. Katharinen,** die mit ihrem mächtigen Turm samt Zinnenkranz weithin sichtbar ist. Fast sakral wirkt auch das neugotische **Amtsgericht** in der Paul-Meyer-Str. 8. Anmutiges Überbleibsel aus der Zeit des Barock ist die **Französische Kirche** (Lindenallee 28). Mit rot-weißer Fassade und Kuppeldach über ovalem Grundriss war sie früher letzte Ruhestätte der Schwedter Markgrafen. Heute wird sie als Konzertsaal **Berlischky-Pavillon** genutzt.

Mikwe und Tempeldienerhaus

In der zweiten Hälfte des 19. Jh. zählte die jüdische Gemeinde 200 Mitglieder. Aus dieser Zeit stammt das **Jüdische Ritualbad** mit Mikwe und Tempeldienerhaus. Mehrere Meter hoch ist das Badehaus mit dem Tauchbad in der Louis-Harlan-Str. 1 mit Kuppeldach aus Backstein, das bis in die 1930er-Jahre benutzt wurde. Auch der jüdische Friedhof hat sich erhalten. Die Schwedter Synagoge wurde am 9. November 1938 verwüstet und später abgetragen.

YOGA IM NATIONALPARK

Stress abbauen zwischen den Wasserarmen der Polderlandschaft – dazu lädt Yogalehrerin Heike Trebus ein, die ihre Kurse mit ländlichen Hotel-Aufenthalten in der Umgebung des Nationalparks verbindet. Wie wäre es z. B. mit einem Kraut & Yoga-Workshop, wo Sie neben Entspannungsübungen auch Köstlichkeiten aus Bärlauch, Löwenzahn oder Sonnenblumen zubereiten? Infos unter: www.yoga-nandi.de

Vom Markgrafen zur Wende

Mehr über die Geschichte von Schwedt beleuchtet das **Stadtmuseum** mit einer Dauerausstellung zu Fischerei, Tabak und Handwerk in der Uckermark. Sonderausstellungen behandelten in der Vergangenheit Themen wie die Wende oder die einstigen Markgrafen der Barockstadt.

Jüdenstr. 18, T 03332 234 60, Mai–Sept. Di–Do 10–16, sonst Di–Fr 10–17, So 14–16 Uhr, 2/1 €, Familien 5 €

Kunst im Industriedenkmal

Sehenswert ist der beeindruckende, ehemalige **Tabakspeicher** aus dem 19. Jh., in dem der Schwedter Kunstverein die **Galerie am Kietz** betreibt. Höhepunkt ist das in jedem Jahr stattfindende Internationale Landschafts-Plein-air »Künstler erleben den Nationalpark Unteres Odertal«.

Gerberstr. 2, T 03332 51 24 10, www.kunstverein-schwedt.de, Di/Mi 10–16, Do 10–18, So 15–17 Uhr

Tabakanbau in der Uckermark

Kaum zu glauben, aber lange Zeit gehörte die Uckermark zu den wichtigsten deutschen Tabakanbaugebieten. Es begann im 17. Jh., als viele Hugenotten wegen ihres Glaubens aus Frankreich fliehen mussten und sich in der Uckermark niederließen. Unter ihnen waren zahlreiche Tabakpflanzer und -händler, die das optimale Klima in der Oder-Welse-Niederung für den Tabakanbau nutzten. Später haben die sinkenden Weltmarktpreise zu einem drastischen Rückgang des Anbaus geführt.

Neben Ausstellungen zur Kulturgeschichte des Tabaks informiert das **Tabakmuseum Vierraden** in der ehemaligen Tabaktrockenscheune über die verschiedenen Tabaksorten und ihre Verarbeitung. Zu den besonderen Exponaten gehören die von Prominenten gespendeten Tabakpfeifen.

OFFENE GÄRTEN UCKERMARK

Nicht nur wunderschöne grüne Oasen, Streuobstwiesen und Teichlandschaften gibt es in der Uckermark. Zweimal jährlich an je einem Wochenende Mitte Juni und Anfang September öffnen sich auch private Gärten für Besucher. Bei den Tagen der Offenen Gärten lässt sich vielleicht auch mit den Besitzern über das Gärtnern fachsimpeln und ein Blick in alte Gutshäuser werfen. Als vorzügliche Inspirationsquelle sind die Gärten und Gartenanlagen nicht zu verachten. Infos unter: www.tourismus-uckermark.de

Breite St. 14, Vierraden, T 03332 25 09 91, www.schwedt.eu/tabakmuseum, Mai–Sept. Do/Fr 10–16, Sa/So 10–17 Uhr, 2/1 €, Familien 5 €

Schlafen und Essen

Rustikaler Charme

Pension & Gaststätte Zur Linde: Freundliche Zimmer, gute Hausmannskost in der Gaststätte und im Biergarten mit Wildgulasch oder Forelle für 12 € – so könnte Ihr Aufenthalt in der Umgebung des Nationalparks aussehen.

Bernd-von-Arnim-Str. 21, Criewen, T 03332 52 14 98, www.linde-criewen.de, EZ 51 €, DZ 71 €; Gaststätte: Di–So ab 11.30 Uhr

Alte Fischerhütte

Fischergarten: Als einer der letzten Fischer weit und breit fördert Helmut Zahn so manchen leckeren Fang zutage – den Sie sich als Fischbrötchen oder ganzes Gericht frisch oder geräuchert schmecken lassen können. Mit kleinem Fischereimuseum und Bootsverleih.

Bollwerk 15, T 0173 449 77 94, www.fischer-
garten.de, Mo–Fr 9–17, Sa 9–14 Uhr

Ausgehen

Gute Unterhaltung
Uckermärkische Bühnen Schwedt:
Schon die Markgrafen von Schwedt hatten 1771 in der Orangerie des früheren
Schlosses ein Theater eingerichtet und
den Theaterbesuch zur Bürgerpflicht
erklärt. Diesem Auftrag fühlt sich das
engagierte Team des Theaters Schwedt
verpflichtet, das ein beachtliches Programm mit Schauspiel, Kabarett, Kin-
dertheater, Konzerten und Musicals auf
die Beine stellt.
Berliner Str. 46–48, T 03332 53 81 11, www.
theater-schwedt.de

Infos

● **Touristeninformation:** Vierradener Str.
31, T 03332 25 590, www.unteres-oder
tal.de. Stadtführungen, Nationalpark-
Führungen, Kanu- und Fahrradtouren.

Prenzlau und die Uckerseen ⚲ H1/2

Dass Prenzlau einst bedeutende Handelsstadt war, ist ihr heute nicht unbedingt
mehr anzusehen. Ein Bombenangriff im
Zweiten Weltkrieg hat der Stadt schwer
zugesetzt – an den städtebaulichen Wunden und wirtschaftlichen Schwierigkeiten
laboriert sie noch heute. Doch ihre Lage
am Unteruckersee ist reizvoll. Und die
Landesgartenschau 2013 hat dazu beigetragen, dass alte Bauten wie das Dominikanerkloster mit Parkanlagen am Wasser
umgeben wurden.

*Von der »Großen Woge« von Volkmar
Haase am Nordufer des Unteruckersees
geht keine Gefahr aus.*

Wenn Sie vom See aus anreisen, werden
schon von Weitem die Türme der **Marienkirche** sichtbar. Das Wahrzeichen
von Prenzlau war die erste Hallenkirche Norddeutschlands. 1250 erbaut,
wurde sie im Zweiten Weltkrieg stark
beschädigt und später wiederaufgebaut.
Besonders schön ist der monumentale
Ostgiebel mit filigranem Maßwerk (zzt.
wird sie weiter restauriert, Infos über
die Stadtinformation). Vom etwa 60 m
hohen Turm haben Sie einen tollen Ausblick auf Stadt, Land und See – und auf
weitere Sakralbauten wie die älteste **Sa-
binenkirche,** die **Dreifaltigkeitskirche**
und die gotische **Jacobikirche** aus dem
13. Jh.

Multifunktionaler Sakralbau
Wenn Sie sich in Prenzlau etwas ansehen
sollten, dann das **Dominikanerkloster,**
das sich neben Teilen der Stadtmauer

mit Wiekhäusern und Toren erhalten hat und heute als lebendiges Kulturzentrum fungiert. Um 1275 von den Askaniern gegründet und als frühgotischer Backsteinbau errichtet, gehört es zu den am besten erhaltenen Klosteranlagen Nordostdeutschlands. Kreuzgang, Gästespeisesaal der Mönche, Frauenkapelle und Officium laden sorgsam restauriert zur Besichtigung.

Das gilt auch für die Kirche Zum Heiligen Kreuz, die in Nikolaikirche umbenannt wurde. In der dreischiffigen Backsteinhalle sind noch einige Figuren des Hochaltars aus dem 16. Jh. und eine Bronzetaufe aus dem frühen 15. Jh. zu sehen. Das Kloster war nur 200 Jahre im Besitz der Dominikaner, danach diente es als Armenhaus, Gefängnis und Krankenhaus. Heute beleben Kunst und Kultur die alten Gemäuer.

Im **Kulturhistorischen Museum** informiert eine Dauerausstellung über die Kulturgeschichte der Gegend und den Landschaftsmaler und Goethefreund Jacob Philipp Hackert. Sonderausstellungen zu Themen wie der Hochzeitstradition in der Mark ergänzen diese. Außerdem finden hier Konzerte, Kabarettabende, Lesungen und der stimmungsvolle **Kultursommer im Klostergarten** statt. Höhepunkt ist das **Historienspektakel** im September, bei dem über 100 Laiendarsteller Geschichte und Geschichten Prenzlaus auf die Bühne bringen. Neben einem schönen Shop gibt es auch ein nettes Klostercafé. Uckerwiek 813, T 03984 752 65, www. prenzlau.eu, Mai–Sept. Di–So 10–18, sonst 11–17 Uhr, 4/3 €, Führungen für bis zu 15 Pers. 15 €

Schlafen und Essen

Erholungsoase am Wasser
Seehotel Huberhof: In dem Betrieb auf der gegenüberliegenden Seeseite stimmt einfach alles – die stilvoll-rustikalen 25 Zimmer mit ihren Dachschrägen im hübschen Fachwerkgebäude ebenso wie das Restaurant mit bayrisch angehauchter Gastlichkeit. Von der Sauna lässt sich direkt in den See springen – oder mit dem Boot auf dem Wasser schippern. Dorfstr. 49, Oberuckersee/OT Seehausen, T 039863 60 20, www.seehotel-huberhof. de, EZ ab 65 €, DZ ab 89 €, Fewos für 2–6 Pers. ab 95 €; Restaurant: Sommer tgl. ab 12, Winter Mo–Do ab 17, Fr–So/Fei ab 12 Uhr, Speisen 6,50–20,50 €

Stadthotel im Grünen
Hotel Wendenkönig: 42 relativ schlichte Zimmer mit Drei-Sterne-Komfort. Das Schönste ist der große Garten, wo Sie auf der Terrasse frühstücken können. Neubrandenburger Str. 66, T 03984 86 00, www.hotel-wendenkoenig.de, EZ ab 62 €, DZ ab 84 €

Naturcamping im Reservat
Campingplatz am Oberuckersee: Schöner naturbelassener Platz mit Seebadestelle, Fahrrad- und Bootsverleih, auch für Tagesbesucher. Lindenallee 2, Warnitz, T 039863 459, www. camping-oberuckersee.de, Mai–Sept., Zelt 6 €, pro Pers. 6 €, Pkw 3 €

Mit Bootsanlegesteg
Seerestaurant Am Kap: Direkt am Unteruckersee werden u. a. Uckermärker Ananas – eine regionale Rübensorte – mit Entenbrust serviert. Uckerpromenade 84, T 03984 71 8 03 05, www.kap-prenzlau.com, im Sommer tgl., sonst Mi–So 11.30–20.30 Uhr, Gerichte 8–20 €

Einkaufen

Alles (Ucker-)Käse
Nördlich von Prenzlau hat die holländische Bauernfamilie Wolters mit ihren Käsespezialitäten nach Gouda-Art eine beacht-

TOUR
Vom Apollotempel zur Baumehe

Rundwanderung auf dem Kleinen Boitzenburger

2009 als Deutschlands schönste Tagestour ausgezeichnet, verspricht der ›Doppelte Boitzenburger‹ großen Wandergenuss. Besonders reizvoll ist das Teilstück des ›Kleinen Boitzenburgers‹, der eine Acht um das Uckermarkdorf schlägt.

Intakte Wassermühle und Klosterruine

Ausgangspunkt der Wanderung ist der **Marstall** im Ortszentrum Boitzenburg (s. S. 240). Von hier folgt man den Hinweisschildern zur Klostermühle über die Straße An der Gärtnerei und die Straße Am Gutshof in den Wassersteig und dann vor dem Bach auf den Poetensteig. Auf schmalem Pfad am Wasser gelangen Sie links zur **Klostermühle** mit ihrem schönen alten Wasserrad.

Erstmals erwähnt wurde sie 1271 im Zusammenhang mit dem benachbarten Kloster. Als dieses im Zuge der Reformation aufgelöst wurde, übernahm die Familie derer von Arnims die Mühle. Bis 1959 wurde hier noch Mehl gemahlen, anschließend Tierfutter hergestellt. Heute ist das Gebäude ein Museum. Nicht weit davon entfernt steht auch die Ruine des einstigen **Zisterzienserinnenklosters,** in der Nonnen vom Obst- und Weinanbau lebten, bevor die Besitztümer ebenfalls an den Landvoigt von Arnim übergingen.

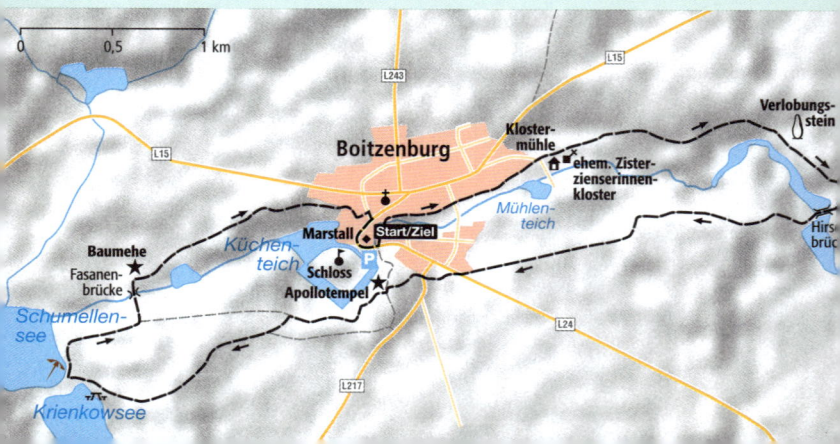

Infos

📍 G 2

Start/Ziel: Marstall
in Boitzenburg
Länge: 11 km
Dauer: ca. 3 Std.

**Tourismus
Marketing
Uckermark:**
www.tourismus-
uckermark.de

Mocca-Milch-Eisbar:
August-Bebel-Str. 31,
Boitzenburg,
www.moccamilch
eis.de,
Tägl. außer Di
12–18 Uhr

Tonnenschwerer Verlobungsstein

Von der Klostermühle geht es weiter in Richtung Tiergarten mit riesigen alten Bäumen. Hier und da weiden auch Pferde. Der gelben Markierung folgend gelangen Sie bald zum **Verlobungsstein,** einem riesigen, mit Moos überzogenen, 50 t schweren Findling, den die von Arnims anlässlich einer Verlobung als Sinnbild ewiger Treue freilegen ließen. Es geht durch schönen Laubwald und auf der Hirschbrücke über einen See, weiter durch Maisfelder zum Dorf, das sich in der Ferne abzeichnet. Damit schließt sich die erste Schleife der Acht. Für die zweite überqueren Sie die Landstraße L 24, zwischendurch biegen Sie am Gärtnerhaus links ab und folgen dem Schild zur netten **Mocca-Milch-Eisbar** (s. S. 241), an der Sie sich unterwegs stärken können.

Dann weist der gelbe Punkt in den Wald, wo es links zur **Erbbegräbnisstätte** derer von Arnim geht. Eine von Löwenskulpturen flankierte Treppe führt auf das stattliche, halbkreisförmige Anwesen mit mehreren Gräbern auf einem Hügel hinauf. 1887 von Dietloff Friedrich Graf von Arnim begonnen, vollendete dessen Witwe Helene Gräfin von Arnim, geborene von Schleinitz, die Anlage im neoromanischen Stil. Kurz darauf gerät auf der anderen Seite der **Apollotempel** ins Blickfeld, ein hübscher Rundtempel, der um 1855 entstanden und häufig Kulisse von Hochzeiten gewesen sein soll.

Badepause mit Strand und Sprungturm

Von hier ist es nicht mehr weit zum **Krienkowsee** mit überdachtem, Dietlofs Lust genanntem Rastplatz. Gleich darauf lockt schon das nächste Gewässer, der **Schumellensee,** der Sie sogar mit einem kleinen Strand, Badesteg und Sprungturm empfängt. Nach einer (Bade-)Pause setzen Sie die Wanderung in Richtung Fasanenbrücke fort. Jetzt geht es im Wald bergauf und bergab, hinter der Brücke wartet dann schon wieder eine Sehenswürdigkeit: die sogenannte **Baumehe,** eine kuriose Verästelung einer Buche und einer Eiche. Durch Wald und an einer Wiese vorbei gelangt man zum **Küchenteich** und bald sind auch das **Schloss** mit dem von Peter Joseph Lenné gestalteten Landschaftspark und einem kleinen **Tiergehege** zu sehen.

Unterwegs streift der Weg einige Badeseen.

liche Erfolgsgeschichte geschrieben. In der **Bauernkäserei Wolters** bekommen Sie nicht nur alle möglichen Varianten mit Kreuzkümmel, Chili oder Kaffee sowie den beliebten Grillkäse Uckerbraat aus Molke und Gartenkräutern. Sie können auch in der Schaukäserei bei der Herstellung zusehen.

Bandelow 50, Uckerland, T 039740 29 90 69, www.uckerkaas.de, Mai–Sept. Mo–Fr 10–18, Sa/So 10–17, Okt.–April Mo–Fr 9–16, Do bis 18 Uhr

Bewegen

Durchs Schilfgebiet schippern
Fahrgastschifffahrt Uckerseen: Ein tolles Kontrastprogramm zum Stadtbesuch sind Dampfer- oder Kanutouren auf Oberucker- sowie Unteruckersee (verbunden durch den Ucker-Kanal). Ein besonderes Erlebnis ist es, mit dem Fahrgastschiff »Onkel Albert« durch das größte Schilfgebiet Deutschlands zu schippern. Auch das Fahrrad darf mit an Bord gehen. Neben dem Bootsverleih versorgt einen das Strandcafé Balu mit Getränken und auch einem kleinen Imbiss.

Uckerseepromenade 44, T 03984 83 20 89, www.uckerseeschiff.de, April–Dez., ab 8/4 €

Planschen mit Tradition
Seebad Prenzlau: 2004 wurde das beliebte historische Seebad von 1920 am Ufer des Unteruckersees neu errichtet. Mit Bootsverleih, Beachvolleyball, Strandkörben und Liegestühlen.

Uferpromenade 46, T 03984 752 51, tgl. Ende Juni–Mitte Sept. ab 10 Uhr, 2/0,50–1 €

Infos

- **Stadtinformation Prenzlau:** Marktberg 2, T 03984 751 63, www.prenzlau-tourismus.de. Mai–Sept. jeden Sa um 11 Uhr Stadtführung.

Boitzenburg 📍 G 2

Dieses Örtchen hat sich in den letzten Jahren gemausert: Wenn Sie in der reizvollen Umgebung – z. B. auf dem Kleinen Boitzenburger – gewandert sind, laden mehrere Lokale zur Stärkung und auch Übernachtung ein. Hauptattraktion ist das Schloss Boitzenburg mit seinem schönen Park. Aber auch das Dorf mit der **Kirche St. Marien** und dem 40 m hohen Turm auf den zentralen Kirchberg lohnt den Besuch. Nicht weit davon entfernt steht die Ruine eines mittelalterlichen **Zisterzienserinnenklosters**.

Überbordend und verspielt
Meist kennzeichnen klassizistische Strenge und preußisches Maßhalten die Brandenburger Schlösser und Herrenhäuser. **Schloss Boitzenburg** wirkt dagegen geradezu maßlos und verspielt. Hier sitzt ein Helmtürmchen, dort ein Giebelchen auf der hellen Fassade im Stil der Neorenaissance, und alles ist so groß und wuchtig, dass es den kleinen Ort in der Uckermark fast zu sprengen scheint.

Bereits 1276 urkundlich erwähnt, war das Anwesen bis 1528 Schutzburg für die umliegenden Gemeinden. Danach übernahm es die Familie derer von Arnim und verwandelte die Burganlage erst in ein Renaissance-, dann in ein Barockschloss. Im 19. Jh. wurde es schließlich im Stil der Neorenaissance überformt.

Mehr als 400 Jahre lang, bis 1945, gehörte es den Arnims. Nach wechselvoller Nutzung haben es private Betreiber übernommen und in ein gepflegtes **Schlosshotel** umgewandelt. Für die vielen jungen Gäste und Schülergruppen, die hier unterkommen, genau das Richtige, um ihre Märchenträume auszuleben. Zu den eher einfachen Zimmern gesellt sich ein gutes **Restaurant** mit schöner

Terrasse. Kleinigkeiten bekommen Sie schräg gegenüber im Marstall mit Schokoladenmanufaktur und eigener Kaffeerösterei.

Templiner Str. 13, T 039889 509 30, www. schloss-boitzenburg.de, März–Dez., EZ ab 35 €, im Schloss 60 €, DZ ab 60 €, im Schloss 110 €, HP 18 €, VP 24 €, Gruppen und Führungen Sa/So/Fei nach Voranmeldung um 14 Uhr

Museumsreife Wassermühle

Besser erhalten hat sich die **Klostermühle,** die heute technisches Denkmal und Museum ist. Noch immer setzt die Wasserkraft das Mühlwerk in Bewegung. Außerdem erzählen eine Schmiede und die historische Müllerwohnung vom früheren Leben in der Region.

Mühlenweg 5 A, T 039889 236, Sommer Di–So 10–17, Winter Di–So 10–16 Uhr, 2,50/1,50 €

Schlafen und Essen

Mit historischem Charme

Gasthof zum Grünen Baum: Ein kleines Meisterstück ist Carsten Frerich und Ulrike Hesse mit der Restaurierung des alten Gasthofs gelungen, aus dem eine liebenswerte Adresse zum Wohnen und Speisen geworden ist. Dazu stehen fünf Zimmer mit schönen Details im Pferdestall bereit. Der **Gasthof** mit Terrasse im Innenhof serviert rund um das Thema Burger eine kreative Regionalküche.

Templiner Str. 4, T 039889 56 99 95, www. boitzenburger.de, April–Dez., EZ ab 73 €, DZ ab 95 €; Restaurant: Fr 18–21, Sa 12–21, So 12–20 Uhr

In idyllischer Parklandschaft

Landhaus Buchenhain: Kleines, feines Landhotel im ehemaligen Herrenhaus Arnimshain mit 14 freundlichen Zimmern, gesunder Vollwertküche und Therapie-Angeboten.

Buchenhain 32, Buchenhain, T 039889 50 96 48, www.landhausbuchenhain.de, EZ ab 49 €, DZ ab 77 €

Eis und 1960er-Jahre-Flair

Mocca-Milch-Eisbar: Haben Sie schon mal Rosenblüten-, Petersilien- oder Dill-Gurken-Eis probiert? In der Mocca-Milch-Eisbar ist all das zu bekommen und dazu Kaffee, hausgemachter Kuchen und andere Getränke.

August-Bebel-Str. 31, T 039889 50 86 70, www.moccamilcheis.de, Juni–Aug. tgl. 12–18, März–Mai, Sept./Okt. Mi–Mo 12–18 Uhr

Einkaufen

Alles von der Apfelgräfin

Haus Lichtenhain: Ein kleines Apfel-Imperium hat sich Gräfin Daisy von Arnim rund um das Gutshaus in Lichtenhain aufgebaut. Zuerst hat sie Äpfel vermostet, dann experimentierte sie mit dem Obst, bis ein schwunghafter Handel mit Apfel-keksen, -karamell, -saft und -Chutneys daraus entstand. Wenn Sie die vor Ort im Hofladen erwerben, können Sie gleich noch eine Pause im idyllischen **Apfel-Café** einlegen oder sich in einer der liebevoll eingerichteten Ferienwohnungen einmieten (s. auch Magazin, S. 299).

Lichtenhain 25, Boitzenburger Land, T 039889 82 50, www.die-apfelgraefin.de, Hofladen und Apfelcafé April–Okt. Mo–Sa 13–17 Uhr, Fewo ab 75 €/Tag

Schöner Schaum

Naturseifenmanufaktur: Man möchte am liebsten reinbeißen – so appetitlich sehen die gelben, orangeroten und ocker-farbenen Seifenstücke aus, die Anke Thoma wie kleine Törtchen arrangiert. Ob die Naturseife Barock, die Märkische Kräuter-seife oder die Schafsmilchseife – viele der Inhaltsstoffe sind tatsächlich zum Verzehr geeignet, zumindest Kakaobutter, Kokos-nussöl, Schafsmilch oder kaltgepresstes

Mohnöl aus der uckermärkischen Ölmühle in Blankensee. Die Produktpalette umfasst auch Deocremes, Badepralinen, Lippenbalsam bis hin zu Hanf-Shampoo mit Koffein-Extrakt.

Buchenhain 34, Boitzenburger Land/OT Buchenhain, T 039889 50 90 82, www.naturseifen-manufaktur.de

---

Templin ♀ G 2

Wollte man das Märchen Rapunzel verfilmen – Templin wäre der richtige Ort dafür. Von insgesamt 47 Türmen könnte das schöne Mädchen sein Haar herunterlassen. Die sogenannten **Wiekhäuser** sind Ausbuchtungen der 1735 m langen und ca. 7 m hohen, völlig intakten **Stadtmauer** aus dem 13. und 14. Jh. Von außen beeindrucken sie durch Schießscharten und dicke Mauern, nach innen sind sie offen, weil den Templiner Baumeistern offensichtlich das Geld ausging. Trotzdem haben sie ihren Zweck erfüllt: Das 1230 gegründete Templin wurde niemals eingenommen. Allerdings haben ihm der Dreißigjährige Krieg und mehrere Großbrände zugesetzt, sodass es fast ein Wunder ist, dass sich neben der Stadtmauer auch die Fachwerkbebauung im rechtwinkligen Stadtgrundriss erhalten hat.

Das Reizvolle an Templin ist ansonsten die Lage: Rund um die Altstadt laden gleich fünf Seen zum Baden, Kanufahren oder Rundfahrten mit dem Fahrgastschiff ein. Und wenn das Wetter nicht mitspielt, tummelt man sich in der warmen Sole der **Naturtherme.** Im Sommer steht bei Groß und Klein die **Westernstadt El Dorado** (www.eldorado-templin.de) hoch im Kurs.

Von Tor zu Tor

Neben dem **Berliner Tor** im Süden steht die **St. Georgenkapelle** aus dem 14. Jh.,

Das historische Rathaus von Templin beherbergt heute die Touristeninformation.

ein gotischer Backsteinbau mit schönem Kreuzrippengewölbe und spätgotischem Schnitzaltar. Von hier aus sind es nur ein paar Schritte zum quadratischen **Markt** mit dem barocken **Rathaus,** das nach einem Brand und weiteren Beschädigungen im Zweiten Weltkrieg wiederaufgebaut werden musste und heute in neuem Glanz erstrahlt.

Einen Block weiter, zwischen Mühlen- und Martin-Luther-Straße, ragt der Turm der ebenfalls barocken **Stadtkirche St. Magdalenen** hervor. Einen Besuch lohnt auch das **Akzisehaus** am **Neuen Tor.** 1768 wurde es auf Befehl Friedrichs des Großen errichtet, damit der Torschreiber hier Zölle auf Waren erhebt.

Geschichte im Tor

Im nördlich gelegenen Prenzlauer Tor beleuchtet schließlich das **Museum Templin** die Stadt- und Regionalgeschichte. Schon allein das Innere des Torbaus ist eindrucksvoll.

Prenzlauer Tor, www.museum-templin.de, Mai–Sept. Di–Fr 10–17, Sa/So/Fei 13–17, Okt.–April Di–Fr 10–16, Sa/So/Fei 13–15 Uhr, 2/1 €

Glas aus dem Wald

Westlich von Templin besticht der alte **Kolonistenort Annenwalde** mit schönen Siedlerhäusern aus früheren Jahrhunderten und einer Dorfkirche, die 1835 unter Mitwirkung von Karl Friedrich Schinkel entstand. Von dort führt eine prächtige Lindenallee nach **Densow,** wo die **Glashütte Annenwalde** das Tor zum Naturpark Uckermärkische Seen bildet.

1754 hatte hier ein mecklenburgischer Glasmacher seine Waldglashütte errichtet. Bis 1865 wurden vor allem Flaschen für den preußischen Königshof produziert. Heute arbeitet in dem neu errichteten **Glashaus** der Bildhauer Werner Kothe mit der sogenannten Fusing-Technik. Neben Führungen werden Kreativkurse angeboten, in denen Besucher auch Schmuck entwerfen können.

Annenwalde 28, Densow, T 03987 20 02 50, www.glashuette-annenwalde.de, April–Okt. Di–So/Fei 11–17, Winter (mit offenem Atelier) Di–Sa 11–16 Uhr

Schlafen

Entspannung am Wasser

Hotel & Restaurant Fährkrug: 40 freundliche Zimmer und Suiten am Fährsee. Im **Restaurant Wintergarten** gibt es gute Fisch- und Wildgerichte. Mit Blockhaussauna, Saunagarten, Fahrrad- und Bootsverleih.

Fährkrug 1, T 03987 480, www.faehrkrug-templin.de, EZ ab 62 €, DZ ab 82 €; Restaurant: tgl. 12–21 Uhr

Historischer Bauernhof

Gut Netzow: Rund um das alte Gutshaus nächtigen hauptsächlich Familien – in Kornspeicher, Kälberstall und alter Schmiede am Netzowsee.

Gut Netzow 1, T 03987 20 86 14, www.gutnetzow.de, Fewo mit mehreren Schlafzimmern ab 90 €

Doppelbett im Iglu

Iglu-Camps: Ein perfekter Rückzugsort sind die naturnahen Iglu-Camps, die jahrhundertealte Schindel-Technologie mit alter Handwerkskunst kombinieren. Sie haben Platz für ein Doppelbett, eine Sitzecke, eine Küchenzeile sowie ein Bad. Große Terrasse mit Sonnensegel.

Seestr. 1, T 039349 95 88 12, www.iglu-camp.de, 2–4 Pers., ab 100 € für 2 Pers.

Essen

Zentral und gemütlich

Altstadtcafé: Das hübsch eingerichtete Café ist ideal für eine Pause mit hausgemachtem Kuchen.

Am Markt 11, T 03987 20 82 79, Mo–Fr
10–17, Sa/So 13–17 Uhr

Uckermärkische Gemütlichkeit
Kleine Schorfheide: Im 250-jährigen
Bauernhaus und auf der Terrasse wird
gute regionale Küche zu fairen Preisen
serviert.

Annenwalde 13, Densow, T 03987 498 94
29, www.kleineschorfheide-annewalde.
de, Mi–Fr 12–14.30 und 17.30–20.30, Sa
12–21, So 12–16 Uhr, im Winter z. T. eingeschränkte Öffnungszeiten

Am Kamin oder auf der Terrasse
Gutshof Kraatz: Mosterei, Apfelwein-
kelterei, Hofladen und Weinschänke in
einem ist der Betrieb, der aus uckermärkischen Äpfeln, Birnen und Quitten
allerhand Schmackhaftes und Hoch-
prozentiges zaubert. Zu Apfelwein oder
-saft können Sie sich Wildbratwürste und
andere saisonale Gerichte sowie Apfel-
strudel schmecken lassen. Freitags gibt
es hausgemachte Pizza, zum Längerblei-
ben auch zwei Ferienwohnungen für bis
zu 6 bzw. 8 Pers. (ab 85 €).

Schlossstr. 7, Kraatz, T 039859 639 76, www.
Gutshof-Kraatz.de, April–Ende Okt. Do/Fr
14–21, Sa 9–21, So 9–18 Uhr, Nov./Dez.
eingeschränkte Öffnungszeiten

Kochkunst in Ringenwalde
Gasthöfe in Temmen: In Temmen-Ringenwalde, ca. 20 km südöstl. von Templin, steht man vor der Qual der Wahl.
Soll man im Gasthof Zum Grünen Baum
essen und nächtigen, der sich mit seiner
liebenswerten Einrichtung und raffinier-
ter Küche samt essbaren Blüten einen
Namen gemacht hat? Oder lieber im
Gasthof Zur Eisenbahn, der dank Marie
du Vinage und Bert Gerlach zu neuer
Hochform aufgelaufen ist? Konkurrenz
belebt das Geschäft. So machen einem
hier gleich zwei Spitzenlokale das Landleben schmackhaft, wobei die Eisenbahn
noch mehr in Richtung Gourmetküche

tendiert. Da müssen Sie sich auf Trüf-
felschwein, Vogelstrauß mit Topinam-
burcreme und marinierten Grünkohl oder
karamellisierten Rosenkohl mit Ananas
gefasst machen. Die Pensionszimmer fallen da schon wesentlich schlichter aus.
Der Grüne Baum stellt übrigens auch
gut bestückte Picknickkörbe zusammen.

Gasthof zum Grünen Baum: Dorfstr. 57,
17268 Temmen-Ringenwalde, T 039881 440
16, www.landgasthofzumgruenenbaum.de, EZ
ab 50 €, DZ ab 65 €; Restaurant: Mo, Mi/Do
12–14.30 und ab 17, Fr–So ab 12 Uhr;
Gasthof zur Eisenbahn: Dorfstr. 6, 17268
Temmen-Ringenwalde, T 039881 279, www.
gasthof-zur-eisenbahn.de, EZ ohne Frühstück
ab 35 € DZ ab 50 €; Restaurant: Do–So
12–21 Uhr, Vier-Gänge-Menü 40 €

Einkaufen

Wurst vom Rittergut
Gut Temmen: Auf dem stattlichen Anwesen mit 2000 Rindern und Schweinen entstehen Wurstspezialitäten wie die
renommierte Temmener Stracke. Neben
dem Hofladen können Sie sich auch in
stilvollen Ferienwohnungen einmieten
(ab 42 €).

Lindenallee 3 A, Temmen, T 039881 43 00,
www.gut-temmen.de, Do 14–18, Fr 10–18,
Sa 10–14 bzw. 16 Uhr

Bewegen

In Natursole planschen
NaturThermeTemplin: Mit 57 °C spru-
delt das Wasser der Heilquelle aus 1650 m
Tiefe, das in verdünnter Form Außen- und
Wellenbecken, Strömungskanäle und
Wassertunnel füllt. Mit großer Sauna-
landschaft, Wellness- und Therapiebe-
reich. Aber auch großer Familienspaß mit
Wellenbecken und Riesenrutschen.

Dargersdorfer Str. 121, T 03987 20 11 00,
www.naturthermetemplin.de, tgl. 9–21 Uhr, ab
12/4,50 €, mit Sauna 16 bzw. 8,50 €

Bewegung auf dem Wasser

Naturhafen Lübbesee: Ob Stand-up-Paddeln, Ruder-, Tretboote oder Kanadier – am kristallklaren See mit Terrassencafé werden Sie fündig.

Heimstr. 46, T 03987 235 88 06, www.naturhafenluebbesee.jimdo.com, April–Okt. Di–So ab 10 Uhr

Mit dem Dampfer

Schifffahrten Herbon: Die »Uckerperle« startet an der Anlegestelle Am Kanalwall zu dreistündigen Rundfahrten auf dem Röddelinsee bis hin zu Tagesfahrten nach Mildenberg.

Prenzlauer Allee 26, T 03987 33 84, www.uckerperle.de, Ostern–Okt., ab 12/6 €

Per Fahrrad-Draisine unterwegs

Erlebnisbahn Templin-Fürstenberg: Auf der stillgelegten, 28 km langen Bahnstrecke zwischen Templin und Fürstenberg strampeln Aktive nach Lychen oder nach Fürstenberg, auf Halbtags- oder Ganztagstouren.

T 03377 330 08 50, www.draisine.com, April–Okt., Fahrten ab 40 € für 2–4 Pers.

Feiern

• **Wasserspiele Templin:** Mitte Juli. Bildende Künstler und Musiker setzen sich mit dem Thema Wasser auseinander. Buntes Treiben mit Artistik und Musik. Veranstalter ist das Multikulturelle Centrum, ganzjährig mit Foyer-Café, Galerie und Kino.

Prenzlauer Allee 6, T 03987 55 10 63, www.multikulturellescentrum.de

Infos

• **Touristeninformation Historisches Rathaus:** Markt 19, T 03987 26 31, www.templin.de. Stadtführungen und Wellness-Pauschalangebote.

Naturpark Uckermärkische Seen ♀F/G 1/2

Der sich nördlich von Templin anschließende Naturpark Uckermärkische Seen gehört zweifelsohne zu den reizvollsten Gebieten Brandenburgs. Unzählige Seen, Teiche und Fließgewässer verteilen sich über die sanft gewellte Landschaft. Das Relikt aus der Weichseleiszeit vor 20 000 bis 15 000 Jahren ist ein ideales Refugium für Wasserwanderer. Während im Süden Moore, Sanderflächen und Kiefernwälder abwechseln, dominieren im Norden und Osten Binnendünen und ausgedehnte Buchenwälder. Im Naturpark brütet auch rund ein Zehntel des gesamtdeutschen Bestandes an See-, Schrei- und Fischadlern. Außerdem ist das Gebiet Heimat von 1200 zum Teil gefährdeten Pflanzenarten wie dem Gelben Knabenkraut.

Lychen ♀F2

Guter Ausgangspunkt für die Erkundung des Naturparks Uckermärkische Seen ist der staatlich anerkannte Erholungsort Lychen, der zwischen sieben Seen liegt und mit Stadtmauer, Stadttoren und dem Rathaus am Marktplatz ganz beschaulich wirkt. Hier finden Wassersportler alles, was sie brauchen – vom Hydrobike bis zum Musikfloß.

Im alten Feuerwehrhaus

Dass die Menschen hier früher hauptsächlich vom Flößen lebten, wird im **Flößereimuseum** Lychen mit Stücken aus dem Fundus alter Flößerfamilien anschaulich. Jahreshöhepunkt ist das Flößerfest Anfang August, wenn ein

Lieblingsort

Selbst Gekochtes, selbst Gebackenes und Handgemachtes

Bei so viel Kreativität, wie sie die Zugezogenen in Lychen an den Tag legen, braucht es auch mal eine Kunstpause. Und dafür sorgt das charmante kleine **Café Kunstpause** (♥ F 2) an der Feldsteinmauer der mittelalterlichen Wehranlage am Fürstenberger Tor. Im Sommer verteilen sich locker ein paar Tische und Stühle über den Garten mit Blick auf den Stadtsee, in der kalten Jahreszeit muss man mit den Ladenräumen vorliebnehmen, wo auch regionale Produkte verkauft werden. Kaffee und hausgemachter Kuchen munden ebenso wie hausgeräucherte Forellen, Uckermärkischer Wildbraten, mediterrane Auberginencreme, Quiche oder Salat mit Wildkräutern aus dem eigenen Garten. Tanja Niclas, die gelernte Gärtnerin, und ihr Mann, der Musiker Jörg Hartzsch, haben bewiesen, dass sie auch etwas von Gastronomie verstehen. Mit etwas Glück untermalt auch gute Musik die Kunstpause …

Café Kunstpause: Berliner Str. 60, Lychen, T 039888 526 45, www.kunst pause-lychen.de, April–Sept. Mi–So 11–18, Okt.–März Mi–So 12–17 Uhr

Wochenende lang Floßfahrten, Kino und andere Veranstaltungen rund um das Thema auf die Beine gestellt werden.

Clara-Zetkin-Str. 1, T 039888 49 99 73, www.floesserverein-lychen.de, Juni–Okt. Di–So 10–18 Uhr

Schlafen

Auf einer Halbinsel im Wurlsee

Seehotel Lindenhof: Auf der Halbinsel Lindenwerder im Wurlsee finden Sie idyllisch gelegene, gut ausgestattete Apartments, Seeterrasse, Badestelle und ein Badehaus mit Sauna. Außerdem lässt sich hier vorzüglich speisen.

Lindenhof 1, Lychen, T 039888 643 10, www. seehotel-lindenhof.de, ganzjährig geöffnet, EZ ab 80 €, für 2 Pers. ab 90 €; Restaurant: Mai–Mitte Okt. tgl. ab 12, sonst Di–Fr ab 17, Sa/So/Fei ab 12 Uhr, Jan. geschl., Drei-Gänge-Menüs ab 34 €

Hobbithütte und Klemmfloß

Kolbatzer Mühle: Romantik pur sind die Übernachtungsmöglichkeiten 5 km nordöstlich von Lychen. Zur Wahl stehen die originell gestalteten Hobbit-, Biber-, Fischerhütte und das Klemmfloß. Isomatte, Schlafsack, Kochgeschirr und gute Laune müssen Sie allerdings mitbringen. Natürlich gehören auch Fischmahlzeiten und Lagerfeuer dazu.

Kolbatzer Mühle 1, T 039888 525 93, www. kolbatzer-muehle.de, in der Hütte ab 10 €, im eigenen Zelt ab 7 €, ganze Blockhütte für 2 Pers. ab 40 €

Essen

Rustikales Ambiente

Mühlenwirtschaft: Die Journalistin und Moderatorin Carla Kniestedt bespielt mit einem netten Team von Frauen die historische Mühle mit Restaurant und Kaffeemühle auf mehreren Etagen, wo Kaffee,

Kuchen und herzhafte regionale Küche zu fairen Preisen, mitunter auch ein unterhaltsames Dinner for one geboten werden.

Stabenstr. 2, T 039888 52 48 76, www. muehlen-mahlzeit.de, Kaffeemühle im Sommer Di–So, im Winter Do–So 14–18 Uhr, Restaurant im Sommer Di–So 13–21, im Winter Mi–Fr 17–21, Sa/So 13–21 Uhr, Jan.–Mitte Feb. geschl.

Uckermärkische Spezialitäten

Gasthof am Stadttor: Gemütlicher, rustikaler Gasthof mit uckermärkischer Küche, die häufig von Livemusik begleitet wird.

Stargader Str. 16, T 039888 431 16, www. gasthof-am-stadttor.de, Mo, Do/Fr ab 16, Sa/So ab 12 Uhr, Hauptgerichte ab 9 €

Bewegen

Mit Kanu oder Musikfloß

Treibholz: Neben dem Verleih von Kanus und anderen Booten bietet Markus Thum auch Floßfahrten und Safaris sowie Bootstransfer an. Besonders beliebt sind die abendlichen Floßfahrten mit Konzert an Bord (Juni–Aug. Fr, 30 €).

Oberpfuhlstr. 3 A, T 039888 433 77, www. treibholz.com, April–Okt. tgl. 10–18 Uhr

Seenrundfahrten

Reederei Knaack und Kreyss: Ob Wolblitz-, Havel- oder Fünf-Seen-Rundfahrt – die »MS Möwe« bietet Ihnen Erkundung der Seenlandschaft satt.

Prenzlauer Str. 7, T 039888 38 93, www. ms-moewe.de

Infos

- **Tourist-Information Lychen:** Stargader Str. 6, T 039888 22 55, www.lychen.de. Stadt-, Natur- und Landschaftsführungen, Fahrrad- und Wanderkarten, regionale Produkte.

Kleingedruckte

Das

Niemand weiß genau, wie viele Seen es in Brandenburg wirklich gibt – mehr als 3000 sind es sicher. Die Wasseroberflächen schmücken im Frühsommer häufig Seerosen, die Königinnen unter den Blumen.

Anreise

... mit dem Auto
Alle Autobahnen mit dem Ziel Berlin führen auch durch Brandenburg. Wer Zeit hat, sollte die beschaulichere Anfahrt über eine der schönen Alleenstraßen wählen. Im Osten führen zudem direkte Verbindungen weiter nach Polen, beispielsweise an den Grenzübergängen Frankfurt/Oder, Guben oder Küstrin.

... mit der Bahn
Die Städte Potsdam, Cottbus, Wittenberge und weitere Städte in Brandenburg verfügen über direkte Fernverbindungen (ICE, IC oder EC) mit dem Norden, Süden und Westen Deutschlands. Außerdem führen zahlreiche Regionalverbindungen in das Land.

Von Berlin aus bestehen über das Liniennetz des Regionalverkehrs Berlin/Brandenburg sternförmig Zugverbindungen in die gesamte Region. Infos über www.bahn.de oder www.vbb.de.

... mit dem Flugzeug
Wer mit dem Flugzeug anreist, fliegt einen der beiden **Berliner Flughäfen Schönefeld oder Tegel** an (T 0180 500 01 86, www.berlin-airport.de). Eine Alternative für südliche Reisegebiete des Landes sind die Flughäfen Halle-Leipzig (T 0341 22 40, www.leipzig-halle-airport.de) oder Dresden (T 0351 88 10, www.dresden-airport.de).

... mit dem Bus
Immer beliebter werden Fahrten mit dem Fernbus. Von fast allen größeren Städten gibt es Verbindungen nach Berlin und zu Städten wie Potsdam oder Cottbus. Informationen und Buchung unter www.bahn.de, www.flixbus.de oder www.fernbusse.de. Ansonsten kommen Sie mit den regionalen Bussen des Verkehrsverbunds Berlin-Brandenburg weiter (s. o.).

STECKBRIEF

Lage: Brandenburg grenzt an Sachsen, Sachsen-Anhalt, Mecklenburg-Vorpommern und Niedersachsen, teilt sich eine rund 250 km lange Grenze mit Polen und umschließt in seiner Mitte Berlin.
Fläche: Mit 29 485 km^2 ist es das fünftgrößte deutsche Bundesland.
Geografie: Brandenburg zählt zum Norddeutschen Tiefland mit einer maximalen Höhe von 201 m. Prägend für das Landschaftsbild sind die rund 3000 Seen und insgesamt etwa 32 000 km Fließgewässer. Brandenburg ist das binnenwasserreichste, aber niederschlagsärmste Bundesland. Knapp ein Drittel der Landesfläche steht unter Naturschutz. Es gibt 240 Naturschutzgebiete.
Einwohner: 2,5 Mio. (85 Einw. pro km^2)
Landeshauptstadt: Potsdam
Verwaltung: Das Land ist unterteilt in 14 Landkreise und in die 4 kreisfreien Städte Potsdam (ca. 176 000 Einw.), Cottbus (ca. 101 000 Einw.), Brandenburg an der Havel (ca. 72 100 Einw.) und Frankfurt/Oder (58 200 Einw.).
Amts- und Umgangssprachen: Deutsch und Sorbisch

… auf dem Wasserweg

Brandenburg als das wasserreichste Bundesland Deutschlands kann auch über Wasserstraßen bereist werden. So ist die Anfahrt über Havel, Oder, Elbe oder die Mecklenburgische Seenplatte möglich. Weitere Auskünfte erteilt die Wasser- und Schifffahrtsverwaltung des Bundes www.elwis.de bzw. die Deutsche Binnenschifffahrt (www.binnenschiff.de). Hilfreich ist auch www.das-blaue-paradies.de.

Bewegen und Entschleunigen

Radfahren, Wandern und Wassersport sind die am weitesten verbreiteten Sportarten in Brandenburg und zugleich eine gute Gelegenheit, nachhaltig unterwegs zu sein. In den letzten Jahren wurde dafür auch massiv in die Infrastruktur investiert.

Radfahren

Die relativ flache Landschaft ist ein ideales Gelände für Fahrradfahrer. Dazu wurde kontinuierlich am Ausbau des Radwegenetzes gearbeitet – mittlerweile locken elf **Fernradwege** wie der Oder-Neiße-Radweg, der Spreeradweg, die Niederlausitzer Bergbautour oder der 500 km lange Fürst-Pückler-Radweg, wobei die Radwege Berlin–Usedom oder Berlin–Kopenhagen sowie der Elberadweg auch durch andere Regionen führen.

Einer der reizvollsten Fernwege ist der **Havel-Radweg,** der von der Mecklenburgischen Seenplatte durch Brandenburg und weiter nach Sachsen-Anhalt führt. Die längste Strecke ist die **Tour Brandenburg,** die im weiten Bogen auf 1111 km Berlin umkreist und dabei zahlreiche historische Stadtkerne passiert. Daneben gibt es viele kleinere Strecken in den Reisegebieten, wie den Mönchsradweg im Schlaubetal, die Bischofstour in der Prignitz oder die Jan-Ullrich-Tour um den Scharmützelsee. 2019 wurde außerdem ein **Fontane-Radweg** eingeweiht, der den Nordwesten des Landes erschließt.

Die TMB – Tourismus Marketing Brandenburg GmbH sowie die regionalen Touristeninformationen halten nicht nur Faltblätter mit einschlägigen Biker-Adressen wie **Bett & Bike-Betrieben** bereit (auch als Download), oft bieten sie auch Pauschalarrangements mit Unterkunft und Transfers an. Infos rund um Touren findet man unter www.landkarte-brandenburg.de. Die Routen können auch als GPX-Datei heruntergeladen werden.

Wandern

Viele Reisegebiete können dank gut ausgeschilderter Wanderwege auf Schusters Rappen erkundet werden. Besonders beliebte Wandergebiete sind die **Märkische Schweiz** und das märchenhafte **Schlaubetal** im Osten der Mark. Doch auch im Havelland, im Ruppiner Land, Fläming oder der Uckermark lässt sich dem Trendsport frönen. Besonders reizvolle Wanderwege im Fläming sind der **Burgen- und der Kunstwanderweg.**

Wer dabei auf den Geschmack gekommen ist, macht sich auch auf den **66-Seen-Wanderweg,** der auf rund 400 km rund um Berlin von einem Gewässer zum nächsten führt. Bei der Organisation sind die Touristeninformationen behilflich. Tipps und Routenvorschläge unter www.reiseland-brandenburg.de und www.wanderkompass.de.

Baden und Wassersport

Als binnenwasserreichstes Bundesland mit rund 3000 Seen und 32 000 km Fließgewässern ist Brandenburg ein Paradies für Wassersportler und ideal zum Kanu-, Motorbootfahren, Surfen, Segeln und Angeln. Schon allein in und um Potsdam hat man die Wahl zwischen dem Citybeach an der Zeppelinstraße, dem Strandbad Babelsberg, den inoffiziellen Badestellen am Heiligen See oder dem Waldbad Templin, das auch mit Schiffen der Weißen Flotte zu erreichen ist. Ansonsten gibt es eine Vielzahl reizvoller und sauberer **Badeseen** wie den Schwielowsee, den Scharmützelsee bei Bad Saarow im Südosten, den Schermützelsee in der Märkischen Schweiz, den Ruppiner See, den Wandlitz- und Liepnitzsee im Barnimer Land oder – ein Stück weiter nördlich – den Werbellinsee.

Zu den schönsten **Segelrevieren** gehören die Havelgewässer zwischen Potsdam und Brandenburg an der Havel, der Scharmützel- und Werbellinsee, der Wolziger sowie der Senftenberger See.

Zu mehrtägigen **Kanutouren** laden u. a. die Uckermärkischen Seen, die Seen und Flüsse rund um Rheinsberg und Neuruppin sowie der Schwielowsee im Oder-Spree-Seengebiet ein. Oft verfügen Campingplätze, Pensionen und Hotels auch über einen Bootsverleih und sind beim Transfer behilflich. Außerdem organisieren einige Touristeninformationen sowie Spezialveranstalter wie Outdoor Albatros (www.albatros-outdoor.de) in Beeskow oder Treibholz in Lychen (https://treibholz.com) Ausflüge und längere Trips für Wasserwanderer.

Immer beliebter sind die **Flöße**, die inzwischen auch für längere Fahrten ausgestattet sind. In einigen Jachthäfen sind wiederum komfortable **Hausboote** zu mieten, um damit ohne Führerschein bis zur Mecklenburgischen Seenplatte zu schippern. Alle einschlägigen Informationen, Adressen und konkrete Tourenvorschläge über das größte Wassersportrevier Europas enthält die **Broschüre »Das blaue Paradies«**, das bei der TMB erhältlich ist, sowie unter www.das-blaue-paradies.de.

Reiten

Für wen das Glück dieser Erde auf dem Rücken der Pferde liegt, der informiert sich auf der Website www.pferdeland-brandenbug.de über unzählige Reiterhöfe und Reiterferien-Adressen wie die **Moguntia-Ranch** am Pälitzsee bei Rheinsberg (www.moguntia-ranch.de), den **Ponyhof**

Neuholland (www.ponyhof-neuholland.de), die **Little King Ranch** bei Zehdenick (www.littlekingranch.de) oder den **Islandpferdehof Tempelhof** am Rand des Naturparks Barnim (www.der-tempelhof.de). Die meisten liegen im Havelland, im Ruppiner Land oder der Prignitz.

Golfen

Für einen reizvollen Abschlag sorgen 16 private Golfclubs und 6 öffentliche Plätze. Daneben gibt es einige gut ausgestattete Golfhotels. Über die einzelnen Clubs, Plätze, Schulen und Turniere informiert der Golfverband Berlin-Brandenburg (www.gvbb.de).

Wellness

Dass Brandenburg mit guter Luft und gesundem Wasser zum körperlichen Wohlbefinden beitragen kann, wusste schon der Große Kurfürst, der im 17. Jh. zum Kuren nach Bad Freienwalde kam. So hat der Gesundheitsurlaub in der Mark eine lange Tradition. An die knüpfen heute moderne **Kurbäder** wie Bad Saarow, Bad Wilsnack, Bad Liebenwerda, Templin, Burg oder Bad Belzig mit ihren **Thermalsolebädern** an. In den Spreewelten in Lübbenau können Sie sogar mit Pinguinen um die Wette schwimmen. Das Angebot ergänzen gepflegte **Wellnesshotels** am Scharmützelsee und im Spreewald. Aber auch die Fontane Therme in Neuruppin lockt mit schöner Seesauna, das Gut Klostermühle bei Alt Madlitz mit einem hochkarätigen Medical Spa. Einschlägige Adressen und Angebote gibt es unter www.brandenburg-entspannt.de.

Familien ist hingegen vor allem das Tropenparadies **Tropical Islands** in der ehemaligen Cargolifter-Halle zu empfehlen. Über die riesige Halle verteilen sich nicht nur Strände und Holzhütten, sondern auch ein tropischer Regenwald mit rund 50 000 echten Palmen und anderen zum Teil haushohen Bäumen. Auch wenn es hier Massagen und andere Wellnessangebote gibt, dominiert eindeutig der Spaßcharakter (T 035477 60 50 50, www.tropical-islands.de).

Feiertage

1. Jan.: Neujahr
Karfreitag und Ostermontag
1. Mai: Tag der Arbeit
Christi Himmelfahrt
Pfingstmontag
3. Okt.: Tag der Einheit
31. Okt.: Reformationstag
25. und 26. Dez.: Weihnachten

Informationsquellen

www.brandenburg.de
Portal des Bundeslands mit Infos zu Politik, Gesellschaft, Wirtschaft, Kultur etc.
www.reiseland-brandenburg.de
Offizielle Website der Tourismus Marketing Brandenburg GmbH (TMB) mit Informationen rund ums Reisen einschließlich Buchungsservice.
www.kulturland-brandenburg.de
Website der Brandenburgischen Gesellschaft für Kultur und Geschichte, die Ausstellungen und Veranstaltungen initiiert.
www.kulturfeste.de
Der Verein »Kulturfeste im Land Brandenburg« listet die wichtigsten Kulturveranstaltungen, Festivals usw.
www.landurlaub-brandenburg.de
Website von pro agro, dem Verband zur Förderung des ländlichen Raums mit Informationen zu Urlaub auf dem Bauernhof, Landgasthöfen, Reiterhöfen, Hofläden, …
www.wander-bahnhoefe-brandenburg.de
Nützliche Tipps zum Thema Wandern, alle Touren sind mit der Bahn zu erreichen.
www.barrierefrei-brandenburg.de
Informationen rund um die Themen Freizeit, Übernachten, Essen und Trinken für den barrierefreien Tourismus.

www.tolerantes.brandenburg.de
Website der Koordinierungsstelle des Ministeriums für Bildung, Jugend und Sport, die Initiativen gegen Fremdenfeindlichkeit ergreift.
www.landkarte-brandenburg.de
Seite mit touristischen Infos, u.a. Fahrradfahren, Baden, Übernachten usw.
www.das-blaue-paradies.de
Informationen rund um den Wassersport in Brandenburg, Berlin und »McPomm«!

Touristeninformationen

Potsdam
www.potsdamtourismus.de
Barnimer Land
www.barnim-tourismus.de
Elbe-Elster-Land
www.elbe-elster-land.de
Fläming – Tourismusverband
www.reiseregion-flaeming.de
Havelland Tourismus
www.havelland-tourismus.de
Lausitzer Seenland
www.lausitzerseenland.de
Oder-Spree-Seengebiet
www.seenland-oderspree.de
Prignitz – Tourismusverband
www.dieprignitz.de
Ruppiner Land – Tourismusverband
www.ruppiner-reiseland.de
Spreewald
www.spreewald.de
Uckermark – Tourismus Marketing Uckermark GmbH (tmu)
www.tourismus-uckermark.de

Internetzugang

Ja, es gibt sie nach wie vor, die berühmten Funklöcher, und damit ist auch der Internetzugang noch immer nicht überall gesichert, selbst auf einer S-Bahn-Fahrt zwischen Potsdam und Berlin nicht. In Hotels und anderen Beherbergungsbetrieben sollte es in der Regel keine Probleme geben.

Kinder

Auf Familien mit Kindern warten in Brandenburg jede Menge spannende Angebote. Neben vielen **Reiter- und Ponyhöfen** (s. S. 251), die auch Kutschfahrten anbieten, gibt es einige besonders schöne **Tierparks**, z. B. in Cottbus oder Eberswalde. Dort lockt außerdem der **Familiengarten am Finowkanal** (www.familien garten-eberswalde.de). Cowboys und Indianer hat indessen die **Westernstadt El Dorado** (www.eldorado-templin.de) in der Uckermark zu bieten.

Außerdem steigen viele Familien gern auf die **Draisine** (www.draisine.com und www.erlebnisbahn.de), um sich auf den Schienen durch die Uckermark oder den Fläming zu bewegen. Erlebnisreiche **Naturcamps und Kanutouren** haben wiederum Veranstalter wie Albatros Outdoor (www. albatros-outdoor.de) oder Nordlicht (www. nordlicht-kanu.de) im Programm. Im Übrigen richten sich auch spezielle Führungen durch die **preußischen Schlösser** (www. spsg.de) an Kinder.

Tiere beobachten – und füttern können Familien mit Kindern gut im **Wildpark Schorfheide** (www.wildpark-schorf heide). Viel Spaß haben Kinder auch im **Barfußpark** bei den Beelitzer Heilstätten (www.derbarfusspark.de). Klettermaxe dürften indessen an den **Hochseilgärten** von Lübben (www.kletterwald-luebben.de), Strausberg (www.climbup.de) oder Bad Saarow (www.kletterwald-badsaarow. de) ihre Freude haben. Aber natürlich locken auch unzählige schöne **Badeseen** (s. S. 250). Eine beliebte Attraktion ist die tropische Badelandschaft **Tropical Islands** (www.tropical-islands.com).

Was Sie wirklich nur in Brandenburg finden dürften, ist das Weihnachtshaus in **Himmelpfort** (s. S. 179), wo der Weihnachtsmann ganzjährig Besuch empfängt und in der Adventszeit Tausende von Wunschbriefen erhält (und beantwortet!).

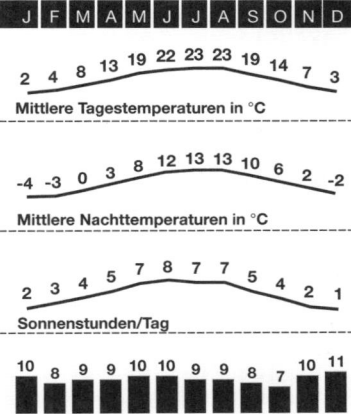

So ist das Wetter in Potsdam.

Klima und Reisezeit

In Brandenburg herrscht ein gemäßigt kontinentales Klima mit sehr geringen Niederschlägen. Durch den Klimawandel verschärft sich die Trockenheit und damit in der warmen Jahreszeit die hohe Waldbrandgefahr. Sehr warme Sommer wechseln sich häufig mit relativ kalten Wintern ab. Schnee fällt in manchen Jahren wenig.

Die eigentliche Tourismussaison mit längeren Öffnungszeiten der Schlösser und Museen ist das **Frühjahr**, oft öffnen auch erst zu Ostern einige Hotels und Restaurants, Fahrradverleihstellen usw. Der **Sommer** ist dann die ideale Zeit zum Baden und für den Wassersport, allerdings schnellen mit den Temperaturen oft auch die Preise in die Höhe. Außerdem ist dann die große Zeit der Festivals und Kulturfeste – überall locken Musik-, Tanz-, Theaterveranstaltungen aufs Land oder in historische Stadtkerne.

Der **Herbst** ist ideale Wandersaison, dabei können Sie auch den Zug der Kra-

BRANDENBURGER LANDPARTIE

L

Nicht nur, aber auch für Familien gehört die Brandenburger Landpartie am zweiten Juni-Wochenende zu den Jahreshöhepunkten, wenn Landwirte, Fischer, Förster und Agrarbetriebe von der Prignitz bis zum Elbe-Elster-Land Besucher aufs Land locken. Dann dürfen Sie in Ställe gucken, Obst pflücken und hofeigene Produkte probieren oder beim Brotbacken helfen. Grillfeste und Musik runden das Programm ab. Infos unter: www.brandenburger-landpartie.de

niche oder anderer Vögel beobachten, die in Scharen gen Süden fliegen. Auch wenn das Land im **Winter** nicht ganz so reizvoll aussieht – viele Orte locken mit originellen Aktivitäten wie Glühweinsegeln, winterlichen Draisinen- oder Kanufahrten. Außerdem laufen dann die Thermen, Saunalandschaften und Wellnessbereiche einiger Hotels zu Hochform auf. Dazu bieten viele Betriebe von November bis April unter dem Motto »Winterliches Brandenburg« günstige Pauschalangebote an.

Die passende Kleidung hängt nicht nur von der Jahreszeit, sondern auch von den geplanten Aktivitäten ab.

Lesetipps

Mein Brandenburg, Günter de Bruyn: Liebeserklärung an das Land zwischen Havel und Oder, mit Fotos von Barbara Klemm.
Karl Friedrich Schinkel. Führer zu seinen Bauten, Johannes Cramer, Ulrike Laible, Hans-Dieter Nägelke: Hier wird genau erklärt, was Schinkel wo und wann gebaut hat. Ein guter Reisebegleiter für Architekturinteressierte.
Handbuch der deutschen Kunstdenkmäler – Brandenburg, Georg Dehio: Nirgendwo werden die Sehenswürdigkeiten Brandenburgs detaillierter beschrieben als in diesem klassischen Nachschlagewerk.
Wanderungen durch die Mark Brandenburg, Theodor Fontane: Ein Klassiker der Brandenburg-Literatur, der Land

und Leute im 19. Jh. beschreibt und dabei zahlreiche historische Begebenheiten und Anekdoten einfließen lässt. Diese Atmosphäre kommt auch gut in Romanen wie »Der Stechlin« zum Ausdruck.
Musen und Grazien in der Mark. 750 Jahre Literatur, Jürgen Israel/Peter Walther (Hrsg.): Ein reich bestücktes Lesebuch, das Zeugnis von der langen literarischen Tradition in der Region ablegt.
Märkische Dichterlandschaft, Peter Walther (Hrsg.): Literaturführer mit alphabetisch aufgeführten Orten und den Autoren, die dort gelebt und gearbeitet haben.
Die besten Radtouren rund um Berlin, Ulrike Wiebrecht: 23 Tagestouren abseits des Autoverkehrs von 14 bis 37 km Länge.
Die besten Wanderungen rund um Berlin, Ulrike Wiebrecht: 26 Touren von 8 bis 22 km Länge.
Königsblau, Rabenschwarz, Purpurrot, Schwefelgelb, Tom Wolf: Die Serie der Preußenkrimis um Friedrich den Großen und seinen Leibkoch Honoré Langustier sind nicht nur amüsant zu lesen, sie liefern auch eine gute Vorstellung von Person und Leben des ›Alten‹ Fritz.
Vor dem Fest, Saša Stanišić: Der Autor schildert das Leben in einem fiktiven Ort in der Uckermark vielschichtig zwischen Vergangenheit und Gegenwart. Ein hoch gelobter Roman.
Unterleuten, Juli Zeh: Kurzweiliger Gesellschaftsroman über die Menschen und ihre Konflikte in einem fiktiven Dorf der Prignitz.

Reisen mit Handicap

Brandenburg versteht sich als Vorreiter in Sachen barrierefreies Reisen. Neben Hotels und Beherbergungsstätten, die auf Menschen mit Handicap spezialisiert sind, werden auch zahlreiche Aktivitäten wie Kremser- und Floßfahrten, Kanutouren, naturkundliche Führungen durch den Fläming oder Schlossführungen für Blinde angeboten.

Eines der innovativsten barrierefreien Häuser Deutschlands ist Haus Rheinsberg im gleichnamigen Ort mit herrlicher Lage am Grienericksee, wo den Gästen neben Zimmern mit entsprechender Ausstattung, Restaurant, Seeterrasse und Meditationsraum auch Hilfen wie ein Badesteg mit Lifter, eine Mehrzweckhalle für Sport, Wettkämpfe und Kino zur Verfügung stehen (Haus Rheinsberg, T 0339 31 34 40, www.hausrheinsberg.de). Einen Überblick über alle Angebote gibt die Website www.barrierefrei-brandenburg.de.

Reiseplanung

Genießertouren

In Sachen kulinarische Reisen hat sich vor allem der Fläming hervorgetan, wo viele Landgasthöfe mit kreativer regionaler Küche locken. Nicht nur »Landlust Körzin« macht dort Lust aufs Land, sondern z. B. auch der Fliederhof in Stücken oder die Weinschmiede Fresdorf. Sie alle kann man im Rahmen von sogenannten Genießertouren kennenlernen, die auch Hofläden, Bildhauer, Sehenswürdigkeiten wie Schloss Blankensee, den Flugplatz Schönhagen oder das Naturparkzentrum Glau einschließen und Ihnen auf diese Weise Land und Leute näherbringen. Informationen über die verschiedenen Routen finden Sie unter: www.geniessertouren.org.

Nur wenig Zeit?

Dann sollten Sie sich vielleicht auf ein Reisegebiet konzentrieren und etwa von Potsdam aus die liebliche Gegend um den Schwielowsee und das Havelland bereisen. Eine andere Möglichkeit wäre es, ein paar Tage in Neuruppin oder Rheinsberg zu verbringen und sich von dort aus die Ruppiner Schweiz zu erschließen. Wer lieber abseits der großen touristischen Zentren Urlaub macht, für den bietet die Uckermark beste Voraussetzungen für eine erholsame und gleichzeitig inspirierende Auszeit. Wer etwas ganz anderes sucht, kann auch im Osten kulturelle Leuchttürme wie Schloss Neuhardenberg oder das Chamisso-Museum in Kunersdorf besuchen und die Landschaft des menschenleeren Oderbruch auf sich wirken lassen.

Übernachten

Die Zahl der Berherbergungsbetriebe von kleinen Pensionen und Bauernhöfen mit Übernachtungsmöglichkeit bis hin zum Fünf-Sterne-Hotel ist groß, wobei der Schwerpunkt im Zwei- bis Vier-Sterne-Bereich liegt. Besonders viele schöne Häuser gibt es in Potsdam, außerdem bieten sich im Spreewald und rund um den Scharmützelsee zahlreiche Hotels für einen Erholungsurlaub an. Erfreulich

NOTRUFNUMMERN

Feuerwehr: T 112
Notarzt: T 115
Polizei: T 110
Sperrung von Bank- und Kreditkarten: T 116 116
Ärztlicher Bereitschaftsdienst: T 116 117
Pannenhilfe ADAC: T 0892020 40 00, www.adac.de

UMWELTFREUNDLICH UNTERWEGS

U

Brandenburg bietet optimale Bedingungen für einen nachhaltigen Urlaub, weil Sie hier gut zu Fuß, mit Fahrrad oder Kanu unterwegs sein können. Aber es gibt auch Restaurants und Beherbergungsbetriebe, die sich der Nachhaltigkeit verschrieben haben. Dazu zählen das Biohotel, das der BUND im ehemaligen Schloss Lenzen betreibt, oder das Landgut Stober im Havelland. Auch die Kolonieschänke in Burg im Spreewald ist ganz auf Bio eingestellt. Die Region als nachhaltiges Reiseziel zu entwickeln ist ein fortlaufender Prozess.

ist, dass es an vielen Seen, aber auch in den Hügeln des Flämings, der Uckermark oder des Ruppiner Landes zunehmend behagliche Landhotels gibt, die stilvolle Gemütlichkeit mit gutem Essen, teils auch Aktivitäten wie Fahrradfahren, Wandern oder Malen verbinden.

Schlosshotels und Gutshäuser

Wenn es etwas Besonderes sein soll – viele Schlösser und Herrenhäuser haben sich in stilvolle Hotelbetriebe verwandelt. Sie locken nicht nur mit Details wie alten Möbeln und mehr oder weniger prunkvollen historischen Räumlichkeiten – oft gehören auch wunderschöne Landschaftsgärten zu den Anwesen. Im Sommer finden allerdings recht viele Hochzeiten statt, weshalb in diesen Monaten viele Schlösser ausgebucht sind.

Besonders gelungene Beispiele sind das sehr persönlich geführte Schlosshotel Lübbenau (www.schloss-luebbenau. de), das elegante Schloss Neuhardenberg (www.schlossneuhardenberg.de) oder das Gut Boltenhof, wo aus einem ehemaligen Rittergut ein überaus wohnliches Landhotel wurde (www.gutbolten hof.de). Einen guten Überblick gibt die Website www.reiseland-brandenburg.de.

Ferienwohnungen und -häuser

In Brandenburg gibt es ein riesiges Angebot an Ferienwohnungen und -häusern mit unterschiedlichem Komfort und zu ganz unterschiedlichen Preisen. Viele davon lassen sich auf der Website Tourismus Marketing Brandenburg unter www.reiseland-brandenburg.de finden und buchen. Ansonsten werden Sie in den Gastgeberverzeichnissen des jeweiligen Reisegebiets oder auf den üblichen Buchungsportalen fündig (z. B. wie www. ferien-privat.de, www.fewo-direkt.de oder www.ferienwohnungen.de).

Landurlaub

Mit Tieren spielen, reiten, wandern, im Heu schlafen, Kartoffeln ernten und hausgemachte Biospezialitäten genießen – all das hält ein Landurlaub parat, zu dem viele Bauernhöfe in Brandenburg einladen. Einen Überblick über die verschiedenen Angebote gibt der Verband pro agro (www.proagro.de) und www. landurlaub-brandenburg.de.

Camping

Für naturnahe Ferien bieten sich die mehr als 150 Campingplätze und Wohnmobilstellplätze in Brandenburg an, von denen viele auch an Seen liegen und über Kanus, andere Boote oder Fahrräder verfügen. Einige sind ganz schlicht ausgestattet wie der Naturcampingplatz am Parsteinersee im Biosphärenreservat Schorfheide-Chorin (www.parsteiner-see-camping.de). Daneben gibt es andere preisgekrönte Anlagen, wie den Campingplatz Sanssouci am Stadtrand von Potsdam (www.camping-pots dam.de). Einen guten Überblick vermittelt der Bundesverband der Campingwirtschaft Land Brandenburg (www.campingland-brandenburg.de).

Urlaub auf dem Wasser

Brandenburg bietet optimale Bedingungen für Urlaub auf dem Wasser. Vielerorts werden Hausboote oder Flöße vermietet. Diese schwimmenden Ferienwohnungen unterscheiden sich in Aussehen und Ausstattung. Für die Miete ist kein extra Führerschein nötig.

In Brandenburg an der Havel etwa hat die Marina Niederhavel komfortable Designerhausboote im Angebot (www.marina-hausboote.de). In den Rheinsberger Gewässern schippert man stattdessen mit schwimmenden Herbergen, die Le Boat Marina Wolfsbruch in Kleinzerlang vermietet (www.leboat.de). Außerdem verfügt der Ferienhausanbieter Novasol über 15 Hausboote, die in den Havelseen zum Einsatz kommen (www.novasol.de). Havelland Tourismus listet weitere Anbieter auf.

Wer mit dem Floß Potsdam und Umgebung erkunden will, ist bei Huckleberry Tours (www.huckleberrys-tours.de) oder Diki Tours (www.diki-tours.de) gut aufgehoben. Die rustikalen Flöße eignen sich gut für Halbtagestouren; eine Übernachtung ist auch möglich. In Brandenburg an der Havel gibt es fast ein halbes Dutzend Anbieter für mehr oder weniger gut ausgestattete Hausflöße, vom Floßverleih TreibGut (www.flossverleih-treibgut.de) bis zur Pension Havelfloß (www.pension-havelfloss.de).

Verkehrsmittel vor Ort

Auto

Da das Netz der öffentlichen Verkehrsmittel viele Orte nicht erreicht, sind diese nur schwer ohne Auto zu bereisen. Vor allem zu Abendveranstaltungen und Festivals kommt man kaum ohne Pkw. Allerdings sollte man auch bei leeren Landstraßen der Versuchung widerstehen, auf das Gaspedal zu drücken. Gleiches gilt für das Falschparken – auch hier gibt es kein Nachsehen mit ortsunkundigen Besuchern.

Bahn

Viele größere Orte wie Potsdam, Cottbus, Frankfurt/Oder oder Wittenberge sind an Fernverbindungen oder zumindest an die Regionalbahnen der Deutschen Bahn, der Ostdeutschen Eisenbahn (Odeg) oder der Niederbarnimer Eisenbahn (NEB) angeschlossen. Alle Informationen werden beim Verkehrsverbund Berlin-Brandenburg zusammengefasst (www.vbb.de).

Bus

Viele kleinere Orte sind durch Busse an das Verkehrsnetz der Regionalbahnen angeschlossen, wobei die Fahrpläne in entlegeneren Gebieten stark eingeschränkt sind. Koordiniert werden die Verbindungen vom Verkehrsverbund Berlin-Brandenburg (VBB, www.vbb.de), sodass meist auch nur ein Ticket erforderlich ist. In einzelnen Gebieten wie im Schlaubetal, im Hohen Fläming oder im Oderbruch gibt es in der Sommersaison auch sogenannte Ruf- oder Bürgerbusse, die bestimmte Ausflugs- oder Wanderziele anfahren. Auskünfte bei den Touristeninformationen.

Taxi

Auf dem Land empfiehlt sich mitunter eine Reservierung der Fahrt.

BRANDENBURG-BERLIN-TICKET

Einen Tag lang können bis zu fünf Erwachsene mit beliebig vielen Kindern unter 15 Jahren für 33 €, 1. Klasse 56 € (Nacht-Ticket 18–6 Uhr 25 € bzw. 48 €) kreuz und quer durch Brandenburg fahren. Montag bis Freitag gilt das Ticket von 9 bis 3 Uhr des Folgetages, am Wochenende und an gesetzlichen Feiertagen bereits ab 24 Uhr. Erhältlich sind beide Tickets an allen DB-Automaten oder unter: www.bahn.de.

Magazin

Inspirationen aus der Uckermark fängt Ariane Boss mit dem Pinsel im ehemaligen Bahnhof von Falkenberg/Mark ein.

Die Renaissance der Bahnhöfe

Innovative Konzepte — Viele Bahnhöfe in Brandenburg sind verfallen. Doch vielerorts werden die geschichtsträchtigen Stationsgebäude mit neuem Leben erfüllt: mit Restaurants, Gästezimmern, Touristeninformationen oder Reparier-Cafés.

Bœuf Bourguignon, Lammkarree mit Grenaille-Kartoffeln, überbackene Zwiebelsuppe – man fühlt sich ein bisschen wie Gott in Frankreich, wenn man bei Christophe Boyer zu Gast ist. Dabei serviert er seine Menüs mit Namen »Rouge«, »Bleu«, »Vert« mitten in der brandenburgischen Provinz, im denkmalgeschützten **Bahnhof Rehagen** an der früheren königlich-preußischen Eisenbahnstrecke zwischen Zossen und Jüterbog (www.bahnhof-rehagen.de).

An der Wand hängt noch die alte Bahnhofsuhr, ein Fahrkartenschalter erinnert daran, dass hier einst viele auf Reise gingen. Was hat den französischen Koch ausgerechnet hierher verschlagen? »Wir waren auf der Suche nach einem alten Gebäude, um unser Konzept eines Restaurants mit Schlafmöglichkeiten zu verwirklichen«, erklärt Boyer. Im Fläming wurden er und seine Frau Manja fündig, kauften 2010 das marode Gebäude und verwandelten es in ein originelles Hotel-Restaurant.

Schlafen im Salonwagen

Wer nach den opulenten Mahlzeiten nicht mehr ins Auto oder aufs Fahrrad steigen will, kann in den Zimmern in der oberen Etage unterkommen. Oder in den Waggons der Transsibirischen Eisenbahn, die gleich gegenüber an den Gleisen stehen. Kurz vor der Wende in der DDR gebaut, kamen sie nie zum Einsatz. Jetzt sind aus ihnen recht komfortable Hotel-Abteile geworden. Originell sind auch die Anreisemöglichkeiten: Statt ins Auto, den Bus oder aufs Fahrrad können Sie auch auf die Draisine

Bei Christophe Boyer, dem französischen Wirt des Bahnhofs Rehagen, sind die Gäste an der Draisinenstrecke der Erlebnisbahn gut bedient.

steigen, die zwischen Zossen und Jüterbog verkehrt (s. S. 79). Der Bahnhof hat auch das Zeug zur Filmkulisse: Als hier George Clooney Szenen für seinen Film »Monuments Men« drehte, wurde Rehagen zum Pariser Vorort Le Bourget.

Rehagen ist ein gelungenes Beispiel dafür, wie man alte Bahnhöfe in Brandenburg mit neuem Leben füllen kann. Andere hatten nicht so viel Glück. Verrammelt, verwahrlost, mit Graffiti besprüht – so präsentieren sich viele Stationsgebäude. Der Fotograf Klaus-Dieter sprach in einem 2015 veröffentlichten Buch vom »Friedhof der 1000 Bahnhöfe«. Inzwischen investiert allerdings die Deutsche Bahn zusammen mit dem Land Brandenburg 170 Millionen Euro, um bis 2029 150 Bahnhöfe zu modernisieren. Zu ihnen gesellen sich allerlei Fördervereine, Firmen oder Privatleute, die die Initiative ergreifen, um mithilfe der maroden Bauten Lebensqualität in den ländlichen Raum zu bringen.

Pension als Kunstprojekt

Welche Bereicherung das für das Tor zum Spreewald ist, zeigt der **Bahnhof Lübbenau.** 1878 erbaut und später verfallen, machte die WIS Wohnungsbaugesellschaft im Spreewald mbH daraus 2006 ein Dienstleistungszentrum mit Touristinfo, Fahrradverleih und Shop. Besonders originell ist die von Künstlern gestaltete Pension Spreewelten in der oberen Etage des Bahnhofsgebäudes: Hier hat man die Wahl zwischen dem Feenzimmer, der Kürbiskammer oder dem Lieblingsplatz des Schlangenkönigs (s. S. 95).

Auch in den **Bahnhof von Wittstock** zog 2019 nach jahrelangem Leerstand die Touristeninformation samt Spielecke und Konferenzraum ein. Gleich daneben sitzen jetzt Ordnungsamt und Bürgerbüro, sodass man hier alle möglichen Behördengänge an ein und demselben Ort erledigen kann. Im Übrigen hat die Stadt die Landesgartenschau zum Anlass genommen, auch das Betriebsgelände rund um den Bahnhof zu revitalisieren. In der ehemaligen Schlosserei kommt ein Jugendzentrum unter, im alten Lokschuppen ein Kompetenz- und Dokumentationszentrum der Holzfaserplattenhersteller Swiss Krono.

Ganz so ambitioniert sind die Projekte anderswo nicht. Immerhin hat sich in **Bad Belzig** das Konzept einer Touristeninformation mit angeschlossenem Bistro bewährt, und im benachbarten **Wiesenburg** ist es der Genossenschaft Bahnhof am Park e. V. gelungen, das liebenswerte denkmalgeschützte Bahnhofsgebäude am Tor zum Fläming zu retten – die Bemühungen um die Wiederbelebung mit Café wurden bereits mit dem Europäischen Dorferneuerungspreis ausgezeichnet.

Von Kreativen wachgeküsst

In **Fürstenberg** sind es stattdessen private Betreiber, die das Bahnhofsgebäude aus dem 15-jährigen Dornröschenschlaf erweckt haben. Als Maria Fechner und Michél Bürgel das Gebäude 2015 übernahmen, schwebte ihnen ein Ort für Avantgardisten und Lebenskünstler vor, an dem man kreative Ideen ausleben und umsetzen kann. »Ziel ist obendrein, dass der neue Bahnhof eine besondere Anlaufstelle für Touristen in dieser wunderschönen Region wird«, sagt Bürgel. Komplett aus privaten Mitteln finanziert, eröffnet das alte Gebäude inzwischen vielfältige Möglichkeiten – von Übernachtungen in Gästezimmern über einen Fahrradverleih bis hin zu Seminaren. Draußen steht eine Mitfahrerbank für alle, die irgendwohin mitgenommen werden wollen, drinnen verwandelt sich die Wartehalle regelmäßig in einen »Verstehbahnhof«. Neben einem Reparier-Café und einer offenen

IT-Lernort Bahnhof: Daniel Domscheit-Berg betreibt den »Verstehbahnhof« in Fürstenberg.

Werkstatt für 3D-Druck und Programmieren finden hier Vorlesenachmittage und Brettspielabende statt.

So ähnlich könnte es irgendwann auch in **Hangelsberg** bei Grünheide im Landkreis Oder-Spree aussehen, wo der Bahnhof am Haltepunkt des RE 1 zwischen Berlin und Frankfurt/Oder 2003 stillgelegt wurde. Dabei ist das 1842 erbaute Gebäude einer der ältesten Bahnhöfe Deutschlands. Der Verein Historischer Bahnhof Hangelsberg e. V. würde aus der schlafenden Schönheit gern die neue Visitenkarte des Ortes machen. Neben einem Laden mit regionalen Produkten stehen ein Kunstatelier, eine Kleinkunstbrauerei und ein Raum für Veranstaltungen auf der Wunschliste. Bis all das tatsächlich entsteht, braucht es allerdings noch viel Geduld. Mithilfe von Festen, originellen Postkarten- und Briefmarken-Aktionen versucht der Verein, Spenden für das Projekt einzutreiben. Vielleicht kann ihnen demnächst auch Tesla unter die Arme greifen, wenn das Unternehmen in nächster Nachbarschaft seine Gigafactory in Betrieb nimmt. ∎

Im Fontaneland

Inspirationsquelle Brandenburg — Theodor Fontane hat dem Landstrich nicht nur eine Identität gegeben, sondern ihn auch auf die touristische Landkarte gesetzt. Doch ist er nicht der Einzige, der in oder über Brandenburg schrieb.

Brandenburg hat viele große Schriftsteller und Dichter hervorgebracht, aber kein Name ist so eng mit der Mark verbunden wie der Theodor Fontanes, dessen 200. Geburtstag 2019 entsprechend groß gefeiert wurde. Er hat das Land zum Schauplatz berühmter Romane wie »Effi Briest« oder »Der Stechlin« und seiner »Wanderungen durch die Mark Brandenburg« gemacht. Er entdeckte geschichtsträchtige Schlösser, Kirchen und markante Persönlichkeiten, denen er in seinen Beschreibungen ein literarisches Denkmal setzte.

1819 in Neuruppin als Sohn eines Apothekers geboren, trat Fontane 1833 in Berlin zunächst in die Fußstapfen seines Vaters, bevor er sich von 1849 an als freier Schriftsteller etablierte. Seinen Lebensunterhalt bestritt er zunächst als journalistischer Mitarbeiter der »Kreuz-Zeitung« oder als preußischer Pressebeauftragter in England. Erst zwischen 1859 und 1893 erschienen seine großen Gesellschaftsromane und die »Wanderungen«.

Von Minnesang bis Kleist

Die frühesten Zeugnisse märkischer Literatur sind Minnesänge. Auftrieb bekam die Literatur durch die 1506 gegründete Universität von Frankfurt/Oder, wo Ulrich Hutten studierte und ein »Lied zum Preise der Mark« verfasste. Im 17. Jh. dichtete Paul Gerhardt als Probst in Mittenwalde und Lübben seine berühmten Kirchenlieder, die noch heute ihren festen Platz in den Gesangbüchern haben.

LITERATURPORT

Wer wo was geschrieben hat, ist auf dem Internetportal zu erfahren, das das Brandenburgische Literaturbüro in Potsdam zusammen mit dem Literarischen Colloquium Berlin betreibt: www.literaturlandschaft.de, außerdem www.literaturport.de. Hier laufen alle Informationen zusammen und finden auch Lesungen statt – in direkter Nachbarschaft zum Fontane-Archiv. Das Literaturbüro betreibt auch das Portal www.zeitstimmen.de als Alltagsarchiv der Region.
Einen guten Überblick über die literarischen Gedenkstätten gibt der Band »Literaturland Brandenburg – Ein Wegweiser zu den literarischen Gedenkstätten des Landes«, herausgegeben von Peter Walther und Luise Schröder, 2005.

Weltrang erreichte die brandenburgische Literatur vor allem mit Heinrich von Kleist (1777–1811), der als 14-Jähriger in das Garderegiment in Potsdam eintrat und später Mathematik studierte. In seinen schriftstellerischen Werken wie »Michael Kohlhaas« oder »Der Prinz von Homburg« setzt er sich mit seiner Heimat und existenziellen Fragen wie dem Konflikt zwischen Staat und Individuum auseinander. Dabei bezieht Kleist auch politisch Stellung und tritt für den Freiheitskampf gegen die Franzosen ein. Interessantes versammelt das gut gestaltete Kleist-Museum in Frankfurt/Oder (s. S. 149).

Für andere Autoren war Brandenburg dagegen ein Rückzugsort. Als in Berlin um 1800 die Salonkultur mit Persönlichkeiten wie Rahel Levin und Henriette Herz aufblühte, verwandelten sich viele Adelssitze in der Provinz – Kunersdorf, Friedersdorf, Alt-Madlitz oder Nennhausen – zu märkischen Musenhöfen. An deren Rolle knüpfen heute Orte wie Schloss Neuhardenberg an.

Inspirationsquelle und Rückzugsort

Welche wichtige Rolle die Provinz im Gegensatz zur Metropole Berlin auch im 20. Jh. spielte, erfährt man beim Besuch der vielen literarischen Gedenkstätten, die sich über die Mark verteilen, wie im Gerhart-Hauptmann-Museum in Erkner, wo der Schriftsteller die Atmosphäre des Ortes einfing, als er hier von 1885 bis 1889 in der Villa Lassen wohnte. In Rheinsberg erinnert das Kurt-Tucholsky-Literaturmuseum an glückliche Tage, die der Autor hier 1911 mit seiner Jugendliebe Else verlebte und die er in »Rheinsberg. Ein Bilderbuch für Verliebte« verarbeitete.

Besonders prominente Sommerfrischler erholten sich zeitweise in Buckow in der Märkischen Schweiz: Mit Blick auf den Schermützelsee entstanden in der Eisernen Villa, dem heutigen Brecht-Weigel-Haus, 1953 Brechts »Buckower Ele-

gien« als Reaktion auf den Aufstand vom 17. Juni. Wesentlich unscheinbarer ist der Rückzugsort von Franz Fühmann, einem der wichtigsten DDR-Schriftsteller und Autor von Werken wie »Das Judenauto«. Die am Ortsrand von Märkisch-Buchholz gelegene frühere Garage fungiert heute als Begegnungsstätte.

In Wilhelmshorst bei Potsdam begegnet man schließlich Peter Huchel, dessen lyrisches Werk ganz besonders mit der märkischen Landschaft und ihren Menschen verbunden ist. 1953 zog sich der damalige Herausgeber der Zeitschrift »Sinn und Form« hierher zurück und empfing bis zu seiner Ausreise 1971 Schriftstellerkollegen wie Heinrich Böll oder Max Frisch, darunter auch Regimekritiker wie Günter Kunert und Wolf Biermann.

Unter Leuten

Auch heute gibt es eine lebendige Literaturszene in Brandenburg – und Autorinnen und Autoren, die sich an der Region »abarbeiten«. Hier ist Juli Zeh mit ihrem Erfolgsroman »Unterleuten« (2020 als ZDF-Dreiteiler mit Starbesetzung verfilmt) über ein fiktives Prignitz-Dorf und deren Bewohner, die sich in alte und neue Streitigkeiten verwickeln, zu nennen. Auch der aus Bosnien stammende Saša Stanišić, der 2019 mit dem Deutschen Buchpreis ausgezeichnet wurde, hat seinen Roman »Vor dem Fest« im Uckermark-Dorf Fürstenfelde angesiedelt. Ein weiteres Beispiel ist Manja Präkels' autobiografischer Roman »Als ich mit Hitler Schnapskirschen aß«, der die letzten Jahre der DDR und die Verwerfungen nach der Wende in der brandenburgischen Provinz thematisiert.

Gefördert werden Autoren teilweise durch Literaturstipendien oder Kulturstiftungen. Inzwischen wird auch ein Fontane-Buchpreis ausgelobt, den 2019 die Autorin Peggy Mädler für ihr Buch »Wohin wir gehen« erhielt, der allerdings nicht in Brandenburg spielt. ∎

Theodor Fontane (oben, als Wanderer mit Spazierstock) und Juli Zeh (unten) stehen für ganz unterschiedliche, aber überaus erfolgreiche Facetten der Brandenburg-Literatur.

Inspirierende Uckermark

Bei Künstlern gefragt — die menschenleere Uckermark steht bei Malern, Bildhauern und Fotografen hoch im Kurs. Aber um hier zu wohnen, müssen sie auch Überlebenskünstler sein. Davon kann man sich bei den Tagen des Offenen Ateliers überzeugen.

Blühende Apfel- und Birnbäume, darunter ein blau bemalter Holztisch mit ein paar Stühlen und eine Scheune, die von den Zweigen einer Weide gestreichelt wird: Rund um das Atelierhaus von Sybille Eckhorn in Rosenow, einem winzigen Ort in der Uckermark, sieht es aus wie in Bullerbü. Tatsächlich gibt es im Nordosten Brandenburgs so manches Künstlerdomizil, in das sich Besucher sofort verlieben, wenn sie an den Tagen des Offenen Ateliers am ersten Maiwochenende durch den Landkreis fahren. Für viele ist er in den letzten Jahren zu einer Art Sehnsuchtsland geworden.

Sanft gewellte Felder und Wiesen – Brandenburgs früherer Ministerpräsident Matthias Platzeck, der zeitweise in Gerswalde lebt, hat den Begriff von einer »Po- und Busenlandschaft« geprägt –, die im Frühjahr von gelbem Raps und Mohnblumen übersät ist, dazu unzählige Seen und ausgedehnte Buchwälder. Nachdem immer mehr Menschen abgewandert sind, leben heute noch knapp 121 000 in der Uckermark, das sind weniger als 40 pro km², in Berlin sind es mehr als 4000. Aber genau das zieht jede Menge Großstadtmüde an. Auch wenn hier und da aggressive Großbe-

triebe die traditionelle Landwirtschaft verdrängen, in vielen Dörfern Einkaufsmöglichkeiten, Schulen und Ärzte fehlen und die Verkehrsmöglichkeiten stark eingeschränkt sind, siedeln sie sich an. Die einen betreiben Hofläden oder Kräutergärten, die anderen stellen Mohnöl, kandierte Blüten und Naturseife her – oder Kunst.

Himmel, soweit das Auge reicht

Auf dem platten Land lässt es sich nicht nur günstiger wohnen. »Es gibt überhaupt mehr Freiräume«, meint eine Künstlerin, die mit Metall arbeitet. »Wirf mal in der Stadt deine Flex an, dann erschlägt dich doch dein Nachbar.« Gut, aber dieses Argument spricht auch für andere menschenleere Regionen in Brandenburg. Warum gerade die Uckermark? »Mich inspiriert einfach der weite Himmel mit seinen Sonnenuntergängen«, sagt Sybille Eckhorn. Für die Bildhauerin Astrid Mosch sind es eher die Wälder, in denen man sich verlaufen kann, für den Fotograf Peter van Heesen ist es einfach die Stille.

An den Tagen der Offenen Ateliers kann man in der Uckermark an die hundert Kreative treffen und mit

Minimalistische Skulpturen zieren den Garten von Astrid Moschs Kunsthaus im uckermärkischen Hohenwalde, das auch Rückzugsort von Angela Merkel ist.

ihnen ins Gespräch kommen. Neben Sybille Eckhorn, die in ihrer Galerie Rosenow 13 Malerei und allerlei skurrile Objekte aus Keramik ausstellt, hat sich Frieda Rommel ein paar Häuser weiter auf Illusionsmalerei spezialisiert. In Warthe webt wiederum Beate Flierl in ihren Lichtwerkstätten an Bildteppichen und großformatiger Textilkunst.

Besonders viele zeichnen, malen, fotografieren, töpfern, meißeln oder schnitzen im benachbarten Lychen. Sie haben u. a. dazu beigetragen, dass sich in der Flößerstadt, die von sieben Seen umzingelt ist, rund um das Haus Vogelsang mit Bioladen, Hofcafé und Filzwerkstatt eine richtige alternative Szene entwickelt hat und die Straßen

heute wesentlich belebter wirken als noch vor ein paar Jahren.

»Den Uckermärker knacken«

Hier die »Kleine Galerie« von Renate Trottner, die in ihren Stillleben Motive aus der Umgebung, darunter auch schon mal eine dicke Meerrettichknolle, einfängt, dort das Keramikatelier von Michaela Ambellan, die Kraftfrauen und Engelwesen aus Raku und Rauchbrand modelliert, während ihr Mann fantastische fotografische Uckermark-Panoramen entwirft. Ein paar Straßen weiter präsentiert dagegen Jutta Siebert in der Atelier-Galerie »KunstimPuls« abstrakte Grafiken und figürliche Malerei. Vor etlichen Jahren hat es sie aus dem Rhein-

K

KÜNSTLER IN DER UCKERMARK

30 Künstler aller Sparten, die in der Uckermark arbeiten, haben sich der Gruppe **umKunst** angeschlossen. Einige davon bieten auch Kreativ-Workshops an. Mit ihnen ins Gespräch kommen Sie an den Tagen des Offenen Ateliers am ersten Maiwochenende, an denen sich unzählige Ateliers, Galerien und andere Ausstellungszentren beteiligen (www.umkunst-uckermark.de).

Main-Gebiet hierher verschlagen, 2016 hat sie sich ganz in Lychen niedergelassen. Was dazu den Ausschlag gegeben hat? »Das Wasser«, sagt die Preisträgerin des Uckermärkischen Kunstpreises 2017 ohne nachzudenken. Kein Wunder, dass sie sich an einem der Stadtseen angesiedelt hat, wo sie auch Kreativ-Workshops und Ferienwohnungen anbietet. Inzwischen ist sie auch mit den Menschen der Gegend warm geworden. »Wobei man die Uckermärker erst mal knacken muss«, wie sie sagt. »Das ist ja eine eigenwillige Mischung aus Norddeutschland, Berlin und ehemaligem Osten.«

Nutzt sich die Schönheit ab?
Keine Eingewöhnungsschwierigkeiten hatten dagegen die Ambellans. Schließlich sind sie in der Gegend aufgewachsen und nach Jahren in der Großstadt wieder zurückgekehrt. »Das war ein solches Glücksgefühl, als ich mit meiner Tochter morgens mit dem Fahrrad zum Kindergarten gefahren bin und mir vorgestellt habe, wie es im dicken Verkehr von Berlin wäre«, erinnert sich die Keramikerin. Allerdings verdienen sie und ihr Mann wie viele andere ihren Lebensunterhalt noch mit anderen Tätigkeiten. So wie Friederike Dux, die neben ihrer Töpferei

in der Retzower Straße, in der sie blaugraue Gebrauchskeramik und allerlei Objekte formt, noch Landwirtschaft betreibt. »Als Künstler muss man sich ja schon arrangieren«, sagt sie. »Einige backen auch Brot oder putzen, um zu überleben.«

»Sich allein mit der Kunst zu finanzieren gelingt nur den wenigsten«, heißt es bei umKunst Uckermark. In dem Netzwerk sind etwa drei Dutzend Künstler aktiv, die sich regelmäßig treffen, gemeinsame Ausstellungen und Projekte mit Polen oder Schottland organisieren. »Für Diskussionsstoff sorgt immer wieder das Thema Ausstellungshonorar«, spricht die Lyrikerin Ines Baugartl aus Kraatz aus Erfahrung. Ohne dieses muss meist auch der experimentierfreudige Grafiker, Bildhauer und Maler Lutz Kommalein auskommen, der in der alten Schule von Ringenwalde unter relativ spartanischen Bedingungen wohnt, arbeitet und ausstellt.

Seine Kollegin Astrid Mosch hat sich dagegen entschlossen, zwischen Berlin und der Uckermark zu pendeln. Dabei hat die Bildhauerin unweit von Angela Merkels Wochenenddomizil vor vielen Jahren das Kunsthaus Hohenwalde errichtet. Über Galerie und Garten verteilen sich ihre wunderbaren minimalistischen Skulpturen aus verschiedenen Holzarten, meist lang gestreckte, archaisch anmutende Frauenkörper, von denen spitze Brüste abstehen, bedrohlich wie Waffen. Eine ganze Weile hat die Künstlerin versucht, hier ganz zu leben. Dann ist sie wieder nach Berlin gezogen. Nicht nur, weil sie ihren Lebensunterhalt mit anderen Dingen bestreiten musste. »Ich habe auch gemerkt, dass sich die Schönheit der Landschaft einfach abnutzt, wenn man sie tagtäglich vor sich hat. Erst aus der Distanz wächst immer wieder die Sehnsucht nach der Uckermark, die mich bei meiner Arbeit inspiriert.« ∎

Soljanka adé

Brandenburg kocht bodenständig, regional — und kreativ. Es gibt zahlreiche Produkte, die vor Ort geerntet, gefischt oder gejagt werden, vieles davon in Bio-Qualität. Kulinarische Botschafter sind Spargel und Teltower Rübchen.

Basierend auf der traditionellen, bodenständigen Küche, haben es in den vergangenen Jahren einige sehr gute Restaurants in Brandenburg zu einem Michelin-Stern gebracht, wie das koch-Zimmer, das Friedrich Wilhelm (beide in Potsdam) und das 17fuffzig in Lübbenau, oder sind auch in großstadtfernen Gefilden, vom Kranhaus by Mika in Wittenberge über das Bollwerk 4 in Eisenhüttenstadt bis zum Goldenen Hahn in Finsterwalde, vom Gault Millau mit bis zu 17 Punkten bedacht worden.

Bio-Qualität

Brandenburg ist mit dem größten Demeter-Betrieb Deutschlands und vielen

Am Deich von Lebus haben die Tiere von Schäfer Wilfried Nagel viel Auslauf.

ALLES TRANSPARENT **T**

Wollen Sie sich selbst von der Qualität der Herstellung und Zutaten überzeugen? Dann schauen Sie doch mal in der Schaumolkerei im Ökodorf Brodowin (s. S. 229) oder der Gläsernen Molkerei (s. S. 131) in Münchehofe vorbei. Die Schokoladenseite der Lausitz können Sie in Hornow (s. S. 115) erleben. Auch in der Schokoladen-Confiserie Felicitas in Potsdam (s. S. 42) werden köstliche Tafeln, Hohlfiguren oder Pralinen hergestellt, Besucher sind auch in der Mitmach-Schauwerkstatt willkommen zur Gestaltung der eigenen Schokolade.

Öko-Bauern wichtiger Erzeuger von Bio-Lebensmitteln. So stehen vielerorts nicht nur Zander, Hecht, Forellen oder Karpfen aus den heimischen Gewässern, Pilze und Wild aus den ausgedehnten Wäldern, Bio-Fleisch von Rindern, Schweinen oder Kälbern auf den Speisekarten, sondern auch köst-

GUT GEKLEMMT **K**

Was könnte, bitteschön, ein Klemmkuchen sein? Ein Bäcker, der sich am Backofen die Finger einklemmt? Natürlich nicht. Stattdessen handelt es sich um eine relativ unspektakuläre Spezialität aus dem Fläming, bei der der Teig in ein Klemmeisen gezwängt wird und dadurch beim Backen ganz dünn bleibt. Ist er gar, wird der Kuchen aufgerollt und mit Sahne gefüllt. Damit das gelingt, braucht man schon einige Übung. Vor allem darf man sich nicht die Finger einklemmen!

liche Gerichte mit frisch geerntetem Gemüse. Wie wäre es mit Saibling mit Schwarzwurzeln und Garnelenschaum? Mit vegetarischen Wirsingrouladen mit Ricotta und geschmolzenen Tomaten? Oder Hokkaido-Kürbis mit Spinat, Tofu und geröstetem Sesam? Auch ein Graupenrisotto mit Wurzelgemüse und Trüffel lässt sich finden.

Und im Frühsommer natürlich jede Menge Spargel. Vor allem entlang der Spargelstraße von Beelitz können Sie sich an dem Stangengemüse sattessen, das dort sogar mit einem Gütesiegel der Europäischen Union geschützt wird. Später steht, ebenfalls im Fläming, eine weniger bekannte Delikatesse auf den Menükarten, die Goethe ebenso schätzte wie den Spargel: das Teltower Rübchen, eine kegelförmige, weiß-schrumpelige Rübe, die in karamellisierter Form besonders mundet.

Kulinarische Botschafter

Unter dem Schutz der EU stehen auch die Gurken. Hier ist ganzjährig Saure-Gurken-Zeit, auch wenn das Gemüse nur im Sommer per Gurkenflieger geerntet wird – auf Wunsch können Sie selbst mitfliegen und erleben, wie schwer die Ernte ist. Das Gemüse gedeiht im Mikroklima der Wasser- und Waldlandschaft besonders gut, für die besondere Note sorgen allerdings die Kräuter, mit denen die Gurken eingelegt werden. Ansonsten gehören hier Pellkartoffeln mit Leinöl und Meerrettich zu den Spezialitäten.

Auch wenn die brandenburgische Küche aufgrund der eher armen Sandböden traditionell schlicht und bodenständig ist – inzwischen sind viele kreative Köche am Werk, indem sie Gerichte z. B. mit Ziegenkäse vom Capriolenhof (s. S. 180) verfeinern. Apropos Ziege: Auf dem Ziegenhof Zollbrücke (s. S. 155) gibt es auch Eis oder Käsetorte aus Ziegenmilch. ∎

Waldumbau im Fläming

Waldbrände und Wetterkatastrophen — helfen sie beim Waldumbau? Dietrich Henke vom Forstamt Treuenbrietzen im Fläming ist einer, der ihn systematisch betreibt.

In Brandenburg gibt es wunderbare Buchenwälder, wie im Grumsiner Forst. Aber an vielen anderen Stellen prägen Kiefernwälder das Bild. Gepflanzt wurden sie im 20. Jh., um möglichst schnell viel Holz für die Möbelindustrie im In- und Ausland zu erwirtschaften. So entstand eine Monokultur, die nicht nur langweilig aussieht. Angesichts der Klimakrise hat sie auch wenig Überlebenschancen. Mal lässt ein Orkan wie Kyrill sie reihenweise umknicken, dann raffen schwere Waldbrände etliche Hektar dahin. Dagegen hilft nur konsequenter Waldumbau, wie Umweltexperten ihn seit Langem fordern. Weg von Monokulturen hin zu einem artenreichen Mischwald. Wie das geht, zeigt Dietrich Henke in Treuenbrietzen. Der Förster macht sich dabei sogar Wetterkatastrophen zunutze.

Seit 17 Jahren arbeitet der gebürtige Niedersachse im Naturpark Nuthe-Nieplitz und betreut dort 1900 ha Stadtwald. Sein Rezept: keine Kahlschläge, Bestandsbegründung mit Baumarten der potenziell natürlichen Waldgesellschaft, Anpassung der Wildpopulation, bodenschonender Einsatz von Maschinen, Verzicht auf Chemie, Anlage eines Rückgassensystems, also von nicht befestigten Forstwegen. Das klingt kompliziert. Aber wenn man sich den Wald rings um Frohnsdorf ansieht, wird es plausibel. Wobei schon nach ein paar Metern klar wird: *Den* Wald gibt es nicht. Selbst wenn überall Kiefern stehen, kann er ganz unterschiedlich aussehen.

Alles Stange und zappenduster

»Hier ist zum Beispiel alles Stange. Nur eine Baumart und alle gleich groß«, sagt Henke und deutet auf ein Stück Wald, wo es zappenduster aussieht. Der Boden unter den nackten Kiefern ist braun, es kommt kein bisschen Grün zum Vorschein. Aber dann folgt ein Waldstück, wo Licht durch die Kiefern fällt. Unter den Kiefern sprießen lauter kleine Bäumchen aus dem Boden. »Da verjüngt sich der Wald«, erklärt der Fachmann. »Eiche, Buchen, Birken, Kiefern, alle möglichen Baumarten haben sich hier verjüngt. Und zwar an einem armen Standort, den wir hier ja haben.« Wo die Hähersaat aufgegangen ist, setzt die Behandlung des Försters ein: »Ich sehe aufkommende Verjüngung und fange schon frühzeitig an, sie zu bevorteilen, indem ich ihr Licht gebe«, sagt er.

Früher habe man nur nach oben geguckt, ob das Holz zuwächst, und dementsprechend gelichtet. Doch man müsse auch mal schauen, was unten wächst. Also schafft Henke abwechselnd Licht- und Dunkelbereiche. Während im hellen Bereich junge Bäume besser auf-

JAGD UND WALDUMBAU   **I**

Nach Angaben des Landesjagdverbands Brandenburg erlegen seine ca. 10 000 Mitglieder pro Jahr um die 174 000 Stück Schalenwild, darunter ca. 90 000 Stück Schwarzwild, ca. 66 000 Stück Rehwild und ca. 9000 Stück Rotwild. Das Umweltministerium fordert höhere Abschussquoten, um den Waldumbau voranzubringen. Dem halten die Jäger die Schwierigkeiten bei der Fleischvermarktung entgegen. Außerdem betrachten sie sich nicht als ›Schädlingsbekämpfer‹.

wachsen können, lässt er dunkle Bereiche für den Eichelhäher stehen. »Der legt dort eher Eicheln ein als in lichtere Bereiche, wo Habicht und Sperber auf ihn lauern«, lautet die Erklärung. Durch den Wechsel von hellen und dunklen Bereichen, in denen der Vogel immer wieder neu pflanzt, entsteht mit der Zeit das, was Henke einen »strukturierten Wald« nennt: ein Wald mit Unter-, Zwischen- und Oberstand. Wo Bäume verschiedener Arten in unterschiedlichen Höhen wachsen. Vielfalt eben. Und die gibt dann im Herbst schon mal ein Bild ab, das an den Indian Summer ganz anderer Gefilde erinnert.

Zu viel Wild im Wald

Allerdings passiert das nur unter einer Voraussetzung: Es darf nicht zu viel Wild geben. Genau daran scheitert der Waldumbau vielerorts. Für die Rehe stellen die jungen Hauptriebe der Bäume einen Leckerbissen dar. Sie fressen sie ab, noch ehe sich der Baum entwickeln kann. Jäger legen wiederum Wert auf einen großen Wildbestand, damit sie genug Tiere zum Schießen haben. So wird auf vielen Waldflächen pro 100 ha nur zwischen zwei und vier Stück Schalenwild abgeschossen. Bei Henke liegt die Quote wesentlich höher.

»Wir schießen hier bis zu 24 Stück, zurzeit bin ich bei zwölf bis vierzehn. Der Wolf will auch seinen Teil. Der hilft mir ja«, sagt der Förster. Und die Rechnung scheint aufzugehen. Da gibt es Bereiche mit lauter jungen Eichen, die durch keinen Zaun geschützt werden müssen.

An anderen Stellen ist es allerdings kahl. Hier wurde nach dem schweren Brand von 2018 alles abgeholzt und neu bepflanzt. Von solchem Kahlschlag hält der Fachmann nichts. Stattdessen wendet er auch auf solche Gebiete seine Prinzipien des Waldumbaus an. Er setzt Gassen ein und verwendet Saat, die stabiler sei als eine von der Baumschule erworbene Pflanze. Denn die muss sich mit ihren Wurzeln erst an den Standort gewöhnen, sei aber bei den derzeitigen Verhältnissen mit Dürre und wenig Niederschlägen hohen Belastungen ausgesetzt. Aus Samen gekeimte Pflanzen hätten sich dagegen an die Umgebung bereits gewöhnt.

Außerdem können sie auf den Brandböden besonders gut keimen. »Dort, wo der ganze Rohhumus runtergebrannt ist – zum Beispiel Reste von Nadeln oder Laub – und der reine Mineralboden mit fruchtbaren Humusanteilen übrig bleibt, braucht man den Samen nur aufzulegen und er keimt«, sagt der Fachmann. Deshalb hat er dazu aufgerufen, Eicheln zu sammeln, um anschließend mit Studenten der Hochschule für Nachhaltige Entwicklung in Eberswalde um die 2,8 t auszubringen. Er schlägt die verkohlten Bäume nicht großflächig ab. Nur die dünnen Stämme holt er raus: »Das, was tot ist und umfällt, zersetzt sich und speichert sich im Boden. Das ist eine Biomassenanreicherung des Bodens. Und die Anreicherung des Bodens und der Vegetation ist ja das, was die Umweltverbände fordern.«

Prachtkäfer ausgeschwemmt

Das Argument, dass die toten Bäume vom Prachtkäfer befallen werden und der dann auch auf nicht verbrannten Wald über-

Unterwegs in der Natur können sich Besucher überzeugen, ob der Wald intakt ist – oder ob ihm zu viele Hirsche zu schaffen machen.

greift, lässt er nicht gelten. Er zeigt ein Stück verbrannten Wald, wo alles vom Prachtkäfer befallen ist. »Aber am Rand habe ich Licht gemacht. Und wenn wir jetzt in den stabilen grünen Bereich kommen, ist nicht eine Kiefer befallen.« Eine gesunde Kiefer sei nämlich in der Lage, den Käfer durch Harz auszuschwemmen. Zum Teil experimentiert er auch mit Roteichen, Pappeln oder Robinien. Oder er pflügt den Boden an einer Stelle und an anderer wiederum nicht. Das sei hier eben wie ein Freiluftlabor, wo er mit seinen Mitarbeitern alles Mögliche ausprobiert, um einen Weg für die Zukunft zu weisen.

Können Brände beim Waldumbau sogar helfen? »Wirtschaftlich gesehen natürlich nicht«, winkt der Experte ab. »Aber langfristig können danach stabile, robuste Wälder entstehen. Rein rechnerisch wäre das sogar günstiger. Kurzfristig habe ich dagegen einen Schaden von zwei Millionen Euro.«

Doch selbst ein Sturm wie Kyrill habe in gewisser Hinsicht beim Waldumbau geholfen, indem er den Oberstand weggerissen und den Wald gelichtet hat. Dadurch hätten sich Strukturen herausgebildet, die nachfolgenden Stürmen besser standgehalten haben. Es geht also. Und selbst Wetterkatastrophen kann man sich für einen mittelfristigen Waldumbau zunutze machen. Das Problem liegt Henke zufolge nur darin, dass man eine konsequentere Bejagung durchsetzen und für den Waldumbau auch finanzielle Anreize schaffen müsse. Biomassenanreicherung bedeute nun mal Vorratsverringerung, weil man viele Kiefern vorzeitig schlagen muss. Dafür müsste es eine Entschädigung geben. Zwar gäbe es Fördermittel. Aber die zu beantragen sei mit einem so hohen bürokratischen Aufwand verbunden, dass vor allem kleinere private Waldbesitzer davor zurückschrecken. Ansonsten gäbe es in Brandenburg vielerorts im Herbst einen Indian Summer. ∎

Im Land der 3000 Seen

Wasser satt — das verspricht Brandenburg, das mit über 3000 Seen und mehr als 33 000 km Fließgewässern Deutschlands wasserreichstes Bundesland ist. Wo die einen dem Segeln, Surfen und Stand-up-Paddling frönen oder per Hausboot und Floß über Flüsse und Kanäle gleiten, haben andere am ausgelassenen Planschen ihren Spaß. Für Erfrischung an heißen Sommertagen ist jedenfalls gesorgt!

Das Brandenburger Postkartenmotiv: ein idyllischer See mit Steg. Eine Erfrischung gefällig? Dann einfach kopfüber in den Stiernsee abtauchen.

Frisches Fanggut aus dem Tiefen See bei Potsdam: Der Barsch gehört zu den beliebtesten Fischen der Region.

Bei einer ruhigen Paddeltour durch den Spreewald findet jeder seinen eigenen Takt.

An Bord eines Hausboots klingt so mancher schöne Sommerabend aus (oben). Morgens können einen die Kraniche wecken – wie hier bei Angermünde in der Uckermark (unten).

Preußisches Disneyland?

Auferstehung des Barock — in Potsdams Innenstadt sind viele historische Bauten wiedererstanden. Was die einen feiern, betrachten andere als bedenklich, zumal dieser Stadtentwicklung wichtige Gebäude der Ostmoderne zum Opfer fallen.

Eigentlich kann Potsdam eine stolze Bilanz aufweisen: In den letzten Jahren hat sich die Innenstadt in Sachen Attraktivität von den Schlössern und Gärten ›emanzipiert‹. Besucher strömen nicht mehr allein nach Sanssouci, sondern auch ins Zentrum. Nicht zuletzt, weil dort das Barberini Museum mit hochkarätigen Kunstausstellungen lockt. Zugleich schloss der Museumsbau zusammen mit dem Landtag Brandenburg im Gewand des neu gebauten Hohenzollernschlosses aus dem 18. Jh. und dem wiedererstandenen Palazzo Pompei die Lücke, die lange Zeit am Alten Markt klaffte. Weitere Bauten in historischem Stil sollen folgen.

Preußen-Nachbauten

Und wird damit alles gut? Oberflächlich betrachtet vielleicht schon. In Wirklichkeit führen die Potsdamer erbitterte Diskussionen über die Entwicklung ihrer Stadt. Während sich die einen wünschen, dass möglichst viele Gebäude der Preußenmetropole des 18. Jh. wieder auferstehen – und dafür mitunter auch große Summen spenden –, befürchten andere, die Innenstadt könnte sich in ein preußisches Disneyland verwandeln. »Ich finde es völlig okay, wenn ein Privatmann wie Hasso Plattner Monet liebt und für seine Kunstsammlung ein Museum baut. Wir brauchen in Potsdam solche Leute. Aber ich bedaure, dass so viele Gebäude aus DDR-Zeit abgerissen werden«, meint beispielsweise Stefan Piertryga, der sich für die Stadtentwicklung engagiert.

Der Künstler, der ursprünglich aus Nordrhein-Westfalen stammt und sich u. a. mit der Gestaltung von Kirchen beschäftigt, verweist auf eine riesige Baustelle schräg gegenüber dem Palais Barberini: Bis vor einem Jahr stand hier die Fachhochschule, ein typischer DDR-Bau aus den 1970er-Jahren. Nach langen Auseinandersetzungen musste er dem Quartier Alter Markt, einem Mix aus Wohnungen, Geschäften und Gastronomie, großenteils in historischem Gewand, weichen.

Ausgelöschte Ostmoderne?

Dasselbe Schicksal droht dem ehemaligen Rechenzentrum (RZ) an der Dortustraße. In direkter Nachbarschaft entsteht der Kirchenturm der umstrittenen Garnisonkirche (s. S. 23). Ob das Kirchenschiff ebenfalls aufgebaut wird, ist Gegenstand hitziger Debatten. Egal

Denkmalgeschützte 1970er-Jahre-Ästhetik: ein Motiv von Fritz Eisels Mosaik am Sockel des Rechenzentrums

Für ihn ist das Konzept ein Erfolg. Andere, die heute im Rechenzentrum arbeiten, möchten dagegen nicht dorthin umziehen. Sie fürchten um ihre Selbstbestimmtheit und wollen nicht Steigbügelhalter für die Erschließung der Innenstadt sein, die sich dann geldgierige Investoren zunutze machen. Im Übrigen setzen sich mittlerweile auch immer mehr Menschen für den Erhalt des Rechenzentrums ein, und seit Februar 2020 ist sogar ein Teilerhalt im Gespräch. Immerhin schmückt das RZ auch ein 70 m langes, denkmalgeschütztes Mosaik, das Fritz Eisel um 1971 unter dem Motto »Der Mensch bezwingt den Weltraum« gestaltete.

Pietryga fände es bedauerlich, wenn das Rechenzentrum tatsächlich weichen müsste: »International findet die Ostmoderne immer mehr Beachtung«, gibt der Künstler zu bedenken. In Berlin und anderswo würden Gebäude aus jener Zeit zunehmend erhalten, schließlich gehöre auch die 1960er- und 1970er-Jahre-Architektur zur Identität einer Stadt. Inzwischen scheint die Debatte auch in Potsdam ein vorsichtiges Umdenken zu bewirken. Das Hochhaus-Hotel Mercure schräg gegenüber dem Alten Markt, das eigentlich abgerissen werden sollte, darf beispielsweise stehen bleiben.

Und nun hat auch Software-Milliardär Hasso Plattner für sein neues Museum mit zeitgenössischer Kunst anstelle eines Neubaus das baufällige Terrassenrestaurant Minsk aus den 1970er-Jahren am Brauhausberg, einen wichtigen Bau der Ostmoderne, in Angriff genommen. Viele begrüßen das Vorhaben, Oberbürgermeister Mike Schubert bezeichnete es gar als »Glücksfall« für Potsdam. Ob dieser Glücksfall ein Einzelfall ist oder ein Signal für ein generelles Umdenken, bleibt abzuwarten. Auf jeden Fall werden die Diskussionen um die Stadtentwicklung noch eine Weile andauern und bleiben spannend. ∎

wie, es ist geplant das Rechenzentrum 2023 abzureißen. Immerhin überzeugte eine Gruppe von Künstlern den damaligen Oberbürgermeister Jann Jacobs davon, dass sie das Gebäude bis 2023 zwischenmieten können. Wer heute dort vorbeiläuft, wird schnell erkennen, dass aus dem einstigen Verwaltungsbau ein lebendiger Kreativstandort mit Büros, Ateliers, Ausstellungen und Konzerten geworden ist, wie er Potsdam bisher gefehlt hat. So sehr, dass sich die Stadt inzwischen verpflichtet hat, den über 200 Kreativen für die Zeit nach 2023 ein Ausweichquartier zu verschaffen. Dafür soll auf einem nahe gelegenen Grundstück ein Kreativquartier entstehen. »Dabei haben wir durchgesetzt, dass auf 4700 m² die Mieten mit 9 €/m² gedeckelt sind«, erklärt Pietryga.

Friedrich der Große bei einem Inspektionsbesuch im Oderbruch, das er trockenlegen und mit Kolonisten aus verschiedenen Ländern besiedeln ließ.

Reise durch Zeit & Raum

Mehr als tausend Jahre Geschichte — nehmen ihren Ausgang, als König Heinrich I. 928 die Brendanburg erobert. Auf das Geschlecht der Askanier und Wittelsbacher folgen die Hohenzollern, die nach dem Dreißigjährigen Krieg das Königtum Preußen begründen. Es endet mit dem Zweiten Weltkrieg, als Brandenburg Teil der DDR wird. Nach dem Mauerfall beginnt für das Gebiet ein Neuanfang als Bundesland mit der Landeshauptstadt Potsdam.

Gründung Brandenburgs
928–1134

Wie archäologische Funde beweisen, haben schon in der Steinzeit vor rund 130 000 Jahren Menschen im Gebiet von Brandenburg gelebt. Aber die eigentliche Geschichte beginnt im 5. Jh. v. Chr., als germanische Stämme hier erste Siedlungen gründen. Nachdem im 6.–8. Jh. n. Chr. von Böhmen her Slawen über die Elbe vordringen und sich ansiedeln, rückt 928 der deutsche König Heinrich I. vor, unterwirft die dort ansässigen Heveller und erobert die Brandenburg im heutigen Brandenburg an der Havel. Unter Otto I. werden 936 die sogenannten Marken, die deutschen Grenzregionen zwischen Oder und Elbe, eingerichtet und 948 die Bistümer Brandenburg und Havelberg begründet, die das Gebiet christianisieren sollen. Später trennen sich die Nordmark und die sächsische Ostmark voneinander. Der Askanier Albrecht der Bär wird 1134 durch Kaiser Lothar zum Markgrafen der Nordmark ernannt.

Zum Anschauen:
Slawenburg Raddusch im Spreewald,
S. 102; Brandenburg an der Havel, S. 57

Klöster und Stadtgründungen unter den Askaniern
1157–1319

Von 1157 an spricht man von der Mark Brandenburg, die die Askanier, ein mitteldeutsches Adelsgeschlecht, weiter ausdehnen, besiedeln und die Dreifelderwirtschaft einführen. Gleichzeitig legen sie Städte und Dörfer wie Angermünde oder Eberswalde an. 1165 beginnt der Bau des Brandenburger Doms, bald darauf wird der Grundstein für die Stadt Brandenburg (Neustadt) gelegt. Wenig später, um 1180, entsteht das Zisterzienserkloster Lehnin, 1258 wird auch der Grundstein für das Zisterzienserkloster Chorin gelegt. Die Klöster sind Mittelpunkt des geistigen Lebens in der Mark, während das Land weiter expandiert – nach der Uckermark kommen auch Gebiete östlich der Oder und die Lausitz hinzu.

Zum Anschauen:
Dom in Brandenburg an der Havel, S. 57;
Kloster Lehnin, S. 65; Kloster Chorin,
S. 227

Die Mark geht an die Wittelsbacher
1319–1411

Die Linie der Askanier in Brandenburg stirbt 1319 nach dem Tod Waldemars aus, von da an regieren die Markgrafen aus dem Haus Wittelsbach das Land, von dem einige Teile wieder verloren gehen. Die Wirren und kriegerischen Auseinandersetzungen mit den Anrainern werden erst beendet, als der Wittelsbacher Kaiser Ludwig IV. 1323 die herrenlose Krone seinem Sohn überträgt. Doch Ludwig I. wird vom Adel abgelehnt. Da er auch keine Unterstützung von Seiten der bayrischen Wittelsbacher bekommt, kann er dem Widerstand durch Adel, Städte und Ritter nichts entgegensetzen.

Auch ein kurzzeitig eingesetzter Gegenkönig kann nichts ausrichten. So wird 1348 Karl IV., der sich als Askanier Waldemar ausgibt und fortan als falscher

Joachim Sigismund, jung verstorbener Markgraf von Brandenburg (1603–25)

Waldemar geführt wird, mit der Mark Brandenburg für das Haus der Luxemburger belehnt. Als der Schwindel aufgedeckt wird, zieht sich Ludwig I. nach Bayern zurück und übergibt das Land seinen Halbbrüdern. 1373 erwirbt schließlich der Luxemburger Kaiser Karl IV. die Mark. Auch er kann sich gegen Adel und Städte ebenso wenig durchsetzen wie sein Sohn Sigismund, der seinen Burggrafen Friedrich IV. entsendet.

Zum Anschauen:
Brandenburg-Preußen-Museum in Wustrau,
S. 192

Brandenburg wird zum Kurfürstentum
1411–1618

Nachdem Burggraf Friedrich IV. von Nürnberg aus dem Haus der Hohenzollern 1411 als Verwalter der Kurmark eingesetzt wird und sich schließlich die Macht über das Gebiet sichert, beginnt die Herrschaft der Hohenzollern. Mit ihnen wird Berlin-Cölln von 1486 an Residenz der Kurfürsten von Brandenburg. Unter ihnen stabilisiert sich das Land langsam, einige verlorene gegangene Gebiete werden zurückerobert. Damit beginnt der Aufstieg des Territoriums zum späteren Brandenburg-Preußen.

1506 wird in Frankfurt/Oder die erste Universität gegründet, um junge Männer für die Dienste in Justiz, Kirche und Verwaltung auszubilden. Unter Joachim II. schließt sich Brandenburg 1539 der Reformation an. Damit setzt die Säkularisierung ein, die Klöster werden aufgelöst und der Besitz geht an den Kurfürsten über, sodass er zum mächtigsten Grundbesitzer wird. 1594 sichert sich Kurfürst Johann Sigismund zudem den Besitz des Herzogtums Preußen durch die Heirat mit der Tochter des letzten Preußenherzogs Albrecht.

Zum Anschauen:
Universität Viadrina in Frankfurt/Oder, S. 149

Die Kurfürsten von Sachsen und Brandenburg reichen sich mit Gustav Adolf von Schweden die Hände (1632).

Der Dreißigjährige Krieg verwüstet Brandenburg-Preußen
1618–1675

Das Herzogtum Preußen fällt 1618 endgültig an Brandenburg, in der Folge ist von Brandenburg-Preußen die Rede. Allerdings war es ein armes Land, dem der Dreißigjährige Krieg stark zusetzte. Neben verheerenden Verwüstungen starb in einigen Gebieten bis zu 90 % der Bevölkerung. Es sollte lange dauern, bis sich Brandenburg-Preußen davon erholte, zumal es 1674 mit dem Einfall der Schweden erneut zum Kriegsschauplatz wurde, bis die Angreifer 1675 nach der Schlacht von Fehrbellin vertrieben werden konnten.
Zum Anschauen:
Museum des Dreißigjährigen Krieges in Wittstock, S. 196

Wirtschaftliche Erholung unter dem Großen Kurfürsten
1675–1701

Nach Vertreibung der Schweden ergreift Friedrich Wilhelm I., der Große Kurfürst, Maßnahmen zur wirtschaftlichen Belebung und Neubesiedelung des Landes. Dazu gehört das Edikt von Potsdam, das es von 1685 an verfolgten Hugenotten ermöglicht, sich in Brandenburg anzusiedeln. Über 20 000 Menschen, darunter viele Handwerker und Kaufleute, geben dem Land wichtige Impulse.
Zum Anschauen:
Brandenburg-Preußen Museum in Wustrau, S. 192

Preußen wird zum Königreich
1701–1740

Kurfürst Friedrich III. krönt sich 1701 in Königsberg zum König von Preußen und heißt von da an Friedrich I. Damit einher geht der Aufbau eines absolutistischen Staates, in dem die Kernprovinz Mark Brandenburg mit Berlin und Potsdam zentrale Bedeutung hat. Mit der Einwohnerzahl von 730 000 wächst auch die Zahl der Städte auf etwa 120 an. Zugleich wird unter der Regentschaft des Soldatenkönigs Friedrich Wilhelm I. zwischen 1713 und 1740 in Preußen eine straffe Verwaltung eingeführt und die Truppenstärke auf 80 000 Mann verdoppelt.
Zum Anschauen:
Potsdams Zentrum mit barocken Stadterweiterungen/Holländischem Viertel, S. 25; Schloss Königs Wusterhausen, S. 129

Die Regentschaft Friedrichs des Großen
1740–1786

Der Sohn des Soldatenkönigs, Friedrich II., genannt der Große, baut Potsdam weiter zur Residenzstadt aus und führt viele Reformen durch. Außerdem gelingt es ihm, in den Schlesischen Kriegen das Gebiet im Osten zu erobern. Sein großes Verdienst ist die Trockenlegung von Sumpfgebieten wie dem Rhinluch oder dem Oderbruch, wo zahlreiche neue Dörfer entstehen und sich viele Kolonisten ansiedeln. Nachdem er 1786 stirbt, beginnt die Regentschaft seines Neffen Friedrich Wilhelms II., des »Schöngeists auf dem Thron«, für den u. a. das Marmorpalais in Potsdam errichtet wird. Nach dessen Tod 1797 wird Friedrich Wilhelm III. König von Preußen.

Zum Anschauen:
Tempelgarten Neuruppin, S. 187; Schloss
Rheinsberg, S. 182; Park Sanssouci mit
Schloss Sanssouci, Neuem Palais, S. 26

Napoleonische Kriege, Reformen und neue Besitzungen
1797–1871

In die Regentschaft Friedrich Wilhelms III. von 1797 bis 1840 fällt die schwere Niederlage gegen Napoleon 1806 in der Schlacht von Jena und Auerstedt, die für Preußen im völligen Zusammenbruch endet. Im Frieden von Tilsit gehen ein Jahr später alle westelbischen Besitzungen verloren. Nach dem militärischen Scheitern werden in den Jahren bis 1810 die Stein-Hardenbergschen Reformen zur Neuordnung von Staat und Verwaltung durchgeführt.

1815 bekommt Preußen infolge des Wiener Kongresses Teile Sachsens wie die Lausitz zugesprochen. Zugleich wird das Land in zehn Provinzen aufgeteilt, Brandenburg ist eine von ihnen mit den Regierungsbezirken Potsdam und Frankfurt/Oder. Unter Friedrich Wilhelm IV., dem ›Romantiker auf dem Thron‹, vollenden Karl Friedrich Schinkel, Peter Joseph Lenné und deren Schüler von 1840 an die Verwandlung Potsdams und Umgebung in ein ›märkisches Arkadien‹.

Zum Anschauen:
Schloss Paretz, S. 67; Orangerieschloss,
S. 28, und Schloss Charlottenhof sowie
Römische Bäder, S. 30, im Park Sanssouci

Kaiserreich und Erster Weltkrieg
1871–1919

Mit der Reichsgründung und Wilhelm I., der 1871 Kaiser des Deutschen Reiches wird, verlagert sich der Schwerpunkt der Regierung nach Berlin. Brandenburg wird zur Industrie-Agrar-Region mit neuen Standorten

in Hennigsdorf, Teltow und Wildau, wobei während des Ersten Weltkriegs Wirtschaftszweige, die nicht unmittelbar für den Krieg notwendig sind, stillgelegt werden. Infolge des Versailler Vertrags muss Brandenburg 1919 auch Gebiete an Polen abtreten. Durch die Bildung von Groß-Berlin verliert die Provinz Flächen.

Zum Anschauen:
Industriemuseum Brandenburg an der Havel,
S. 60

Brandenburg in der Zeit des Nationalsozialismus
1933

Am ›Tag von Potsdam‹ wird nach dem Wahlsieg der NSDAP der neue Reichstag in der Garnisonkirche von Potsdam eröffnet. Besonders große Symbolkraft hat in diesem Zusammenhang ein Handschlag: weil bei dieser Gelegenheit der noch junge Reichskanzler Adolf Hitler, der in einer Koalition mit den konservativen Deutschnationalen regierte, deren Vertreter, Reichspräsident Paul von Hindenburg, publikumswirksam die Hand gibt und somit für viele, die dem Nationalsozialismus skeptisch gegenüber stehen, salonfähig wird. Noch im selben Jahr entsteht in Oranienburg das erste Konzentrationslager.

Zum Anschauen:
Ausstellung zur Garnisonkirche in Potsdam,
S. 23; das Olympische Dorf von 1936,
S. 68; Gedenkstätten Sachsenhausen,
S. 172, und Ravensbrück, S. 177

Zweiter Weltkrieg und Aufteilung der sowjetischen Besatzungszone
1939–1945

Während des Zweiten Weltkriegs werden viele Orte und Städte zerstört – von den schweren Wunden erholen sie sich erst langsam. Unter der Bevölkerung Brandenburgs gibt es Schätzungen zufolge etwa eine halbe Million Opfer. Besonders viele junge Soldaten fielen in der letzten, grauenhaften Schlacht um die Seelower Höhen, wo heute eine Gedenkstätte an die Toten erinnert.

Nach Kriegsende tagen auf der Potsdamer Konferenz vom 17. Juli bis 2. August die Vertreter der Siegermächte Stalin, Truman und Churchill. Mit der Unterzeichnung des Potsdamer Abkommens wird die Oder-Neiße-Linie zur Grenze zwischen Deutschland und Polen. In der sowjetischen Besatzungszone werden fünf Länderregierungen gebildet. Das Land Brandenburg entsteht ohne die Gebiete östlich der Oder, Potsdam wird Landeshauptstadt.

Zum Anschauen:
Dauerausstellung im Schloss Cecilienhof,
dem Originalschauplatz der Potsdamer
Konferenz von 1945, S. 32

Brandenburg in der Deutschen Demokratischen Republik
1949–1989

Die Deutsche Demokratische Republik (DDR) wird gegründet. Bei der Auflösung der Länder und der Verwaltungsreform von 1952 werden aus dem Land Brandenburg die Bezirke Potsdam, Frankfurt/Oder und Cottbus. Außer-

Insassen des KZ Sachsenhausen beim überwachten Arbeitsdienst 1933

dem werden im Zuge der Bodenreform die landwirtschaftlichen Betriebe über 100 ha enteignet und kollektiviert. Es entstehen neue Industriegebiete in der Lausitz, Brandenburg an der Havel und Eisenhüttenstadt. Durch den Bau der Mauer 1961 ist das Land von Westberlin abgeschnitten. 1968 wird zudem die Potsdamer Garnisonkirche als Auftakt eines antipreußischen Gebäudesturms der SED gesprengt.

Zum Anschauen:
Eisenhüttenstadt, S. 142; Glienicker Brücke,
S. 33; Gedenkstätten Leistikowstraße und
Lindenstraße in Potsdam, S. 34, S. 25

Nach dem Mauerfall
1989–2020

Der Fall der Mauer leitet einen demokratischen Neuanfang des Landes ein. Am 3. Oktober 1990 wird Brandenburg als Bundesland in der Bundesrepublik Deutschland neu gegründet. Potsdam wird Landeshauptstadt, erster Ministerpräsident Manfred Stolpe (SPD). 1992 wird per Volksentscheid eine neue Verfassung des Bundeslandes verabschiedet, gleichzeitig die Potsdamer Schlösser- und Parklandschaft als UNESCO-Welterbe aufgenommen. 1993 feiert Potsdam sein 1000-jähriges Bestehen. 1994 ziehen die letzten russischen Truppen ab.

Nach Matthias Platzecks (SPD) Rücktritt 2013 wird Dietmar Woidke (SPD) Ministerpräsident des Landes, das er seit 2019 zusammen mit CDU und Grünen regiert. Währenddessen wird erfolgreich an der touristischen Vermarktung des Landes gearbeitet. Dabei helfen auch Jubiläen wie 2012 der 300. Geburtstag Friedrichs des Großen, das 500-jährige Bestehen der Reformation (2017), der 200. Geburtstag von Theodor Fontane (2019) oder »100 Jahre Bauhaus« (2019).

Zum Anschauen:
Brandenburgischer Landtag in Potsdam,
S. 20; Lausitzer Seenland, S. 115

Westslawen in der Lausitz: die Sorben

Stolz, wenn sie bei Festen ihre Trachten tragen können: junge Sorbinnen in Burg

Deutschlands exotische Minderheit — für Besucher sind sie meist nur an den Trachten zu erkennen, die manche Frauen bei besonderen Anlässen heute noch tragen: die Sorben, Deutschlands größte Minderheit, die in der Lausitz zu Hause sind.

Barlinska droga, Katarinska gaska, Serbska droga: Wer diese Bezeichnungen auf den Straßenschildern von Cottbus entdeckt, ist erst einmal irritiert. Kündigt sich hier bereits das Nachbarland Polen an? Nein, es handelt sich vielmehr um die sorbischen Namen für Berliner Straße, Katharinengässchen und Wendenstraße. Denn die Lausitz ist Heimat der Sorben – oder Wenden –, der größten deutschen Minderheit. Etwa 60 000 Sorben leben hier, 20 000 in der brandenburgischen Niederlausitz, 40 000 in der zu Sachsen gehörenden Oberlausitz. Ihre Sprache ist auf der Straße nur selten zu hören.

Westslawen im Sumpfland

Wesentlich auffälliger sind die farbenfrohen Trachten, mit denen Besucher bei festlichen Gelegenheiten im Spreewald empfangen werden. Auch wenn es ein wenig nach Touristenfolklore aussieht, wenn die Frauen in reich bestickten Kleidern mit ausladenden Röcken und großen haubenartigen Kopfbedeckungen daherkommen, geht das auf eine lange Tradition zurück – wie viele Bräuche, die noch heute gepflegt werden.

Doch wer sind die Sorben eigentlich und woher kommen sie? Bereits im 6. Jh. nach Christus sollen sich Westslawen in der heutigen Lausitz – was auf Sorbisch

›Sumpfland‹ bedeutet – angesiedelt haben. Sie blieben auch hier, als fränkische, thüringische und sächsische Bauern in die Gegend zogen. Ihre Kultur und Sprache wurden im Lauf der Jahrhunderte ebenso wie ihr Lebensraum immer weiter zurückgedrängt. Im 20. Jh. vom Naziregime verfolgt, erkannte die DDR die Sorben als nationale Minderheit an. Die Pflege von Sprache, Kultur und Tradition gestaltete sich jedoch schwierig, weil der ausufernde Braunkohletagebau gerade in der Niederlausitz viele dörfliche Strukturen zerstörte.

Als bedeutendster sorbischer Schriftsteller des 20. Jh. galt Jurij Brežan (1916–2006). Seine Werke, die autobiografische Züge tragen und aus dem Sagen- und Märchenschatz der sorbischen Oberlausitz schöpfen, wurden bereits in 25 Sprachen übersetzt. Häufig tritt in seinen Romanen die Gestalt des sorbischen Zauberers Krabat auf. Bekannter ist die sorbische Sagenfigur Krabat vielleicht durch Otfried Preußlers gleichnamiges Jugendbuch, das auch als Theaterstück, Ballett und Oper adaptiert und sogar verfilmt wurde. Unter den sorbischen bildenden Künstlern ist der expressionistische Maler Konrad Felixmüller (1897–1977) der bekannteste.

»Witaj« heißt Willkommen

Nach der Wende wurde die Stiftung für das Sorbische Volk gegründet, die dessen Kultur bewahren soll. Zum Erhalt der wendischen Sprache tragen nicht nur niedersorbische Radio- und

Es ist ein denkwürdiges Spektakel, wenn die Reiter beim traditionellen Hahnrupfen den toten Hähnen den Kopf abzureißen versuchen.

TV-Sendungen bei, die im RBB-Regionalstudio in Cottbus produziert werden. 1998 wurde auch die erste Kindertagesstätte im Rahmen des Witaj-Projekts (*witaj* = willkommen) eröffnet, das sich für die zweisprachige Erziehung sorbischer Kinder einsetzt. Inzwischen wird das Projekt an einer Grundschule sowie am Niedersorbischen Gymnasium in Cottbus fortgesetzt. In Chóśebuz – wie Deutschlands größte zweisprachige Stadt auf Sorbisch heißt – werden die sorbische Sprache und Kultur auch auf wissenschaftlicher Ebene in mehreren Einrichtungen gepflegt. Solange das Wendische Museum wegen Umbau geschlossen ist, kann man sich in der Sorbischen Kulturinformation LODKA im Wendischen Haus ein Bild vom Leben der Sorben, ihrer Geschichte, Sprache und Kultur verschaffen.

Erntefeste mit Hahnrupfen

Die Bräuche der Niederlausitzer Sorben werden vor allem in den umliegenden Dörfern und den dörflichen Stadtteilen von Cottbus wie Ströbitz, Saspow, Skadow, Merzdorf oder Dissenchen gepflegt. Die wichtigsten sind die Fastnacht mit dem dazugehörigen Zampern, das Osterfeuer und das Maibaum-Aufstellen. Sie stehen wie die Winteraustreibung meist mit dem Kreislauf der Natur in Zusammenhang und gehen auf heidnische Ursprünge zurück. In der Osterzeit sind vielerorts Ausstellungen mit kunstvoll bemalten Ostereiern zu sehen.

Besonders hoch her geht es beim Hahnrupfen, dem am weitesten verbreiteten Erntebrauch. Dabei wird im Dorf ein mit grünem Laub umwundenes Tor aus Holzbalken aufgestellt und an den Querbalken kopfüber ein toter Hahn gehängt. Junge Männer müssen auf Pferden durch das Tor reiten und versuchen, dem Hahn den Kopf abzu-

reißen. Die ersten drei Reiter, denen dies gelingt, werden als erster, zweiter und dritter König, sorbisch *kral*, gefeiert und mit Siegerkränzen aus Eichenlaub geehrt. Anschließend wählen die Erntekönige mit verbundenen Augen aus dem Kreis der Mädchen ihre Partnerin für den Ehrentanz aus.

Wie tief die Traditionen der Sorben in der Niederlausitz verankert sind, veranschaulicht das Heimatmuseum in Dissen mit wechselnden Ausstellungen und wunderschönen Trachten. Historische Trachten und Alltagsgegenstände des 19./20. Jh. sind auch in der Heimatstube von Burg zu bewundern.

Die niedersorbischen Trachten variieren von Dorf zu Dorf. Besonderes Kennzeichen sind in jedem Fall die mehr oder weniger ausladenden Hauben der Frauen, die in Burg am größten sein sollen. Weiteres Charakteristikum sind der Trägerrock aus schwerem Samt und Leinen, vor den eine bestickte oder mit Häkelarbeiten verzierte Schürze gespannt wird. Über das Oberteil wird außerdem ein besticktes Schultertuch gelegt. In der Trachtenstickerei von Christa Dziumbla kann man dabei zusehen, wie die kunstvollen Stücke entstehen. ∎

SORBEN ODER WENDEN? **S**

Die Bezeichnung Sorben leitet sich von der latinisierten Form *Surbi* bzw. *Sorabi* ab, die wiederum von der sorbischsprachigen Eigenbezeichnung der Sorben als Serbja bzw. *Serby* stammt. Der Begriff Wenden geht dagegen auf die römischen Geschichtsschreiber Plinius den Älteren, Tacitus sowie die griechischen Geografen Ptolemäus zurück, die die slawischen Stämme als Venedi bezeichneten.

Das zählt

Zahlen sind schnell überlesen — aber sie können die Augen öffnen. Nehmen Sie sich Zeit für ein paar überraschende Einblicke. Und lesen Sie, was in Brandenburg zählt.

3.000

Seen verteilen sich über das Bundesland.

42

Prozent des Landes sind Natur- und Landschaftsschutzgebiete – elf Naturparks und drei Biosphärenreservate: Spreewald, Schorfheide-Chorin und Flusslandschaft Elbe-Brandenburg.

500

Schlösser und Herrenhäuser haben die Zeit überdauert.

12

Fernradwege durchqueren das Gebiet.

1947

wurde Brandenburg gegründet; die Neugründung nach der Wende erfolgte am 3. Oktober 1990.

357

Wasserschutzgebiete gibt es.

8

Jeder achte deutsche Baum ist Brandenburger.

29.654

Quadratkilometer Fläche misst das Land und ist das größte der neuen und das fünftgrößte aller Bundesländer.

80

Prozent der Bevölkerung sind konfessionslos.

4,9

Prozent beträgt der Ausländeranteil; in Berlin sind es knapp 22 Prozent.

100.000

Nur noch eine Stadt hat mehr als 100 000 Einwohner und ist somit eine Großstadt: Potsdam. Cottbus hat 99 600 Einwohner.

4.000

Aktive wirken bei dem größten Karnevalsumzug Ostdeutschlands mit – in Cottbus.

201

Meter hoch ist die höchste Erhebung: der Kutschenberg in der Lausitz.

17,45

Prozent der Brandenburger sind Mitglied der evangelischen oder katholischen Kirche.

2,5

Millionen Einwohner zählt das Land, mit 85 Einwohner/km² hat es nach Mecklenburg-Vorpommern die geringste Bevölkerungsdichte.

32.000

Kilometer Fließgewässer durchziehen das Bundesland.

13,9

Millionen Übernachtungen wurden 2019 verzeichnet, mehr als eine Million aus dem Ausland.

200.000

Brandenburger pendeln täglich zur Arbeit nach Berlin.

448

Kilometer lang ist die Grenze zu Mecklenburg-Vorpommern.

267

Kilometer lang ist dagegen die Grenze zu Polen.

6

Prozent: So hoch war die Arbeitslosenquote 2019. 2009 betrug sie 12,3 Prozent.

38,4

Grad Celsius am 30.6.2019: Rekord!

172

Campingplätze gibt es im Land.

29.000

Euro verdient der Brandenburger im Schnitt pro Jahr.

814

Sporthäfen und Marinas zählt das Land.

180

Fahrgastschiffe stehen für Touren auf den Gewässern bereit.

2.000

Kilometer Wanderwege laden zu Tages- und Mehrtagestouren ein.

1,3

Grad höher lag die Temperatur 2019 im Vergleich zum vorindustriellen Zeitalter.

22

Studios besitzt das Filmstudio Babelsberg.

Kultobjekte aus Keramik

Hedwig Bollhagen — ein Erfolgsschlager ist ihre zeitlos-schlichte, vom Bauhaus beeinflusste Keramik. Die eigenwillige Künstlerin wurde 1992 als älteste Jungunternehmerin Deutschlands ausgezeichnet.

HB ist nicht nur eine Zigarettenmarke, die Buchstaben stehen auch für hochwertige Keramik aus den HB-Keramikwerkstätten in Marwitz nordwestlich von Berlin, in denen Hedwig Bollhagen jahrzehntelang Geschirr und Dekorobjekte von Hand fertigte. Klassiker sind ihre mit blau-weißen Streifen bemalten Tassen, Teller und Schalen aus Fayence ebenso wie die Gießkannen, die anstelle von Henkeln seitlich zwei dellenartige Vertiefungen haben. Fast alles schnörkelloses zeitloses Alltagsgeschirr, das heute genauso gefragt ist wie vor vier, fünf oder sechs Jahrzehnten. Vielleicht sogar noch mehr. Denn inzwischen haben die Objekte der 2001 verstorbenen Keramikerin, die kurz vor ihrem Tod noch mit dem Bundesverdienstkreuz

geehrt und als wegweisende Designerin gefeiert wurde, geradezu Kultcharakter. Selbst wenn sie ihre Kreationen mit lakonischen Sprüchen wie »Das sind doch bloß Töppe« herunterstufte.

HB – nicht unumstritten

1907 in Hannover geboren, erlernte Hedwig Bollhagen an unterschiedlichsten Orten das Töpfern, Entwerfen sowie Keramik-Malen und begründete 1934 zusammen mit einem Freund in einer alten Keramikfabrik in Marwitz die HB-Werkstätten. Wie sich später herausstellte, profitierte sie dabei auch davon, dass die vorherige jüdische Besitzerin enteignet worden war und sie die Werkstätten somit zu einem besonders günstigen Preis erwerben konnte. Außerdem soll sie hier Aufträge der SS angenommen haben. Immerhin entstanden damals die ersten erfolgreichen Entwürfe. Sie verraten den Einfluss des Bauhauses – zumindest in Gestalt der mit ihr befreundeten Bauhaus-Keramiker Theodor Bogler und Werner Burri, die auch für ihre Werkstätten arbeiteten.

1937 erhielt sie bei der Weltausstellung in Paris die Goldmedaille für ihre Enghalsvase mit rhythmisch versetztem Streifendekor. Es folgten weitere Aus-

KERAMIK-STÄTTE   **K**

HB-Werkstätten: Hedwig-Bollhagen-Str. 4, Oberkrämer/Marwitz, T 03304 39 80-0, www.hedwig-bollhagen.de, Mo–Sa 10–18 Uhr. Einmal im Monat findet ein Tag der offenen Werkstatt mit Führung statt.

Zeitlos schön: Keramikarbeiten von Hedwig Bollhagen

zeichnungen: 1938 die Bronzemedaille bei der Internationalen Handwerkausstellung in Berlin, 1957 eine Goldmedaille in München, 1958 eine Ehrenmedaille der Weltausstellung in Brüssel und 1962 eine Goldmedaille in Prag.

Und selbst die Not der Kriegs- und Nachkriegszeit machte sie erfinderisch: Infolge des Mangels an Glasuren entwickelte sie eine raffinierte Ritztechnik, die viele Objekte kennzeichnet. Nachdem der Betrieb 1972 verstaatlicht wurde, konnte Hedwig Bollhagen zwar weiterhin als künstlerische Leiterin an der Erfolgsgeschichte von Marwitz mitwirken. Doch wurde das Geschirr hauptsächlich zur Devisenbeschaffung ins Ausland exportiert.

Erst nach der Reprivatisierung der Firma 1992 konnte Bollhagen als älteste Jungunternehmerin der Bundesrepublik die Werkstätten wieder in Eigenregie führen und weitere Erfolge feiern, bevor sie 2001 verstarb.

Die Werkstätten heute

In den Markwitzer HB-Werkstätten wird heute Design-Keramik mit Originalformen in drei Kollektionen hergestellt: Typisch für Fayence ist die klassische Inglasurmalerei, HB-Ritz bedeutet Unterglasurmalerei und Varius steht für transparente Farbglasuren. Bei Führungen können Sie sich in den Werkstätten umsehen, den Keramikern über die Schultern schauen und sich sogar selbst einmal im Keramikmalen versuchen. Stücke zweiter Wahl können beim Werksverkauf auf dem Gelände der Werkstätten vergünstigt erstanden werden.

Ebenso lohnend ist der Besuch des preisgekrönten Ofen- und Hedwig Bollhagen-Museums im Nachbarort Velten, das im Besitz des HB-Nachlasses ist und den Schaffensprozess der berühmten Keramikerin auch anhand von ausgefallenen Unikaten nachzeichnet (s. S. 173). ∎

Klimakrise in Brandenburg

Interview — Ich spreche mit Prof. Dr. Hubert Weiger, dem Ehrenvorsitzenden des BUND, über den Umbau der Kiefernwälder als zentrale Überlebensaufgabe.

Prof. Dr. Hubert Weiger hat den BUND e. V. seit Anfang der 1970er-Jahre maßgeblich mitgeprägt und ist heute Ehrenvorsitzender des Verbandes, außerdem Mitglied im Rat für Nachhaltige Entwicklung der Bundesregierung, Gesundheit und Verbraucherschutz und in weiteren Funktionen tätig.

Herr Professor Weiger, wie wirkt sich die Klimakrise in Brandenburg aus?

Brandenburg ist eines der sehr stark betroffenen Bundesländer, denn es ist von Natur aus ein niederschlagsarmes Gebiet. Gleichzeitig hat hier der Wassertourismus durch den hohen Anteil von Seen und deren Verbindungen eine besondere Bedeutung. Insofern besteht einmal Gefahr für die Wälder und historischen Parks wie Sanssouci, die einen hohen Anteil von alten Bäumen haben. Die leiden unter dem massiven Absinken der Grundwasserspiegel, weil es ihre Wurzeln nicht mehr schaffen, so rasch in die Tiefe vorzudringen wie junge Bäume, die weniger Blattmasse haben und weniger Wasser aufnehmen müssen. Aber hauptbetroffen sind die Fließgewässer.

Die absinkenden Grundwasserspiegel führen zu einer Verschärfung schon vorhandener Konflikte, nämlich der Bewässerung der landwirtschaftlichen Flächen und Wasserentnahme, die zu Lasten dessen geht, was in den Gewässern noch vorhanden ist.

Weitere Auswirkungen der Klimakrise sind die extremen Hitzetage und Starkregen …

Ja, dann haben wir die maximalen Niederschläge. Das ist eine besondere Herausforderung für die städtischen Regionen mit der Gefahr der Überflutung und des Rückstaus aus den Kanälen. Außerdem sind da die Stürme: die Häufung von Quasi-Tornados, die dazu führen, dass richtige Orkanschneisen geschlagen werden und es auch zu erheblichen Opfern kommt.

Welche Rolle spielt in dem Zusammenhang die Landwirtschaft?

Die ist Opfer und Täter der Klimakrise. Sie ist in Brandenburg infolge der DDR großflächige Landwirtschaft mit einem reduzierten Ansatz von Hecken-

Brandenburgs Kiefernwäldern macht der Klimawandel mit
seinen langen Trockenperioden besonders zu schaffen.

strukturen. Diese Großflächen-Landwirtschaft ist scheinbar sehr produktiv. Aber sie hat eine hohe Düngungsintensität, um entsprechende Erträge zu bringen, und erfordert Beregnung. Das ist in Zeiten der Klimakrise eine zusätzliche Belastung des Wassers. Für Brandenburg ist die Zentralressource, die gefährdet und am knappsten ist, sauberes Wasser. Von daher müssen alle Maßnahmen ergriffen werden, um die Wasserrückhaltung in der Landschaft und auch im Bereich der Siedlungen durch Regenwassernutzung zu verbessern.

Zisternen sollten grundsätzlich bei Neubauten vorgeschrieben oder gefördert werden, sodass das Regenwasser, das auf die Dachflächen fällt, auch für die Gartenbewässerung, partiell auch für die Toilettenspülung genutzt wird. Wir sprechen in der ökologischen Wissenschaft von resilienten, also widerstandsfähigen Systemen. So ist eine Monokultur anfälliger gegenüber Massenvermehrungen von einzelligen Organismen, vor allem Insekten, die sich hier relativ rasch entwickeln können, weil die Zahl der Antagonisten sehr klein ist. Das ist ein Problem der Kiefernforste. Wenn ich nur eine Baumart habe, gibt es Massenvermehrungen. Bei den Kiefern sind es Schmetterlingsarten wie die Nonne.

Was ist das für eine Nonne?

Die ist heimisch, entwickelt aber normalerweise keine Massenvermehrung. Sie braucht dazu bestimmte Futterpflanzen und eine geringe Zahl von Antagonisten, und das ist in bestimmten Kiefernreihen der Fall. Deshalb ist die Forderung von uns als BUND, der Umbau der Kiefernwälder, eine zentrale Überlebensaufgabe. Das heißt nicht, dass ich die Kiefern alle beseitige, sondern dass ich im Schutz der alten Bäume Laubbäume pflanze.

Müsste auch die Landwirtschaft umgebaut werden?

Ja, zu naturnäheren Strukturen. Wir haben eine durchaus positive Entwicklung in Brandenburg mit dem Ökolandbau. Da ist Brandenburg gemeinsam mit Mecklenburg-Vorpommern das führende Bundesland, weil hier einfach schon große Flächen im Hinblick auf Berlin umgestellt wurden mit intelligenten Strukturen in der Schorfheide-Chorin. Dies gehört noch mehr gefördert. Unsere Zielsetzung ist 30 bis 40 Prozent bis 2030, und zwar mit regionalen Verarbeitungsstrukturen. Angesichts des Marktes in Berlin und der Aufgeschlossenheit der städtischen Bevölkerung ist das sicherlich möglich.

Wie wirkt sich die Klimakrise in Brandenburg auf den Tourismus aus?

Der Wassertourismus steht unter Druck, weil es einmal weniger Wasser gibt und weil es eine wachsende Konkurrenz um das Wasser gibt, also durch das Abpumpen für Bewässerungssysteme. Das Wasser fehlt dem Tourismus.

Das Zweite ist, dass überall da, wo wir hohe Nährstoffeinträge aufgrund der hohen Temperaturen dieser Gewässer haben, die Gefahr des Umkippens besonders groß ist, mit der Massenvermehrung von Algen. Da ist also auch die touristische Grundqualität gefährdet.

Deshalb setzen wir uns für die Bereitstellung von Geldern ein, um Wasser in der Landschaft zurückzuhalten und wieder Feuchtgebiete zu schaffen.

Brandenburg ist ja ein zentrales Durchzugsland für Kraniche und Gänse. Die brauchen Rastplätze für große Flüge nach Spanien usw. Da gibt es den Hauptrastplatz Linum, der auch eine touristische Bedeutung hat. Dort spürt man bereits den sinkenden Wasserstand. Den brauchen die Kraniche aber für ihren Schutz. Denn die Vögel stehen so im Wasser, dass der Fuchs oder Marder sich nicht anpirschen kann.

Was wäre da zu tun?

Ich glaube, die wichtigste Maßnahme ist, dass wir eine Politik auf den Weg bringen, die der Wasserknappheit Rechnung trägt. Das Wasser muss möglichst lange im Lande gehalten werden. Das bedeutet, Dinge wie die Entwässerung von Feuchtgebieten, die Beseitigung von Mooren oder die Begradigung der Flüsse zu korrigieren. Da gibt es in Brandenburg auch sehr positive Maßnahmen wie die Renaturierung der Havel. Es gäbe auch wunderbare Potenziale an der Oder. Aber die werden bisher kaum genutzt. Der Nationalpark Untere Oder ist ein Stiefkind der Landespolitik. Er ist finanziell und personell am schlechtesten aufgestellt. Wir kämpfen als Verband ganz massiv darum, die Qualität des Nationalparks und die Qualität der Oder zu erhalten.

Wie bringt sich denn der BUND in Brandenburg konkret ein?

Wir haben einen Investitionsschwerpunkt in Lenzen. Wir haben dort nicht nur ein Bio-Hotel aufgebaut, sondern auch unser Auenökologisches Zentrum für Mitteleuropa, das bezüglich der Revitalisierung des Landschaftswasserhaushalts berät. Denn wir haben in Lenzen als zentraler Träger die erste große Rückdeichungsmaßnahme in Deutschland durchgeführt. Da geht es nicht um Verbandsziele, sondern um Gemeinwohlziele für diese Region, um dort den naturnahen Tourismus zu fördern, der Region ein neues positives Selbstbewusstsein zu geben und zu zeigen, dass sie auch Naturschutzqualitäten hat, die in Deutschland an vielen Stellen singulär sind.

Dann haben wir bereits nach der Wende das Alleen-Projekt gestartet, um auch dieses Charakteristikum des Bundeslands mit zu erhalten. Wir prämieren immer die Allee des Jahres. Der dritte Schwerpunkt ist das Engagement für das Blaue Band. Das ist ja für die nicht mehr notwendigen Bundeswasserstraßen ein Projekt des Bundes, um Lebensraumverbund zu erhalten, aber auch touristische Möglichkeiten zu nutzen.

Das vierte Projekt ist die sehr enge Zusammenarbeit mit den Großschutzgebieten wie den Biosphärenreservaten Flusslandschaft Elbe-Brandenburg, Schorfheide-Chorin, Spreewald und dem Nationalpark Unteres Odertal, auch um diese Potenziale positiv zu nutzen. ∎

Prof. Dr. Hubert Weiger ist Ehrenvorsitzender des BUND.

Wo Kreativität auf fruchtbaren Boden fällt

Fruchtliebe — vier Frauen haben mit Produkten aus Obst und Blüten Erfolgsgeschichten geschrieben und gleichzeitig den Küchenzettel bereichert.

Daisy Gräfin von Arnim hat sich den Titel »Apfelgräfin« erarbeitet.

Geschäftsidee vom Boden aufgelesen

Eine blühende Streuobstwiese, ein ausladender Kastanienbaum, darunter gedeckte Tische, auf denen Kaffee und Apfelkuchen serviert werden: Solche Bilder sind es, die die Lust aufs Landleben in Brandenburg wecken. Noch dazu, wenn sie sich mit der Geschichte von Daisy von Arnim verbinden, die auch immer wieder Prospekte der Tourismuswerber ziert. Die sogenannte Apfelgräfin ist ein gutes Beispiel für erfolgreiche Frauen in der Region, die mit Obst oder Blüten »hantieren«. Dabei ist sie mehr oder weniger zufällig auf ihre Geschäftsidee gekommen.

Zunächst wusste die gelernte Buchhändlerin nicht allzu viel mit sich anzufangen, als sie mit ihrem Mann Michael Graf von Arnim auf das Gut Haus Lichtenhain in die Uckermark zog. Als sie eines Tages mit ihrem Auto über ganze Teppiche von Äpfeln fuhr, die den Weg zu ihrem Hof bedeckten, begann sie, das Obst aufzusammeln und mit kleinen Mostmaschinen Apfelsaft zu pressen. Bald schon fuhr sie mit einer mobilen Mosterei über die Dörfer, um anderen bei der Verwertung des Obstes zu helfen und versuchte sich auch an Apfelbränden, Apfelkaramell, Chips, Balsamico, Likör, Gelee oder Keksen mit Äpfeln. Die fanden so viel Anklang, dass sich daraus nicht nur ein schwunghafter Internet-Handel entwickelte, das Apfelcafé und der Hofladen laden in den Sommermonaten auch zur Landpartie ins Haus Lichtenhain ein (s. S. 241).

Vitamin-C-Wunder

Dabei ist Daisy von Arnim nicht die einzige Unternehmerin, die in Brandenburg eine Erfolgsgeschichte schrieb. Vorbild war für sie in gewisser Hinsicht Christine Berger, die sich dem Sanddorn verschrieben hat. Im Havelland, wo sich der Glindower See an die Grellebucht schmiegt, baut Christine Berger in ihrem Frucht-Erlebnis-Garten auf 60 ha Sanddorn an, der auf den märkischen Sandböden gut gedeiht. Die Früchte werden dann zu Marmelade, Saft, Honig, Tee und Senf oder orangefarbenem Secco verarbeitet. Um die fünfzig Sanddorn-Erzeugnisse sind in ihrem Hofladen zu finden. Und viele davon landen auch in den Gerichten, die in der Orangerie mit hübscher Gartenterrasse aufgetischt werden (s. S. 52).

Ess- und trinkbare Blüten

Ähnlichen Unternehmergeist beweist Martina Kabitzsch in ihrer Manufaktur von Blythen (Brandenburgische Str. 65, Schöneiche, www.vonblythen.de, Fr 12–18 Uhr). Mit biologisch lupenreinen Zutaten stellt die gelernte Kinderkrankenschwester die vielfältigsten Blütenkreationen her, vom Brotaufstrich aus Holunder über Lavendellikör bis zum Essig aus Orangenblüten. Damit beliefert sie Spezialitätenläden, Restaurants und Feinschmecker in der ganzen Republik und lädt zu Kochkursen und Blütendinners ein. Außerdem öffnet sie freitags ihren Laden, den Blythengarten und das Blythen-Café im alten Postamt von Schöneiche.

Kandierte Kunstwerke

Eine ganz spezielle Marktlücke hat der Obstgarten Uckermark geschlossen: Hier verzuckert Anja Merkel Blüten und konserviert sie somit nicht nur, sondern verarbeitet sie auch zur schönen Dekoration für Hochzeitstorten und andere Süßigkeiten. Ob Wildrose, Veilchen oder Apfelblüte – jede ist ein kleines essbares Kunstwerk (Potzlow Ausbau 8 A, 17291 Oberuckersee, T 039863 38 98 88, www.obstgarten-uckermark.de). ∎

A
Alt Madlitz 151
Alt Ruppin 188
Amtssee 229
Angermünde 230
Annenpfad 199
Annenwalde 243
Anreise 249
Apfelgräfin 241, 299
Archäologischer Park 197
Architektur 278
Auto 249, 257

B
Babelsberg 35
Bad Belzig 82, 262
Baden 52, 74, 115, 124, 131, 133,
    164, 219, 240, 250, 274
Bad Freienwalde 152, 156
Bad Liebenwerda 123
Bad Saarow 133
Bad Wilsnack 208, 210
Bahn 249, 257
Bahnhöfe 260
Bahnitz 71
Barenthin 211
Barfußpark 77, 253
Barnimer Land 214, 217
Baumblütenfest 48
Baumkronenpfad 77
Beelitz 75
Beelitzer Heilstätten 3, 76
Beeskow 135, 136
Behinderte 255
Bernau bei Berlin 219
Besucherbergwerk F60 119, 122
Bewegen und
    Entschleunigen 250
Biosphärenreservat
    Flusslandschaft Elbe-
    Brandenburg 204
Biosphärenreservat Schorfheide-
    Chorin 224
Biosphärenreservat
    Spreewald 93
Blankensee 74
Boberow 205
Boitzenburg 240
Bollhagen, Hedwig 173, 292
Brandenburg an der Havel 57,
    89, 257
Brandenburg-Berlin-Ticket 257
Branitz 110
Braunkohle 92, 104, 114, 116,
    119, 122
Brecht, Bertolt 163, 264
Breitlingsee 62
Bremsdorfer Mühle 141

Briesen 137
Brikettfabrik Louise 119, 123
Brodowin 229
Buckow 163, 167
Burg 99
Burg Eisenhardt 82
Burg Rabenstein 85
Bus 249, 257

C
Camping 256
Caputh 47
Chorin 229
Cottbus 106

D
Dahme-Seenland 126, 130
Doberlug-Kirchhain 124
Dokumentationszentrum für
    Alltagskultur der DDR 143
Draisinefahrten 79, 178, 245,
    253
Drei Eichen 166
Dubkow-Mühle 97

E
Eberswalde 221
Eden, Obstbausiedlung 171, 213
Einstein, Albert 47, 162
Eisenhüttenstadt 142
Elbe-Elster-Land 119
Elbtalaue 208
Elstal 69
Energie-Route 119
Erlebnis-Kraftwerk Plessa 122
Essen und Trinken 269

F
Fallschirmsprung 175
Feiertage 252
Ferch 50
Finowkanal 223
Fischerei 133, 181
Flaeming-Skate 79
Flamen 75
Fläming 54, 74, 80, 82, 271
Fläming-Walk 74
Flöße 43, 178, 247, 251, 257
Flugplatz 76
Fontane, Theodor 34, 70, 72,
    180, 185, 254, 263
Forst 113
Frankfurt/Oder 146
Freibad 52, 240
Friedersdorf 162
Frucht-Erlebnis-Garten 52, 299
Fühmann, Franz 131, 264
Führungsbunker Harnekop 154

Fürstenberg/Havel 177, 262
Fürstenwalde 137
Fürstlich Drehna 105
Fürst-Pückler-Park Branitz 110

G
Gartenstadt Marga 118
Gedenkstätte Seelower
    Höhen 161
Geierswalde 121
Geierswalder See 116, 121
Georgenberg 114
Geschichte 281
Gläserne Molkerei 131, 270
Glauer Berge 74
Golfen 251
Gollenberg 73
Gransee 175
Grienericksee 183, 189
Große Naturparkroute 166
Großer Däbersee 167
Großer Stechlinsee 180, 181
Großer Storkower See 132
Großer Tornowsee 166
Großer Treppelsee 141
Großer Werder 220
Großer Wochowsee 132
Großkoschen 118, 121
Groß Leppin 211
Groß Neuendorf 156
Großräschener See 116, 120
Groß Schauen 132
Groß Schauener Seenkette
    132
Grünheider Wald- und
    Seengebiet 165
Guben/Gubin 112
Gudelacksee 191
Gülpe 72
Gurken 95, 96
Gurkenradweg 96

H
Hagelberg 83
Hammersee 141
Hangelsberg 137, 262
Hangelsdorf 137
Harnekop 154
Hausboote 178, 184, 251, 257
Havelland 54
Heartfield, John 163, 167
Heilandskirche, Sacrow 36
Helenesee 150
Himmelpfort 179, 253
Hochseilgärten 253
Hohennauener See 74
Hohenwutzen 156
Hoher Fläming 86

I
Information 252
Inlineskater 79
INSL 195
Internet 252

J
Joachimsthal 225
Jüterbog 80

K
Kahnfahren 95, 101, 103
Kallinchen 131
Kampehl 193
Kanu 43, 64, 131, 178, 180, 184,
    224, 247, 251, 253
Kernkraftwerk Rheinsberg 181
Kienitz 156
Kinder 253
Kirchmöser 63
Kleiner Boitzenburger 238
Kleinkoschen 121
Klein Leppin 211, 212
Kletterwald 135
Klima 253
Klimakrise 294
Kloster Chorin 227
Kloster Lehnin 65
Klostermühle 238
Kloster Stift zum
    Heiligengrabe 199
Kloster Zinna 80
Königsgrab von Seddin 200
Körzin 75
Koschener Kanal 116, 121
Kraftwerk Schwarze Pumpe 114
Krangen 189
Kraniche 174
Kremmen 173
Krienkowsee 239
Kunersdorf 157
Künstler 266
Kupferhammer 140
Kyritz an der Knatter **193**, 210

L
Lange- und Schinkensee 141
Lauchhammer 119
Lausitz **114**, 116, 120, 286
Lausitzer Seenland 115
Lehde 96
Leipe 97
Lenzen 202
Lesetipps 254
Liepnitzsee 220
Lieske 120
Lindow 191
Linum 174

Literatur 263
Loriot 89
Lübben 102
Lübbenau **94**, 96, 261
Luckau 104
Luckenwalde 77
Lychen 178, 245

M
Märkisch-Buchholz 131
Märkische Schweiz 126, **162**,
    166
Marquardt 44
Mellen 204
Menzer Heide 181
Meyenburg 197
Möglin 157
Molchow 188
Möserscher See 63
Motzener Sees 131
Müggelspree 137
Müllrose **139**, 140
Museumsdorf Glashütte 78
Museumsdorf Rüdersdorf 165

N
NABU-Besucherzentrum
    Blumenberger Mühle 232
Nationalpark Unteres
    Odertal 230, **233**
Naturpark Barnim 217
Naturpark Hoher Fläming 82
Naturpark Niederlausitzer
    Heidelandschaft 119
Naturpark Nuthe-Nieplitz 74
Naturpark Schlaubetal 139, 140
Naturpark Stechlin-Ruppiner
    Land 180
Naturpark Uckermärkische
    Seen 230, **245**
Naturpark Westhavelland 71
Naturschutzgebiet Groß
    Schauener Seenkette 132
Naundorf 97
Nennhausen 72
Neubrück 136
Neuglobsow 180
Neuhardenberg 159
Neuruppin 185
Neustadt/Dosse 192
Neuzelle 144
Niederlausitz 90, 104
Niederlausitzer Landrücken 104
Notrufnummern 255

O
Oberuckersee 237
Oderbruch 126, 152

Oder-Neiße-Radweg 156
Oder-Spree-Kanal 137
Olympisches Dorf 68
Optikpark Rathenow 70
Oranienburg 171
Ostprignitz 192

P
Paretz 67
Parsteiner See 228
Partwitzer See 116, 121
Peitz 111
Perleberg 200
Petzow 48
Philadelphia 132
Philippsthal 75
Plastinarium 113
Plattenburg 211
Plaue 63, 66
Plauer See 63
Polzowkanal 181
Potsdam **17**, 278
– Alexandrowka 34
– Alter Markt 17
– Babelsberg 35
– Belvedere auf dem
    Klausberg 29
– Belvedere auf dem
    Pfingstberg 33
– Bildergalerie 27
– Cecilienhof, Schloss 32
– Charlottenhof, Schloss 30
– Chinesisches Haus 31
– Dampfmaschinenhaus 30
– Drachenhaus 29
– Einsteinturm 21
– Filmmuseum 23
– Fontane-Archiv 34
– Freundschaftsinsel 22
– Friedenskirche 31
– Gedenkstätte Lindenstraße 25
– Gedenk- und Begegnungsstätte
    Leistikowstraße 24
– Glienicker Brücke 33
– Hans-Otto-Theater 35, 43
– Haus der Brandenburgisch-
    Preußischen Geschichte 24
– Historische Mühle 27
– Holländisches Viertel 25
– Jan Bouman Haus 25
– Kongsnæs 33
– Marmorpalais 32
– Meierei 33
– Militärwaisenhaus 24
– Museum Barberini 21
– Neue Kammern 28
– Neuer Garten 31
– Neuer Markt 24

– Neues Palais 29
– Nikolaikirche 21
– Nikolaisaal 24, 46
– Normannischer Turm 31
– Orangerieschloss 28
– Potsdam Museum 23
– Rechenzentrum 23, 279
– Römische Bäder 30
– Sanssouci, Park u. Schloss 26
– Schiffbauergasse 35
– Stadtschloss 20
– Villa Schöningen 33
– Volkspark 34
Prenzlau 236
Prieros 130
Prignitz 168
Pritzhagener Mühle 166

Q
Quenzsee 63

R
Radduscha 97, 102
Radfahren 36, 43, 44, 62, 95, 96,
    101, 120, 156, 175, 188, 206,
    220, 223, 250
Radinkendorf 136
Ragower Mühle 140
Rambower Moor 202, 204
Rathenow 69
Ravensbrück, Gedenkstätte 177
Reckahn 64
Rehagen 261
Reiseplanung 255
Reisezeit 253
Reiten 251
Rheinsberg 182, 189
Ribbeck 70
Rühstädt 212
Ruppiner Land 168
Ruppiner Schweiz 188

S
Sachsenhausen,
    Gedenkstätte 172
Sacrow 36
Scharmützelsee 133
Schermützelsee 162, 167
Schiffshebewerk 223
Schiffstouren 36, 43, 64, 68, 135,
    164, 227, 240, 245, 247
Schlänitzsee 44
Schlaubetal 126
Schlepzig 103
Schloss Berlitt 210
Schloss Criewen 234
Schloss Freyenstein 197
Schloss Grube 209

Schloss Hubertushöhe 132
Schloss Kleßen 72
Schloss Königs
    Wusterhausen 129
Schloss Liebenberg 177
Schloss Meseberg 176
Schloss Nennhausen 72
Schloss Reichenow 157
Schloss Steinhöfel 151
Schloss Trebnitz 161
Schloss Wiederdorf 81
Schloss Wiesenburg 84
Schloss Wolfshagen 199
Schloss Ziethen 173
Schumellensee 239
Schwarzer See 167
Schwedt/Oder 234
Schweizerhaus Seelow 162
Schwielowsee 47
Seddin 200
Sedlitzer See 116, 120
Senftenberg 116, 121
Senftenberger See 116, 121
Sieben-Seen-Tour 62
Slawenburg Raddusch 102
Snowtropolis 118
Söllenthin 211
Sorben 90, 99, 102, 109, 286
Spargel 75
Spreewald 90, 93, 125
Spremberg 115
Spremberger Talsperre 115
Stechlinsee 175
Sternenpark 72
Stobbertal 162
Störche 174, 212
Storkow 132
Stradow 97
Strandbad 164, 219
Straupitz 100
Strittmatter, Erwin 115
Suschow 97

T
Tauchen 150, 182, 227
Teltower Rübchen 270
Templin 242
Templiner See 37
Theater am Rand 158
Thermalbad 80, 83, 100, 101,
    123, 133, 190, 212, 242,
    244, 251
Tornow 176
Tornowsee 162
Touristeninformationen 252
Tropical Islands 131, 251
Tucholsky, Kurt 162, 182, 184,
    189, 264

U
Übernachten 255
Uckermark 214, 230, 266
Uckerseen 236

V
Velten 173
Verkehrsmittel 257
Vetschau 97, 102

W
Waldbad Templin 37, 52
Wälder 271
Waldsiedlung Wandlitz 218
Waldsieversdorf 163, 167
Wandern 83, 86, 88, 140, 166,
    181, 204, 210, 229, 238, 250
Wanderoper 154
Wandlitz 218
Wassersport 43, 52, 64, 95, 101,
    118, 131, 136, 139, 177, 190,
    219, 224, 245, 250
Weigel, Helene 163
Weihnachtsstube 179
Weißstörche 97, 102
Wellness 251
Wellnessresort 134, 208, 251
Wendisch-Rietz 134
Wendsee 63
Werbellinsee 227
Werder 48
Wergensee 136
Westernstadt El Dorado 242
Westhavelland 68
Wiesenburg 262
Wildpark Schorfheide 225
Wittenberge 206
Wittstock/Dosse 196, 261
Wunderblutkapelle 209, 210
Wünsdorf 79
Wustrau 192
Wutzsee 191

Z
Zäckericker Loose 156
Zahlen 290
Zampern 99
Zechow 189
Zehdenick 176
Ziegeleipark Mildenberg 176
Ziegenhof 155, 173, 180
Ziesar 88
Zippelsförde 189

Ulrike Wiebrecht hätte sich als studierte Romanistin nicht träumen lassen, einmal ein Buch über Brandenburg zu schreiben. Erst auf dem Umweg über Spanien, wo sie lange gelebt hat, lernte sie das Bundesland kennen und lieben, das sie angenehm unaufgeregt findet. Immer wieder macht sie sich von Berlin aus auf den Weg in die Provinz, die für sie die ideale Ergänzung zum Leben in der Hauptstadt darstellt. Für den DuMont Reiseverlag betreut sie außerdem den Band DuMont direkt Costa Brava.

Abbildungsnachweis
akg-images, Berlin: S. 285 (IMAGNO/Austrian Archives (S)) **Bleiche Resort & Spa**, Burg im Spreewald: S. 100 **DuMont Bildarchiv**, Ostfildern: S. 6 li., 7 o. li., 8, 14 li., 15 li., 17, 25, 28, 39, 42, 49, 54 li., 55 M., 55 re., 65, 70, 78, 85, 89, 90 re., 91 re., 108, 117, 125, 126 li., 126 re., 127 M., 127 re., 145, 160, 164, 168 re., 187, 214 re., 215 re. , 217, 222, 227, 231, 236, 242, 286/287 (Johann Scheibner); 112, 168 li, 169 re., 209 (Martin Kirchner); 91 M., 122, 129 (Synnatschke Photography) **Getty Images**, München: S. 248 (Georges Mir/EyeEm) **Huber-Images**, Garmisch-Partenkirchen: S. 12/13, 32, 57 (Reinhard Schmid) **INSL**, Kyritz an der Knatter: S. 195 (Oliver Basch) **Kunstpause – Laden und Café**, Lychen: S. 246 (P. van Heesen) **Laif**, Köln: S. 298 (Dirk Eisermann); 138 (Europarc/WWF/Arnold Morascher); 203 (Franz Bischof); 153, 269 (Gerhard Westrich); 15 re., 45 (Hans Bernhard Huber); 297 (Hans Christian Plambeck); 53 (Kathrin Harms); 276 u. li. (Malte Jäger); 90 li., 98, 273 o., 277 u. (Paul Hahn) **Lookphotos**, München: Titelbild (Hauke Dressler); 93 (Konrad Wothe); 22, 276 o. li. (Ulf Böttcher) **Mauritius Images**, Mittenwald: S. 214 li. (Alamy/Bildarchiv Monheim GmbH); 174 (Alamy/Schoening); 282 (Alamy/The Picture Art Collection); 148 (Alamy/Zoonar GmbH); 171 (Jürgen Henkelmann); 66 (Peter Schickert); 61 (Rene Meyer) **picture-alliance**, Frankfurt a. M.: S. 283 (akg images); 157 (akg-images/Dieter E. Hoppe); 280 (Archiv Gerstenberg/Ullstein Bild); 262 (Bernd Settnik); 265 u. (Erwin Elsner); 293 (Horst Ossinger); 213 (IMAGNO/Austrian Archives (S)); 265 o. (Jens Kalaene); 179 (Karlheinz Schindler); 141 (Kitty Kleist-Heinrich); 2/3 (Monika Skolimowska); 7 re., 105, 158, 258/259, 260, 288 (Patrick Pleul) **Shutterstock.com**, Amsterdam (NL): S. 169 M. (An-13-nA); 14 re. (Anton_Ivanov); 7 u. li. (irin-k); Umschlagklappe vorn (Sina Ettmer Photogra-

phy); 54 re. (Viachaslau Kraskouski) **Thomas Rötting & Sylvia Pollex**, Leipzig: S. 73, 133, 183, 189, 215 M., 273 u., 274/275, 276 re., 277 o. ; 295 **Ulrike Wiebrecht**, Berlin: S. 193, 198, 267, 279, 303

S. 28 Schloss Sanssouci mit Terrassen/Stiftung Preußische Schlösser und Gärten Berlin-Brandenburg/Johann Scheibner; S. 129 Schloss Königs Wusterhausen/Stiftung Preußische Schlösser und Gärten Berlin-Brandenburg/Synnatschke Photography

Umschlagfotos
Titelbild: Kanutour im Spreewald,
Umschlagklappe vorn: Schwielowsee

Kartografie
DuMont Reisekartografie, Fürstenfeldbruck
© DuMont Reiseverlag, Ostfildern

Autorin: Ulrike Wiebrecht **Redaktion/Lektorat:** Eszter Kalmár **Bildredaktion:** Sylvia Pollex, Titelbild: Carmen Brunner **Grafisches Konzept und Umschlaggestaltung:** zmyk, Oliver Griep und Jan Spading, Hamburg

Hinweis: Autorin und Verlag haben alle Informationen mit größtmöglicher Sorgfalt geprüft. Gleichwohl erfolgen alle Angaben ohne Gewähr. Infolge der Corona-Pandemie im Jahr 2020 kann es darüber hinaus zu kurzfristigen Geschäftsschließungen und anderen Änderungen vor Ort gekommen sein. Bitte schreiben Sie uns! Über Ihre Rückmeldung und Ihre Verbesserungsvorschläge freuen wir uns: DuMont Reiseverlag, Postfach 3151, 73751 Ostfildern, info@dumontreise.de, www.dumontreise.de

1. Auflage 2021
© DuMont Reiseverlag, Ostfildern
Alle Rechte vorbehalten
Printed in China

Offene Fragen*

Wo liegt Neu Boston?
Seite 132

Wie heißt Brandenburgs Nationalpark?
Seite 233

Welches Gemüse wächst in Beelitz?
Seite 75

Wo wird die Post auf dem Wasserweg ausgetragen?
Seite 125

In welchem Schloss tagte 1945 die Potsdamer Konferenz?
Seite 33

Welche Minderheit lebt in der Lausitz?
Seite 287

Was bedeutet Sanssouci?
Seite 26

In welcher Stadt wurde Karl Friedrich Schinkel geboren?
Seite 185

Wo pfiff Albert Einstein auf die Welt?
Seite 47

Wann wurde das Oderbruch besiedelt?
Seite 152

Wo können Sie den Schwarzen Abt trinken?
Seite 146

Nach welchem See hat Theodor Fontane einen Roman benannt?
Seite 180

Wo verlebte Friedrich der Große seine glücklichsten Jahre?
Seite 183

Warum sind im Mittelalter die Menschen nach Bad Wilsnack gepilgert?
Seite 208

Welcher Orden baute Kloster Chorin?
Seite 227

* Fragen über Fragen – aber Ihre ist nicht dabei? Dann schreiben Sie an info@dumontreise.de. Über Anregungen für die nächste Ausgabe freuen wir uns.